Werner Skrentny/Rolf Schwenker/
Sybille und Ulrich Weitz (Hrsg.)

Stuttgart zu Fuß

18 Stadtteilstreifzüge durch
Geschichte und Gegenwart

Mit Beiträgen von
Ralf Arbogast, Josef-Otto Freudenreich, Johannes Fritz,
Peter Grohmann, Stefan Hammer, Jörg Haspel, Mascha
Riepl-Schmidt, Ingrid Schöller-Haspel, Rolf Schwenker,
Werner Skrentny, Gabriele Steckmeister, Werner Stiefele,
Conny E. Voester, Sybille Weitz, Ulrich Weitz und Maria
Zelzer

VSA-Verlag, Hamburg 1988

Ralf Arbogast, geb. 1958 in Stuttgart, Studium der Politikwissenschaft, freier Journalist, Veröffentlichungen zur Landesgeschichte
Josef-Otto Freudenreich, geb. 1950, Sportredakteur der »Stuttgarter Zeitung«
Johannes Fritz, Architekt in Stuttgart, Mitbegründer des Ateliers Architon
Peter Grohmann, geb. 1937, Schriftsetzer, Buchdrucker, Journalist, Kabarettist, Kolumnist von »Stuttgart live«
Stefan Hammer, geb. 1958 in Stuttgart, Student der Politikwissenschaft, freier Journalist, Veröffentlichungen zur Stadt- und Landesgeschichte
Jörg Haspel, geb. 1953, Studium der Architektur, Stadtplanung, Kunstgeschichte und Empirischen Kulturwissenschaft in Stuttgart und Tübingen, arbeitet beim Hamburger Denkmalschutzamt
Mascha Riepl-Schmidt, geb. 1942 in Stuttgart, Leiterin des Forschungsprojekts »Frauen mach(t)en Geschichte« bei der Frauenbeauftragten der Stadt Stuttgart
Ingrid Schöller-Haspel, geb. 1953, Stuttgarterin auf Zeit (1972—1984), Lehrerin in Hamburg
Rolf Schwenker, geb. 1955 in Stuttgart, Lehre als Verlagskaufmann, Tageszeitungsvolontariat, Redakteur in Stuttgart
Werner Skrentny, geb. 1949, aufgewachsen in Hirsau über Calw, Stuttgartbesuche und -aufenthalte seit 1955, Journalist, Volontär, Redakteur in Calw, Neuenbürg/Enz, Ulm. Lebt jetzt in Hamburg; Herausgeber von »HAMBURG zu Fuß«
Gabriele Steckmeister, geb. 1953, Dr. der Sozialwissenschaften, Frauenbeauftragte der Landeshauptstadt Stuttgart
Werner Stiefele, geb. 1953, Studium der Germanistik und Geschichte, Redakteur in Stuttgart
Conny E. Voester, geb. 1953, aufgewachsen in Leinfelden, Studium in Stuttgart-Hohenheim und Tübingen, Redakteurin der »tageszeitung« in Hamburg
Sybille Weitz, geb. 1953, Dipl. Journalistin, studierte in Tübingen und Stuttgart-Hohenheim, Lokal-Redakteurin
Ulrich Weitz, geb. 1950 in Heilbronn, Kunsterzieher, Museumspädagoge, Journalist. Wissenschaftlicher Mitarbeiter der DGB-Kooperationsstelle Hochschule/Gewerkschaften in Tübingen, freier Mitarbeiter bei der Kulturgemeinschaft des DGB Stuttgart
Maria Zelzer, geb. 1921, Studium in Prag, Dr. der Philosophie, seit 1961 in Stuttgart, bis 1968 im Stadtarchiv, lebt jetzt in Esslingen

Nachstehende Autoren lieferten ebenfalls Beiträge zu den Rundgängen: *Rolf Schwenker* (S. 19—20 Bebenhäuser Hof. S. 23—25 Friedrich Wolf. S. 25—29 Schwabenzentrum, Markthalle, Hotel Silber, Waisenhaus, Mahnmal. S. 77—78 Landespavillon, Planetarium. S. 110 Silberpfeile. S. 129—130 Leuze, Mineralbad Berg. S. 139—140 Laboratorium. S. 219—221 Solitude-Rennen. S. 226 Affenwerner. S. 302—303 Porsche. S. 304 Bismarckturm. S. 304—305 Tiergärten), *Werner Skrentny* (S. 226—229 Ketterer, Kali, Reinsburgstr., Wurm, Engelhorn. S. 266—269 Sportpark Waldau, Kickers etc.), *Sybille Weitz* (S. 250—253 Sonnenberg), *Ulrich Weitz* (S. 13—14 Kunstgebäude. S. 33—34 Staatsgalerie. S. 42 Altes Gewerkschaftshaus. S. 59—61 Gewerkschaftshaus, Technologie-Zentrale), *Maria Zelzer* (S. 62 Ostjuden. S. 66—67 Synagoge. S. 170 Strölin. S. 278 Joseph Süss Oppenheimer. S. 297—298 Deportationen).

Kartengrundlage: Stadtplan Stuttgart 1:10.000, herausgegeben vom Stadtmessungsamt der Landeshauptstadt Stuttgart. Vervielfältigung mit Genehmigung des Herausgebers. Den »Streckennetzplan Stuttgart« erhielten wir vom Verkehrs- und Tarifverbund Stuttgart (VVS).

Titelfoto und Foto auf der Rückseite: Achim Grosser, Stuttgart

Gesamtverzeichnis anfordern!
© VSA-Verlag 1988, Stresemannstr. 384a, 2000 Hamburg 50
Alle Rechte vorbehalten
Satz: satz + repro Kollektiv GmbH, Hamburg
Druck und Buchbinderarbeiten: Plambeck & Co., Neuss
ISBN 3-87975449-7

Inhalt

Architekturstichworte *(von Jörg Haspel)*

Themenkästen

Vorwort

»Die Sehenswürdigkeiten von Stuttgart sind auf ziemlich engem Raum zusammengedrängt«, hatte in den 30er Jahren ein Stadtführer befunden — und keine Frage: natürlich besuchen auch wir diese. Sonst aber haben wir andere Wege durch die Stadt gesucht, haben ausgetretene Pfade verlassen: Stuttgart ist nicht nur Königstraße und Stiftskirche, Altes und Neues Schloß.

»Stuttgart zu Fuß« ist eine Entdeckungsreise in die eigene Stadt: Auf der Prag und der Feuerbacher Heide, auf der »Villa« und in der Friedenau — eben da, wo sonst kaum ein Führer hinkommt. Es ist die Suche nach Geschichte und Gegenwart, nach Spuren auch verdrängter und vergessener Orte und Menschen, von Arbeiterbewegung und -kultur, jüdischem Leben, Kunst, Widerstand und NS-Zeit.

Was berichten uns, haben wir gefragt, die redseligen Fassaden im Stuttgarter Westen? Wie war das mit den »Leonhardsschlampern«, Heinz Rühmanns erstem Auto und den Kolonien im Osten? Wohin ging Stuttgart aus — in Friedrichs- und Althoffbau, »Englischen Garten« oder Schwabenhalle? Warum hieß der Kickers-Platz »Hebräerwies'« und was hat der Wasen so alles erlebt?

Architektur-Stichworte, die den Rundgängen zugeordnet sind, geben detailliert Auskunft, warum die Stadt so aussieht, wie sie ist, und was Bonatz und Schmitthenner, der Weinbau und die Fürsten damit zu tun haben. Themenkästen wollen Gesamtzusammenhänge vermitteln, Informationen auch über Stuttgarter Spezialitäten wie Kehrwoche, die »Autostadt«, die »Feschtlesstadt«.

»Nun, wo die Stadt in Süddeutschland an die Spitze der Entwicklung getreten ist, ist ihr Studium nicht mehr an *einem* Tage zu bewältigen« — auch das war eine Feststellung eines Stuttgart-Führers der 30er Jahre, die wir uns gerne zu eigen machen: Ein Tag für Stuttgart genügt nun nicht mehr. Und bei allen kritischen Anmerkungen, zu denen uns auch diese Stadt manchmal herausgefordert hat: Eine Sympathieerklärung darf dieser Stadtführer schon auch sein.

Für Verlag und Herausgeber:
Werner Skrentny

Die in den einzelnen Rundgängen eingeschlagenen Routen — vorgegeben durch die Reihenfolge der Stationen und Orientierungspunkte — sind Vorschläge, deren Verlauf in den dazugehörigen Karten nicht im einzelnen aufgeführt ist. Genaue Straßen- und (gelegentlich) Hausnummernbezeichnungen in den Randspalten erleichtern die Orientierung. Darüber hinaus sind wichtige Orientierungspunkte durch Ziffern am Rand notiert, die in den Karten wiederauffindbar sind. Jeder/jedem bleibt es indes freigestellt, die Touren anders zusammenzustellen, Stationen auszulassen, andere Ausgangs- oder Endpunkte zu wählen. Die von uns vorgeschlagenen Ausgangs- und Endpunkte, die in der Regel mit öffentlichen Verkehrsmitteln gut zu erreichen sind, haben wir am Beginn der Rundgänge angegeben, ebenso wie die voraussichtliche Dauer. Einzelne Touren erstrecken sich über größere Distanzen. Sie sind daher besser mit dem Fahrrad zu bewältigen. Kritik, Verbesserungsvorschläge, Hinweise auf Fehler sowie weitergehende Tips und Anregungen sind von Herausgeber und Autoren ausdrücklich erwünscht.

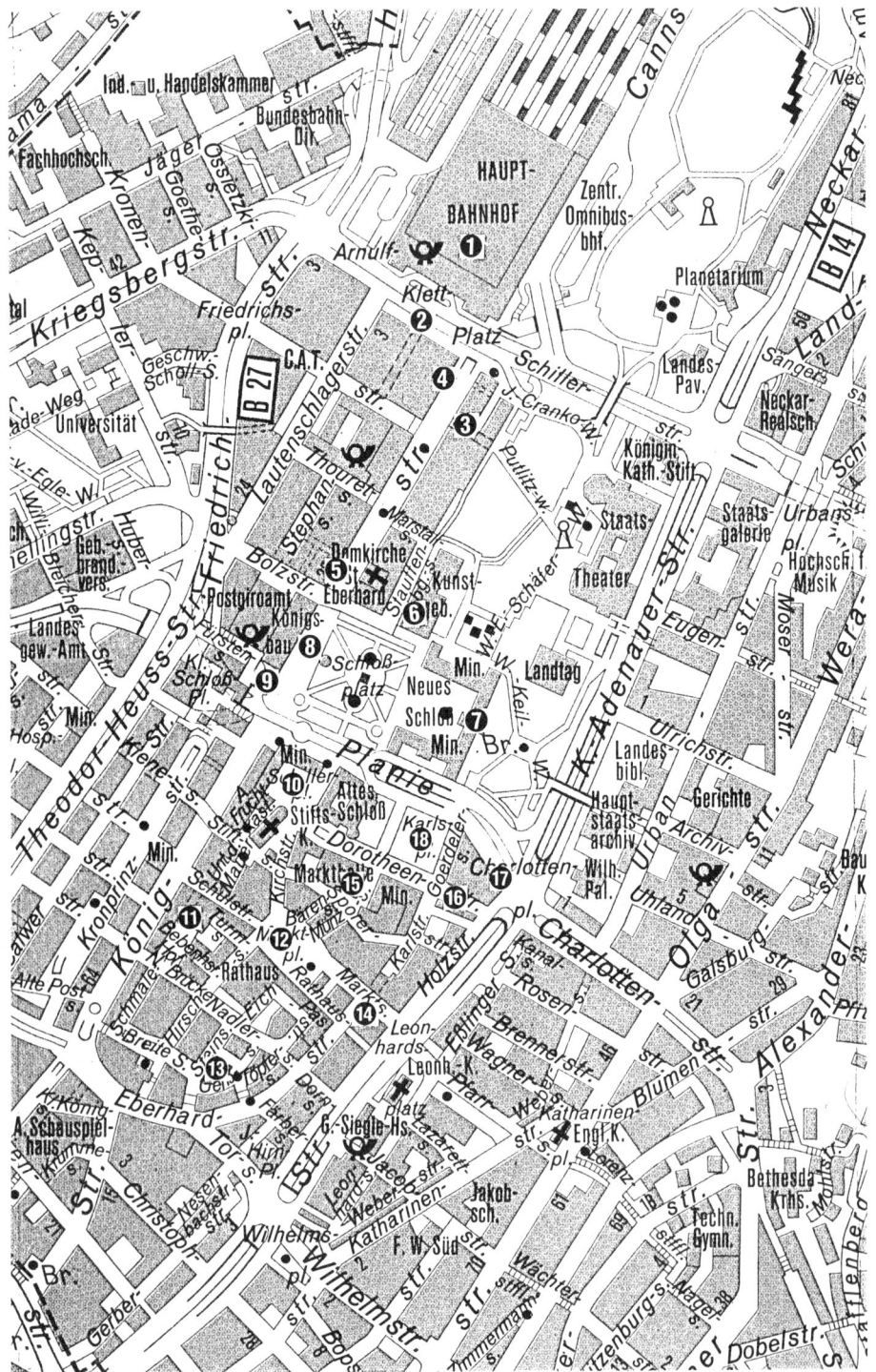

Reise um den »Nabel Schwabens«

Mitte 1: Residenz und bürgerliches Stuttgart

von Werner Skrentny

Ausgangspunkt: *Hauptbahnhof*
Endpunkt: *Hauptbahnhof*
Dauer: *ca. 3 Stunden*

»Die offiziellen Sehenswürdigkeiten sind auf verhältnismäßig kleinem Raum zusammengedrängt. Das ist besonders für solche angenehm, die keine Freunde von weiten Spaziergängen sind. Oder für solche, deren Naturell auf äußerste Ruhe in allen Dingen abgestimmt ist. Diese brauchen sich bloß in der Mitte des Schloßplatzes aufzustellen. Zwar werden sie von dort nicht alles sehen, aber es läßt sich immerhin eine stattliche Anzahl der üblichen Touristeneindrücke grasen. Man muß sich bloß von Zeit zu Zeit um seine Achse drehen.«

Das hat *Fritz West* 1933 in seinem Stuttgart-Buch geschrieben und das hat heute noch Gültigkeit. Der Gang zur Residenz, deren Zentrum Altes und Neues Schloß waren, über die »Grenze« Planie zur bürgerlichen »Residenz« am Marktplatz, verläuft zu ebener Erde. Zwischen Hauptbahnhof, dem Stadttor und Eberhardsbau konzentrieren sich Innenstadt und Touristenziele, die wir z.T. aus anderer Perspektive sehen werden.

Vom »Stutgarten« zu Stuttgart: Erstes Wappen von 1286

Zwischen 926 und 948 soll im Nesenbachtal der Stutengarten angelegt worden sein, mit dem Zentrum bei der heutigen Stiftskirche. Im zweiten Drittel wächst der Ort im Gebiet der Kirche, wird in der 1. Hälfte des 13. Jahrhunderts Stadt, wird später Stammsitz der Grafen von Württemberg, Residenz der Herzöge und Könige, ist nun neuntgrößte Stadt der Bundesrepublik und Landeshauptstadt von Baden-Württemberg mit 555.572 Einwohnern (1984).

»Umbilicus Suaviae«, »Nabel von Schwaben«, hatten *Paul Bonatz* und *F.E. Scholer* ihren Entwurf für Stuttgarts Bahnhofsbau genannt, doch inzwischen hat der Begriff regelrechte Inflation erfahren: Mal ist der Schloßplatz der »Nabel«, mal das Volksfest oder Villa Reitzenstein. Stuttgarts Wahrzeichen ist, unbestritten, der Fernsehturm, aber der »Kopf der Stadt«, in seiner Architektur ja auch Stadttoren nachempfunden, ist dieser Hauptbahnhof, den werktags 280.000 Menschen benutzen.

Der Hauptbahnhof Arnulf-Klett-Platz

❶

1910 war der Wettbewerb ausgeschrieben worden, 1911 lagen 70 Entwürfe vor, 1913 bekamen Bonatz (1877–1956) und Scholer (1874–1949) den Vertrag für ihren (überarbeiteten) Plan. Der Bau zog sich, es wurde Krieg, bis 1922 hin und überliefert ist ein Wort

*Links: Die Große Schalter-
halle des Hauptbahnhofs in
den 30er Jahren; über dem
Rundbogen ist noch der
Reichsadler zu sehen, darunter Brüllmanns Ritter. —
Rechts: Das Königstor
stand bis 1922 vor dem
Bahnhof; Reste sind jetzt
noch am Mitteleingang der
Großen Halle erhalten.*

*»Bereitwilligst jede Aus-
kunft« versprach diesem
(Prospekt-)Paar und allen
Besuchern der Stadt 1933
das Verkehrsamt*

von Oberbaudirektor Neuffer angesichts des sich verändernden Werks zu Bonatz: »'s wird immer wüschter, aber 's paßt zum andre — meinetwege, machet sie's.«

Man sollte hier nicht nur ankommen und abfahren, man sollte auch bleiben: Ein Gang durch den Hauptbahnhof offenbart viele Details, wenn auch manches nun stark verändert ist. Das gilt für den gesamten Bau, war er doch in seiner Wirkung darauf angelegt, daß man sich oberirdisch näherte, zu Fuß den »Stadttoren« zustrebte.

Verändert ist durch Einbauten auch die Große Schalterhalle, ge-dacht für die Fernreisenden; die Rolltreppen z.B. haben dem Auf-gang viel genommen. Über dem Eingang zur eigentlichen Halle se-hen wir Jakob Brüllmanns Schwäbischen Ritter und das geflügelte Rad, Symbol der Eisenbahnen. Was fehlt, ist der Adler der Weima-rer Republik, den doch auch diese Republik im Schilde führt (was eine Rekonstruktion rechtfertigen würde).

Angekommen in der Großen Halle fällt der Innen-Balkon am Turmbau auf: Von hier sollte der König die Untertanen grüßen, doch als der Bahnhof fertig war, waren die zwar noch da, der König aber nicht mehr. Halle und Turm hatten Bonatz/Scholer mit Blick auf *Wilhelm II.* konzipiert, denn Gleis 16 war das königliche Gleis, mit separatem Eingang zum Königlichen Wartesaal und hinter dem Balkon lag noch ein hoher Sitzungssaal. Es paßt ins Bild, daß der er-ste Entwurf der Architekten von 1911 den Bau noch mit einer Kro-ne krönte und daß die Haupthalle reichlich mit Kragsteinen versehen ist, die bei königlichen Visiten Schmuckgirlanden tragen sollten.

In der Großen Halle sind noch Reste des ehemaligen Königtors, **Mitteleingang** das 1810—1922 am Ende der Königstraße (zum Hbf hin) stand und abgerissen wurde, erhalten. Es sollte eigentlich bei den Anlagen neu entstehen, doch die Spenden dafür fraß die Inflation. Die Kleine Schalterhalle, Ein- und Ausgang für die Pendler zur Lautenschlagerstraße, ist dann schon ganz »republikanisch« geworden.

»Matrosenball« im Turm

Kaum noch bekannt ist, daß der gerade fertiggestellte Bahnhofs- **Der Turm** turm 1919 Hauptquartier zur Bekämpfung der Unruhen der Linken war. Sicherheitschef *Paul Hahn* hatte ihn »als taktisch wichtigen und beherrschenden Punkt« zum Gefechtsstand umfunktioniert, Minenwerfer und MG's installieren lassen. Auch Staatschef *Wilhelm Blos* (SPD) zog sich hierher im Kampf gegen »Spartakus, eine winzige Minderheit, die auch jetzt wieder mit russischem Gelde arbeitet, den Terror in Deutschland aufzurichten« (Blos), zurück. Und während Bonatz in seinem Büro noch den Weiterbau überdachte, hausten Hahns Soldaten im 1. Stock und veranstalteten »Matrosenbälle«:

Ganz amerikanisch gab sich Stuttgart in diesem Plakatentwurf von Richard Koch (München) im Wettbewerb der »emporblühenden Stadt« 1929.

»Jeden Abend wurde getanzt. Im Scheine von einigen elektrischen Birnen, die in dem rauchgefüllten Raum ein mildes Licht verbreiteten, bewegten sich nach dem Takt einer Ziehharmonika die Matrosen in grotesk wirkenden Tanzformen. Die einen tanzten als ›Damen‹, die anderen als ›Herren‹. Der Schweiß floß in Strömen, die Tanzlust leuchtete aus den Augen, die Hingabe an den Rhythmus war unbegrenzt. Und wenn ich meinen Lieblingstanz verlangte, den ›Kulitanz‹, dann wurde mit besonderer Hingabe getanzt. Die Matrosenkompanie war für jede Unternehmung zu gebrauchen, wo rücksichtsloses Durchgreifen verlangt war.« (Hahn, Erinnerungen).

Der Turm ist heute leider nicht mehr fürs Publikum zugänglich — leider deshalb, weil hier vor dem Krieg über mehrere Stockwerke Restaurants u.a. und auch eine Aussichtsplattform waren.

Woerl's Reisehandbuch von 1926:
» Im Bahnhofsturm gelangt man durch zwei Personenaufzüge in vornehme elegante Räume. Im 3. Stock liegt ein großes Konferenzzimmer, im 4. Stock befindet sich das Kaffee, im 5. Stock der Teeraum, im 6. Stock die Wein- und Likörstube, im 7. Stock die Küche und im 8. Stock ein erstklassiges Weinrestaurant. Die Plattform ist das ganze Jahr von 10 Uhr ab für jedermann zugänglich.«

Den Turm krönt seit 1952 der Mercedesstern — analog zum roten Stern auf anderen Bahnhöfen der Erde?

Unter dem ehemaligen Bahnhofsplatz war (und ist?) ein Bunker, **Arnulf-Klett-Platz** in dem 1943 beim durch eine Luftmine verursachten Wassereinbruch 36 Menschen ums Leben kamen. Der Bunker wurde später Kino für US-GIs, dann »U-Kino«.

Stuttgart hat an Werbeslogans schon viel verbraucht, denken wir **Klett-Passage** an die »Großstadt zwischen Wald und Reben«, aus der despektierlich das »zwischen Hängen und Würgen« *(Peter Grohmann)* abgeleitet wurde, oder an »Partner der Welt«. Ende der 50er Jahre warb man mit: »Stuttgart, die sauberste Stadt Deutschlands« — ein Ruf, der in der Klett-Passage heute schwerlich zu verteidigen wäre, ist sie, wie viele andere Orte auch, doch Treffpunkt der Berber, die in Stuttgart ins Auge fallen wie sonst kaum in einer anderen bundesdeutschen Stadt.

Die Klett-Passage war mit ihren verlängerten Laden-Öffnungszeiten lange ein bundesdeutsches Novum: Abends einkaufen ist hier kein Problem. Für Besucher wichtig: Hier ist der »i-Punkt« des Verkehrsamtes, hier informiert auch die Straßenbahn.

Verläßt man den Untergrund, so leiten einen Treppe oder Rolltreppe sanft hinauf in die Königstraße und integrieren den Rundgänger in die alltägliche Demonstration der Kaufkraft.

Seine Hindenburg-Straßen hat Stuttgart 1945 namentlich beseitigt, der Hindenburgbau blieb unangetastet. 1926—28 (Schmohl, Staehlin und Partner) als Gegenstück zum Hauptbahnhof gebaut, beherbergte er das Planetarium der Stadt, in dessen Saal nach dem Krieg ein Kino einzog (früher »Rex«, jetzt »Ambo«). Auch der Hindenburgbau war nach dem Krieg als Landtag im Gespräch. Hier war das »Café Hindenburgbau«, eines der größten deutschen Konzertcafés, das nach 30 Jahren 1958 schloß.

Die Achse der Stadt

Es bei der Bezeichnung »Hauptstraße« und »Prachtstraße« zu belassen, was die Charakterisierung der Königstraße angeht, wäre zu wenig. Die Königstraße ist mehr: Sie ist *die Achse* der Stadt, jetzt nur noch Fußgängern vorbehalten. Sie ist Dreh- und Angelpunkt; wo immer man auch hingeht in der Innenstadt, irgendwie landet

Hindenburg-Bau

Wenn in der Stadt was los war, dann war es hier los: Zusammenstöße zwischen Demonstranten und Polizei in der Unteren Königstraße vor dem Pelzhaus Straube nach einer Kundgebung der 100.000 gegen Preiswucher 1948.

man doch immer bei ihr. Sie ist ein umfangreiches Thema, wo da anfangen, wo aufhören. Anlegen ließ sie seit 1806 Friedrich I. entlang dem Großen Stadtgraben. Wenn hier ein Literat den Anderen nicht mehr grüßte, war das Stadtgespräch. Hier wurde der »Merkur« verlegt, wurde Verleger *Cotta* geboren und starb. Hier war in den Caféhäusern die Prominenz und hier war die Adresse von *Willi Knörzer*, der in den 50ern die Sportwelt fast auf den Kopf stellte und dann von einer Autobahnbrücke 1960 in den Tod sprang.

Wenn in der Stadt was los war, dann war es hier los. Hier kam der VfB 1950 als Deutscher Fußballmeister an (und vom Hahn & Kolb-Haus warfen die Beschäftigten Blumen auf ihren Kollegen, den kleinen Stürmer Läpple). Hier startete der Illusionist *Kalanag* alias Dr. Helmut Schreiber, gebürtiger Stuttgarter, seine »Blindfahrten«. Als *Gina Lollobridgida* 1957 im »Marquardt« wohnte, brach hier der Verkehr zusammen und die Straßenbahn mußte umgeleitet werden. Und hier äußerte sich auch Unruhe, wenn sie in der Stadt war: Als Arbeiter 1948 bei der Demonstration der 100.000 die Scheiben von Luxusgeschäften einwarfen; als 1954, bei den sog. Fastnachtskrawallen, die Polizei angegriffen wurde; und 1957, als nach einem Gastspiel des deutschen Rock'n Rollers *Paul Würges* im »Universum« 200 Jugendliche plötzlich alles auf den Kopf stellten. Und wo sonst als hier saßen 1961 ein Studienrat und ein Dutzend junger Leute, die Münder mit Heftpflaster verklebt, um auf diese Weise gegen den staatlichen Angriff auf den »Spiegel« zu protestieren.

Beim von *Friedrich I.* vorangetriebenen Ausbau der Königstraße wurde der Marstall 1803 von der Solitude hierher versetzt.

Wo immer man auch hingeht in der Innenstadt, irgendwie landet man doch immer bei ihr: Die Königstraße.

Königstr. 1

❸

1922−24 für Geschäfte umgebaut, waren im Innenhof die »Palast-Lichtspiele« von August Daub mit 1.170 Plätzen. »Hertie« baute 1960 das »Kaufhaus für Alle«.

140.000 sahen »Jud Süss«

Königstr. 6

❹

Mit dem »Kaufhof«-Bau 1972 endeten 42 Jahre Stuttgarter Kino-Geschichte: Das »Universum« wurde, ebenso wie das erst 1955 fertiggestellte Haus Lautenschlagerstraße 5, abgerissen. 1930 hatte das Filmtheater eröffnet, gelobt ob der »großartigen Lichtarchitektur der Innenräume« und eines erstmals in Deutschland eingesetzten »Luftwaschapparates« aus USA.

Im » Universum« hatte am 24. September 1940 »Jud Süss« Premiere, der NS-Hetzfilm (Regie: Veit Harlan). Als »staatspolitisch und künstlerisch besonders wertvoll« und »jugendwert« war der Streifen prämiert, in dem Heinrich George (Herzog Carl Alexander von Württemberg), Ferdinand Marian (Süss), Werner Krauß (Rabbi Loew und Sekretär Levy) und Kristina Söderbaum die Hauptrollen spielten. Auf Befehl Himmlers mußten SS, Polizei und die Wachmannschaften der KZ den Film sehen − nach der Vorführung kam es z.B. in Auschwitz zu Mißhandlungen der Häftlinge. In Stuttgart besuchten in den erst 16 Tagen 140.000 Menschen den Film − ein kommerzieller Erfolg wie überall sonst auch.

Vor dem Hintergrund der Kinoreklame des Universum für den Hetzfilm »Jud Süss«: Wehrmachttruppen werden nach dem Angriff auf Frankreich 1940 in der Königstraße empfangen.

Königstr. 7

❺

St. Eberhard (1811), die 1807 von der Solitude hierher versetzte evangelische Kirche, war Stuttgarts erster katholischer Kirchenbau nach der Reformation.

Als erstes Haus am Platze galt in der Nachfolge des »König von England« (S. 19) lange das »Hotel Marquardt«, dessen Eckbau zur Königstraße hin (1895−96, Eisenlohr und Weigle) wiederhergestellt ist. Das »Marquardt« hatte einen eigenen Zugang zum Alten Bahnhof in der heutigen Bolzstraße (S. 57) und viele illustre Gäste. Hier erfuhr z.B. der von Gläubigern verfolgte *Richard Wagner*, der eigentlich auf der Schwäbischen Alb untertauchen wollte, von der Gunst des Bayern-Königs *Ludwig II.*, der versprach: »Die niederen Sorgen des Alltagslebens will ich von ihrem Haupt verscheuchen.«

Ganz traditionell bauten Schmitthenner und Hengerer hier 1951 das Bankgebäude.

Königstr. 35

Die Benennung erinnert an *Claus Graf von Stauffenberg* (geb. 1907), der am 20. Juli 1944 in der »Wolfsschanze«, dem »Führerhauptquartier«, nahe dem heutigen Ketrzyn (Polen), früher Rastenburg, das Attentat auf Hitler verübte und noch am Abend des selben Tages im Hof des Oberkommandos der Wehrmacht in der Berliner Bendlerstraße ermordet wurde.

Stauffenberg Str.

Claus wuchs mit den Zwillingsbrüdern Berthold (ermordet 1944) und Alexander im Alten Schloß auf. Der Vater war Oberhofmarschall des Königs und hatte dort seine Dienstwohnung. Die Brüder besuchten das Eberhard-Ludwig-Gymnasium (damals Holzgartenstraße).

Kunst ohne Lotto-Millionen

❻
Schloßplatz 2

»Aus des Tages Lärm und Hast
Tritt in diese stillen Räume
Sei der Kunst geliebter Gast
Sei der Gast der Künstlerträume«

Mit dieser Huldigung wurde 1913 das von *Theodor Fischer* entworfene Kunstgebäude eröffnet, das an die Stelle des 1902 durch einen Brand zerstörten Hoftheaters trat. Der »Goldene Hirsch«, wie das Gebäude im Volksmund heißt, hat seinen Namen vom Wappentier auf der Kuppel.

Daß schöne Kunsthallen noch kein Kunstverständnis bedeuten, war die bittere Wahrheit, die der Staatsgalerie-Direktor Otto Fischer *(1886–1948) erfahren mußte, als er 1924 im Kunstgebäude Bilder führender deutscher Expressionisten ausstellte. Konfessionelle Frauenverbände forderten die Entfernung der »vollkommen unverständlichen Machwerke«, die Studentenschaften riefen zum Bildersturm auf: »Wacht auf und zieht den Degen für unsere Kultur und Kunst« und die Völkische Wacht erblickte darin gar einen »Hauch bolschewistischen Geistes«. Der progressive Kunsthistoriker wurde daraufhin öffentlich gerügt und seiner Kompetenzen enthoben.*

Im März 1933 genügte dagegen schon der anonyme Anruf, die NSDAP werde Schritte gegen die geplante Oskar Schlemmer*-Ausstellung unternehmen, daß die fertig gehängte Retrospektive erst gar nicht eröffnet wurde. Stolz vermeldete der Stuttgarter »NS-Kurier« diesen Sieg: »Die gegenwärtige Ausstellung im Kunstverein hat ihr Gesicht gewechselt. Oskar Schlemmer, der Kulturbolschewist, dessen Machwerke von manchem unverständlicherweise als 'urdeutsche' Kunst bezeichnet wurden, ist von den Wänden verschwunden.«*

1937 wurde das »Arbeiterbildnis« (1921) von Otto Dix in der Staatsgalerie für die Münchener Ausstellung »Entartete Kunst« beschlagnahmt. Schon 1933 hatte der Stuttgarter NS-Kurier über das Bild (in miserablem Deutsch) geschrieben: »Es ist ein Faustschlag jedem Deutschen in das Gesicht. Alle, die mit geballter Faust ohnmächtig dieser Verhöhnung zusehen mußten, werden die Entlassung dieses krankhaften Malers mit nicht geringer Genugtuung aufnehmen.«

1944 zerstörten mehrere Bombenangriffe den Kuppelbau. 1953 begann Bonatz mit der Neuplanung, doch erst 1961 konnte das Kunstgebäude mit einer Ausstellung der Werke *Adolf Hölzels* und seiner Schüler wiedereröffnet werden.

Die Galerie der Stadt Stuttgart, etwas versteckt in den Räumen des Kunstvereins gelegen, ist ein gutes Beispiel, wie eine bedeutende Kunstsammlung auch ohne Lotto-Millionen zusammengetragen werden kann. Ihr ehemaliger Direktor *Eugen Keuerleber* sammelte seit 1961 systematisch Werke von *Otto Dix*, als dieser noch preiswert zu haben war. Das Triptychon »Großstadt« (1927/28) erhielt die Galerie zunächst als Leihgabe; 1972 wurde es von der Stadt für eine Million aus dem Nachlaß des Künstlers gekauft. Dank weiterer Gemälde des kritischen Realisten Dix (1891–1969) kann die Galerie heute mit Fug und Recht behaupten, das Museum mit der eindrucksvollsten Sammlung des Künstlers zu sein.

Hauptstadt Stuttgart, Teil 1

Am Donnerstag, dem 17. März 1920, tagte im Kuppelsaal des Kunstgebäudes die Nationalversammlung der Republik von Weimar, als nach dem Putsch von Kapp und Konsorten Stuttgart die provisorische Hauptstadt des Reiches war. Truppen und Drahtverhaue sperrten Schloßplatz und angrenzende Straßen und die Schaulustigen sahen *Ebert*, den Reichspräsidenten, *Kanzler Bauer, Noske* und *Müller*, sämtlich Sozialdemokraten. Die Nationalversammlung debattierte im Stuttgarter Exil Schulprobleme und natürlich den Putsch, aber beschlußfähig war sie nicht: 165 Abgeordnete waren da, derer 211 hätte man benötigt.

Württembergs Staatspräsident *Blos* (SPD) hatte der Regierung sofort nach dem Berliner Putsch »in der ruhigeren Oase der Hauptstadt Schwabens« Sicherheit gegenüber »dem politisch durchseuchten Berlin« garantiert und bekundet: »Wir stehen auf dem Boden der Reichsverfassung«. Der »Merkur« jedenfalls verhehlte Skepsis nicht:

»Stuttgart, die emporblühende Großstadt«: Entwurf von Zietara-München für ein Werbeplakat (1929).

» So wenig man an der Gesamthaltung der Reichsregierung bisher eine ungemischte Freude haben konnte, so wenig wird es ungemischte Freude sein, mit der man in Stuttgart der Ankunft und der Niederlassung der neuen Gäste entgegensieht. Wie sollen all diese Leute unterkommen und verpflegt werden? Das alles bringt Schwierigkeiten und auch Gefahren allerlei Art. Man weiß nicht, wer auf den Gedanken gekommen ist, gerade unser Stuttgart vorzuschlagen. «

Hauptstadt Stuttgart, Teil 2

Das neue Schloß

❼

Es könnte heute anders aussehen an diesem Ort: Anstelle des Neuen Schlosses, zu dem der 18 Jahre junge Herzog *Carl Eugen* 1746 den Grundstein legen ließ, wäre ein moderner Neubau, in dem Herr Kohl residieren würde, und Richard von Weizsäcker, ohnehin im Neuen Schloß geboren, würde als Bundespräsident im Alten Schloß amtieren. — So könnte es sein, wäre Stuttgart Bundeshauptstadt geworden, eine Absicht, die am 26. Januar 1949 überraschend Radio Stuttgart bekanntgegeben hatte:

» Die Stadt Stuttgart hat sich in einer Eingabe an den Parlamentarischen Rat bereit erklärt, die künftige deutsche Bundesregierung aufzunehmen. «

In Konkurrenz mit Frankfurt, Kassel und Bonn waren Neues Schloß, Altes Schloß, Akademie, Landesgewerbeamt und Siegle-Haus für die Hauptstadt Stuttgart schon mal planeshalber requiriert; Staatsakte sollten im Bad Cannstatter Kursaal und auf der Solitude stattfinden. Stuttgart wurde es nicht; in der Öffentlichkeit wäre derlei sowieso kaum durchsetzbar gewesen. »Stuttgarts Bürger sind fast alle dagegen«, meldeten die StN, und Volkes Stimme meinte: »Mit der Gemütlichkeit ist's dann ganz aus«, oder im Dialekt: »Mir hent so scho z'viel Großkopfete do!« Die Gewerkschaften, »als Vertreter all der Tausenden, die heute noch unter schmachvollen Verhältnissen in Elendsquartieren hausen«, waren ebenso dagegen wie SPD und KPD im Gemeinderat.

Länger mußte ums Neue Schloß und dessen Wiederaufbau (1956–64) gekämpft werden. *Richard Döcker*, verantwortlich für das »neue Stuttgart« nach den Kriegszerstörungen, hatte für Abriß plädiert:

»Das Neue Schloß war einst Repräsentation eines Königreichs und der Laune eines Fürsten entsprungen. Kann es heute die Repräsentation eines Volksstaates darstellen?«

»Eine Barbarei ohnegleichen«, befanden StZ und StN übereinstimmend. »Rettet das Neue Schloß!« riefen die »Nachrichten«; 30.000 unterschrieben, darunter Reinhold Maier, Erwin Schoettle, Gustav Wais, und so blieb es denn erhalten.

»Anständig, frei und breit« urteilte Goethe 1797 über den Schloßplatz. Rechts das Neue Schloß, davor die Jubiläumssäule; links der »Goldene Hirsch«, das Kunstgebäude.

Die Königstraße, die Lebensader der Stadt, der Schloßplatz ihre Bühne, schon sehr lange eigentlich. Ehemals Exerzier- und Paradeplatz, haben Behnisch und Partner ihn 1977 umgestaltet. Bei schönem Wetter empfindet man hier »italienisch« und städtebauliche Harmonie (den Kleinen Schloßplatz mal ausgenommen). *Otto Borst* hat in seiner Stadtgeschichte dem Platz höhere Weihen gegeben:

Der Schloßplatz

» Wenn Stuttgart damals und heute nirgendwo Rang und Niveau und Europäisches zu zeigen gehabt hätte: hier ist es Kapitale. Hier ist die Stadt Stuttgart, hier ist das Land Württemberg zuhause.«
Alfred Lichtwark, *der Kunsthistoriker, hatte bereits 1898 angemerkt:*
»An Geschlossenheit des geschichtlichen Bildes und an typischer Bedeutsamkeit seiner Teile wird er in der Tat kaum seinesgleichen finden.« Und um das Lob voll zu machen, Goethe, 1797: »Anständig, frei und breit.«

Mitte 1   15

Die Schlösser: barocke Baulöwen und klassizistische Kunstkönige

600 Jahre Residenzgeschichte gehen nicht spurlos vorüber: Württembergische Grafen, Herzöge und Könige haben die Architekturlandschaft im Raum Stuttgart sozusagen geadelt und allenthalben spuken hier noch aristokratische Schloß-Geister durch die regionale Architekturgeschichte.

Das feudale Stadtzentrum Stuttgarts um den Schloßplatz gibt gleichsam eine Kurzfassung der Baugeschichte württembergischer Fürstensitze. Außen Burg und innen Schloß, steht die im 16. Jahrhundert maßgeblich ausgebaute Grafen- und Herzogsresidenz auf der Stadtseite des Platzes. Auch wenn die Gräben der ehemaligen Wasserburg (10. Jh./13. Jh.) längst zugeschüttet sind, verraten die mit kräftigen Ecktürmen befestigten »Elefantenmauern« noch etwas vom mittelalterlichen Schutz- und Trutzcharakter einer umstrittenen Grafenherrschaft. Erst der leicht und offen wirkende, dreigeschossige Arkadenhof (1557) der Renaissance bringt eine festliche Note in das äußerlich abweisende Festungsbauwerk.

Im Gegensatz zu der »Einigelungsarchitektur« des Alten Schlosses geht die »Vereinnahmungsarchitektur« des benachbarten Neuen Schlosses (ab 1747) schutz- und hemmungslos aus sich heraus. Mit einem großen Ehrenhof zum Schloßplatz und zwei offenen Vorhöfen zum Schloßgarten und Karlsplatz wird die barocke Dreiflügelanlage gleich mit drei »Gesichtern« oder Schaufassaden fast jedem Annäherungsversuch gerecht. Diese öffentliche Zurschaustellung höfischen Lebens verdanken Stadt und Land ihrem bauwütigsten Potentaten, Carl-Eugen (1728–1793), der die Stuttgarter Hofszene zu einem Eldorado für absolutistische Schloßbauprojekte in Europa machte und dessen Stein gewordene Architekturvisionen die Landeskinder bis heute bestaunen (und berappen) dürfen.

Begonnen mit der Umsetzung ehrgeiziger Residenzbaupläne hatte bereits Anfang des 18. Jahrhunderts Eberhard-Ludwig (1676–1733), der bis zu seinem Tode mehrere Hofarchitekten und unzählige Steuergelder für den Bau der umfangreichsten, barocken »Schlösser-Versammlung« Deutschlands in Ludwigsburg verbrauchte. Einschließlich des Gartenschlößchens Favorite (1715/23) als achsensymmetrischer Vorposten entpuppt sich »Schwäbisch Versailles« als eine Art »vereinigte württembergische Schloßbauwerke«.

Im absolutistischen Bausinn schuf später Carl-Eugen ein ganzes Netz von Filial-Schlössern zu den Hauptresidenzen Stuttgart und Ludwigsburg. Um 1765 betätigte sich der Herzog gleich als vierfacher Schloßbauherr, der den kostspieligen Innenausbau der Schlösser Ludwigsburg und Stuttgart verantwortete und nebenbei sein lebensfroh in Rokokoformen ausschwingendes Traumschlößchen auf der Solitude (1764/70) sowie das ebenfalls kuppelbekrönte Seeschloß Monrepos (1763/67) ausführen ließ. Zwar keine Verschnaufpause, aber eine ruhigere Gangart brachten die herzoglichen Baupläne für Scharnhausen (1783/84) und Hohenheim (ab 1772), wo antike Ruinenversatzstücke dem höfischen Landleben eine reizvolle Kulisse boten (»Englisches Dörfle« im heutigen Exotischen Garten) und spätbarocke Flügeltrakte mit frühklassizistischen Hauptfassaden den Charme einer feudalen Altersheimarchitektur ausstrahlen.

Während der württembergische König Friedrich mit der Abwicklung und Ausstattung der ihm vererbten Schloßbaustellen des 18. Jahrhunderts ausgelastet war, nahm Nachfolger Wilhelm I. (1816–64) im »naturbelassenen« Rosensteinpark mit dem von antiken Säulenportiken würdevoll akzentuierten »Landhaus« (1824/29), dem klassizistischen Landschlößchen Esslingen-Weil (1819/20) und dem Architekturexotikum des orientalisierenden Gartenschlößchens Wilhelma (1842/64) in Cannstatt die luxuriöse Familientradition wieder auf. Als 1848/49 die Revolution die Arbeit für den Kronprinzen am Neurenaissancebau der Villa Berg (1845/53) unterbrach, waren die prunkvollen Feudalbauten den Unzufriedenen längst zu Symbolbauten für die unerhörte Verschwendungssucht des württembergischen Herrschergeschlechts geworden.

Jörg Haspel

Der Königsbau war 1856–60 (Knapp und Leins) entstanden. In einem Teil des Festsaals hatten 1921 die UfA (zu deren Gründern auch Bosch gehörte) und die Schwäbische Urania die »Königsbau-Lichtspiele« eröffnet; der Eingang lag zur heutigen Bolzstraße hin. Hier war 1930 »Cyankali«, der § 218-Film nach *Friedrich Wolf,* zu sehen, dessen Verbot und Zensur die württembergische Staatsregierung betrieben hatte: »Eine Häufung von Vorführungen über das Abtreibungsproblem muß als unerwünscht bezeichnet werden.«

Überhaupt war die »reaktionäre Bolz-Bazille-Regierung«, wie Wolf sie nannte, im Kampf gegen Filme außerordentlich aktiv: »Panzerkreuzer Potemkin« verbot sie 1928, für »Das Dokument von Schanghai« sperrte sie im selben Jahr das Kunstgebäude — das U. T. (Union-Filmtheater) in der Tübinger Straße rettete die Vorführungen. Auch »Im Westen nichts Neues«, den Antikriegsfilm der US-amerikanischen Universal des aus Laupheim stammenden Juden Carl Laemmle, befehdeten die Württemberger heftig. » Der Hetzfilm eines gewinnsüchtigen Deutschlandfeindes«, hieß es im Landtag. Wer »Potemkin« oder »Im Westen« sehen wollte, mußte über die Grenze reisen, nach Basel oder Straßburg.

Wie sich die Zeiten doch ändern: Als Anfang der 80er Jahre der ehemals gefeierte, nun aber ungeliebte und nicht einmal mehr von der Stadt in ihrem Touristen-Faltblatt erwähnte Kleine Schloßplatz neuerlich diskutiert wurde, sehnte sich die StZ nach »harmonisch wirkender Architektur«. Das meinte das Kronprinzenpalais, doch ist der klassizistische Bau längst niedergelegt: 1963–64 war das, als die Ruine dem »Planiedurchbruch« im Wege stand. Was vom Palais vor Ort blieb, ist eine Fensterumrahmung, seit einigen Jahren nahe den Tunnelröhren etwas besser in den Blick gerückt.

Das Palais (1846–49, Ludwig Friedrich Gaab) schloß die Straße Planie im Westen ab und war damit Gegenpol zum Wilhelmspalais. Es war für Kronprinz Karl gebaut und diente bis zur Revolution 1918 mal der Königswitwe, dann wieder Thronfolgern als Domizil. Die Republik »erbte« das Kronprinzenpalais, das nun »Handelshof« hieß. Bei einem Luftangriff 1944 brannte das Gebäude aus. Was mit der Ruine anzufangen sei, war jahrelang umstritten, bis sie dann dem neuen König Automobil geopfert wurde.

Der 1968 eingeweihte Kleine Schloßplatz (Arch. Bächer, Belz, Kammerer), als Kind seiner Zeit überschwenglich begrüßt, mit dem Hugo-Häring-Preis des Bundes Deutscher Architekten in Baden-Württemberg (1969) und dem Bonatz-Preis (1971) bedacht, wird nun wohl das Schicksal des Palais nachvollziehen und abgerissen.

»Thüringen ist nicht das Land, wo man Schwaben vergessen kann«: Friedrich Schiller.

»Der Schwabe regt sich mächtig«

Er ist fraglos einer der schönsten historischen Plätze Deutschlands; schön, wenn er frühmorgens noch gänzlich unbelebt ist, genau so schön aber auch, wenn Markttag oder Weihnachtsmarkt sind, die sich ebenso wie das alljährliche Weinfest zwischen Altem Schloß und Rathaus etabliert haben. Schloß, Alte Kanzlei, Prinzenbau und Fruchtkasten geben den Rahmen ab für das erste bedeutende *Friedrich-Schiller-*Denkmal (1839, Berthel Thorwaldsen). Zwar hatten sich die Stuttgarter im 2. Weltkrieg schon versichert,

In der Schiller-Verehrung mag sich Stuttgart nichts vormachen lassen, wurde doch hier das erste größere Monument für den Dichter aufgestellt. Links das Denkmal inmitten der alten Anlage im Rondell mit Eisenzaun. Rechts die Einweihung des während des Krieges im Wagenburgtunnel versteckten Standbilds am 10. November 1945 inmitten der zerstörten Stadt (links der Turm des alten Rathauses).

daß sie für den Fall der Zerstörung des Monuments von den in Kopenhagen befindlichen Modellen Gipsabgüsse erhalten würden, doch Schiller überstand die Bombardements, eingelagert im Wagenburgtunnel. Bereits am 10. November 1945 wurde das Standbild inmitten der Ruinen wieder aufgestellt.

Stuttgart begreift sich als *die* Schillerstadt, obwohl der Klassiker (1759−1805) von hier Reißaus nahm.

Das war 1782, Fluchtroute vom Eßlinger Tor am heutigen Charlottenplatz über die Neckarstraße, beim jetzigen Katharinenstift in die Schillerstraße, dann Richtung Cannstatt nach Ludwigsburg. Carl Eugen hatte ein Schreibverbot verhängt und wegen unerlaubter Entfernung — zwei Aufführungen der » Räuber « in Mannheim — waren gegen den Dichter 14 Tage Arrest verhängt worden. Während Schiller heimlich floh, feierte der Despot wieder einmal eines seiner Prunkfeste (s.a. Bärensee, S. 221). Gelebt hat Schiller dabei in Stuttgart » nur « zehn Jahre, war vorher in Marbach, Lorch, Ludwigsburg, 22 Jahre dann außerhalb Württembergs. Aber er kam ja später auch wieder: » Der Schwabe, den ich ganz abgelegt zu haben glaube, regt sich mächtig. Thüringen ist das Land nicht, wo man Schwaben vergessen kann. « Er hatte hier die Hohe Carlsschule besucht und ist 1781−82 dann der Regimentsmedikus von 240 halbinvaliden Grenadieren aus der Legionskaserne (am Ort des Wilhelmsbau) gewesen, verschrieb » Brechwasser, davon sogleich die Hälfte nehmen. «

In der Schiller-Verehrung jedenfalls ließ sich Stuttgart dann nichts vormachen: Es hatte das erste Schiller-Fest (1825, im Garten des » Königsbad«, S. 80), den ersten Schiller-Verein (1827) und das erste größere Denkmal. Und da es auch noch den Schillerwein gibt, kann jeder Schwabe sich auf seine Art zum Dichter bekennen. Die Begeisterung ist ungebrochen: Die 1988 gestarteten Film-Matineen des NS-Streifens » Friedrich Schiller « (1940), auch in Stuttgart gedreht, waren in den » Kali« umgehend ausverkauft.

Die Residenz württembergischer Grafen und Herzöge ist heute Sitz des Württembergischen Landesmuseums und bietet mit dem schönen Arkadenhof der Renaissancezeit einen Ort für Hocketsen, Konzerte und Weihnachtssingen.

Am 21. Dezember 1931 brach im Alten Schloß zu Planie und Karlsplatz hin der Großbrand aus, dem am darauffolgenden Tag beim Einsturz des Südflügels drei Feuerwehrleute zum Opfer fielen. Paul Schmitthenner, »die Koryphäe des Einfamilienhausbaues«, wurde mit dem Wiederaufbau beauftragt und versprach 1936, das Alte Schloß »zu einer Weihestätte des gesamten Schwabentums zu erhöhen,« mit Totengedenkhalle im Turm, der »nordischen Königshalle« und dem »Gedächtnismal der gefallenen Helden« im Ehrenhof. Gutachter war Albert Speer; der »Völkische Beobachter« pries »den zeitlosen geistigen Gehalt, verbunden mit dem Ausdruck unserer Gegenwart.« Aber das Schloß wurde (im Krieg) wieder zerstört, der Wiederaufbau-Architekt blieb der Einfachheit halber derselbe: Schmitthenner.

Kam vom Neuen Schloß ins Alte Schloß: Der kriegerische Graf Eberhard, hier inmitten des kriegszerstörten Alten Schloß.

Die Schloßkirche ist leider nur noch bei Führungen zugänglich.

In der Fürstengruft — »Stuttgarts winzigstem Friedhöfle« (Knitz) — sind *König Karl* (1891), *Königin Olga* (1892), *Herzog Eugen* (1877) und *Herzogin Wera* (1912) bestattet. Der kriegerische Graf Eberhard (1859, Hofer) wurde vom Neuen Schloß-Ehrenhof hierher versetzt (S. 81).

Die historische Nobel-Herberge »König von England« (seit 1798) wurde im Krieg zerstört; Neubau 1958 (Karl Gonser).

Die Wiederherstellung der kriegszerstörten Stiftskirche, mit ihren beiden ungleichen Türmen ein weiteres Wahrzeichen der Stadt, hat nicht überall Anklang gefunden. 1957 beklagten Kunsthistoriker und Denkmalpfleger in einer Resolution »eines der traurigsten Kapitel in der Geschichte deutscher Baudenkmale nach dem Kriege« und »einen eklatanten Mißgriff«, nachdem Innenraum wie auch Aposteltor stark verändert worden waren.

Dies ist eine der bemerkenswertesten Leistungen des Stuttgarter Wiederaufbaus: Eine zweigeschossige Ladenstraße, die als erste Fußgängerzone der Republik gilt (1955).

In der zwischen Schul- und Stiftsstraße gelegenen Grabenstraße 11, war das Steinhaus, ältestes Haus der Stadt, das in den 50er Jahren zugunsten einiger Pkw-Parkplätze abgerissen wurde.

In dem Keller aus dem 16./17. Jahrhundert hat die Stadt 1937 ihr Weinbaumuseum eröffnet. Die Kellerräume sind noch erhalten und dienen heute u.a. der Polizei als Schießanlage.

Freudenhaus auf Klostergrund

Einen Steinwurf von der Stuttgarter Promenade Königstraße entfernt ist das »Dreifarbenhaus«, wie im Volksmund das Bordell im Bebenhäuser Hof entsprechend seiner rot-blau-gelben Fassadengestaltung heißt. Als das pikanterweise auf dem Gelände eines ehemaligen Klosters gebaute Etablissement 1957 eröffnete, kursierte in der Stadt und im ganzen »Ländle« das Gerücht, ein geheimer unterirdischer Gang führe vom nahegelegenen Rathaus direkt in die Prostituierten-Kaserne mit ihren 70 Zimmern. Doch dies traf ebensowenig zu wie die noch heute weit verbreitete Meinung, die Dirnenunterkunft gehöre der Stadt oder werde von ihr betrieben. Wahr ist allerdings, daß die Stadt das Grundstück für den Bordellbau bereitstellte, im Tausch gegen ein Areal, das eine der 20 Bewerberinnen um das Bordell in Rathaus-Nähe besaß. In einigen Geheimsitzungen beschloß der Gemeinderat den Tausch, den der »Spiegel« 1954 als »Schwabenstreich par excellence« kommentierte.

Der historische Marktplatz — hier bei einem Markttag 1933 — wurde im 2. Weltkrieg zerstört. Das Photo wurde übrigens nachträglich »bearbeitet«: Die Fahne am Erker des Rathauses links zeigte nämlich ursprünglich das Hakenkreuz.

Das Haus mit dem dezentbunten Anstrich kam sogar zu musikalischen Ehren: Schwabenrocker *Wolle Kriwanek* erzählt im Song von der »Herbertstraße« von einem vergnügungssüchtigen Landsmann, der reumütig von der Hamburger Reeperbahn an den Nekkar zurückkehrt: »Bua, do isch was los, em Bebahäuser Hof!«.

Marktplatz/Rathaus
⑫

Die historischen Gebäude des Markplatzes sind sämtlich kriegszerstört worden und etwas enttäuscht sollen sie schon gewesen sein, die Stuttgarter, als ihr heute noch als »schmucklos« herabgemindertes Rathaus (1953—56, Schmohl und Stohrer) den Bau des Vorgängers von 1899 ersetzte. Der alte Turm wurde in den Neubau integriert und hatte für Architekt Schmohl besondere Bedeutung: »Er wird vielleicht weit über die Grenzen unseres Landes hinaus als neuzeitliche vorbildliche Form anerkannt werden.« Nun, ein Wahrzeichen ist er nicht geworden.

In der Nachkriegszeit diente der Turm der Ruine Artisten immer wieder als Startrampe für waghalsige Aufführungen. Der Versuch des Sensationsdarstellers Walter Henff alias »Rio Santo«, am 15. Juni 1946 mit einem 500er-Motorrad auf dem Drahtseil vom Rathausturm zum Breuninger-Hochhaus zu fahren, endete tödlich (der Artist selbst hatte den Plan für undurchführbar gehalten, ließ sich aber durch die hohe Prämie und viele Hundert Zuschauer umstimmen).

Zwei OB-Ära: Klett und Rommel

Stuttgart hat seit 1945 erst zwei Oberbürgermeister »verbraucht«; beide waren und sind über die Stadt- und Landesgrenzen hinaus bekannt. Mit *Arnulf Klett* (1905–1974), dem dienstältesten Großstadt-OB der Republik, ging die Ära der parteilosen Bürgermeister zuende.

Die »Ära Klett«, des Mannes mit der Fliege, harrt noch ihrer kritischen Aufarbeitung, fielen doch in seine Amtszeit Entscheidungen von großer Tragweite (Wiederaufbau). So manchen Strauß mußte er ausfechten, nennen wir den »Bürkle-Skandal« der 50er Jahre, als der OB als 400.000 DM-Schuldner amnestiert wurde, die eigenwillige Beschlagnahme der Münchener »Illustrierte Post« oder die Bestechungsvorwürfe, als er zum 50. Geburtstag reich beschenkt wurde – von Daimler eine Perserbrücke, von Bosch den Fernseher, von den Brauereien die Krawattennadel mit Zuchtperle (die Eröffnung eines Verfahrens wurde abgelehnt).

Seit 1974 amtiert als Oberbürgermeister *Manfred Rommel* (geb. 1928 in Stuttgart), »am Wüaschtefuchs sei Kloiner«, also Sohn des von den Nazis in den Tod getriebenen Generalfeldmarschalls Erwin Rommel. Als er 1974 um das Amt kandidierte, lief in den damals noch bestehenden »Planie-Lichtspielen« der Spielfilm über seinen Vater ... Mit 58,9 Prozent gewann CDU-Mann Rommel 1974 im 2. Wahlgang gegen *Peter Conradi* (SPD / 39,5 Prozent), der Anfang der »Eroberung der Großstädte« durch die Christdemokraten.

Seit 1974 im Amt: Oberbürgermeister Rommel.

Rommel war enger Mitarbeiter des Ministerpräsidenten Filbinger und stellte sich hinter ihn, als den seine NS-Vergangenheit einholte. Er trat 1980 für Strauß als Kanzlerkandidat ein. Trotzdem: Stuttgarts OB gilt als liberaler, toleranter und eigenständiger »Schultes«, was er z.B. im Streit um das Begräbnis der in Stammheim gestorbenen RAF-Häftlinge oder bei den Attacken gegen »Terroristensympathisant« Claus Peymann vom Schauspiel bewies. Thaddäus Troll über den OB: »Die Stuttgarter haben eine alte schwäbische Regel verletzt – »Mer wählt nia da Gscheitschta zom Schultes« – und damit der Stadt einen Oberbürgermeister gegeben, der in kurzer Zeit einen geistigen Klimawandel verursacht hat.«

1978 kandidierte Rommel um die Filbinger-Nachfolge; Späth gewann mit 42 zu 27 Stimmen in der CDU-Fraktion.

Die Sitzverteilung im Gemeinderat: CDU 24 Sitze, SPD 18, Die Grünen 10, FDP/DVP 5, FWV/UBL 3 (1984).

Unermüdlicher »Einzelkämpfer« im Gemeinderat: Eugen Eberle, von 1948 bis 1984 Mitglied des Gremiums.

Rathaus/Hirschstr.

Eine Stuttgarter Besonderheit war Eugen Eberle (geb. 1908), der 1948 bis 1984 dem Gemeinderat angehörte und der populärste Vertreter der Linken war. Der Werkzeugmacher und ehemalige Bosch-Betriebsratsvorsitzende bekam 1947 und 1953 auf der KPD-Liste jeweils die höchste Stimmenzahl und kandidierte nach dem KP-Verbot 1956 erfolgreich mit Wahlbündnissen (seit 1971 das Parteifreie Bündnis–PFB). Bei der OB-Wahl 1966 erreichte er gegen Klett einen Achtungserfolg von 15,8 Prozent. 1967 war Eberle Mitbegründer der Demokratischen Linken (DL), die allerdings den Einzug in den Landtag nicht schaffte.

Unversehrt hat die »Stuttgardia« (1905, Heinz Fritz) die Zerstörung überstanden und ist seit 1968 wieder am Rathaus (Hirschstraßen-Seite). Das Medaillon nennt den Namen des Modells: Else Weil, Tochter des Sanitätsrat Dr. Weil. Wie das »Amtsblatt« nach dem Krieg schrieb, sei die »Stuttgardia« inzwischen Amerikanerin geworden. Das wurde sie übrigens nicht ohne weiteres: Sie war Jüdin und in die USA geflüchtet.

»Ein sehr gemütliches, wenn auch in manchen Dingen noch unvollständiges Hotel« — so kommentierte die StZ wenige Tage vor Weihnachten 1945 die Eröffnung des Bunker-Hotels, das als »Hotel am Marktplatz« immerhin bis Herbst 1985 bestand. In der kriegszerstörten Stadt waren derartige Unterkünfte nichts Ungewöhnliches: Der Baedeker von 1949 nennt weiter das Bunker-Hotel unterm Wilhelmsplatz (40 Betten), das Untergrundhotel Diakonissenplatz (40 Betten), »Turmhotel Conen« im Hochbunker an der Rosensteinbrücke (41 Betten), den Caritas-Bunker Marienplatz mit Lager (180 Betten) und den Leonhardsbunker (30 Betten) vor dem Siegle-Haus.

Der »Verein für das Wohl der arbeitenden Klassen« von *Eduard Pfeiffer* führte rund um den Hans im Glück-Brunnen (1909, Josef Zeitler) die erste Stuttgarter Altstadtsanierung durch. 87 Häuser wurden abgebrochen, 33 Gebäude entstanden 1900—09 (Arch. Hengerer) neu und vermittelten ein bis heute in Teilen erhaltenes »schwäbisch-mittelalterliches Stadtbild«, eine romantische Altstadtkulisse.

Die KPD-Adresse

Diese Adresse (jetzt »Wochenblatt«) verband sich für die Öffentlichkeit über zwei Jahrzehnte mit der Kommunistischen Partei (KPD), die zwar Stuttgart nicht zu ihren Hochburgen zählen konnte — Ostheim war kein Roter Wedding — aber hier Anfang der 30er Jahre um die 20 Prozent der Stimmen bekam. Hier erschien bis zum Verbot der KPD 1933 die »Süddeutsche Arbeiterzeitung« (SAZ) und nach 1945 die »Volksstimme«, bis die Partei 1956 wieder verboten wurde, Polizei die Räume besetzte und das Material beschlagnahmte.

Bemerkenswert ist, wieviele prominente Linke aus jenem Stuttgarter Kreis kamen, der schon in der Revolution 1918—19 vor Ort war (S. 62). Und interessant ist eine besonders in Stuttgart markante Entwicklung: Der Aufstand gegen die KPD-Politik und die Gründung der Kommunistischen Partei Opposition (KPO). Aus der KPO kam Willi Bleicher *(S. 125) und einer ihrer wichtigsten Repräsentanten war der Affaltracher Jude* August Thalheimer *(1884—1948), zeitweise Chefredakteur der »Roten Fahne« und Professor der Moskauer Sun Yat-sen-Universität (im Exil in Havanna auf Kuba gestorben). Zur KPO gehörten* Albert Schreiner *(1892—1979), der 1934 im französischen Exil das Buch »Hitler treibt zum Krieg« veröffentlichte. Von der KPD zur KPO übergewechselt waren auch der Oberschwabe* Jakob Walcher *(1887—1970), ehemals Redakteur der »Schwäbischen Tagwacht« in Stuttgart und nach dem Krieg Chefredakteur in der DDR und* Emil Birkert *(1895—1985), 2. Bundesvorsitzender der »Naturfreunde«. Weitere bekannte KPD-Politiker waren* Max Bock *(1881—1946), der Arbeitsminister,* Willi Bohn *(1900—1986), Autor von Büchern zum Stuttgarter Widerstand,* Albert Buchmann, *der in die DDR übersiedelte und dort starb, der Daimler-Betriebsratsvorsitzende* Erich Gentsch *(1893—1944), ebenso wie seine Frau von den Nazis ermordet,* Fritz Rück *(1895—1959), Vorsitzender der »Naturfreunde«, und der Gewerkschafts-Vorsitzende* Johannes Stetter *(1885—1963), der schon 1926 mit der KP gebrochen hatte.*

*Wahlkampf-Propaganda
1931 für die »Sowjetge-
meinde«: Das KPD-Haus
in der Geißstraße.*

Eine der markantesten Persönlichkeiten der Stuttgarter KPD war der jüdische Arzt und Schriftsteller *Friedrich Wolf* (1888–1953). 1927 zog er von Hechingen in die württembergische Metropole, wo er als Arzt für Naturheilkunde und Homöopathie in der Zeppelinstraße 43 im Westen praktizierte und wohnte, in einer von Richard Döcker im Weißenhofstil erbauten Villa. In der »Stadt der harten Schädel« (Wolf) führte das Landestheater seine Dramen auf, schrieb er die »Matrosen von Cattaro« und sein populärstes Stück, das die Problematik des Abtreibungsparagraphen aufgriff: »Cyankali, § 218«. Nationalistische und klerikale Proteste führten zu Absetzungen des Stücks. 1930 wurde »Cyankali« auch verfilmt und während der Diskussion um die Reform des § 218 1975 erstmals für die Bundesrepublik in Stuttgart wiederaufgeführt. Wegen »gewerbsmäßiger Abtreibung« wurde Wolf 1931 zusammen mit seiner Kollegin *Dr. Else Kienle* verhaftet. Nach einer von der KPD entfesselten reichsweiten Protestkampagne wurden beide wieder freigelassen.

Arzt, Schriftsteller, Kommunist: Friedrich Wolf

Die Frauen: Ein Netzwerk von Projekten

Die traditionellen Frauenverbände und -gruppen oder unabhängige Interessengemeinschaften sind im Landesfrauenrat Baden-Württemberg mit Sitz in Stuttgarts Falkertstraße zusammengeschlossen, der zunehmend (frauen-)politischer geworden ist und sich erfreulich häufig in Kommunal- und Landespolitik einmischt. Als in den 70er Jahren die neue Frauenbewegung entstand, begann auch in Stuttgart autonome Frauenarbeit. Nach über zehn Jahren feministischer Arbeit hat sich ein dichtes Netzwerk von Frauenprojekten herausgebildet, in der Hauptsache in den vier inneren Stadtbezirken.

Im Oktober 1980 — und davon berichtet das 1983 erschienene »Stuttgarter Frauenbuch« ausführlich — gründeten autonome Frauengruppen zusammen mit parteilich organisierten Gruppen und interessierten Einzelfrauen das Stuttgarter Frauenforum, das sich heute noch allmonatlich im Frauenzentrum Kernerstraße 31 trifft. Nicht zuletzt stammt die Durchsetzung der Stelle der Frauenbeauftragten im Rathaus 1986 mit aus den Reihen des Frauenforums.

Eine der ältesten Gruppen des Forums ist der Verein »Frauen helfen Frauen« (1977 gegründet). Bevor die Frauen nach zahllosen Gesprächen mit der Stadt und anderen potentiellen Trägern 1983 ein autonomes Frauenhaus eröffneten, arbeiteten sie durch Beratungsarbeit und private Aufnahme von Betroffenen für und mit mißhandelten Frauen Zwei Jahre früher, 1981, wurde das städtische Frauenhaus gegründet. Um mißhandelten Frauen zu ermöglichen, eine selbständige Existenz aufzubauen, hat der Verein »Hilfe zur Selbsthilfe« 1986 einen »Beratungsladen für Frauen« eingerichtet.

Ebenfalls 1986 haben sich drei voneinander unabhängige Frauen(-gruppen) des Problems »Sexueller Gewalt gegen Mädchen« angenommen: Autonome Frauen in der »Wildwassergruppe«, die Gruppe »Kobra« mit Unterstützung der Evangelischen Kirche (Gerokstraße), die 1988 die Trägerschaft eines Mädchenhauses ermöglicht hat, und die Frauenbeauftragte der Stadt, die dazu eine Studie vorgelegt hat.

Der »Mädchentreff Stuttgart« (Hackstraße 2) arbeitet seit 1979 in kirchlicher Trägerschaft mit einer Konzeption autonomer Frauenpolitik von Sozialarbeiterinnen insbesondere für Schülerinnen einer Berufs-, Berufsfach- und Sonderberufsschule (Pausentreff, Berufsberatung, Hausaufgabenbetreuung, Seminare und Freizeiten). »ROSA-Verein zur Förderung feministischer Jugendarbeit« (Hackstraße 2, Tel. 284 598) wurde 1985 gegründet und baute eine Wohngemeinschaft für junge Frauen über 18 Jahre auf, gezielt für Ausländerinnen.

Mit den spezifischen gesellschaftlichen Ursachen von Krankheit und therapeutischen Möglichkeiten beschäftigen sich »Lagaya« und das »Frauengesundheitszentrum«. Eine autonome Gruppe § 218, der sich auch »Grüne« Frauen angeschlossen haben, arbeitet sehr aktiv.

Der beruflichen Seite widmen sich zwei autonome Projekte: In der Schlosserstraße 28 der »Verein zur Beruflichen Förderung von Frauen« (BeFF), der seit Anfang 1987 in Fragen der beruflichen Ausbildung und (Weiter-)Qualifikation berät, bei der Kinderbetreuung ebenso unterstützt wie bei beruflich mitbedingten Partnerschaftsproblemen. Das »Frauenkolleg« in der Rosenbergstraße 50/1 hat ein umfangreiches Seminarangebot mit einem frauenspezifischen Bildungskonzept.

Übergreifende Informationen über alle diese Bereiche bietet die »famm«, die Stuttgarter Frauenzeitung. Seit einigen Monaten gibt es auch den »Stuttgarter Frauenbuchladen« (Olgastraße 75). Zwei weitere übergreifende Projekte, die zu den ältesten, nach einer personellen Verjüngung aber zu den jüngsten gehören: Die »Uni-Frauengruppe« und das Frauenreferat.

»Das Sarah — Café und Kultur von Frauen für Frauen e.V.« ist neben »Frauen helfen Frauen e.V.« wohl das älteste (1980) autonome Projekt in Stuttgart und die Johannestr. 13 frauengeschichtlich ohnehin ein traditionsreicher Ort.   *Dr. Gabriele Steckmeister*

In Stuttgart schrieb Wolf auch die programmatische Schrift »Kunst ist Waffe«, die in der Arbeiterbewegung zum geflügelten Wort wurde. Bevor er als einer der ersten Juden 1933 Stuttgart verließ, hatte er mit der von ihm gegründeten Laienschar »Spieltrupp Südwest« Agitprop-Stücke auf der Straße und in Arbeiterlokalen gespielt. Nach Internierung in Frankreich und Exil in der Sowjetunion starb Wolf 1953 in Lehnitz (DDR). In der DDR machten seine beiden Söhne Karriere: Markus (»Mischa«) als stellvertretender Sicherheitsminister und Spionagechef, Konrad (†) als international anerkannter Filmregisseur.

Als »modernes Waren- und Geschäftshaus« entstand 1908 (Arch. Hengerer, Mehlin, Reissing) der Graf-Eberhard-Bau, kurz Eberhardsbau genannt.

»Schandfleck der Stadt«

Statt Nachtschwärmern und Vergnügungssüchtigen kamen 1978–79 die Abräumbagger: Dem Schwabenzentrum mußten die »Vereinigten Hüttenwerke« weichen, wie OB Klett das Amüsierviertel aus Behelfsbauten und Baracken zwischen Eberhard- und Hauptstätter Straße etikettierte. Als »Stuttgarts Schandfleck« und »Sündenbäbele«, »einer Großstadt unwürdig«, machten die StN die Bretterbudenstadt aus, die auf den Trümmern des 2. Weltkriegs entstanden war. Von »billigen Bars, Schuppen mit miesen Pornoprogrammen, Nepp, Freudlosigkeit, großen und kleinen Lastern, Bandenkriminalität, die von Zuhältern, Glücksspielern und Altstadtschlägern getragen wird«, berichtete der auf die »heiße Meile« entsandte Reporter. Nur jede fünfte der insgesamt 52 »Wohnungen« im Quartier war mit Bad, Wasserklosett und Zentralheizung ausgestattet; einzelne Betriebe hatten überhaupt keine Toilette und eine Feuerschau 1977 ergab, daß es in jedem Lokal Anlaß zu Beanstandungen gab.

Als »Nahrungsmittelbörse neuen Typus« ist die Markthalle 1914 nach zweijähriger Bauzeit (Arch. Martin Elsaesser) eröffnet worden. 50 Händler haben heute hier ihre Stände, ein Fünftel davon

Eberhardstr./ Marktstr.
⑭

Die »Vereinigten Hüttenwerke«, im Vordergrund an der heutigen Adenauer-Straße, galten als »Schandfleck der Stadt« und wurden Ende der 70er Jahre abgerissen. Hier steht nun das Schwabenzentrum. Im Hintergrund der Turm des Eberhardsbaus und der Tagblatt-Turm.

Ausländer. Ihr Angebot ist so reichhaltig wie auf dem Münchner Viktualienmarkt, die Kundschaft international und der Flair gleicht dem eines orientalischen Basars, mit einem kleinen Unterschied: Um die Preise — eh' ein wenig höher als anderswo — wird nicht gefeilscht.

Der Jugendstilbau mit Plastiken und Wandbildern, dessen Halle 60 Meter lang und 25 Meter breit ist, galt bei Eröffnung als eine der modernsten und am besten eingerichteten Markthallen Deutschlands. 1973 sollte die Stuttgarter Markthalle dem Bagger zum Opfer fallen: Sie rentiere sich nicht mehr, hieß es im Rathaus. Ein Gutachten empfahl den Abriß und verunglimpfte den Erhalt der Halle als »soziale Romantik«. Ein supermodernes Einkaufszentrum an gleicher Stelle stand zur Debatte, doch vehemente Proteste von Standinhabern, Kunden, Presse und Landesdenkmalamt erreichten, daß die Halle blieb und renoviert wurde. »Es war einer der letzten Häuserkämpfe, die der Denkmalschutz in Stuttgart gewonnen hat«, kommentierte der Journalist Karlheinz Fuchs 1979 die Entscheidung.

Gestapo-Zentrale im »Silber«

Der sogenannte »Bolz-Zwischenfall« vor dem »Hotel Silber«: Grund für die Verhaftung des früheren württembergischen Staatspräsidenten am 19. Juni 1933 war die Teilnahme am Parteitag der Christlich-Sozialen in Österreich. Bolz wurde bei der Ankunft am »Silber« beschimpft und mit Unrat beworfen. Er kam in Haft auf den Hohenasperg.

Als Inbegriff nationalsozialistischen Terrors in Stuttgart gilt das »Hotel Silber«, von 1933 bis 1945 Sitz der Gestapo, der Geheimen Staatspolizei. Das ehemalige Nobelhotel, 1844 als Gasthof »Zum Bahnhof« eröffnet, war für viele, die sich der braunen Tyrannei widersetzten, erste Station eines Leidensweges, der durch Zuchthäuser und Konzentrationslager führte und oft mit dem Tod endete. Zu den zahllosen Antifaschisten, die der Gestapo im »Silber« ausgesetzt waren, zählten *Eugen Bolz*, letzter württembergischer Staatspräsident der Weimarer Republik, der Nachkriegs-Vorsitzende der SPD, *Kurt Schumacher*, und die Kommunistin *Lilo Herrmann*. Der Widerstandskämpfer *Georg Schwenker* in seinen Erinnerungen:

»Als ich 1944 ins »Hotel Silber« eingeliefert wurde, warfen mir zwei SS-Männer Decken über den Kopf und schlugen auf mich ein, bis ich bewußtlos

war. Sie schleiften mich in den Keller, wo ich erst am nächsten Morgen auf-
wachte. Sie hätten mich auch totprügeln können. Bei denen spielte ja Mord
keine Rolle.« Der Calwer Kommunist Hans Ballmann: *»Die Geständnisse*
wurden auf die brutalste Weise erpreßt. Mißhandlungen und Schläge bis zur
Bewußtlosigkeit gehört zum üblichen. Die Blutspritzer an den Wänden im
Keller und den drei Zellen waren Zeugen dieser Behandlung.«

Chef der berüchtigten Gestapo-Zentrale war der ehemalige republikanische Polizeiinspektor *Mußgay.* Nach der Festnahme er-
hängte er sich im Internierungslager Ludwigsburg. Er war mitver-
antwortlich, daß in der Nacht vom 10. auf 11. April 1945 vier Menschen im »Silber« gehenkt wurden: Die Jüdin *Josenhans*, eine
Französin, ein Litauer und ein bis heute unbekannter Mann.

Der SS-Hauptscharführer Anton Dehm *gestand 1946 die Morde und be-*
richtete über den Tod von Frau Josenhans: »Ja, ich hab' das Weib gehenkt.
Aber zuerst ist die Schnur abgekracht. Die Frau sagte zu mir: Sie haben doch
auch eine Mutter, lassen sie mich doch am Leben. Da schlug ich sie aufs Maul
und dann habe ich sie vollends aufgehängt.« 1952 wurden die Ermittlungen
gegen Dehm, der sich auf die Befehle Mußgays berief, eingestellt.

Nach dem Krieg zog die Kriminalpolizei in das Gebäude ein, an
dessen Geschichte seit 1988 eine Gedenktafel erinnert (jetzt Innenministerium).

Das »Institut für Auslandsbeziehungen« hat seinen Sitz in einem
1705 als Kaserne begonnenen Bau, der 1712 zum »Waisen-, Zucht-
und Arbeitshaus« bestimmt wurde. Uniformiert, die Fahne voraus
und das Holzgewehr auf der Schulter, mußten die Waisen des Landes unter Trommelwirbel im Hof exerzieren und singend durch die
Straßen marschieren. Arme fanden im Waisenhaus Arbeit, »unge-
ratene Kinder, Vaganten, Trunkenbolde, Spieler, boshafte Eheleu-
te, Schwärmer, Fanatiker« jedoch bekehrte man »mit harter Arbeit,
täglichen Schlägen, geringer Speise.«

⑰
Charlottenplatz 17

Exerzieren im Innenhof:
Die Waisen in Stuttgart.

1922, das Waisenhaus war nach Ellwangen verlegt worden, erhielt die barocke, unregelmäßige Vierflügelanlage durch Paul Schmitthenner ihr heutiges Gesicht. Das Deutsche Auslandsinstitut (DAI) und der Süddeutsche Rundfunk, beide gegründet von Konsul Theodor Wanner, zogen ein. Am 2. März 1933 drangen hier vier junge SPD-Leute in den Senderaum ein und riefen über den Sender: »Nieder mit Hitler! Freiheit!«. »Haus des Deutschtums« hieß das Gebäude ab 1925. Nach Kriegszerstörungen und Wiederaufbau beherbergte das Alte Waisenhaus Ämter und Büros, einige Läden, ein Café, eine Gaststätte mit Biergarten, das »Planie«-Kino, Vertriebenenverbände und bis zu ihrem Verbot 1956 die KPD Baden-Württembergs. Hauptmieter aber blieb bis heute das »Institut für Auslandsbeziehungen«, das den internationalen Kulturaustausch pflegt und die größte Spezialbibliothek zur Auslandskunde in der Bundesrepublik besitzt: 300.000 Bücher sowie 5.000 Zeitungen und Zeitschriften aus aller Welt.

Kaiser Wilhelm I. — Denkmal auf dem Platz für Carl Eugen; im Hintergrund das Alte Schloß.

Karlsplatz
⑱

Das Reiterdenkmal (1898, Ruemann und Thiersch), gespendet von Bürgern der Stadt, zeigt *Kaiser Wilhelm I.*, dem sie in den Revolutionstagen 1918 eine Zipfelmütze aufsetzten, doch benannt ist der Platz nach Herzog *Carl Eugen*. Seit dem Abriß der Hohen Carlsschule hat er viel von seiner Wirkung eingebüßt. Hier ist jeden Samstag ein gut sortierter Flohmarkt und zweimal im Jahr der Große Flohmarkt, der in weiten Teilen der Innenstadt abgewickelt wird.

1970 — 25 Jahre nach Ende der NS-Zeit ließ die Stadt vor dem Alten Schloß das »Mahnmal für die Opfer der nationalsozialistischen Gewaltherrschaft« aufstellen — eine späte Ehrung jener Stuttgarter Männer und Frauen, die im Widerstand starben. Das von Bildhauer *Elmar Daucher* geschaffene Mahnmal besteht aus vier schwarzen Granitblöcken (sie symbolisieren die Schwere der damaligen Zeit) und trägt eine von *Ernst Bloch* verfaßte Inschrift:

»1933 bis 1945. Verfemt, verstoßen, gemartert, erschlagen, erhängt, vergast. Millionen Opfer der nationalsozialistischen Gewaltherrschaft beschwören Dich: Niemals wieder!«

Die Gedenkstätte an zentraler Stelle war Ergebnis eines jahrelangen Kampfes, den der parteilose linke Stadtrat und ehemalige KZ-Häftling Eugen Eberle *im Gemeinderat führte. Die CDU-Fraktion plädierte für ein Mahnmal auf dem Birkenkopf fernab der Stadt, der Verwaltungsausschuß schlug den Brunnenplatz im Hoppenlaufriedhof vor. Mit seiner Initiative, den Platz vor dem Mahnmal »Ernst-Bloch-Platz« zu nennen, scheiterte Eberle allerdings 1978. Über Stuttgarts »Bewältigung der Vergangenheit«* schreibt Max Fürst: *»Stuttgart ist eine Stadt mit praktisch veranlagten Bürgern: Vier Steinwürfel für die Opfer des Faschismus. Sie stehen sehr diskret an einer Ecke. Wenn man nicht weiß, worum es sich handelt, sieht man sie nicht. Tag und Nacht pissen die Hunde daran und manchmal die Menschen.*

Diskret in einer Ecke: Mahnmal für die Opfer der nationalsozialistischen Gewaltherrschaft am Alten Schloß.

Die Stadt um 1910: Hinter dem Neuen Schloß schließen sich zur Neckarstraße hin die Gebäude der abgerissenen Akademie an. Links vom Königsbau steht noch das 1964 niedergelegte Kronprinzenpalais.

Die Stadt hat ihre Pflicht getan, ein wenig so, wie man es früher tat, als man die Gräber mit schweren Steinen belegte, damit die Toten nicht zurückkehren können.«

Der Akademiebrunnen von Thouret (1811) steht noch hinter dem Neuen Schloß, aber die Akademie oder »Hohe Carlsschule« selbst, nach dem Krieg noch als »ausgedehnte, drei Höfe umschließende Gruppe niederer Gebäude« (Baedeker 1949) erhalten, nicht mehr. Ein Modell von Herbert Gebauer beim Brunnen läßt nachvollziehen, welches Gelände die 1770 auf der Solitude begründete und 1775 nach Stuttgart verlegte Schule einnahm. 1959, im Jahr der Stuttgarter Ausstellung »Hohe Carlsschule«, wurde die Ruine des Festsaals bei der Verbreiterung der Neckarstraße abgerissen, obwohl z.B. die Deutsche Schillergesellschaft es als »dringendes Gebot« erachtete, den Bau zu erhalten.

Akademiegarten

»Wohin mit dem Landtag?«

Das war eine der Fragen, die die Stadt lange heftig bewegte. Der Hindenburgbau, Schloß Rosenstein und vor allem das Neue Schloß waren nach 1945 im Gespräch. Mit 56:56 Stimmen, bei einer Enthaltung, wurde der geplante Einbau ins Neue Schloß 1956 vom Landtag verworfen und mit Mehrheit für einen Neubau beim Großen Haus entschieden (59:3:49). Mit dem Neubau (1959–61,

Konrad-Adenauer-Str. 3

Heinle/Linde nach Entwurf Viertel) am Ort des früheren Interims-
theaters zog die Politik wieder ins Zentrum der Stadt und leitete mit
diesem Anspruch gleichzeitig eine »Flurbereinigung« historischer
Bauten ein: Die ehemals Königliche Reithalle von Salucci (1839),
die man nach Kriegsende als Konzertsaal einrichten wollte, wurde
1958 gesprengt und auch die »Hohe Carlsschule« (s.o.) niedergelegt.

*Regierungspartei im »Ländle« war nicht immer die CDU (Anm. die Land-
tagswahlen 1988 standen bei Drucklegung kurz bevor). 1952 war die CDU bei
den ersten Wahlen im neuen Bundesland zwar stärkste Partei, aber außen
vor: Freidemokrat Reinhold Maier (DVP/FDP) bildete aus SPD (38 Sitze)
und FDP/DVP (23) zu aller Überraschung eine Regierung. Nach dem
CDU-Erfolg bei der Bundestagswahl 1953 allerdings trat Maier zurück und
überließ Gebhard Müller mit einer Allparteienkoalition (ohne KPD) das
Regieren. Auch Kurt Georg Kiesinger (ab 1958) verteilte Kabinettsitze an
alle Parteien im Parlament, ehe 1960—1964 eine CDU/FDP/DVP/GB/
BHE-Regierung amtierte und 1964—1966 das CDU/FDP/DVP-Kabinett.
Von 1966—1972 bildeten unter Filbinger CDU und SPD die Große Koalition. In diese Zeit fiel auch der Einzug der NPD in den Landtag, die in Baden-Württemberg den höchsten Stimmenanteil bei Landtagswahlen im
Bundesgebiet erreichte: 9,8 Prozent.
52 Prozent reichten Filbingers CDU ab 1972 zum Alleinregieren und
1976 wurde unter der Parole »Freiheit oder Sozialismus«, von welchem sich
anscheinend Oberschwaben und Schwarzwälder bedroht fühlten, auf 56,7
Prozent aufgestockt. Als Filbinger stürzte, kam Lothar Späth (geb. 1937) ins
Amt und behielt 1980 und 1984 die absolute Mehrheit. Baden-Württemberg
war 1980 der erste Flächenstaat, in dem die Grünen ins Parlament einzogen.*

Paul Bonatz

**Oberer Schloßgar-
ten/»Theatersee«** Akademie- und Schloßgarten sind Auftakt der Anlagen (S. 75).
Hier stehen Hofers Nachbildungen antiker Statuen, nicht immer
wohlgelitten. Hier sind die Theater, das Staatstheater oder Große
Haus (1909—12, Max Littmann), dessen Ballett Weltruf hat. Davor
stehen von Vater *Adolf von Donndorf* noch ein Schiller (1913) und
von Sohn *Karl von Donndorf* der Schicksalsbrunnen (1914), Andenken an die 1910 ermordete Sängerin Anna Sutter. Das Kleine
Haus, sein Vorgänger wurde zerstört, entstand 1959—62 (Volkart
und Partner), das Kammertheater (1983) liegt auf der anderen Seite
der Adenauerstraße.

Paul Bonatz:
Altmeister der schwäbischen Moderne

Selbst dem in Architekturgeschichte weniger bewanderten Stadtspaziergänger dürfte
der Name Paul Bonatz, wenn schon kein Begriff, so zumindest hin und wieder im Straßenbild
begegnet sein. Kleine Bronzeplaketten zieren nämlich die als vorbildlich erachteten Neubauten Stuttgarts und weisen diese und ihre Entwerfer als Träger des 1959 von der Stadt ge-
stifteten Paul-Bonatz-Preises aus. Auch wenn die Auszeichnung manchmal nur schwer verständlich erscheint (Kleiner Schloßplatz), macht sie doch eines unmißverständlich klar: Kein
anderer Stuttgarter Bau-Meister des 20. Jahrhunderts durfte sich über die Grenzen der einander befehdenden Architekturprogramme hinweg einer breiteren Zustimmung des Zeitge-
schmacks erfreuen als der schwäbisch maßvolle Modernist Paul Bonatz (1877—1956).
Nach Stuttgart kam der 1877 im Elsaß geborene und in München ausgebildete Bonatz

erst 1902, als der ebenfalls aus der bayerischen Hauptstadt an die Stuttgarter Technische Hochschule berufene Architekturreformer Theodor Fischer den jungen Architekten als Assistenten an seinen Lehrstuhl holte. Bereits 1908 trat Bonatz als ordentlicher Professor die Nachfolge seines Lehrmeisters im Fach Städtebau und Entwerfen an und sorgte damit für eine gewisse Kontinuität der Ausbildungs- und Entwurfsauffassung der Stuttgarter Architektur-Schule (S. 300). Bonatz freilich hatte seinen beiden bekanntesten Mitstreitern im Architektur-Lehrer-Kollegium der Zwischenkriegszeit, Paul Schmitthenner und Heinz Wetzel, etwas voraus, was eine eindeutige architekturgeschichtliche — oder architekturideologische — Verortung seines vielseitigen Schaffens bis heute erschwert: eine bemerkenswerte Offenheit und Aufnahmebereitschaft für traditionslose Konstruktions- und Gestaltungsmöglichkeiten.

Die auf den ersten Blick extrem gegensätzliche Entwurfskriterien vereinigende Architektenpersönlichkeit Bonatz zeichnet sich bereits im Frühwerk an Stuttgarter Bauten ab. Fast gleichzeitig entstanden die Entwürfe für die Turn- und Festhalle Feuerbach (1912) und den Hauptbahnhof (1914/28). Vom erhaben gelagerten Feuerbacher Walmdachbau, seiner symmetrisch geschlossenen Baumasse und den feinen Gliederungselementen, geht eine bescheiden feierliche Stimmung aus. Beim Hauptbahnhof dagegen sind die gewaltigen Baukuben zur Stadtfront als kolossale Pfeilerhalle zwischen monumentalen Eingangsbogen ausgebildet und verraten so etwas vom Pathos der Aufbruchstimmung in die Moderne und gleichzeitig vom imperialen Gestus des 1918 gestürzten Kaiserreichs.

Mit seinem eher traditionsverpflichteten Entwurfsrepertoire — bald würdevoll repräsentativ für öffentliche und Verwaltungs-Bauaufgaben, bald bodenständig behaglich für Villen- und Wohnhausentwürfe — blieb Bonatz auch weiterhin *Feuerbach* und Umgebung verpflichtet: Ausklänge einer um historische Kontinuität bemühten Reformarchitektur waren noch dem Entwurf der ehemaligen Realschule (1912, heute Leibnizgymnasium) und dem Verwaltungsbau der *Lederfabrik Roser* (1922) anzumerken.

Funktional und technisch weitaus strenger und nüchterner ausgefallen sind dagegen Entwürfe für Ingenieur- und Industriebauten, an denen Bonatz in den 1930/40er Jahren die mit dem Hauptbahnhof eingeleitete Annäherung an eine gediegene Zweckform in der Baugestaltung weiterentwickelte. Stahlbetonskelett, Flachdach und vorgehängtes Fensterband des Zeppelinbaus (Hotel Graf Zeppelin, Arnulf-Klett-Platz 1, 1929/31) entzogen den Weißenhof- und Bauhauskritiker Bonatz vorschnellen und eindimensionalen reaktionären Zuordnungen. Bereits mit seiner Gestaltung der Brücken-, Schleusen- und Stauwehrbauten der Neckarkanalisation und -schiffbarmachung (1926/33) bei Oberesslingen, Bad Cannstadt und Münster hatte er bei traditionellen Heimatschutzfreunden durch eine unsentimentale Zusammenfassung der »aufgestauten« Baumassen für eine regelrechte Verunstaltungspsychose gesorgt. Bonatz blieb solchen konstruktions- und zweckbetonten Entwurfmaximen etwa beim sichtbaren Stahlbetonskelett des Rathaus-Wasserturms in Kornwestheim (1933/35) oder einigen, teilweise mit Fritz Leonhardt (S. 267) entwickelten Formgebungen für Brückenbauten der NS-Autobahnen (Murrtalviadukt Backnang, 1937/38) auch gegen die Blut- und-Boden-Ideologie des Faschismus treu. Das hat einige seiner Interpreten sogar die konservative Grundhaltung seines Oeuvres übersehen und mit dem Etikett »Widerstandsarchitektur« versehen lassen.

Im Gegensatz zu den kompromißlos modernen Architekten brauchte sich der zwischenzeitlich in der Türkei abgebliebene Baumeister aber nicht einmal in die künstlerische »innere Emigration« zu begeben. Als Bonatz 1956 in der Nähe des von ihm entworfenen Soldaten-Ehrenmals (1923) auf dem Stuttgarter Waldfriedhof beigesetzt wurde, konnte er nachweislich allenfalls als einer jener »Widerstandskämpfer« gelten, die gegen den totalen Abbruch der ausgebrannten Feudalarchitektur um den Schloßplatz ihre Stimme erhoben hatten (S. 15).

Jörg Haspel

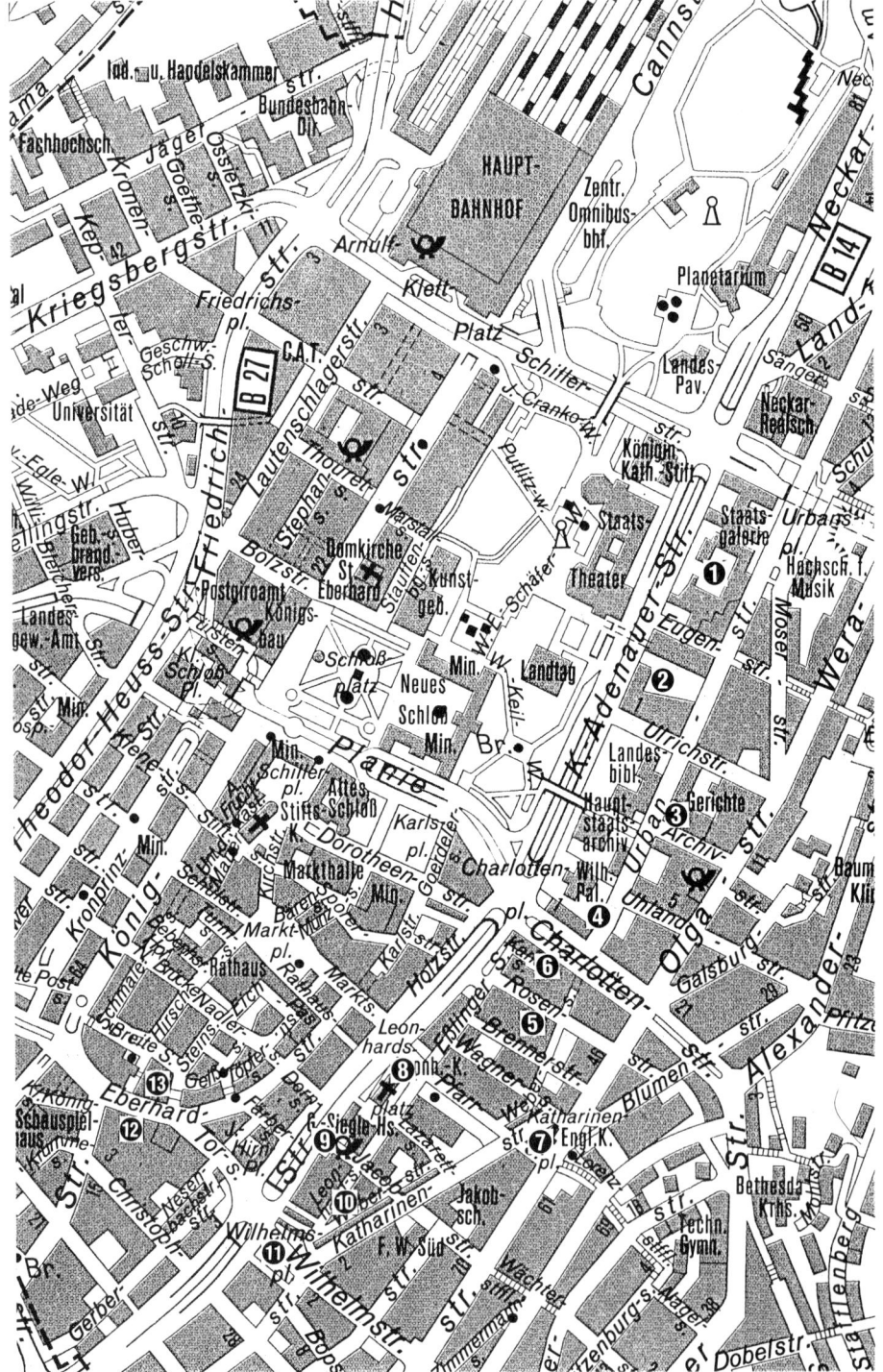

Das »dunkle Viertel« und Träume von New York

Mitte 2: Über die Kulturmeile ins Bohnenviertel zum Tagblatt-Turm

von Werner Skrentny und Rolf Schwenker

Ausgangspunkt: Hauptbahnhof
Endpunkt: U-Bahn Stadtmitte
Dauer: 2 Stunden

In den 50er Jahren hat die Presse der Stadt einmal ausgemalt, wie das wäre, wenn Stuttgart wie Berlin geteilte Stadt sei. Heute ist *die Teilung der Stadt* an einigen Stellen längst vollzogen, wenn auch natürlich anders: Die Route dieses Rundgangs jedenfalls ist von der Stadtplanung der Nachkriegszeit vorgegeben und den »Rubikon« Stadtautobahn mit Namen Adenauer-/Hauptstätterstraße überschreiten wir nur einmal, bleiben ansonsten auf Seite der Kulturmeile und des Bohnenviertels, des ehemals »dunklen Viertels« der Stadt.

Eine Hinterlassenschaft der NS-Zeit erbte die Stadt mit dem »Sorgentunnel« (OB Klett) in der Verlängerung der Schillerstraße neben der Alten Staatsgalerie, der 1941 begonnen worden war. 1943 wurden die Arbeiten am Wagenburgtunnel eingestellt, die fertigen Teile zum »Großluftschutzraum« für 10.000 bis 15.000 Menschen deklariert. Auch Kulturgut wurde hier eingelagert, so das Schillerdenkmal Thorwaldsens. 1945 waren in der Südröhre ab Westportal 150 m und ab Osteingang ca. 90 m Strecke ausgebaut, in der Nordröhre 100 m. Nach langen Debatten beschloß der Gemeinderat 1954 den Vollausbau der Südröhre, damals Stuttgarts größtes Bauprojekt nach dem Krieg und 1958 bei Fertigstellung mit 824,26 m längster deutscher Straßentunnel. Auch der Nordtunnel fand wieder Verwendung: Als Musik-Lokal »Röhre«.

Schiller-/Neckarstr.

Vor dem Altbau der Staatsgalerie ist ein Reiterstandbild von Württembergs König Wilhelm I., der das Museum 1838−1842 nach Plänen von Gottlob Georg Barth errichten ließ. Im Gegensatz dazu geben sich die Bauherren von heute bescheidener: Nur eine schlichte Bronzetafel verkündet, daß der Neubau unter Filbinger von *James Stirling* geplant und in den Jahren 1979-1984 unter Späth gebaut worden sei.

Konrad-Adenauer-Str. 30−32

Im Altbau steht als Glanzstück der Altdeutschen Abteilung ein einzigartiges Dokument der Zeit um den Bauernkrieg: Der Herrenberger Altar von *Jerg Ratgeb* (1470/75−1526).

Ein Dokument der Zeit um den Bauernkrieg: Geißelung Christi im Herrenberger Altar (1519) von Jerg Ratgeb.

Die »Morgengabe« des Landes Baden-Württemberg zur Einweihung der Neuen Staatsgalerie waren die sechs teilweise überlebensgroßen Figuren »Die Badenden« (1956) von Pablo Picasso. Lothar Späth ist nichts zu teuer, wenn es um die Kunst geht.

Der Künstler stammte aus einer Handwerkerfamilie aus Schwäbisch-Gmünd, war mit einer Leibeigenen verheiratet, wurde aus Überzeugung Kriegsrat und Bauernkanzler und dann wegen seines politischen Engagements bestialisch hingerichtet. In der Tafel »Die Geißelung Christi« sind Bildzeichen für Revolutionäre in Hülle und Fülle zu erkennen: der feiste Fürst mit dem Falken als Symbol seines Jagdrechts; die Fahne der Habsburger Besatzungsmacht über der Menge, die das »Kreuzige« schreit; der Gegensatz zwischen der schlichten Kleidung Christi und der Marmorsäule des Palasts; der unverhüllte Sadismus der Folterknechte ...

Der Rundgang führt durch die Italienische Malerei des 14.–18. Jahrhunderts und die Niederländer des 15.-17. Jahrhunderts.

Die nackte Bathseba im Bade (Hans Memling, um 1485) ist ein gutes Beispiel für die Kunstfrevel der Vergangenheit: Der voyeuristische König David aus dem linken Oberteil der Tafel war herausgesägt worden und kam als eigenes Gemälde in den Kunsthandel, während die große Tafel sehr dilettantisch ergänzt wurde. 1987 konnten das Ursprungsbild und der entfernte König nach Jahrhunderten wieder zusammengebracht werden, nachdem das kleine Gemälde in den USA aufgetaucht war.

Über die Malerei des 19. Jahrhunderts gelangen wir in den Neubau, der sich als wahrer Publikumsmagnet erwies. Zunächst beschäftigen wir uns jedoch mit dem heimlichen Publikumsliebling der Staatsgalerie, dem »Mittagsgebet bei der Ernte« des schwäbischen Malers Theodor Schütz (1830–1900), das sich als Dekoration für Bäckereien zum Erntedankfest bestens eignet. Der Katalog der Staatsgalerie erklärt sich die Wirkung des Bildes folgendermaßen:

»Über das Heimatliche hinaus begeistert diese Wiedergabe einer hierarchisch geordneten Bauernkultur noch immer viele, die an der Illusion der ›guten alten Zeit‹ und ihren ständischen Ordnungen festhalten wollen.«

Besonders interessant ist die klassische Moderne, die einen eindrucksvollen Querschnitt des Werks von Pablo Picasso bietet, und die Plastik des 20. Jahrhunderts, die vom Triadischen Ballett Oskar Schlemmers über die Badenden von Picasso bis zur Putzfrau von Duane Hanson reicht, deren Realistik die Besucher immer wieder in Erstaunen setzt. Besonders »beliebt« bei schwäbischen *Bruddlern* ist der Beuys-Raum, der eine permanente Lektion bietet, wie Publikumsgeschmack und künstlerische Absicht divergieren.

Dabei ist der Friedenshase von Josef Beuys ein Paradestück der Rüstungskonversion. Aus einem hochkarätigen und edelsteinbesetzten Imitat der Krone Iwan des Schrecklichen wurde in einer spektakulären Schmelzaktion des filzhütigen Kunstprofessors ein harmloser Osterhase, der jetzt in einem rostfarbenen Safe in die Wand der Staatsgalerie eingemauert ist.

Viele der Besucher kommen auch wegen Stirlings Bauwerk, das zum architektonischen Paradestück der Postmoderne wurde.

Eine einzigartige Mischung aus travertin- und sandsteinverkleideter Betonmonumentalität, grellgrünem Gumminoppen-Fußboden, gläsernem Fahrstuhl, pop- und pinkfarbenen Geländer- und Beleuchtungsrohren, Riesentubas gleichenden Entlüftungsschächten nebst Anleihen aus Jahrhunderten Stil- und Baugeschichte vom römischen Portikus bis zum Wasserspeier einer mittelalterlichen Trutzburg ist im und am Bau zu sehen.

Die Zeit der verpaßten Chancen ist vorbei: Kunst hat jetzt Konjunktur

»Mr braucha koi Kunscht, Grommbira braucha mr« (für Nichtschwaben: »Wir brauchen keine Kunst, Kartoffeln brauchen wir«): In diesen markanten Satz faßte 1827 ein Abgeordneter vorherrschendes Kunstempfinden zusammen, als der Stuttgarter Landtag aufgefordert war, Gelder für den Neubau des Antikensaales zu bewilligen. Das war keine einmalige Entgleisung: Die Geschichte der Kunst in Stuttgart ist eine Geschichte der verpaßten Möglichkeiten.

Schon die Klassizisten Dannecker und Wächter als maßgebliche Vertreter der damaligen Stuttgarter Kunstszene weigerten sich, dem Ankauf der weltberühmten Sammlung altdeutscher Kunst der Brüder Boisserée zuzustimmen; Begründung: Die habe keine stilbildende Wirkung. Die Boisserées wandten sich an den legendären Bayernkönig Ludwig und heute bilden die 259 Gemälde der Brüder das Kernstück der Alten Pinakothek in München.

Erst mit dem Direktor Konrad Lange änderte sich 1901 die Stuttgarter Kunstankaufspolitik. Der auf Langes Betreiben 1906 gegründete Galerieverein erwarb als erstes Bild Monets »Felder im Frühling«. Lange selbst begann schwerpunktmäßig moderne Kunst zu sammeln. Doch nur sechs Jahre dauerte seine Regie, dann siegte wieder schwäbische Sparsamkeit.

Erst in den 20er Jahren kam mit Otto Fischer wieder ein bedeutender Kunstsammler auf den Direktorenstuhl der Staatsgalerie. Seine Ankaufspolitik aber wurde durch einen Konservator aus dem eigenen Museum wieder zunichte gemacht: Graf Klaus von Baudissin, seit 1932 überzeugter Nationalsozialist, diffamierte schon im Juni 1933 in einer Ausstellung »Novembergeist. Kunst im Dienste der Zersetzung« Künstler wie Beckmann, Dix und Grosz. Baudissin machte Karriere als Direktor des Essener Folkwang-Museums, wo er die Wandbilder des Stuttgarters Oskar Schlemmer zerstören ließ und ein Bild von Kandinski »verhaftete«. Da Baudissin für die Staatsgalerie die Bestandskataloge verfaßt hatte, wußte er genau Bescheid, welche Bilder und Graphiken im Rahmen der Aktion »Entartete Kunst« zu beschlagnahmen waren. 382 Werke von Barlach, Beckmann, Corinth, Dix, Hofer, Kirchner, Klee, Lehmbruck, Nolde, Schlemmer und Schmidt-Rottluff wurden aus der Staatsgalerie entwendet.

Erst die Lottomillionen des »Wirtschaftswunders« ermöglichten das »Stuttgarter Museumswunder«, als ab 1958 aus Überschüssen des Zahlenlottos ein »Zentralfond für die Anschaffung von Spitzenwerken für staatliche Kunstsammlungen« gegründet wurde. So gelang dem Land 1959 der spektakuläre Ankauf der französischen Impressionisten-Sammlung des norwegischen Reeders Moltzau für zehn Millionen DM. Private Sammler wie Hugo Borst sowie die mäzenatenhaften Schenkungen der Landesfürsten von Kiesinger (Rembrandts »Selbstbildnis mit roter Mütze« für 3,6 Millionen) bis Lothar Späth (Picasso: »Die Badenden«, für rund 9,4 Millionen Mark) trugen dazu bei, daß die Staatsgalerie Stuttgart zum meistbesuchten Kunstmuseum der Bundesrepublik wurde.

Obwohl sie im Schatten der Staatsgalerie steht, ist auch der Besuch der Galerie der Stadt ein unbedingtes »Muß«, da sie die bedeutendste Sammlung von Gemälden des Malers Otto Dix besitzt (Großstadttryptichon). Auch sie profitiert von der Museumskonjunktur, denn die Stadt Stuttgart will den Kleinen Schloßplatz, dieses Betonmonument der autogerechten Stadt, durch einen repräsentativen Galerieneubau des amerikanischen Architekten Cob ersetzen.

Kunst ist in der Stadt aber auch auf Plätzen und Straßen zu sehen: Alexander Calders buntes Ein-Millionen-Mobile lenkt von der Häßlichkeit des kleinen Schloßplatzes ab, während Hajeks dortiges blau-rot-goldenes Platzmal zur Plakatsäule umfunktioniert wurde. Vor dem Kunstverein ruht Aristide Maillols bronzene »Nacht«, während Henry Moores »Liegende« vom Volksempfinden als »Monstrum mit dem Leib eines Nilpferdes und dem Kopf einer Gans« diffamiert wurde und schon mehrmals umziehen mußte. Zunächst wurde sie vom Rasen vor dem Landtag entfernt und hinter Bäumen und Büschen versteckt, bis sie endlich vor dem Neubau der Staatsgalerie einen Platz fand.

Beeindruckend ist auch die figurliche Plastik, die fast ausschließlich aus der produktiven ehemaligen Klasse des Wieners Alfred Hrdlicka stammt: Herbert Böhms in rostroten Marmor gehauener Frauenkörper (Obere Königstraße), Bernd Stöckers bronzene »Eva« (Uhlandshöhe) und Susanne Knorrs »Kauernde« (Rosensteinpark). Drei bedeutende Plastiken ihres Professors, der jetzt zugunsten von Berlin die Stuttgarter Akademie verlassen hat, stehen vor dem Königsbau: Die ausdrucksstarken Torsi stellen den »Sterbenden«, der noch voller Kraft steckt, den Boxer »Sonny Liston«, dessen überdimensionierte Faust einem ausbrechenden Vulkan gleicht, und »Marsyas«, den antiken Märtyrer dar, dem wegen seiner Aufsässigkeit von den Göttern die Haut bei lebendigem Leibe abgezogen wurde.

Doch Künstler mit internationalem Renomée waren und sind in Stuttgart recht selten. Nur mit den Schülern von Adolf Hölzel ließ sich Staat machen: Insbesondere Oskar Schlemmer und Willi Baumeister, aber auch Ida Kerkovius und Max Ackermann sind bedeutende Wegbereiter der Moderne. Als Hölzel ungewollt in den Ruhestand versetzt wurde, forderten Schlemmer und die »Uechtgruppe« 1919 die Berufung von Paul Klee als Nachfolger. Als die Presse heftige Attacken gegen Klee ritt, den sie als »Paul Zion Klee« titulierte, um antisemitische Vorurteile zu wecken, wurde die Chance vertan.

Fehlberufungen und verpaßte Chancen, bedeutende Künstler an Stuttgart zu binden, gab es auch später noch genug. Otto Dix wurde aufgefordert, vor einer Bewerbung erst einmal Arbeiten zu übersenden, und HAP Grieshaber, der Holzschnitzer von der Achalm, wurde ebenfalls so sehr von der Berufungskommission brüskiert, daß er seitdem die Stuttgarter Akademie mied. Nur wer Ellenbogen hat und sich entsprechend vermarktet wie z.B. Otto Herbert Hajek, der als Vorsitzender des Deutschen Künstlerbundes diese Position nutzte, um sich eine Professur und viele »Kunst am Bau«-Aufträge zu sichern und sich heute rühmen kann, bis nach Australien Beton farbig verschönt zu haben, nur der hat Chancen.

Die Kunstszene wird zunehmend in den Dienst der Wirtschaftspolitik des Landes gestellt, auch von Lothar Späth, und in der Werbung der Stadt wird diese Linie umgesetzt. Auf einem jüngst erschienenen Plakat des Verkehrsamts prangt als Stadtwerbung ein hochtouriger Porsche-Sportwagen vor dem etwas verschwommen aufgenommenen Neubau der Stuttgarter Staatsgalerie. High-Tech und Elitenkultur reichen sich die Hand, Vernissagen werden zu gesellschaftlichen Ereignissen und die Politprominenz eifert darum, sich dort als Redner und Kunstkenner zu profilieren.

So wie für High-Tech die Gelder fließen, so scheint auch der zukünftige Geldregen der Kunst zu gehören. Lothar Späth motivierte mit einer bisher nicht genannten Summe den schwerreichen Berliner Kunstsammler und skandalumwobenen Baulöwen Dr. Erich Marx, seine Privatsammlung einem neuzugründenden Museum für moderne Kunst zur Verfügung zu stellen, das unter der Regie von Götz Adriani (der sich als Leiter der Tübinger Kunsthalle internationale Meriten verdiente) in der neuen Stuttgarter Kulturmeile entsteht. Um die zweitgrößte private Kunstsammlung der Welt des Baron Thyssen-Bornemisza als Dauerleihgabe nach Baden-Württemberg zu ziehen, reiste Späth eigens nach Lugano; ein zweistelliger Millionenbetrag wurde als »Investition« in Aussicht gestellt. Weitere Mäzene sollen durch ein üppig ausgestattetes Sonderprogramm »Private Museumsstiftungen« ins Ländle gelockt werden. Parallel dazu versucht der Ministerpräsident mit »Jugendkunstschulen« Nachwuchs heranzuziehen, damit neben Boris Becker und Steffi Graf demnächst auch künstlerisch talentierte Landeskinder den Ruhm Baden-Württembergs mehren.

Da paßt es nur ins Bild, daß der rührige Ex-Galerist Hans-Joachim Müller (Buchautor: »Kunst kommt nicht von Können«) nach seinem Kölner Abstecher wieder nach Stuttgart zurückgekehrt ist, um mit seiner Ladengalerie in der Ostendstraße 106 für sein Projekt »Atlantis« zu werben. Nach Plänen von Architekt Léon Krier und Müller soll auf Teneriffa eine Künstlerrepublik entstehen. Jetzt braucht Müller nur noch einen der 132 Milliardäre der Welt, damit sein Projekt realisiert werden kann.   *Ulrich Weitz*

Kurze Zeit als Untermieter von 1902-03 lebte hier der Schriftsteller *Robert Musil*, in Stuttgart damals in der Materialprüfungsanstalt der Königlich Technischen Hochschule bei der König-Karls-Brücke in Berg beschäftigt. **Urbanstr. 46**

»Kulturmeile« heißt das, was jetzt (noch) mit der Staatsgalerie beginnt, vielleicht einmal sogar in Richtung Neckarstraße abwärts fortgesetzt wird. Aber »Repräsentationsachse« wie ehemals wird die Neckarstraße, die hier im oberen Teil den Namen des ersten Bundeskanzlers trägt, nicht mehr werden: Sie ist *Stadtautobahn* und so gelten viele Planspiele natürlich ihrem Verschwinden — »Deckel drauf!« war einer der Vorschläge. Die Stadtplaner haben die Staatsbauten jedenfalls schon einmal von der Straße weggesetzt, in den grünen Hang hinein; Architektur als Distanzierung vom Übel.

Der jüngste Bau der Meile, das »Haus der Abgeordneten« (1985—87), ist aus der Not geboren, denn schon beim Einzug 1961 erwies sich »Europas modernstes Parlament«, der Landtag vis-à-vis, als zu klein: 21 Abgeordnete wurden ins Neue Schloß ausquartiert. Eine Zeitlang sollte der Rosengarten-Flügel des Neuen Schlosses als Landtags-Annex requiriert werden, doch dann entschied man sich für den Neubau, den ein 130 Meter-Tunnel mit dem Landtag verbindet.

An der Stelle der kriegszerstörten Bibliothek (1878—1883) entstand 1964—70 (Horst Linde) der moderne Zweckbau der Württembergischen Landesbibliothek, wo man bestellte Bücher tatsächlich noch am selben Tag bekommt, was in anderen Bundesländern infolge Sparmaßnahmen längst nicht mehr selbstverständlich ist. Daneben das neue Hauptstaatsarchiv (1964); die Kriegsruinen des alten Archivs sind Anfang der 60er Jahre abgetragen worden. Beide Häuser bieten im übrigen wechselnde Ausstellungen an. **Konrad-Adenauer-Str. 8/4**

Ein Denkmal (1956, Hermann Brachert) steht vor dem Justizgebäude (1956), und wer sich das Relief am Bau (»Der Schwur«, 1953, Kress) genauer anschaut, der entdeckt Prominente ihrer Zeit — u.a. *Reinhold Maier* und Ex-Justizminister *Beyerle.*

Kein Hinweis allerdings findet sich darauf, daß hier an Archiv- und Urbanstraße die Justiz des NS-Staates viele Menschen ums Leben brachte.

Schon im März 1933 wurde hier ein Sondergericht installiert; einer der berüchtigten »Richter« war der Präsident des Strafsenats des Oberlandesgerichts, Hermann Cuhorst, dessen Landhaus bei Schopfloch auf der Schwäbischen Alb (Harpprechthaus) nach 1945 Erholungsheim für Verfolgte wurde. Auch der Berliner Volksgerichtshof tagte hier: 1937, als wegen »Landesverrats« Lilo Herrmann (29) aus der Hölderlinstraße 22, Josef Steidle (29), Nüblinweg 14, der Stuttgarter Stefan Lovasz (36) und Artur Göritz (30) aus Manzell bei Tettnang zum Tode verurteilt wurden. 1944 fanden 104 Hinrichtungen hier statt; oft kamen die Opfer von außerhalb. 1942 wurden Mitglieder der Mannheimer Widerstandsgruppe um Georg Lechleiter (57), den ehemaligen badischen KPD-Landtagsabgeordneten, darunter auch der 75 Jahre alte Sozialdemokrat Philipp Brunnemer, ermordet. 1944 wurden acht französische Eisenbahner aus Dijon zwischen 5.21 und 5.42 Uhr, wie ordentlich festgehalten ist, enthauptet. Als die Gebäude zerstört waren, wurden die Hinrichtungen in das Zuchthaus von Bruchsal verlegt.

Jüngster Amtsrichter, Emigrant, Generalstaatsanwalt: Fritz Bauer.

Daß nach dem Krieg mit Dr. Richard Schmid ein ehemaliger Widerstandskämpfer (SAP, seit 1938 in Haft, verurteilt wegen »Vorbereitung zum Hochverrat«) oberster Landesrichter wurde, war eine Ausnahme von der Regel, wie wir wissen. Aus der Stuttgarter Justiz kam auch der Jude Fritz Bauer (1903-1968): 1928 der jüngste Amtsrichter Deutschlands, 1933 KZ-Häftling auf dem Heuberg, Emigrant, nach 1945 hessischer Generalstaatsanwalt und Ankläger im Auschwitzprozeß 1964.

Eine der wenigen klassischen Stuttgarter Villen aus der Zeit um die Reichsgründung ist hier mit der Villa Bohnenberger des aus Pforzheim gebürtigen Privatiers und Gutsbesitzers Artur B. erhalten (1869—71, Carl Friedrich Beisbarth). Bemerkenswert sind die Skulpturen und die Gartenloggia neben dem Bau im italienischen Renaissance-Palazzo-Stil. Die Villa ist heute Sitz des Verbindungsoffiziers der US-Army für Baden-Württemberg.

Der Sturm aufs Wilhelmspalais

Der Sturm aufs Winterpalais, pardon: Wilhelmspalais, war Schlußpunkt der württembergischen Monarchie, aber beileibe keine blutige Aktion wie in Petersburg. Bis auf den heutigen Tag allerdings beschäftigt der Vorfall Historiker im Ländle, die mal bitter klagen, so einfach habe man den Thron 1918 nicht preisgeben dürfen, oder es einfach entwürdigend finden, daß des Königs Palais nicht vehement verteidigt wurde. Dabei ist dem König an diesem 9. November 1918 nichts geschehen: Spartakist *Albert Schreiner* gab dem Begleitkommando (nach Bebenhausen) sogar noch auf den Weg, man solle auf den »alten Herren« nur gut aufpassen.

König Wilhelm II.: Auf den »alten Herrn« gut aufpassen.

An jenem 9. November kam die Revolution über Stuttgart, in Form von Daimler-Arbeitern unter roten Fahnen und mit Plakaten wie »Hoch die sozialistische Republik!«, mit deren Kollegen aus Feuerbach und Zuffenhau-

sen, und den Soldaten aus den Kasernen, die sich rote Kokarden an die Mützen gesteckt hatten. Und während die Menge auf Schloß-, Karls- und Schillerplatz die Reden hörte, dem Kaiser Wilhelm I. auf dem Karlsplatz eine Zipfelmütze aufgesetzt und eine rote Fahne unter den Arm geklemmt wurde, vereidigte Württembergs König Wilhelm II. noch ein neues Kabinett.

Dem Innenministerium aber hatte Wilhelm vorher auch klargemacht, seinetwegen dürfte es nicht zum Blutvergießen kommen — »der Monarch schien einsichtiger gewesen zu sein als die Monarchisten« (Scheck). Die Massen zogen kreuz und quer durch die Stadt, und da solche Tage und solche Demonstrationen ihre eigene Dynamik haben, wurde ganz unplanmäßig die Wache im Waisenhaus entwaffnet und ein Teil der Leute zog dann auch zum Wilhelmspalais, wo Wilhelm seit 1878 lebte, erst als Prinz, seit 1891 als König. Mal sind es in der Geschichtsschreibung »Jugendliche«, mal »der Mob« oder »Burschen«, die vors Palais zogen, und am Ende werden es wohl wieder die berüchtigten »Leonhardsschlamper« gewesen sein. Verletzt wurde beim »Sturm« aufs Wilhelmspalais der Leutnant Karl Botsch, später Pfarrer von Luginsland in Untertürkheim, als es am Eingang und in der Halle ein Handgemenge gab. Es wurde die Königsstandarte eingezogen und die rote Fahne gehißt. Eines »Retters des Königs«, als welcher sich der Techniker Gustav Esterle später feiern ließ, hatte es gar nicht bedurft, und weggekommen war in seiner Majestät Haushalt auch nichts.

Am Abend, gegen 19 Uhr, fuhr am Hauptportal die Wagenkolonne vor: Der König, Frau Charlotte und der Hofstaat verließen die Stadt gen Jagdschloß Bebenhausen. Wilhelm II. ist seit diesem 9. November 1918 nie mehr in seine Geburtsstadt zurückgekehrt und die Legende sagt, bei seinem Begräbnis 1921 habe der Leichenwagen auf der Fahrt von Bebenhausen nach Ludwigsburg eigens einen Bogen um Stuttgart gemacht.

Am 30. November 1918 hat der König dann abgedankt. Präsident der provisorischen Regierung wurde der fast 70jährige Sozialdemokrat Wilhelm Blos, der die Ereignisse des 9. November gar nicht miterlebt hatte: Er saß zu Hause, hoch droben in Degerloch.

Saß während der Revolution droben in Degerloch: Späterer Regierungschef Wilhelm Blos.

Der Sturm aufs Wilhelmspalais, wie ihn sich Otto Schweitner in seiner Lithographie vorstellte.

Das königliche Wappen
(seit 1817).

1933 noch wurde übrigens am 9. November Halbmast auf dem Palais ge-
flaggt, zur Erinnerung an des Königs Sturz, doch mit der Auflösung der
monarchistischen Verbände im darauffolgenden Jahr hatten die Nazis kein
Interesse mehr an derartigen Ritualen.

Das 1834—1840 (Salucci) erbaute einstige Prinzessinnen-Palais
kam 1929 in den Besitz der Stadt und rückte als »Ehrenmal« noch
einmal in den Blickpunkt.

1934 hatte Oberbürgermeister Strölin den Deutschen Ring des Deutschen
Auslandsinstituts Hitler überreicht. Hitler war nun der höchste Schutzherr
des Deutschen Auslandsinstituts im Waisenhaus und spendete 100.000 RM
für die Stiftung Ehrenmal der Deutschen Leistung im Ausland, mit deren
Hilfe ein auslandsdeutsches Volksmuseum im Wilhelmspalais entstehen
sollte. Nach zweijähriger Arbeit wurde das Volksmuseum 1936 eröffnet und
Hitler verlieh der schwäbischen Hauptstadt die Bezeichnung »Stadt der Aus-
landsdeutschen«. Ein Aufruf an die Stuttgarter Bevölkerung verbreitete die
Kunde von der »Verleihung dieses stolzen Ehrentitels«; nun sei Stuttgart
Mittelpunkt des Weltdeutschtums geworden.

1944 zerstört, fand der Wiederaufbau 1961—65 (Wilhelm Tiedje) statt. Heute beherbergt der Bau die Zentrale Stadtbücherei und
die Stadtgeschichtlichen Sammlungen. Ein Gemälde von König
Wilhelm II. ist im Foyer, und am Eingang wurde nun die Nachbildung eines Bronzereliefs des Königspaars von 1911 (Original bei
der Bismarckeiche, Rotenwaldstraße) angebracht.

Charlottenplatz — oh je: Die Stadt schickt ihre Menschen in den
Untergrund, und wenn man auf der einen Seite hineingeht, dann
weiß man, denn es ist alles etwas wirr hier unten, gar nicht, ob man
auf der anderen auch wieder da herauskommt,wo man hin will.

Es war einmal: Der Char-
lottenplatz mit dem »Häfe-
lesmarkt« um 1939. Im
Hintergrund Dorotheenstraße und Waisenhaus.

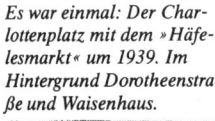

Oberirdisch, sozusagen ein »Stadtturm« am Anfang der Straße hinauf nach Degerloch, das »Schwabenbräu-Hochhaus« — »der Triumph der modernen Stadt über den Altstadt-Sumpf« (Frank Werner).

Das »dunkle Viertel«

Zwischen dem Charlottenplatz im Norden und dem Leonhardsplatz im Süden, zwischen Esslinger und Olgastraße, erstreckt sich das Bohnenviertel, ein historisches Wohnquartier, das so heißt, weil seine früheren Bewohner, Weingärtner und kleine Leute, hier Bohnen angepflanzt hatten. Die romantischen alten Gassen, die originellen Typen und illustren Kneipen sind zwar größtenteils verschwunden, aber das oft totgesagte Viertel lebt wieder auf, denn in den letzten Jahren wurden Altbauten grundlegend saniert, entstanden Sozial- und Eigentumswohnungen, Läden, Lokale, Büros, soziale Einrichtungen, Grünflächen, Spielplätze und Garagen — ein Musterbeispiel innerstädtischen Wohnens. Bis 1990 soll sich die Zahl der Bewohner von ehemals 800 auf etwa 1.500 steigern. Das Bohnenviertel, so scheint es, gewinnt den alten Charme zurück, den *Fritz West* in seinem »So ist Stuttgart«-Buch von 1933, sicherlich einer der stimmungsvollsten Stadtführer aller Zeiten, beschrieb, als er »das dunkle Viertel« besuchte:

»Zwischen den eng aneinander geschobenen, schwindsüchtig nach dem Licht sich empordrängenden Häusern, in den dumpfen, staubigen und nach Küchendunst riechenden Gäßchen ist ein lebhaftes Treiben. Die Leute eilen geschäftig übers holprige Katzenkopfpflaster, verschwinden in dunklen Torgängen, wie Dachse im Bau, kommen wieder heraus. Wenn man einen Ameisenhaufen betrachtet, ist es dasselbe. Das brave Handwerk, von den Großbetrieben noch immer nicht totgetreten, klopft, hämmert, sägt und lärmt in den Gäßchen. In einem stillen Winkel steht manchmal eine Gruppe Vorkäufer, Leute mit kräftigen Nasen und schlauen aufgeweckten Augen, die vom Stand des Altkleidermarktes mehr wissen, als etwa die hohen Minister in Berlin von der Politik. Da und dort sonnt sich ein Grüner, sieht um sich, ob sich nicht Gelegenheit bietet, einzuschreiten.«

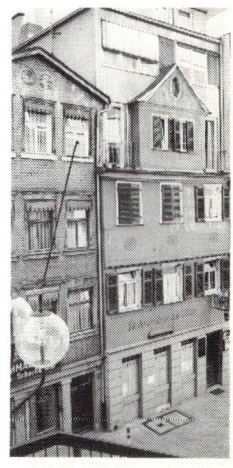

Hochburg der »Viertelesaristokratie«: Weinstube »Kiste« in der Kanalstraße (1973).

Ein geschmiedetes Schild, das einen Lastenträger mit einer großen goldenen Kiste auf dem Rücken zeigt, weist auf die älteste Weinstube Stuttgarts (seit 1846) hin: Die »Restauration zur Kiste« ist das letzte Lokal im Viertel, das die Zeiten nahezu unverändert überdauert hat. In der kleinen holzgetäfelten Stube im Erdgeschoß des alten Bürgerhauses (erbaut um 1790) drängen sich um die vier Tische Vertreter der »Vierteles-Aristokratie« — Ärzte, Rechtsanwälte, Theaterleute, Fabrikanten.

Erster »Kiste«-Wirt war der königliche Leibkutscher *Johann Ringwald*, und das kam so: Weil er glaubte, als Privatkutscher besser zu verdienen, wollte er dem König kündigen. Der jedoch mochte den Fahrer nicht verlieren und schlug ihm vor, das Häuschen in der Kanalstraße mit seiner Unterstützung zu kaufen, um darin als Nebenerwerb eine damals gerade in Mode gekommene bayerische Bierschenke zu eröffnen. Ringwald willigte ein und ließ Wilhelm I.

hin und wieder ein kühles Krügle Gerstensaft ins nahe Palais bringen.

Kanalstr. 4

⑥

Direkt neben dem Vorzeige-Wirtschäftle, in einem handtuchbreiten Bau aus dem späten 17. Jahrhundert, dem 1983 eröffneten Schriftstellerhäuschen, sind Stuttgarts Literaten bei Stammtischen, Werkstattgesprächen und Lyrikabenden zuhause. In den oberen Stockwerken befinden sich zwei kleine Wohnungen für Stipendiaten. Laut Schriftstellerverband arbeiten in Stuttgart 50 Lyriker, Romanciers, Dramatiker, Sachbuch-, Fernseh- und Funkautoren.

Esslinger Str. 36 1/2

Von 1875 bis 1938 bestand die »Elsässer Taverne« von *Willy Widmann* (gest. 1944), Treffpunkt der Künstler und Artisten, die im Hangleiterschen Zirkus am Marienplatz, im Varieté im Friedrichsbau oder im Hoftheater gastierten. Von Jongleur Rastelli über Clown Grock bis zu Ludwig Thoma reichte die Prominentenliste. Als 1900 der US-amerikanische Zirkus Barnum & Bailey am Stökkachplatz war, kamen fast allabendlich nach der Vorstellung waschechte Sioux-Indianer in Widmanns verwinkeltes, verrauchtes Lokal.

Esslinger Str.

Beim königlichen Tierpräparator und Tierhändler Christian Merkle war Stuttgarts Publikumsliebling, die Löwenbändigerin Claire Heliot vom Nillschen Tierpark (S. 305) häufig zu Gast. Miss Heliot stammte aus Halle an der Saale, bereiste mit ihrer Dressurgruppe die halbe Welt, kehrte aber immer wieder nach Stuttgart zurück. Die Inflation fraß den Großteil ihres Vermögens; sie starb 1953 hochbetagt im Feuerbacher Krankenhaus.

Bebel vor Karl May

Esslinger Str. 17—19

Wo sich heute Blechkarossen im Parkhaus Breuninger stauen, stand das ehemalige Stuttgarter Gewerkschaftshaus, der »Gasthof zum Bären«. Im Dezember 1896 war ein Rundschreiben der Vereinigten Gewerkschaften Stuttgarts an alle Mitglieder versandt worden, in dem sie zur Zeichnung eines mit 3,5 Prozent verzinsten Darlehens gebeten wurden, um ein eigenes Haus zu erwerben, nachdem der »Hirsch« zu klein geworden war. Mit den Groschen des kleinen Mannes wurde dann 1897 der »Goldene Bären« erworben, und 1897 auch ein Arbeitersekretariat eröffnet, in dem bis 1906 über 88.000 Personen Beratung zu Fragen der Unfall-, Kranken- und Invalidenversicherung, oder zum Arbeits- und Mietrecht bekamen. 1900 wurde das Anwesen Holzstraße 16 dazugekauft und das Gewerkschaftshaus konnte ausgebaut werden.

Solidaritäts-Marke zum 1. Mai 1900.

Die dadurch erweiterte Gewerkschaftsbibliothek erfreute sich reger Nachfrage. Interessant ist, was im Jahre 1903 ausgeliehen wurde: Bebels »Die Frau und der Sozialismus« 55 mal, »Ein einfaches und natürliches Mittel zur Verhütung der Empfängnis« 36 mal, Karl Mays »Durchs wilde Kurdistan« 35 mal, Zolas »Mutter Erde« 34 mal, Ganghofers »Schloß Hubertus« 29 mal, Hauptmanns »Die Weber« 17 mal. 1929 waren in der Bibliothek 13.591 Bände, die von Arbeitslosen kostenlos ausgeliehen werden konnten.

Im »Bären«, der einen großen Festsaal hatte, trafen sich auch kulturelle Vereinigungen der Arbeiterschaft wie der Buchbindermännerchor und die Kapelle »Klopfholz« der Buchdrucker. 1928 zogen die Gewerkschaften aus; aus dem »Bären« wurde der »Petershof«.

Altes Gewerkschaftshaus im »Bären«: Auch eine Volkshochschule, in der Rosa Luxemburg und Clara Zetkin sprachen.

Ehemals Elendsquartier, jetzt Weinwirtschaft: Der Schellenturm.

Das Bohnenviertel erlebte eine Sensation, als in der Rosenstraße um die Jahrhundertwende der »Häuserheber« *Erasmus Rückgauer* in Aktion trat. Mittels eines in den USA entwickelten Verfahrens hob er ein zu klein gewordenes Eckhaus an der Weberstraße an, um ein neues Geschoß darunterzumauern. Rückgauers Geschäft blühte, bis 1906 der »Hirsch« in Nagold nach einem »Hebefest mit Tanz« einstürzte und dabei 52 Menschen ums Leben kamen und 94 schwer verletzt wurden. Rückgauer mußte für ein halbes Jahr ins Gefängnis, und das Heben von Häusern hörte allmählich auf.

Eine stadtbekannte Adresse für Vierteles-Veteranen und junge Zecher ist der »Stetter«. Die Wirtschaft mit angeschlossener Weinhandlung gilt seit 1902 als Hochburg schwäbischer Weinseligkeit.

Rosenstr. 32

Wagnerstr.

Auf dem unteren Teil der Straße, die bereits 1594 urkundlich erwähnt wird, steht heute das erwähnte Breuninger-Parkhaus. Im Haus Nr. 38/40 besuchte Sozialistenführer *August Bebel* gelegentlich seinen Genossen, den Trödler *Schumann.* Dessen Tradition wird fortgesetzt im Hinterhof des Gebäudes, wo sich mehrere Antiquitätenhändler und eine Kostümwerkstatt etabliert haben.

Weberstr. 72

Der letzte Rest eines Turms der Stadtbefestigung war in den 50er Jahren zum Abriß vorgesehen, ist dank einer Bürger-Initiative (»Gemeinnützige Denkmalstiftung GmbH«) nun aber wieder intakt und beherbergt eine Weinwirtschaft, über deren Ansehen die notwendige sehr zeitige Reservierung von Plätzen alles sagt. Kastkellereiturm hieß das Bauwerk von 1564, das seit dem Abriß des eigentlichen Schellenturms Ecke Weber-/Kanalstraße den neuen Namen bekam. Die Bezeichnung Schellenturm rührt von den Gefangenen im Turm, die kleine Schellen an der Kleidung tragen mußten. In den 10er Jahren noch dienten die Zustände im Turm dem Sozialdemokraten *Friedrich Westmeyer* zur Illustration des »Wohnungselends in Stuttgart«: Die Küche der armen Leute befand sich damals im Treppenhaus.

Weberstr. 1

Vis-à-vis vom Turm war das »Brett« (Nr. 1) in der Zeit der Außerparlamentarischen Opposition ein Treffpunkt der Linken; Liedermacher *Thomas Friz* (»Zupfgeigenhansel«) hatte hier seine ersten Auftritte.

Katharinenplatz 5

»Leonhardsschlamper«, »die alte Wagnere« und Fußball mit Totenköpfen: Das Viertel hatte so seine Eigenheiten. Hier die Pfarrstraße um 1927/28 mit Blick zum Rathausturm.

Der »tram-stop Olgaeck« wird den Besuchern von »St. Catherines Church«, der Englischen Kirche von 1868 (Prof. Wagner, wiederaufgebaut) empfohlen. Gestiftet hat sie Mrs. Dunbar Masson aus Bayswater und geweiht hat sie der Bischof von Honolulu. In der Nähe schütteten 1957 protestierende Landwirte aus Zöschingen (bei Heidenheim) Milch in die Gullys, und das war selbst im Wirtschaftswunder zuviel des Guten und brachte den Bauern heftigste Kritik ein.

Weberstr. 2/4/7/8

In dieser schmalen Gasse, in der von 1604 an mit Genehmigung Herzog Friedrichs an bzw. auf der Stadtmauer 30 kleine Häuser errichtet wurden, waren um die Jahrhundertwende (wie in den Nachbarstraßen auch) Pfandleiher, Handwerker und Besenwirte zu Hause. Einer dieser Wirte war das stadtbekannte Original *Rudolf Bühler*, genannt »Krabbendusel«. In seinem Haus Nr. 7 in der Brunnenstraße (heute Pfarrstraße) gründete der Kaufmann *Heinrich Lotter* im Notjahr 1808 für die Armen der Stadt eine »Suppen- und Beschäftigungsanstalt«, die 1838 in die Katharinenstraße verlegt wurde (als Katharinenhilfe bekannt). Aufopferungsvoll um die Armen sorgte sich auch der »Engel des Bohnenviertels«, *Marie Jo-*

senhans (1885—1926), 1919 auch Gemeinderatsmitglied. Mit Nr. 2, 4 und 8 sind in der Weberstraße noch Fachwerkhäuser der ärmeren Bewohner der Stadt aus dem 16.—19. Jahrhundert erhalten.

Der Leonhardsplatz war tatsächlich einmal ein Platz und die Leonhardskirche sein Zentrum, aber nun hat die Stadtautobahn sie beide an den Rand gezwängt und von der anderen Seite verringert noch das Parkhaus den Eindruck. 1463—1466 entstand die spätgotische Kirche der Esslinger Vorstadt (zerstört 1944, Wiederaufbau 1948—50, Rudolf Lempp). Die Kreuzigungsgruppe von Hans Seyfer ist eine Nachbildung von 1976 — das Original befindet sich in der Hospitalkirche.

Leonhardsplatz 26
❽

»Krempelesmarkt« und »Leonhardsschlamper«

Leonhardsplatz

Der Platz war 1806 entstanden, als der um die Kirche angelegte Friedhof eingeebnet wurde. Auf seiner linken Seite, vor der Pfarr- und Lazarettstraße, fand bis 1910 der »Krempelesmarkt« statt, eine Art Flohmarkt, auf dem abgetragene Kleider, ausgediente Uniformen, Schuhe, Handwerkszeug, Waffen und vieles mehr feilgeboten wurden. Einmal in der Woche war auch Hundebörse. Eine der populären Händlerinnen des Marktes war »die alte Wagnere«, die Bücher nach Gewicht und Kupferstiche nach Größe verkaufte.

Auf Gelegenheitsarbeiten warteten am Leonhardsplatz stets die Tagelöhner, die von den Bürgern der Stadt abfällig »Leonhardsträppler« oder »Leonhardsschlamper« genannt wurden. Richard Zanker in seinen Erinnerungen:

»Sie waren trotz ihrer primitiven Lebensweise auf ihre Art Lebenskünstler, offenbar zufrieden mit ihrem kärglichen Dasein. Sie waren nicht zu übersehen — die Männer mit ihren ungepflegten Schnauzbärten, den rötlichen Nasen, angetan mit blauen Blusen und gleichfarbigen Schürzen und speckigen Schildmützen. Niemand fragte sie, wo sie wohnten, ob sie eine Steuerkarte besaßen oder gar bei der Ortskrankenkasse versichert waren. Wenn sie alt wurden, kamen sie ins Bürgerhospital — damals lieblos ›Kopperhaus‹ genannt. Wer noch einigermaßen rüstig war, wurde dort mit dem Kleinmachen von Holz beschäftigt, während andere ›Spitäler‹ die gebündelten ›Spächele‹ — Anzündholz — auf zweirädrigen Karren zur Kundschaft fuhren.«

Heute zwischen Stadtautobahn und Parkhaus eingezwängt: Die Leonhardskirche.

Zum einst malerischen Bild des Leonhardsplatzes gehörten auch die sogenannten Boten: Wetter- und trinkfeste Männer, die morgens mit dem Planwagen von den Fildern herabkamen, dörfliche Erzeugnisse verkauften, während Pferd und Wagen in einem Gasthof oder in der Botenhalle untergestellt waren. Abends kehrten sie mit städtischen Gütern wieder heim. Die Botenhalle mußte 1910 dem Neubau des Siegle-Hauses weichen. Beim Ausschachten der Baugrube fürs Siegle-Haus kamen viele Menschenschädel vom einstigen Friedhof zutage, und die Lausbuben des Bohnenviertels, berüchtigt für ihre makabren Scherze, spielten mit den Totenköpfen Fußball.

»Was ich bauen möchte«, hatte Architekt *Theodor Fischer* 1906 im »Kunstwart« beschrieben und dabei ein Konzept entworfen, wie es z.T. schon in den Pfullinger Hallen realisiert war: Ein *Volkshaus*

❾
Leonhardsplatz 28

mit guter Kunst das ganze Jahr über. Dank der Julie von Siegle-Stiftung, in die die Fabrikanten-Witwe mit ihrer Familie seit 1906 750.000 Mark eingebracht hatte, konnte Fischer das Projekt 1910–12 verwirklichen. Das Gustav-Siegle-Haus entstand auf dem Grund des Leonhardsfriedhofs (bis 1805) und des Kornhauses mit Botenhalle.

Auch die Kulturstätte wurde im 2. Weltkrieg zerstört und beherbergte nach 1945 erst einmal eine Möbelhandlung. 1948 gab es Pläne für ein Varieté, die man wieder fallen ließ: Sie hätten dem Sinn der Stiftung widersprochen. 1953–54 war dann der Wiederaufbau durch Fischer-Schüler Martin Elsässer und Gerhard Häring. Die Post übrigens ist hier schon seit 1912 zu Hause.

50 Jahre lang, von 1930–80, bestand gegenüber dem Siegle-Haus das Leonhardsbad. Dann kaufte die Stadt das traditionsreiche Badehaus für 1,35 Millionen Mark und ließ es trotz massiver Bürgerproteste abreißen. Der 1958 verstorbene *Artur Kärcher*, der auch das Markusbad in der Filderstraße führte, hatte das Bad als Reaktion auf das 1920 eröffnete städtische Heslacher Hallenbad konzipiert: Auf vier Etagen Brausen, Wannenbäder, medizinische Bäder, Ruheräume, Freiluftterrasse, Restaurant und Friseursalon. Nach dem Krieg kamen zwei Saunen dazu, die auch Prominente als Dauergäste hatten. Doch in erster Linie war Kärchers Leonhardsbad ein Bad der einfachen Leute aus dem Leonhardsviertel, die in ihren Wohnungen keine Bäder hatten. Anno 1930 zahlte man für ein Wannenbad 0,90 Reichsmark, fürs Duschen 0,40 RM. An Samstagen sah das Bad bis zu tausend Gäste. Auf dem Areal des Leonhardsbades entstanden Sozialwohnungen, einige Läden, eine Tiefgarage und das neue städtische »Leonhardsbad« mit fünf Wannen- und Brausebädern. Im vierstöckigen Gebäude Nr. 22, der früheren Animier-Bar »Kleines Eck«, mietete sich Ende 1987 der »Förderkreis bildender Künstler Württemberg e.V.« ein. Das renovierte Haus soll zur Kommunikationsstätte für Künstler und ihr Publikum werden. Auswärtige Künstler können hier in Gästezimmern übernachten. Nebenan sind die Milieu-Kneipen »Schiller« und »Brunnenwirt«, die vor allem nach Mitternacht Zulauf haben.

Sündige Viertel-Meile

»Obwohl das Meer und die Reeperbahn weit weg sind, bekam die Straße in den letzten Jahren etwas von der Stimmung St. Paulis. Bodenständige Bäckereien und Metzgereien, Mostwirtschaften und Weinprobierstuben halten aber das Gegengewicht.«

Nichts von dieser Beschreibung, erschienen 1956 im städtischen Amtsblatt, trifft heute noch zu. Verschwunden sind, bis auf eine Ausnahme, die bürgerlichen Gaststätten und kleinen Läden, und von Reeperbahn-Atmosphäre ist auf Stuttgarts »sündiger Viertel-Meile« nicht viel zu spüren. Im Zeichen von AIDS und Massenarbeitslosigkeit sind die Geschäfte auch hier rückläufig, »Trichter«,

Leonhardsplatz 18

1980 Abriß trotz Protesten: Das Leonhardsbad.

Leonhardsplatz 22

Leonhardstr.

»Uhu« oder gar »Nonne« trauern vergangenen Zeiten nach. »Ein Nachtleben wie im Vatikan«, witzeln Auswärtige über den Mini-Kiez.

Mit etwas Wehmut erinnern sich die Linken der APO-Zeit an den »Club-Voltaire«, die heutige »Bierorgel«. Während der rebellischen 60er Jahre debattierte man hier nächtelang Notstandsgesetze, Vietnam-Krieg und das »Kapital« von Marx, sinnierte über die Revolution und heckte phantasievolle Aktionen aus. Manch späterer *selbsternannter* Führer des Proletariats und sogar ein grüner Minister a.D. — *Joschka Fischer* — tranken dort ihre Halbe. Wegen Schulden machte der Club dann dicht.

Leonhardstr. 8

Überlebt hat dagegen die Weinstube »Widmer«. Über das Wirtschäftle zwischen Nepp und Nutten schrieb der frühere StN-Feuilleton-Chef und Stammgast *Hans Fröhlich* 1977: »Die Widmerin ist erotischer Umschlagplatz, Gerüchtebörse, Schwätzkneipe, Saufladen, Intellektuellen-Operette. Das geht bis zwei Uhr morgens. Wer nach Mitternacht kommt, muß klopfen. Rein kommt dann, wer nicht die Insignien eines Altstadtsuffs im Gesicht hat«. Leider ist bei der »Widmerin« nicht alles beim Alten geblieben: Die resolute Wirtin »Melle« Widmer hat sich zurückgezogen und mit ihr ein Teil des illustren Publikums. Und Fröhlich machte in der Liederhalle selbst eine Kneipe auf.

Leonhardstr. 5

Bereits im Mittelalter stand hier der »Nachrichterturm«, Teil der 1448 begonnenen Stadtbefestigung, der St. Leonhards-/Esslinger Vorstadt. Außerhalb der Stadtmauern lag die »Hauptstatt« (daher

Die Altstadt im Fahnenschmuck des Deutschen Turnfestes von 1933. Links die Pfarrstraße in Richtung Leonhardskirche (Turm im Hintergrund), rechts die Wagnerstraße.

Hauptstätter Straße), auf der jahrhundertelang die Hinrichtungen mit dem Schwert stattfanden. Der Scharfrichter wohnte gleich um die Ecke, in der engen, noch heute existierenden Richtstraße, in die man unbedingt hineinschauen sollte.

Eberhardstr. 53

Auch schon zum Abriß vorgesehen war das Geburtshaus des Philosophen *Hegel* (27.8.1770), aber das Fachwerkhaus aus dem 16. Jahrhundert (Fassade 18 Jh.) hat überlebt und erhält nun sogar eine Gedenkstätte. Auch die Nachbarhäuser sind, soweit noch vorhanden, saniert. Neben dem Hegelhaus hat Stuttgart noch einen Hegel-Platz, die Hegel-Straße, den Hegel-Preis und den Hegel-Kongreß.

Eberhardstr. 61

»Stuttgart empor!«

Der Bau war Programm, und »Stuttgart empor!« betitelte denn auch das 1843 begründete »Stuttgarter Neue Tagblatt« seine Sonderausgabe zur Einweihung des Tagblatturms 1928. Tagblatt-Chefredakteur *Brackmann* sah das erste Hochhaus Württembergs (Arch.: E. Otto Oßwald) als Beweis dafür, daß der Stuttgarter nun willens sei, freier über den Kranz seiner Berge hinwegzusehen und auch das Leben, »das draußen brandet, als lebenswert anzuerkennen.«

Mit 33:22 Stimmen hatte der Gemeinderat dem Turmbau zugestimmt, der ein schwieriges Unterfangen war, konstatierte Tagblatt-Generaldirektor *Carl Esser* doch »viel Kleingeist, Nörgelei und Eifersucht, Neid und politische Mißgunst.« 57 statt 60 m hoch durfte das Hochhaus nur sein, aber mit dem Aufbau der Aufzüge sind es doch 61 m geworden — höher als der Bahnhofsturm.

In der ersten Bauphase muß der schlanke Hochhausturm zwischen den Gründerzeitbauten zu seiner Seite wohl zu stark eingeklemmt gewirkt ha-

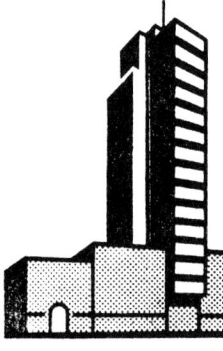

Signet des Grafikers Ottomar Hartwig für das neue Zentrum »Kultur unterm Turm«, wo sich auch Tribüne, Marionettentheater und Ausstellungsräume für das Linden-Museum befinden. 1989 wird hier die Ausstellung »Stuttgart im Krieg 1939—1945« eröffnet.

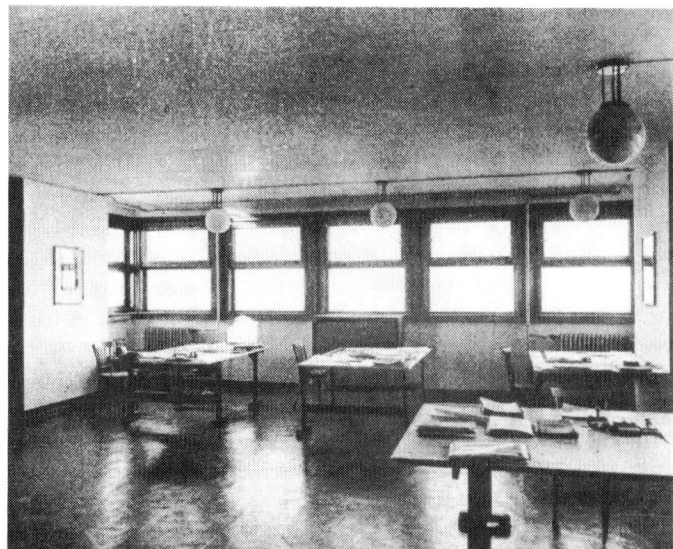

Im Tagblatt-Turm: Büro des Architekten E. Otto Oßwald, von 1929—1956 im 13. Stock.

Der Tagblatt-Turm: ein Wolkenkratzer für den republikanischen Zeitungsriesen

»Auf der einen Seite ist es das lockende Vorbild Amerikas mit seinen Wolkenkratzern, das unsere Architekten heute im Banne hält. Andererseits liegt es vielfach im Wesen unsrer Zeit begründet, daß wir im Zeitalter des Flugzeugs unsere Blicke zur Höhe wenden. Kurzum, der Hochhaus-Gedanke beschäftigte schon viele Jahre die Geister und langsam wird er da und dort in Deutschland in die Tat umgesetzt.«

Mit diesen fortschrittsoptimistischen Worten sah die Deutsche Bauzeitung 1927 der Fertigstellung des Tagblatt-Hochhauses entgegen, das mit seinen 18 Sichtbeton-Geschossen einen unübersehbaren modernen Akzent in die Stuttgarter Altstadtsilhouette setzte und die gewachsene Bedeutung der liberal-demokratischen Presse in der Zeitungslandschaft der Weimarer Republik markieren helfen sollte. Trotz heftiger Anfeindungen von rechts und links war das »Stuttgarter Neue Tagblatt« nach dem Sturz der Monarchie nämlich »in wahrhaft freiheitlichem und demokratischem Geist« und »nach republikanischen Grundsätzen« zur größten Tageszeitung Württembergs expandiert. Dieser rasante Aufstieg suchte im neuen Pressehaus aber nicht allein ein geräumiges Domizil, sondern offenbar auch einen werbewirksamen architektonischen Ausdruck für die kulturelle und politische Aufgeschlossenheit des jungen Zeitungsriesen.

Für den Entwurf eines Stuttgarter Wolkenkratzer-Motivs war vermutlich nicht allein das Vorbild USA, wo 1925 der Chicago Tribune Tower eine gute Presse bekommen hatte, ausschlaggebend, sondern auch der lokale Bebauungshorizont, den die Bauherren mit ihrem Hochhausprojekt durchstoßen wollten. Schließlich hatten schon vor dem 1. Weltkrieg der neugotische Rathausturm (1898/1905), der — heute von Bosch besetzte — Turm des Wilhelmsbaus (1908—09) und der — inzwischen vom »guten Stern« eroberte — Bahnhofsturm (1914/22) als krönende Abschlüsse der Königstraße sowie der Turm des größten Geschäftshauses der Stadt am Graf-Eberhard-Bau (1907—08) dem traditionell von den alten Kirchtürmen dominierten Stadtpanorama eine zeitgemäße Neuinterpretation gebracht. Und in der Aufbruchstimmung der Revolutionsjahre nach 1918 versah eine Stuttgart-Utopie der Architekten Döcker und Keuerleber gar die gesamte Innenstadt mit einem System von Hochhausbauten, die wie Leuchttürme aus dem unübersichtlichen Häusermeer der Altstadt auftauchen sollten, um »die große Stadt und ihre Menschen mitzureißen und einzuschalten in den starken Strom des Weltgefühls und des Weltwillens.«

Jahre später nun, da sich das Stuttgarter Weltbürgertum anschickte, das Ende der überlieferten Kirchturmbaupolitik am Nesenbach durch ein avantgardistisches Pressehochhaus einzuläuten, blieben auch die Koryphäen der provinzverdächtigen Stuttgarter Architektenschule (S. 300) mit ihren Tagblatt-Turm-Plänen auf der Strecke: Keuerleber/Schneck verstellten die Hauptperspektive aus der Eberhardstraße durch eine belanglos moderne Hochhauswand, Bonatz nahm der gezielt vertikal entwickelten Turmfassade durch kleinteilige Sprossenfenster und breit verfugte Backsteinfelder ihre kühne Wirkung, und Wetzel/Schumacher hatten mit einem aberwitzig traditionalistischen »Pulverturm« wohl einen Vorentwurf für das kommende Dritte Reich abgeben wollen.

Stattdessen kam der mit großen Mauerscheiben, durchgehenden Fensterbändern und abgesetzter Dachzone betont modern in die Höhe gezogene und geschickt als städtebauliches Gelenk postierte Turmbau des vergleichsweise unbekannten Ernst Otto Oßwald (1880—1960) letztlich doch noch zur Ausführung. In seinem ganzen Berufsleben hat der mit dem Zeitungshaus beauftragte Unternehmer-Architekt, der vor dem 1. Weltkrieg angefangen hatte, sein Geld mit Mietshäusern im »goldenen Westen« (Bebelstraße 63) zu verdienen, nicht mehr für solche Schlagzeilen sorgen können (Leibnizstraße 22, um 1930; Leibnizstraße 24, um 1950) wie mit seinem modernen Entwurf für einen Symbolbau der bürgerlich-liberalen Presse in der bedrohten Weimarer Republik. *Jörg Haspel*

ben. Dies führte nach wenigen Jahren dazu, daß das östlich angrenzende, von Chr. Fr. Leins im neugotischen Baustil errichtete Haus die heutige, glatte, dem Turm angepaßte neue Fassade erhielt, welche ihm damit einen wirkungsvollen »Fuß« verlieh. Der Bau war aufsehenerregend und inspirierte sogar zur Vision eines »schwäbischen New York«: »In Stuttgart liegen ähnliche Verhältnisse vor wie in New York: Dort sind es die natürlichen Grenzen des Meeres, hier der Kranz der ziemlich hohen Höhenzüge, die eine Verschiebung des Verkehrs- und Wirtschaftszentrums unmöglich machen. Man könnte sich sogar denken, daß der ganze Rand der inneren Stadt im Zuge der Königs-, Eberhard-, Esslinger Straße, Charlottenplatz, mit Hochhäusern bepflanzt wird.« (Willy P. Fuchs-Röll, 1929)

Das »Tagblatt« mußte 1943 sein Erscheinen einstellen, und als Nachfolger zog bis 1976 die »Stuttgarter Zeitung« ein. Jetzt ist »Kultur im Turm« angesagt — Ort z.B. der Buchwochen 1987 und auch des »Projekts Zeitgeschichte«, in dem Stuttgart beispielhaft und keinesfalls verschämt wie andere Städte 1983 den Jahrestag der Machtübergabe an die Nazis in fünf Ausstellungen aufarbeitete.

Langjähriger Betriebsrats-Vorsitzender, 1951–74, der »Stuttgarter Zeitung« war *Fritz Lamm* (1911–1977), wichtiger Vertreter der sozialistischen Linken, bei Naturfreunden, Gewerkschaft, SDS, Freidenkern sehr engagiert, u.a. in der Bildungsarbeit.

Lange Betriebsrat der »Zeitung«: Fritz Lamm. In der Emigration schlug sich der Stettiner als Diamantenschleifer auf Kuba durch.

Eine kleine Stuttgarter Pressegeschichte an dieser Stelle gefällig? 1702 gab es ein erstes Journal in der Stadt und von 1785–1941 bestand der »Schwäbische Merkur«, mit seiner »Schwäbischen Kronik« heute ein klassisches Nachschlagewerk in Sachen Geschichte. Bis 1933 hatte die Linke ihre Blätter in der »Schwäbischen Tagwacht« (SPD, seit 1890) und die »Süddeutsche Arbeiterzeitung« der Kommunisten. Die deutschnationale »Süddeutsche Zeitung« erschien 1913–1943; es gab weiter die konservative »Württemberger Zeitung/Landeszeitung«, von der NSDAP den »NS-Kurier«, insgesamt elf Tageszeitungen. Das »Stuttgarter Neue Tagblatt« von 1843 wurde 1943, nach 100 Jahren, eingestellt. Nachruf in eigener Sache: »Der Preis, den es zu erringen gilt, rechtfertigt die Opfer. Wichtig ist jetzt nur, daß wir den Krieg siegreich beenden.«

Nachfolger im Tagblatt-Turm war ab September 1945 die »Stuttgarter Zeitung«, die 1946 in den »Stuttgarter Nachrichten« Konkurrenz bekam. Die StN wurden in der Oberen Reinsburgstraße 95 bei der früheren »Schwäbischen Tageszeitung« redigiert und bei der Tagwacht, Friedrichstraße, gedruckt. Die SPD-Zeitung, die kommunistische »Volksstimme« und das katholische »Deutsche Volksblatt« verschwanden mit der Zeit, doch bestehen jetzt noch in den Vorstädten einige Blätter, wenn auch ohne eigenen überregionalen Teil: »Nord-Stuttgarter Rundschau« (NSR), »Cannstatter Zeitung«, »Untertürkheimer Zeitung« und »Filder-Zeitung«. »Bild« hat einen Lokalteil, sozusagen eine Retourkutsche, seit die inzwischen in Möhringen im Druckzentrum ansässigen StZ und StN im Verbund mit anderen Zeitungen am siebten Tag der Woche »Sonntag aktuell« auflegen.

Hinter dem Turm liegt das Gerberviertel, mit Pfandleihe und ehemals besetzten Häusern.

Eberhardstr. 28

Als »Horten-Mitte« 1978 das 50jährige Bestehen eines Kaufhauses an dieser Stelle feierte, wurde stolz auch ein Modell des früheren »Kaufhaus Schocken« vorgezeigt, gerühmt ob seines Baustils, bekannt durch den runden gläsernen Treppenturm. Des Originals hatte sich der Jubilar allerdings mittels Abriß entledigt, die

Stadt selbst aus freien Stücken auf eine Sehenswürdigkeit verzichtet.

Die Schocken KG von *Salman Schocken* aus Zwickau (Sachsen) hatte am 4. Oktober 1928 in Stuttgart in einem Bau des Architekten *Erich Mendelsohn* (1887–1953) eröffnet. Der »unschöne, unförmige Koloß des jüdischen Kaufhauses«, wie ihn Stuttgarts »NS-Kurier« nannte, war immer wieder Angriffsziel der Nazis: Am 10. März 1933 hielten SA und SS das Kaufhaus »geschlossen«; im Inneren wurden Tränengasbomben geworfen, Kunden angeprangert, bis das Geschäft 1939 »arisiert« war.

Kaufhaus Schocken, abgerissen 1961: Statt Mendelsohns Bau nun Eiermanns »Eierschalen-Fassade«. Zur Einweihung des neuen Kaufhauses reimte OB Klett: »Glück und Heil dem Kaufhaus Horten! Mögen Käufer in Rekorden, daß sie drängend sich fast morden, treten durch die off'nen Pforten.«

1943 geschlossen, überstand der Bau den Bombenkrieg und wurde 1945 wiedereröffnet. Horten kaufte 1953 die Schocken-Anteile am Stuttgarter »Merkur« und drängte schon bald auf den Abriß des Schockenbaus, weil der keinen Rolltreppen-Einbau erlaubte. Die Horten-Pläne, das Werk von Mendelsohn, den die »Times« »einen der originellsten und bedeutendsten Architekten des Jahrhunderts« nannte, zu beseitigen, forderten internationale Proteste heraus. Max Bill warnte vor diesem »Schwabenstreich«; Mies van der Rohe teilte seine Bedenken aus Chicago mit; Walter Gropius schrieb aus Lincoln: »Mendelsohns Schocken-Bau ist ein wertvolles Denkmal deutscher Architektur und muß erhalten bleiben«; das Museum of Modern Art New York fürchtete einen »Akt des Vandalismus«. Während sich auch Stuttgarter Architektur-Studenten für den Erhalt stark machten, war der Karlsruher Architekt Egon Eiermann einer der Wortführer der Gegenseite: Er nannte Mendelsohns Arbeit »minderwertig«. Als der Denkmalrat im Oktober 1959 beschloß, den Bau nicht ins Landesverzeichnis der Baudenkmäler aufzunehmen, war der Weg für die Zerstörung frei. Bereits im August 1961 durfte Horten seinen neuen »Merkur«, mit Eiermanns »Eierschalen-Fassade«, der aussieht wie eben alle »Merkur«-Häuser in bundesdeutschen Landen, eröffnen.

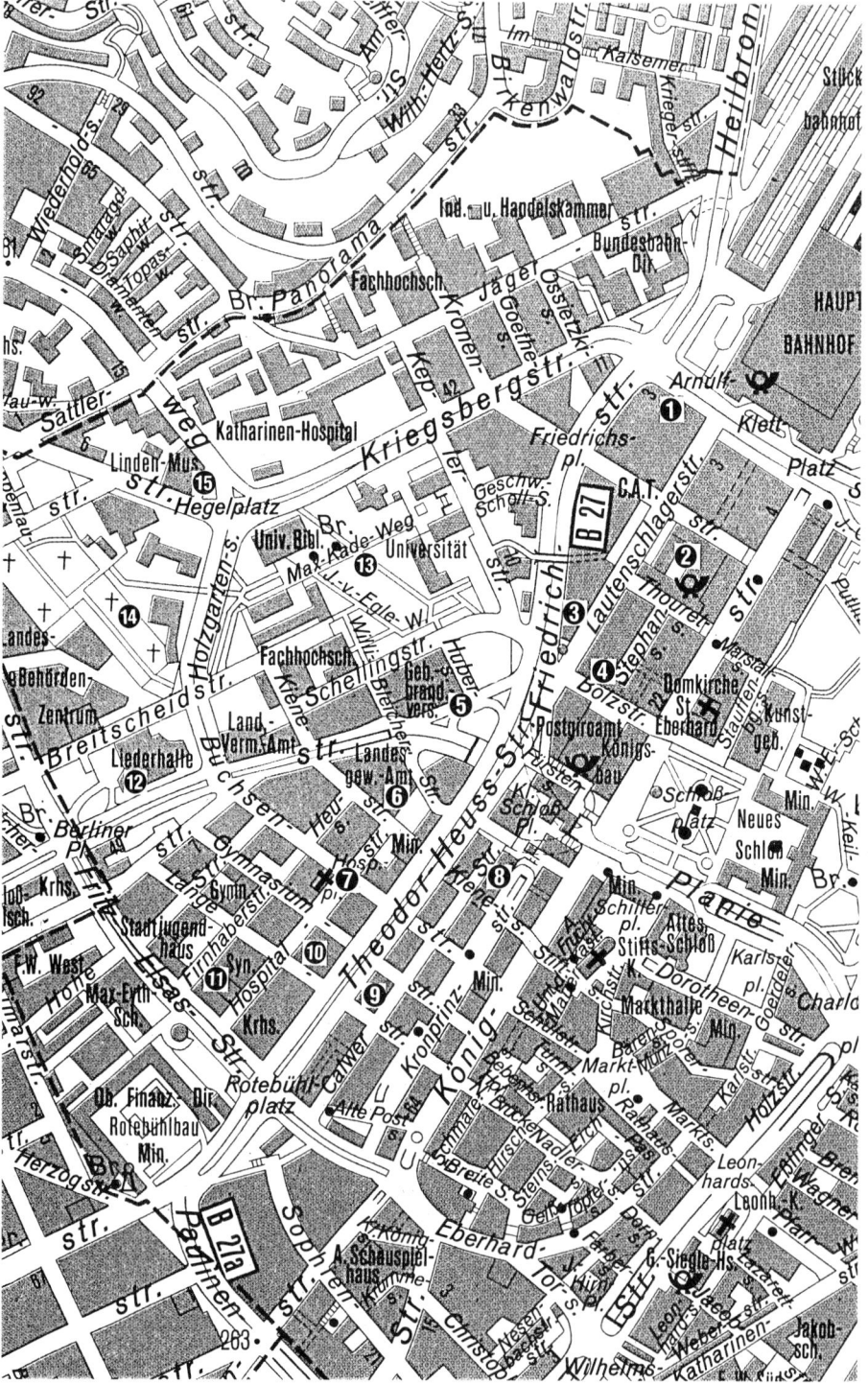

Bahnhofs-»Hölle«, Metropol und »unser Jerusalem«

Mitte 3: Vom Zeppelinbau durch die »Reiche Vorstadt«

von Werner Skrentny

Ausgangspunkt: Hauptbahnhof
Endpunkt: U-Bahn Keplerstraße·
Dauer: 2 1/2 Stunden

Nein, nicht die Königsstraße hinab, auch nicht zur Kulturmeile, führt dieser dritte Rundgang durch Stuttgart-Mitte, sondern zum nordwestlichen Teil der Innenstadt: Eine zeitweise gewiß unwirtliche Gegend, zieht doch auch hier wieder eine andere Stadtautobahn (Friedrichstraße/Theodor-Heuss-Straße) ihre Bahn, herrscht punktuell architektonische Öde.

Hoffen wir, daß sich der Benutzer uns trotzdem anvertraut, denn eine Reihe historischer Sprengsel haben sich doch noch erhalten, in der ehemals »Reichen Vorstadt«, der Nachbarschaft der Königsstraße oder um den Stadtgarten.

»Hotel Graf Zeppelin« ist eine der besten Adressen der Stadt, 1945–55 war es im Besitz der US-Amerikaner und am 27. Oktober 1955 Ort eines symbolischen Aktes: US-Oberst James H. Fish knüpfte ein rotes Seidenband zusammen und OB Klett schnitt's gleich wieder durch, was meinen sollte: »Ein Zeichen des guten Willens der amerikanischen Seite, das Problem der beschlagnahmten Häuser in Stuttgart so rasch als möglich zu lösen.« Mit dem »Zeppelin« gaben die USA damals den Flughafen, Teile des Mittnachtbaus, sechs Kasernen und 130 Wohngrundstücke frei. Behalten haben sie 1955 noch 378 Gebäude mit 729 Wohnungen, das Gefängnis Weimarstraße, den Hof der Rotebühlkaserne, das Krankenhaus Cannstatt, den »Ritter« in Degerloch u.a.m.

Das »Hotel Graf Zeppelin« war 1931 (Arch.: Bonatz/Scholer) eröffnet worden, »das modernste Süddeutschlands«. Zur Einweihung flog ein Zeppelin überm »Zeppelin« und warf Blumen ab. Es wurde eine Herberge der Prominenz: Die Rennfahrer trafen sich hier, es nächtigten der Herzog von Windsor, Himmler und US-Außenminister Byrnes, für dessen Schutz 1945 Panzer auffuhren.

Wir wählen vom Zeppelinbau den Weg in die Lautenschlager Straße, erscheinen uns doch Friedrichstraße/Theodor-Heuss-Straße wie erwähnt als unwirtliche Gegend.

Arnulf-Klett-Platz 7

❶

Ecke Thouret-/
Königstr. 14/
Friedrichstr. 11

❷

Lautenschlagerstr.
21/24

❸

Friedrichstr. 28

Die »Stuttgart empor!«-Aufbruchstimmung der Weimarer Republik manifestierte sich hier zwar nicht so unübersehbar wie am Tagblatt-Turm, doch war das Hahn & Kolb-Haus (Ecke Thouret-/Königsstraße) erstes Hochhaus der Stadt, 1925−26 (Albert Schieber) erbaut und 1937 erweitert, wenn da nicht noch die Oberpostdirektion (1925−27, Max Luz) wäre, die ebenfalls für sich in Anspruch nimmt, das erste Hochhaus zu sein. Ihr Wiederaufbau wurde 1987 abgeschlossen.

Eines der größten Bauwerke der NS-Zeit in der Stadt, sieht man einmal von den Kasernen ab, war das Haus der Technischen Werke (1936) unter Nr. 21. Ebenfalls aus dieser Zeit, 1936−37, stammt der Industriehof (Nr. 24), wiederaufgebaut und noch mit NS-Bauplastik (»die Heimkehr«).

Das (zerstörte) Hotel »Hospiz Viktoria«, ein 140 Betten-Haus, das denselben Besitzer wie das daneben liegende »Hotel Frank« hatte, war Hitlers bevorzugtes Quartier in Stuttgart. Wie in anderen Städten (Hamburg z.B.) hat sich auch hier die Legende gebildet, Hitler sei − wegen des sog. Kabelattentats (S. 133) − nach 1933 nicht mehr nach Stuttgart gekommen: Unsinn.

Der Industriehof von 1937 mit der damaligen »Bank der deutschen Arbeit« am Friedrichsplatz; links Hitlers bevorzugtes Stuttgarter Quartier, das Hospiz Viktoria, daneben das Hotel Frank (um 1938).

Ecke heutige Bolz-/Friedrichstraße war das Friedrichsbau-Theater, von der Königsstraße aus gut zu sehen. Es war Stuttgarts klassisches Varieté, in dem Grock, die Rastellis, Otto Reutter und natürlich auch Häberle und Pfleiderer alias Willy Reichert/Oscar Heiler auftraten. Es gab hier zeitweise aber auch richtiges Theater: (Max) Reinhardtbühne, Piscator und seine Truppe, die Schlierseer. Als Ludwig Grauaug, seit 1900 Besitzer, 1933/34 Stuttgart verließ, übernahmen Emil Neidhardt und Willy Reichert das Haus. 1943

ausgebrannt, wurde der Friedrichsbau einigermaßen wieder hergerichtet, fiel dann allerdings 1955 dem Straßenbau zum Opfer.

Der »Doktor« aus der Friedrichstraße

Vom alten Tagwacht-Bau in der Hauptstätter Straße waren die
Sozialdemokraten hierher umgezogen, wo auch der Sitz von Arbeiterwohlfahrt, Sozialistischer Arbeiterjugend u.a. war. Auch bestanden ein »Tagheim« und »Beschäftigungsstuben für Arbeitslose«
(Wärmestuben existierten ja in der ganzen Stadt für die Erwerbslosen, z.B. in der Volksbüchcrci Silberburgstraße 191, Gerberstraße
2 a und im Gewerkschaftshaus). In dem nicht mehr bestehenden
Gebäude erschien auch die »Schwäbische Tagwacht«.

*Werbezeichnung von Erwin
Schoettle für die »Schwäbische Tagwacht« der SPD*

Mit *Kurt Schumacher* (1895–1952) als Vorsitzendem und dem
Parteisekretär *Erwin Schoettle* (1899–1976) (S. 242) verfügte die
SPD seit 1930/31 in Stuttgart über ein, wie Nachtmann schreibt,
»ausgezeichnetes Duo«. Insbesondere Schumacher, »der Doktor«
genannt, genießt heute noch in weiten Parteikreisen gutes Ansehen.

*Der in Kulm/Westpreußen geborene Politiker war 1920 als Redakteur der
»Tagwacht« nach Stuttgart gekommen. Der Kriegsbeschädigte, dem nach einer schweren Verletzung im Krieg in Polen gegen Rußland der rechte Arm
amputiert werden mußte, war seit 1925 Leiter des Reichsbanner und verfolgte mit seinem »Büro Schwabenland« die Aktivitäten der Nationalsozialisten
und Kommunisten. Daß er Goebbels im Reichstag einen »vorlauten Zwerg,
der aus seiner Hose gewachsen sei«, nannte, und generell seine erbitterte
Gegnerschaft zu den Nazis, haben ihn zu einem vielgehaßten Mann gemacht. Als er 1933 in Berlin verhaftet wurde, stand im Stuttgarter »NS-
Kurier«, »einer der schamlosesten sozialdemokratischen Hetzer nicht nur
Württembergs, sondern ganz Deutschlands«, sei »unschädlich gemacht worden.« Für den 38jährigen begann ein langer Leidensweg durch die KZ (Heuberg, Oberer Kuhberg Ulm, Dachau), der über zehn Jahre währte.*

*Kurt Schumacher als
Reichstagsabgeordneter
1930: »Einen der schamlo-
sesten sozialdemokratischen
Hetzer unschädlich ge-
macht.«*

*Schon kurz nach Kriegsende trat Schumacher wieder in Stuttgart auf,
wenn auch — wegen des Versammlungsverbotes — illegal in der Halle des
Bahnpostamtes. 1946 wurde er SPD-Vorsitzender der Westzonen und war
1949 Gegenkandidat von Adenauer um die Kanzlerschaft; der CDU-Mann
obsiegte dank seiner eigenen Stimme. Erbittert kämpfte der Sozialdemokrat
gegen die Entwicklung dieser Republik unter Adenauer, den er »den Bun-
deskanzler der Alliierten« nannte, was einen unerhörten politischen Skan-
dal hervorrief (unter vier Augen sprach man sich aus). Ebenso trat er gegen
die Sowjetzone und die spätere DDR auf, etwa gegen die dortige Vereinigung
von SPD und KPD zur SED (»die Kommunisten sind fest an Rußland als
Staat und seine außenpolitischen Ziele gebunden«). Am 20. August 1952
starb Kurt Schumacher, eine späte Folge der langen KZ-Haft, in Bonn. Der
US-Außenminister (Michael McDamott) telegrafierte: »Er war ein Demokrat und Kämpfer gegen den Kommunismus und den Nazismus.«*

Doch zurück in die Friedrichstraße: In der Endphase der Weimarer Republik, bei den Reichstagswahlen 1928 bis 1932, fiel die SPD
auch in Stuttgart ab, von 31,4 auf 22,6 Prozent (Deutsches Reich
29,8 auf 18,3). Stärkste Partei in der Stadt war bei der letzten freien
Wahl 1932 die NSDAP (23,2); die Kommunisten erreichten 20,5
Prozent. Die Kapitulation des SPD-Landesvorstandes um *Wilhelm
Keil* gegenüber den Nazis (Rücktritt und der Appell, »die politische

Neubildung und die Pläne der *nationalen Revolution* zu unterstützen«) trafen Stuttgarts SPD hart. Neben Schumacher wurden 1933 auch die Reichstagsabgeordneten *Erich Roßmann* (1884−1955), *Fritz Ulrich* (1888−1961) und viele andere verhaftet. Der frühere Reichstagsabgeordnete *Jakob Weimer* (geb. 1887) starb 1944 im Bosch-Krankenhaus an den Haftfolgen. Am 22. Juni 1933 wurde die SPD verboten: In die Friedrichstraße 13 zog der »NS-Kurier« der Nazis ein.

Nebenan, Nr. 15, ist heute Sitz des Hauptvorstands der Industriegewerkschaft Druck und Papier (ab 1989 IG Medien), deren Vorsitzender von 1968−1983 *Leonhard (»Loni«) Mahlein* war.

Wirtschaftswunder-Land

Bolzstr. 10

Wenn eine frühe Wirtschaftswunder-Geschichte für Stuttgart gesucht würde, wo wäre sie besser festzumachen als hier? 1949 eröffnete das vom Landtag als Varieté aus der Heusteigstraße (S. 231) vertriebene »Metropol«, damals der größte Vergnügungspalast Westdeutschlands, ein wahres Wunderland des leichten Lebens: Zwei Programme täglich im Cabaret, die »Golden Bar«, und im Restaurant immer eine Zigeunerkapelle; Bierstuben mit Wiener Schrammelmusik, der Dachgarten mit Liegestühlen (!), wohin einen der Schnellaufzug brachte; Ladenstraße, Kinderzoo und das 1.500 Plätze-Kino mit artistischer Bühnenschau und Kino-Orgelmusik — ein Denkmal des »Wir sind wieder wer«, personifiziert in *Philipp* und *Martha Metzler*, dem Millionärs-Ehepaar, das im Rosensteinpark eine Unterkunft für 400 Bauarbeiter aufgeschlagen

Ein Wunderland des leichten Lebens: Der Metropol-Palast. Die drei Portalbögen, bis heute erhalten, stammen vom alten Bahnhof.

hatte, eine optische Firma und ein Hotel und die Spielbank in Bad Homburg v.d. Höhe besaß.

—————— LACHENDER FEIERABEND IM ——————
METROPOL-PALAST

Direktion: Philipp und Martha Metzler   Telefon: 9 04 51/9 16 04/9 21 87

Das modernste und größte Privattheater Süddeutschlands

1959, es war die Zeit des großen Varieté-Sterbens, machte das »Metropol« zu und den traditionsreichen »Palast-Lichtspielen« (PL) Platz, die der Hertie-Neubau vom Marstall-Gelände in der Königstraße vertrieben hatte.

Die »Hölle« war immer voll

Zwar hat er schon 1922 geschlossen, ist aber bis heute Stuttgarter Allgemeinwissen und wird Fremden stets gezeigt: Drei Portalbögen am Eingang der »Palast-Lichtspiele« — »... und das war der alte Bahnhof«.

Mit der Schwäb'schen Eise'bahne hatten sich die Stuttgarter Zeit gelassen. 1835 fuhr die »Adler-Lok« Nürnberg-Fürth, 1845 eröffnete in Cannstatt die Strecke nach Untertürkheim und 1846 bekam dann auch Stuttgart Bahn und Bahnhof. Dabei war lange überlegt worden, ob derlei denn auch in die Residenz passen würde. Alternativen waren eine Stichbahn von Cannstatt her zu einem Bahnhöfle in der Neckarstraße, auf Höhe des heutigen Wagenburgtunnels, oder eine Station an der Stelle des Stadtgartens, doch gebaut wurde 1844—46 nach den Plänen von Etzel in der Schloßstraße (heute Bolzstraße) »eine schmalbrüstige Sache«, wie Stadtarchivar Vietzen sie beschrieb: 100 m breit und 780 m lang. 1863—67 mußte der Bahnhof erweitert werden (Morlok und Wolff); aus der Zeit stammen auch die drei Bögen.

Stuttgart war (und blieb) ein Kopfbahnhof, und es mag interessieren, wie die Züge mitten aus der Stadt wieder herauskamen. Man mußte dazu Viadukte über die Kronen- und Schillerstraße bauen, was reizvolle Bilder abgab: Oben die Dampflok, unten bewegte man sich mit Pferdestärken oder zu Fuß fort.

Der alte Bahnhof, noch zentraler gelegen als sein Nachfolger, war ein wirklicher Mittelpunkt:

» Die Beliebtheit der qualmvollen Hallen ging so weit, daß junge Stuttgarter Lebewelt, wenn Königsstraßenbummel und Anlagenflanieren enttäuscht hatten, ihr Heil in diesen Verkehrsbezirken suchten. Manche Abfahrt nach Ulm oder Hall wurde durch Amors Dazwischenschießen auf den nächsten Zug oder gar Tag verschoben. Aber Jedermann hatte Zeit, und auf den Bänken im Wartesaal III. Klasse saßen die Bauern aus dem ganzen Ländle, pafften ihren Landfriedtabak und spuckten besinnlich vor sich hin...« — so ein unbekannter Chronist.

Eine Besonderheit des Bahnhofs war die »Hölle«, eine unterirdische Schänke für Eisenbahner, in die nur durch ein »geheimnisvolles Loch« vom Wartesaal etwas Tageslicht fiel:

» Eine etwas wacklige Wendeltreppe führte hinunter: Dienstfreie Kuppler, rußige Lokführer und noch rußigere Heizer hockten wie verschworene Gesellen des Teufels an derben Holztischen und verschlangen Wörwagsche Ex-

Beliebte verqualmte Hallen:
Der alte Bahnhof. Hier der
Blick von der Kronenstraße
in die Bahnsteighallen.

traleberwürste und weithin duftende Maurerkotteletts. In der von Peitschen-
stecken- und Saitenpärchen umhangenen Theke schäumte das Bier aus bau-
chigen Fässern, die, schnell leergetrunken, von athletischen Hausknechten
abgerollt wurden. Diese verrußte, schwarzrot flackernde Hölle war immer ge-
steckt voll und zwischen den Eisenbahnern waren auch immer wieder Herren
der besseren Gesellschaft mit ihren Damen, die da unten ein wenig das harm-
lose Gruseln lernen konnten.«

Grausen machte die »Hölle« dem Bahnhofskommandanten von
Carlshausen im 1. Weltkrieg: Er vermutete dort Spione. Carlshausen scheint die Schänke sowieso nur Probleme gemacht zu haben:
Als er, in Zeiten der Fliegergefahr, die Leute in die Bahnhofs-Kata-
komben scheuchte, meinten die: »Könnet mer net e Fäßle Bier
osteche? — 's stande jo g'nueg rum!« Und ausgerechnet in der Zeit
kam auch noch *Kaiser Wilhelm II.* im Alten Bahnhof angedampft:
»Mein Herzschlag war erleichtert, als er unseren Bahnhof verlassen hatte, um mit Rücksicht auf die Fliegergefahr bei Großsachsen-
heim auf freier Bahnstrecke zu übernachten.« (von Carlshausen)

In der Nacht zum 23. Oktober 1922 kamen noch einmal Tausende zum Abschied vom Alten Bahnhof — »sie glaubten wohl, es gäbe
irgend einen lärmvollen Schluß« (Presse). Als der Schnellzug von
Wien Verspätung hatte, gingen viele dann auch wieder heim und er-
lebten »die Leichenfeier« (Hanns Baum) nicht mehr, zu der eine
geschmückte Lok gen Heidelberg ausfuhr, der Eisenbahner-Ge-
sangverein »Nun ade!« und die Menge »Muß i denn zum Städtele
hinaus« anstimmte, während an der Lok ein Spruchband erklärte:
» Der alte Bahnhof sendet mich
als letzten Zug aus seinen dunklen Toren.
Wenn meine Spur sich in der Nacht verloren,
so schließen sie für alle Zeiten sich.«

Aber da mußte die Abschiedsgemeinde in dieser Montagnacht
auch schon rasch weiter zum neuen Bahnhof, wo um 4.15 Uhr der
erste Zug mit einem ganz gewöhnlichen Ziel abfuhr: Nach Aalen.

Als Kino hat der Bau ohnehin lange Tradition, wurde doch bereits 1926 hier der » Ufa-Palast«, mit 1.300 Plätzen damals Süddeutschlands größtes Lichtspielhaus, eröffnet. » Ein Walzertraum« hieß der erste Film am Ort der Mittelhalle des alten Bahnhofs. Der zuletzt 1.400 Plätze-Saal verschwand allerdings 1987 beim Umbau — da ist nichts mehr gutzumachen. Stuttgart war trotz solcher Kinopaläste keine Filmstadt, rangierte es doch in den 30er Jahren im Reich am Ende der Rangliste. Die ersten lebenden Bilder soll es dabei schon 1896 auf dem Gewerbehallenplatz gegeben haben und ein erstes Filmtheater seit 1907 Ecke Tübinger-/Christophstraße: das » Edisonkino«, später » Kinematograph International«.

Seit Mitte der 20er Jahre stand regelmäßig die Frage eines Neubaus des Gewerkschaftshauses auf der Tagesordnung, jedoch erst 1929 wurde ein geeignetes Grundstück Ecke Kanzlei-(Willi-Bleicher-Straße) und Rote Straße (Theodor-Heuss-Straße) gefunden, das gegen das alte Gewerkschaftshaus, den »Bären« (vgl. S. 42) mit der Stadt getauscht werden konnte. Die erforderlichen Mittel für den Neubau wurden von den Mitgliedern durch eine »Gewerkschaftshauslotterie«, durch einen 10-Pfennig Extrabeitrag und durch Kauf von sonstigen Sondermarken aufgebracht. 1930 wurde mit den Bauarbeiten begonnen, die am 1. Mai 1933 mit der offiziellen Einweihung des Hauses abgeschlossen werden sollten. Doch schon einen Tag später besetzten SA und braune Betriebszellen das Gewerkschaftshaus, verhafteten eine große Zahl der Funktionäre, beschlagnahmten das Vermögen und die Deutsche Arbeitsfront (DAF) erklärte das Haus zu ihrem Eigentum.

Im Mai 1945 wurde der Württembergische Gewerkschaftsbund als Einheitsgewerkschaft aus den ehemaligen Freien, den Christlichen, den Hirsch-Dunkerschen Gewerkschaften und der Roten Gewerkschafts-Opposition (RGO) gegründet. 1949 wurde er aufgelöst, nachdem man sich dem neugegründeten DGB angeschlossen hatte.

Im Gewerkschaftshaus sind heute zwei Hauptvorstände, die Gewerkschaft Leder und die Gewerkschaft Öffentliche Dienste, Transport und Ver-

Willi-Bleicher-Str.
20
⑤

Baufond-Spendenmarke für den Bau des neuen Stuttgarter Gewerkschafts- hauses.

Am Tag der Einweihung von den Nazis besetzt: Das Gewerkschaftshaus (um 1950).

kehr (ÖTV), deren langjähriger Vorsitzender Heinz Kluncker war, die meisten Landesleitungen und Bezirksvorstände sowie die überwiegende Zahl der Ortsverwaltungen untergebracht. Doch nicht nur Gewerkschaften sind Mieter: Stuttgarts wichtigste Kulturorganisation, die Kulturgemeinschaft des DGB Stuttgart (Volksbühne) mit fast 35.000 Mitgliedern, die Büchergilde, der gewerkschaftseigene Automobilclub Europa (ACE) sind ebenfalls präsent. Der Lichthof des Gewerkschaftshauses ist ein beliebter Ausstellungsraum und im Saal, der rund 600 Plätze hat, sind fast täglich politische oder kulturelle Veranstaltungen. Wer die Gewerkschafter dort nicht findet, sollte in der Kellerschenke nachsehen, die das heimliche Kommunikationszentrum ist, in der auch viele Stammtische von Betriebs- und Personalräten oder gewerkschaftliche Arbeitskreise tagen. Selbst die »Konkurrenz« vom Haus der Wirtschaft probt dort beim Viertele friedliche Koexistenz.

Willi-Bleicher-Str.
19
❻

Technologie-Zentrale

1889 bis 1896 wurde hier die »Königliche Centralstelle für Gewerbe und Handel« (Neckelmann/Hartel) errichtet, die später Landesgewerbeamt genannt wurde und seit Ende Februar 1988 als »Haus der Wirtschaft« firmiert.

Der von drei Ecken mit überkuppelten Rundtürmen begrenzte Bau mit seiner neobarocken Schilfsandsteinfassade und den Porträtreliefs württembergischer Industrieller, Tüftler und Erfinder gilt als Stuttgarts bedeutendstes Gründerzeitdenkmal. Erster Präsident der Einrichtung war Ferdinand von Steinbeis, der für das rohstoffarme Land die Weichen zum heutigen wirtschaftlichen Musterländle stellte. Seine Devise: »Qualität ist: Schönheit oder Reinheit der Form, Solidität der Ausführung und Wohlfeilheit« (1850).

Der Name von Steinbeis ist auch heute noch im »Haus der Wirtschaft« lebendig, denn dort residiert auf zwei Stockwerken die Steinbeis-Stiftung, deren Vorsitzender Prof. *Johann Löhn* ist. Der »Regierungsbeauftragte für Technologietransfer« und ehemalige Informatik-Professor aus Furtwangen ist das bestbezahlte Mitglied der Landesregierung (Jahreseinkommen: 220.000 DM) und gilt als enger Vertrauter und Berater von *Lothar Späth*. Löhns Technologietransfer-Apparat kann Steigerungsquoten aufweisen, die rekordverdächtig sind. Sein Haushalt wuchs von 5,1 Millionen (1982) auf 33,2 Millionen DM (1986). In seiner Zentrale sind zur Zeit 25 Mitarbeiter (1983 waren es acht) und in den Außenstellen 145 (1983 = 20) Mitarbeiter beschäftigt. 564 Professoren und 290 Ingenieure sind als nebenberufliche Mitarbeiter auf Löhns Gehaltsliste und insgesamt werden in Baden-Württemberg jährlich rund 500 Millionen DM aus Steuergeldern in den Technologietransfer für die Unternehmer umgeleitet, die nahezu ausschließlich zur Rationalisierung verwendet werden oder wie das Späth auf dem Kongreß »Zukunftschancen eines Industrielandes« 1983 formulierte: »Mikroelektronik entwickelt ihre Vorteile vor allem durch Rationalisierung und Automatisierung.«

Das frisch renovierte »Haus der Wirtschaft« beherbergt auch das »Design-Center Stuttgart«, mit dem innovative Produktgestaltung durch Ausstellungen, Auszeichnungen und Beihilfen gefördert werden soll. Daneben hat das Landesgewerbeamt die Schwerpunkte berufliche Aus- und Weiterbildung: die Landesbehörde gründete z.B. 37 Arbeitskreise für Unternehmerfrauen und eine Modeschule, in der in vier Semestern die Ausbildung zur Entwurfs-Direktrice angeboten wird.

Neben der Steinbeis-Stiftung und dem Landesgewerbeamt ist die »Stiftung Außenwirtschaft« der dritte Mieter im Haus der Wirtschaft. Ihr Geschäftsführer ist der frühere FDP-Fraktionsvorsitzende Jürgen Morlok, der sich dem Vernehmen nach sein Opponentendasein von CDU-Ministerpräsident Späth teuer abkaufen ließ.

Die »Büchsenschmier'«

Als Mittelpunkt einer neuen Vorstadt wurde 1471−1493 (Aberlin Jörg, Konrad von Gundelsheim) die Hospitalkirche gebaut. Diese nördliche »Obere Vorstadt« war erst »Liebfrauenvorstadt«, nach der Reformation »Turnierackervorstadt« und schließlich »Reiche Vorstadt« benannt. Von der Kirche sind nach den Kriegszerstörungen nur Turm und Chor wiederaufgebaut worden (1951-1960, Rudolf Lempp), weil in der Bürogegend nur noch eine kleine Kirchengemeinde ansässig wurde. Im Chor steht heute das Original der Kreuzigungsgruppe von *Hans Seyffer* vom Leonhardsfriedhof. Völlig zerstört wurde das einstige Dominikaner-Kloster von 1473 mit seinem Kreuzgang (jetzt an der Stelle Hospitalhof). Nach der Reformation war hier das Bürgerspital (S. 278) eingezogen. Im Kreuzgang war das Lapidarium der Stadt, das *Gustav Wais* und *Oberbaurat Speidel* 1945−50 in der Mörikestraße (S. 228) neu aufbauten. Zuletzt war im Klosterbau das Polizeipräsidium und damit auch die »Büchsenschmier'«, eines der berüchtigten Stuttgarter Gefängnisse der NS-Zeit. Hier war auch der Ort, von wo die ersten Deportationen von Juden, 1938 für die Ostjuden, stattfanden.

Hospitalstr. 20

Bis heute nicht endgültig geklärt werden konnte, wo diese Aufnahme aus einer Bilder-Serie »Abtransport der Juden« in Stuttgart entstanden ist. Vermutlich zeigt das Photo die Deportation der Ostjuden im Gefängnis Büchsenstraße.

Auf Weisung des Reichsführers SS mußte 1938 gegen sämtliche Juden mit polnischer Staatsangehörigkeit ein Aufenthaltsverbot für das Reichsgebiet erlassen werden. Mit der den Ostjuden innewohnenden Gleichgültigkeit gegen Papiere und Scheine hatten es viele unterlassen, einen deutschen Paß zu erwerben. Die Betroffenen waren seit Jahrzehnten in Stuttgart oder Deutschland ansässig. Die Verhaftungen erfolgten in der Nacht vom 27. zum 28. Oktober 1938. Die Maßnahmen mußten unter Einsatz aller Kräfte der Sicherheits- und Ordnungspolizei durchgeführt werden. Die Verhafteten aus Stuttgart und dem ganzen Land wurden in das Polizeigefängnis Büchsenstraße eingeliefert. Die weitaus größte Zahl der Betroffenen sprach schwäbisch und hatte keine Ahnung vom Polnischen. Nun wurden sie in Zellen des Polizeigefängnisses zusammengepfercht. Jäh aus ihren Wohnungen gerissen, hatten viele nicht einmal das Notwendigste bei sich. Bei der »Verladung« in den Zug war die Gestapo tätig, und das war brutal. Für Stuttgart bedeutete der Abschub der Ostjuden das Ende eines wenig beachteten, doch in seiner Eigenart besonderen Kulturkreises, aus dem die Gesamtjudenheit belebende Kräfte schöpfte und heute noch schöpft.

Ecke Kiene-/
Calwer Str.

❽

»Hexenkessel« und Kartoffelsalat

Nur noch mittels alter Stadtpläne nachzuempfinden ist der Standort des Ständehauses, des Landtags, im Block zwischen Kronprinz-, Calwer-, Kienestraße und Kleinem Schloßplatz. Hier tagte 1849 das Frankfurter Rumpfparlament (S. 64) und hier ging es auch in den Tagen der Revolution 1918—19 hoch her, vor allem zur Zeit des sog.»Januarputsches«, wie die Unruhen betitelt wurden.

Während in Berlin und anderen Städten heftige Kämpfe tobten, waren auch in Stuttgart 15.000 Anhänger der Spartakisten zusammengekommen und im »Hexenkessel« der Ersten Ständekammer, Ecke Kiene-/Calwerstraße wurde spontan der Gemeinderat für aufgelöst erklärt und verlangt, in ganz Württemberg die Verwaltung den Arbeiter- und Soldatenräten zu übertragen. Das »Stuttgarter Neue Tagblatt« in der Torstraße wurde besetzt und dort »Die Rote Flut« herausgegeben, die es aber nur zu einer Ausgabe brachte, weil die Sicherheitswehr das Ganze (unblutig) beendete und die Revolutionäre festnahm, darunter auch Willi Münzenberg, späterer Leiter des KPD-»Medienkonzerns« in Berlin.

Im Juni 1919 kam es dann im »durch das Ziehen von Drähten abgesperrten Justizgebäude« Urbanstraße zum Prozeß gegen Edwin Hoernle (S. 91), Fritz Rück, Münzenberg und Genossen wegen der »Verbrechen des Aufruhrs«, aber alle wurden freigesprochen. »Das Urteil wurde von den zahlreichen im Zuhörerraum anwesenden Gesinnungsgenossen der Angeklagten mit lauten Bravorufen und Händeklatschen aufgenommen«, berichtete der »Merkur«, doch anderes entgegnen war: Vor dem Gericht erwiesen schwäbische Fabrikarbeiter ihre Glückwünsche auf ganz eigene Art — mit einer großen Schüssel Kartoffelsalat.

Ein Abstecher in die Königstraße führt zu zwei der wenigen dort noch vorhandenen historischen Gebäude. Das Stockgebäude, in dem ehemals die Königliche Verwaltung war, wurde 1833—38 (Gottlob Georg Barth/Adam Friedrich Groß) errichtet und hat noch einen sehr alten Keller, in dem seit 1578 der Wein der Stiftsverwaltung gelagert wurde (Wiederaufbau 1947—50). Der Mittnachtbau (1926—28, Eisenlohr und Pfennig) ist ab 1953 wiedererrichtet worden und nach einem württembergischen Ministerpräsidenten benannt.

Den einen ist es geglücktes Beispiel für Denkmalschutz, anderen ein »architektonisches Disneyland«, »eine Mischung von Originalen und Attrappen, Angepaßtem und unbekümmert Modernem« (Wolfgang Rainer, StZ). Ein Symbol jedoch für eine veränderte Beziehung der Bürger zu ihrer Stadt ist die Calwer Straße allemal. Es war vor allem die Lokalredaktion der »Stuttgarter Nachrichten«, die mit ihrer Aktion »Rettet die Calwer Straße!« außerordentliche Resonanz fand. Die untere Calwer Straße — der obere Teil wurde im Krieg zerstört —, wurde 1976 als erstes Ensemble in Nordwürttemberg unter Denkmalschutz gestellt. Begünstigt wurde die Entwicklung durch die Allgemeine Rentenanstalt, die zur Fritz-Elsas-Straße ihren Neubau hochzog und den Nachbarn mitfinanzierte. Inzwischen aber drängt von der anderen Seite das unpassende Bauprojekt von Deutscher Bank und Ärzte-Versicherung gegen die Straße.

Im 15. Jahrhundert war die Straße in der späteren »Reichen Vorstadt« entstanden und erhielt 1811 nach Calw im Nagoldtal ihren Namen. Sie war Sitz wohlhabender Bürger und wandelte sich zur Geschäftsstraße. Bis nach dem 2. Weltkrieg fuhr hier sogar noch eingleisig die Straßenbahn. Machen wir uns, basierend auf der Aufstellung von Hermann Ziegler im Stadtarchiv, der von Manfred Schempp (»Stuttgart-Handbuch«) sowie weiterer Materialien, auf zu einen Bummel durch die Calwer Straße, die das verehrte Publikum längst freudig als Bummelmeile mit südlichem Flair angenommen hat:

Nr. 38 A: Neubau im Biedermeierstil, 1977 (H.D. Traub). Louis-Seize-Portal noch original.

Nr. 40: Von 1793. Fachwerk wurde freigelegt.

Nr. 42—44: Abriß eines Gebäudes des 18. Jh. Neubau des umstrittenen »Kupferhaus« durch Kammerer, Beltz und Partner, für die Calwer Straße verantwortlich. Die Calwer Passage (1975—78, Kammerer und Belz) zweigt hier ab.

Nr. 50: Einziges der alten Giebelhäuser, das erhalten blieb. Fachwerk 17 Jh. 1978 instandgesetzt. Ehemals Wohnsitz des griechischen Textilhändlers Panagiot Wergo, bei dem Schwab, Uhland, Hölderlin und Kerner zu Gast waren.

Nr. 52: Rekonstruktion des Hauses aus dem 17. Jh. bzw. von 1787. »Die Fassade ist besser geworden denn zuvor.« (StN) Ort einer gastronomischen Verirrung (»U-Boot«) — vielleicht gibt's demnächst das Bier im nachgebauten Panzer oder Flakstand?

Nr. 54: 1913, Arch. W. Pfeiffer. Doppelhaushälfte; die andere Hälfte wurde nie gebaut.

Der Appell »Rettet die Calwer Straße!« hatte Erfolg: Hier eine photogrammetrische Aufnahme des denkmalgeschützten Ensemble durch das Landesdenkmalamt.

Calwer Str.

⑨

Nr. 38 A

Nr. 40
Nr. 42—44

Nr. 50

Nr. 52

Nr. 54

Nr. 62–64	*Nr. 62–64: Jugendstil, 1904, K. Hengerer und R. Katz. Erd- und Oberge-schoß in den 70er Jahren erneuert.*
Rotebühlplatz 18	*Rotebühlplatz 18: 18. Jh., Umbau 1911, nach 1945 weiter verändert. Stand am (verschwundenen) Alten Postplatz und beherbergte 1914 den »Postplatz-Automat« — fast food der Kaiserzeit.*

Die andere Seite der Calwer Straße:

Nr. 45 — *Nr. 45: Das Palais Gültlingen. Die Herren von Gültlingen wurden seit 1100 erwähnt, hatten ihren Sitz im gleichnamigen Ort über dem Nagoldtal und in Berneck in einem Seitental desselben. Erbaut 1747/1877, Barock. Am vermauerten Portal heute Leuchtreklame und Speisekarte des »Paulaner«, darüber die Jahreszahl 1747, Wappen und Spruchband. Seit 1879 Gaststätte, z.B. »Hamburger Fischhallen«. 1924 von der Paulaner AG ge-kauft.*

Nr. 43 — *Nr. 43: 18 Jh., Umbau 1886*

Nr. 41 — *Nr. 41: 1886, Arch.: B. von Schanz*

Nr. 37/39 — *Nr. 37/39: Biedermeier-Haus, 18. Jh. und 1871, aber vor allem Ort einer Stuttgarter Sehenswürdigkeit, des Kolonialwarengeschäfts Oskar Zahn mit der Originaleinrichtung von 1893, die auch schon als Fernsehkulisse diente.* »Im inneren Bereich eine Fata Morgana«, fand sich Schriftsteller Hermann Lenz hier wieder, wo 265 verschiedene Weine, 25 Sorten von Brot und 36 Arten Gutsle (=Bonbons) im Angebot sind.

Stuttgarts »Abgott«

Lange Str.

In der Lange Straße endete 1849 die Geschichte des Frankfurter Rumpfparlaments, das sich angesichts der aufziehenden Regie-rungstruppen von der Paulskirche nach Schwaben zurückgezogen hatte. Im Aufruf »An das deutsche Volk!« hatten die Demokraten von hier aus Volksbewaffnung und Wahlen zum Reichstag verlangt, doch am 18. Juni 1849, als sie von der Königstraße über die Lange Straße zum Tagungslokal Reithaus an der heutigen Leuschnerstra-ße *demonstrieren* wollten, wurde das Sitzungsverbot der württem-bergischen Regierung gegen die Parlamentarier, unter ihnen *Uh-land*, mit Gewalt durchgesetzt.

Bericht des sächsischen Abgeordneten Reinstein:

»Auf den Wink eines der Offiziere sprengte links aus der Kreuzgasse eine Schar Lanzenreiter, an der Spitze ein paar Offiziere, Unteroffiziere und Trompeter mit geschwungenen Säbeln und dem wilden Geschrei »Haut ein, haut ein« mitten unter uns hinein. Sie tummelten ihre Pferde weidlich unter uns herum, brachten unsern Zug auseinander und drängten uns an die Wän-de.

»Mit dem wilden Geschrei »Haut ein, haut ein«, mit-ten unter uns hinein«: Die Sprengung des Rumpfpar-laments, das 1849 aus Frankfurt nach Stuttgart ge-kommen war, in der Lan-gen Straße.

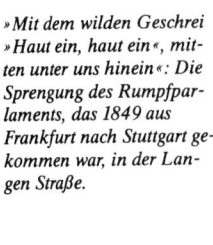

Frauengeschichte: »Gleichheits-bestrebungen« und »Malweiber«

In politischen Aufbruchzeiten haben auch immer Frauen ihre Menschen- und Bürgerinnen-rechte eingeklagt — die Stuttgarterin macht da keine Ausnahme. Als erste in der nun folgen-den Prozession der engagierten Frauen — Silhouetten im Licht einer politischen und vom weiblichen Bewußtsein ausgehenden Neubestimmung —, soll eine »Raigeschmeckte« ge-nannt sein, Therese Huber (1764—1829). Zusammen mit ihrem zweiten Mann, Ludwig Fer-dinand Huber (1764—1804), lebte sie mit drei Töchtern von 1798—1804 in Stuttgart, in der Langestraße. Ihr Haus wurde bald eines der Zentren der kulturell tonangebenden gebildeten Stuttgarter (Hartmann-Reinbeck, Lenau, Kerner) und im Ifflandschen »Kränzle«, einem in-tellektuellen Männerzirkel, wurde ihr als erster Frau die Teilnahme erlaubt. Nach dem Tod ih-res Mannes verließ sie Stuttgart, kehrte aber 1816 zurück und wurde erste weibliche Redak-teurin der Stadt von 1816—1824 beim Cottaschen Morgenblatt für gebildete Stände. Sie war emanzipiert, vom Gedankengut der Französischen Revolution bewegt.

Die Pariser Februarrevolution 1848 gibt dann auch in Württemberg den Anstoß zu einer Reihe von Reformen. Frauen sind in denselben Vereinen politisch und kulturschaffend tätig wie ihre Männer, um für demokratische Rechte in einer zu einigenden Nation zu kämpfen. Das Stuttgarter Rathaus hatte das historische Novum der Nationalversammlung in Frankfurt übernommen, wo Frauen und Familienangehörige auf der Galerie saßen. Gegen das Frauenbesuchsverbot der Abgeordnetenkammer im württembergischen Landtag half aller-dings kein Protest. Erst als das Frankfurter Rumpfparlament nach Stuttgart geflohen war und im Ständehaus Ecke Kronprinzen- und der heutigen Kienestraße tagte, konnten die Frauen und die Jungfrauen ihre »Galerierechte« wahrnehmen.

Die »Revolution« von oben allerdings konnte die demokratischen Gegenbewegungen nicht mehr aufhalten. Bis zum preußischen Vereinsgesetz 1851/52 (»Vereine, welche be-zwecken, politische Gegenstände in Versammlungen zu erörtern, dürfen keine Frauenspers-onen als Mitglieder aufnehmen.«) wurden immer mehr Frauen in politischen Vereinen libe-raler Prägung, vaterländischen Vereinigungen, Gesangsvereinen und literarischen Clubs integriert.

Im letzten Drittel des 19. Jahrhunderts solidarisierten sich Frauen in Arbeiterin-nenvereinen und in Lesezirkeln. Besonders die Sozialisten und die sich abspaltenden Unab-hängigen Sozialisten und Kommunisten haben hier fortschrittlich für die Sache der Frauen gewirkt, z.B. Clara Zetkin (siehe S. 273).

Die Vereinigung württembergischer Lehrerinnen (1890) erreichte die Verbeamtung und endlich auch die Streichung der Zölibatsklausel 1919 (nur ledige Frauen konnten beruflich tätig sein. Die Gründerin, Julie Kazmaier, war Lehrerin am Lehrerinnenseminar, der ältesten öffentlichen Höheren Töchterschule Stuttgarts, dem Königin-Katharina-Stift (seit 1818 Ek-ke Schloß-/Friedrichstraße, seit 1903 am heutigen Ort Schillerstraße). Ihre Nachfolgerin Mathilde Planck (1861—1955) war von 1920—28 eine der ersten Landtagsabgeordneten (für die Demokratische Partei). Gewohnt hat sie in der Falbenhennenstraße, später in der Sän-gerstraße. Ab 1896 gab es die ersten Abiturientinnen, 1906 durften die ersten beiden Frauen in die Technische Hochschule Stuttgart immatrikuliert werden.

Ein Bericht von Frau Geheimrat (wohlgemerkt: Geheimrats*gattin*) Paula von Göz über die 1. Württembergische Frauentagung im Cannstatter Kursaal, 1906: »Die Regierungszeit Kö-nig Wilhelm II. ist für die Frauenbestrebungen in Württemberg eine Zeit des Aufschwungs. Anna (1843—1926) und Pietrinella Peters (1848—1924) aus Stuttgart-Sonnenberg, gründe-ten 1893 den Württembergischen Malerinnenverein — eine mutige Tat, denn Zielscheibe des Spotts waren natürlich auch die »Malweiber«.

Für die von Frauen erkämpften Rechte erweist sich jene Zeit trotz der getrennten Wege als das gemeinsame Fundament der heutigen Frauenpolitik.   *Mascha Riepl-Schmidt*

Leute ohne Bildung, ohne eigenes Denken, müssen immer einen Abgott haben, dem sie blindlings nachtreten. Der Abgott der Mehrzahl der Stuttgarter war aber (Anm. Regierungschef) Römer, und mit seinem Auftreten gegen uns deshalb der Boden in Stuttgart für uns verloren.«

Oft als Redner in Stuttgart: KPD-Vorsitzender Thälmann. 1925 war er während einer Konferenz in Bad Cannstatt verhaftet worden.

Hospitalstr. 36

Auch Stuttgart hatte hier eine Thälmannstraße, benannt nach Ernst Thälmann (1886–1945), dem Vorsitzenden der KPD, der im KZ Buchenwald ermordet wurde. Seit 1946 hieß die Lange Straße so, doch bereits 1952 wurde sie, mitten im Kalten Krieg, auf Antrag der Deutschen Gemeinschaft/Block der Heimatvertriebenen (DG/BHE) wieder umgetauft. Der Versuch, bei der Gelegenheit auch gleich die Straßenbenennungen nach Carl von Ossietzky, August Bebel und Heinrich Baumann (KPD-Gemeinderat, ermordet im KZ Dachau) zu tilgen, scheiterte.

»Geliebtes Stuttgart, unser Jerusalem«

Das Zentrum jüdischen Lebens in Stuttgart *war* und *ist* unter dieser Adresse, wo 1861 die Synagoge geweiht worden war.

Im maurischen Stil erbaut, in der Häuserreihe der Hospitalstraße ein wenig zurückgedrängt und flankiert vom 1856 erworbenen Gemeindehaus, wirkte die Synagoge innen eindrucksvoller als nach außen. Die Synagoge repräsentierte das Selbstbewußtsein der Gemeinde. Symbolisch ertönen die überschwenglichen Worte des Rabbiners Dr. Maier anläßlich der Einweihung am 3. Mai 1861: »Ja, dir, geliebtes Stuttgart, unserem Jerusalem, wünschen wir Heil!« Der Rabbiner sprach das aus, was die meisten Stuttgarter Juden empfanden: Sie fühlten sich am Ziel — erlöst, gleichberechtigt.

Die Brandstiftung der Synagoge am 9./10. November 1938 markierte dann nur noch *ein Datum* der Verfolgung. In Stuttgart war es gegen 3 Uhr in der Frühe, als sich der mondbeschienene Himmel vom Flammenschein rötete. Die Synagoge brannte lichterloh. Zu gleicher Zeit brannte die Synagoge in Bad Cannstatt nieder.

Dem Geschehen gab der »NS-Kurier« die Schlagzeile »Der gerechte Volkszorn übt Vergeltung«:

Die 1861 eingeweihte Synagoge Hospitalstraße: Die Juden fühlten sich am Ziel.

»Das nächtliche Schauspiel hatte verständlicherweise viele Zuschauer angelockt. Überall empfand man Freude darüber, daß auf diese Weise wenigstens ein ganz bescheidener Bruchteil der Verbrechen der Juden eine Sühne findet. Noch stand der Feuerschein am Himmel des Stuttgarter Talkessels, klirrte es durchdringend da und dort in den Straßen.«

Die Stuttgarter Synagoge war ausgebrannt. Bis in die Mittagsstunden des 10. November züngelten noch Flämmchen im Innenraum, die starken Umfassungsmauern außer der Eingangsseite standen unversehrt. Leo Adler, auch Oberkantor der jüdischen Gemeinde, konnte den Zustand der Synagoge noch sehen: »Eben war man dabei, die an der Frontseite angebrachten zwei steinernen Gesetzestafeln, welche angeseilt waren, herunterzureißen. Viele SS-Männer — natürlich in Zivil — zerrten daran. Ist es nicht zumindest eigenartig, daß sie standhielten und nicht wichen, zur sichtlichen Freude aller zuschauenden gläubigen Christen?«

Die stattlichen Synagogenmauern mußten verschwinden. Da Mangel an Bauarbeitern herrschte, wurden fünfzehn junge Juden aus KZs zu den Abbrucharbeiten geholt. Zur Leitung und Aufsicht dieser traurigen Arbeit wurde Architekt *Ernst Guggenheimer* kommandiert. Juden mußten den Rest ihrer eigenen Synagoge zerstören.

Die Quadersteine der Synagoge wurden verkauft. Weingärtner aus dem Remstal, denen sie »gerade recht« waren, holten sie und bezahlten dafür der Gestapo. Es war ein großes Gedränge um die Synagogensteine, die für Weinbergmauern verwendet wurden.

1948 war die Israelitische Kultusvereinigung Württemberg und Hohenzollern in ihrer Rekonstruktion so gefestigt, daß sich der damalige Ausschuß mit dem Gedanken eines Synagogen-Neubaus befaßte.

Alte Liederhalle: Sozialistenkongreß und Rosita Serrano, Benjamino Gigli und Lokalmatador Wilhelm Strienz.

Ernst Guggenheimer wurde mit der Planbearbeitung beauftragt. An diesem Werk arbeiten zu dürfen, nachdem er infolge der »Reichskristallnacht« zum Abbruch der Synagoge kommandiert worden war, das verleiht dem Lebenskreis von Ernst Guggenheimer eine tiefere Bedeutung.

Das wiederaufgebaute Gotteshaus wurde, soweit möglich und erforderlich, auf den Fundamenten der alten Synagoge errichtet. Die neue Synagoge ist von anderem Geist gebaut als ihre Vorgängerin. Von der Firnhaberstraße gelangt der Besucher durch einen kleinen Garten und den Vorhof, an dem plätschernden Brunnen vorbei, in den Vorraum und dann erst in das Innere der Synagoge. Schon der Gang ist Vorbereitung auf den sakralen Raum. Der einzige gerettete Stein der alten Synagoge sind die Gesetzestafeln, die den früheren Ostgiebel krönten und die Guggenheimer während der Abbrucharbeiten nach dem Brand 1938 geborgen hatte.

Das Bollwerk (Gaststätten-Name) hat seinen Namen von den Erdwällen, die die neue Vorstadt anstelle von Mauern schützten. Erhalten ist unter nebenstehender Adresse noch der Gründerzeitbau von Werkmeister Jakob Nill (Architekt: Beisbarth/Früh).

Fritz-Elsas-Str. 50

»Ein avantgardistisches Auditorium, das einer Weltstadt Ehre macht« — dies Lob hatte die »Los Angeles Times« für die moderne Liederhalle (1955—56, Abel/Gutbrod) parat. Auch dem »Spiegel« war's seinerzeit eine Geschichte wert, als der Volksmund zwar vom »Volksliedbunker« und der »Kälberhalle« sprach, *Carl Orff* ob der Klangfülle aber »fast gerührt« war und *Karl Münchinger*, Direktor des Stuttgarter Kammerorchesters, meinte: »Kein Konzertsaal auf dem Kontinent hat so eine Akustik«. Nun schaut sie immer noch sehr zeitgemäß drein, die Liederhalle, und wird in absehbarer Zeit zu einem »Kongreß- und Kommunikationszentrum« erweitert.

Anzeige für eine Wahlkundgebung der Deutschen Demokratischen Partei (DDP) in der alten Liederhalle, Büchsenstraße 59, mit den späteren Ministerpräsidenten Maier und Theodor Heuss.

Von der alten Liederhalle des Stuttgarter Liederkranz (1863-64, Chr. Fr. Leins, Festsaal für 4.000 Menschen 1874, Umbau nach Eisenlohr und Heim & Früh 1906) waren nach Kriegsende gerade noch zwei Säle funktionsfähig gewesen. Im Altbau hatte 1907 der Sozialistenkongreß (S. 96) stattgefunden und in den 30er Jahren hatte hier Stuttgart auch etwas vom Glanz anderer großer Städte mitbekommen, als die (arisierten) Comedian Harmonists oder die »chilenische Nachtigall« Rosita Serrano auftraten, wenn La Jana tanzte, Will Glahe und Barnabas von Geczy musizierten, Benjamino Gigli oder der Lokalmatador Wilhelm Strienz *(geb. 1900 in Stuttgart), dessen »Heimat, Deine Sterne« die Sehnsucht einer ganzen Landser-Generation beschwor, sangen.*

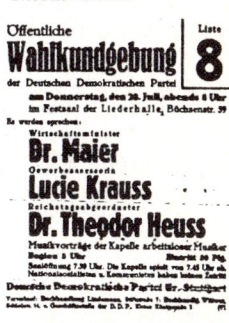

Wiederaufbau: Großstadt-Architektur zwischen Hängen und Würgen

Knapp 60 Prozent des Gebäudebestands zerstört oder beschädigt, etwa 35 Prozent des Wohnraums vernichtet, ein unaufhörlicher Flüchtlingsstrom, kein Geld und kein Baumaterial: Das war die Ausgangslage der »Stunde Null«. Ein noch 1945 ausgeschriebener Wettbewerb für den Wiederaufbau bringt bescheidene — in den Augen der Großstadtvisionäre zögerliche und unentschlossene — Ansätze zur Stadtreparatur. 1946 wird die Zentrale für den Wiederaufbau der Stadt Stuttgart (ZAS) unter Leitung von Richard Döcker (seit 1947 Walter Hoß) gebildet. 1947 liegt der erste »Verkehrsgerippeplan« vor, der unter Rückgriff auf NS-Vorschläge und schmerzlich empfundenen, weil kaum überwindbaren City-»Tangenten« (Fernstraßendurchbrüche der B 14 und B 27) und »Querspangen« (Bahnhofsvorplatz, Planie, Eberhard-/Torstraße, Paulinenstraße) vorwegnimmt und die Grundstruktur des 1948 aufgestellten Generalbebauungsplans abgibt. Den Weg von und zur »Wiege des Automobils« sollte man(n) im freien Strom des Kfz-Verkehrs zurücklegen können, geradewegs bis nach »Kaputtgart«, wie das Ergebnis heute von Stadtbaukritikern tituliert wird.

Am Ende des Neuaufbaus und der Modernisierung der Innenstadt war mit dem Schillerplatz nur ein einziger Stadtraum in seiner historischen Fassung halbwegs erhalten geblieben oder in Anlehnung an die Altbebauung ergänzt worden. Die Umbauung des Marktplatzes griff an der Nordseite den überlieferten schmalen Parzellen- und Gebäuderhythmus in der für süddeutsche Altstadt-Wiederaufbaupläne der 50er Jahre charakteristischen Form mit zeitgemäßer Fassadengliederung auf. Der beschädigte neugotische Rathausbau erhielt an der Südseite als »Monument der Wiederaufbaujahre« eine einheitlich quadratisch durchgerasterte Steinplattenverkleidung seiner Turmfassade. Zum weithin beachteten und zukunftsweisenden »Beispiel menschengerechter Urbanität« mauserte sich dagegen der Wiederaufbau der Schulstraße (1950/58, Hoss), deren enger Querschnitt an das historische Altstadtstraßenprofil erinnert. Gleichzeitig lieferte die Schulstraße als erste autofreie Ladenstraße auf zwei Ebenen Anregungsmaterial zur Schaffung von Fußgängerzonen.

Mit einem »gerechten Unentschieden« zwischen Alt und Neu endete das bis in die 60er Jahre anhaltende Tauziehen um die Neugestaltung des Schloßplatzes. Die wert- und strukturkonservativen Traditionsfreunde gingen mit deutlichen Vorteilen ins Rennen: Erhalt der südlich angrenzenden Altbauten (Altes Schloß, Alte Kanzlei), ein historisierender Bankneubau (Dresdner Bank, Königstraße 9, 1950/51, Schmithenner/Hengerer), die abstrahierende Rekonstruktion der Arkadenfront des Kunstgebäudes (Schloßplatz 15, 1956/58, Bonatz) an der Nordseite, eine vereinfachte Wiederherstellung der kolossalen Kolonnaden des Königsbaus (Königstraße 22, 1959, Schwaderer) im Westen und schließlich sogar eine weitgehende Rekonstruktion des Neuen Schlosses (1958/63, Linde/Lempp/Rösiger) und der Umfassungswände des Wilhemspalais (Adenauer-Straße 2, 1961/65, Tiedje). Im Wirtschaftswunder-Endspurt oder nirgendwo sonst zusehends an Boden und Bauten: Der Abbruch der Hohen Karlsschule (1959) öffnete den Karlsplatz an seiner Nordseite und gab dem Planie-Durchbruch freie Bahn; der gleichzeitige Abriß des wiederaufgebauten (!) Nordflügels der Hohen Karlsschule und der klassizistischen Reithalle (von Salucci) schuf dem »demokratischen Bauwillen« in Form des düster verhangenen Skelett-Kubus des Landtags (Adenauer Straße 3, 1960/61, Linde/Heinle nach Viertel) Platz. Für dessen westlich-freiheitliche Grundhaltung könnte sich die transatlantische Glas-Schachtel des nahegelegenen US-Generalkonsulats (Urbanstraße, 1955, Skidmore/Owings/Merrill) verbürgt haben. An das Kronprinzenpalais, das dem Verkehr und der Plattform des Kleinen Schloßplatzes (1966/69, Kammerer/Belz/Bächer) weichen mußte, erinnert zu dessen Füßen nur noch ein klassizistisches Fensterelement, während die darüber thronende Betonbaukunst mit dem Hugo-Häring- und pikanterweise mit dem Paul-Bonatz-Preis gewürdigt wurde, dessen Namensgeber sich zeitlebens gegen die Schleifung der wertvollen Palaisfassaden ausgesprochen hatte.

Wiederaufbau: Der Marktplatz

Gänzlich unbehindert durch Erhaltungs- und Rekonstruktionspläne historischer Quartiere bläst dem Spaziergänger an anderer Stelle der frische Wind des freiheitlich-demokratischen Neubeginns ins Gesicht. Da ist zum einen das vielgeschossige Bürohausviertel am Kriegsberg, dessen Anfänge entlang der Jägerstraße (Fa. Züblin und Farbwerke Hoechst von B. Rasch) ebenfalls in die 50er Jahre zurückreichen und dessen Bebauung in die Weinberghänge als sinniger und schlagender Beweis für den Werbeslogan von der »Großstadt zwischen Wald und Reben« herhalten durfte. Seine Fortsetzung findet dieser Verwaltungshang, der Anfang der 60er Jahre durch Turmhäuser auf dem Talgrund (Iduna-Hochhaus, Kriegsbergstraße 11, 1965/68, Stohrer; Hahn-Hochhaus, Friedrichstraße 10, 1962/63, Gutbrod) Zulauf bekam, im Großkrankenhaus des Katharinenhospitals (1955/68, Döcker) und der ebenfalls von Döcker konzipierten Modellplanung in durchgrünter Zeilenbauweise für das Wohngebiet zwischen Hölderlin-/Traubenstraße und Seestraße, deren »Gipfelleistung« die Mietshochhausversuche Hegel-/Seidenstraße (1956/57) verkörpern.

Gleichfalls von Döcker vorprojektiert, entstand am Rande des Hoppenlaufriedhofs 1952 die Mensa mit dem 16geschossigen Turm des Max-Kade-Heims (Tiedje), das mit den späteren Kollegien-Hochhäusern (Keplerstraße 11 und 17, Gutbrod/Siegel/Wilhelm, 1956/60) den Campus der Technischen Hochschule weithin sichtbar absteckte. Daß der diesen vertikalen Dominanten einbetonierte »Drang nach Höherem« keine architektonische Überlegenheit garantieren mußte, demonstrieren das liebenswürdig zurückhaltend in die Umgebung eingefügte Bibliotheksgebäude (Hegelplatz, 1958/61, Architektenteam um Volkart) und vor allem die frei und kontrapunktisch um ein offenes Foyer komponierten drei Raumkörper der Liederhalle (Berliner Platz, 1955/56). Mit deren Entwurf zogen Gutbrod und Abel in völlig unbelasteter Manier alle Register der organischen und expressionistischen Architekturtradition (Scharoun, Häring) und vermachten Stuttgart neben dem Fernsehturm ein zweites weltweit beachtetes und »kopiertes« Bauwerk der Nachkriegszeit.

Verglichen mit solchen technischen und kulturellen Sensationsbauten nahm sich die Wohnbauleistung allenfalls quantitativ positiv aus. Wer heute die entlegenen Zeilenbausiedlungen der Stuttgarter Großbaustellen der 50er Jahre besucht (Zuffenhausen-Rotweg, Weilimdorf-Giebel, Mühlhausen-Mönchfeld, Vaihingen-Dürrlewang, Möhringen-Fasanenhof), mag nicht nur dankbar sein für jeden Farb- und Formakzent, den aufgefächerte Entwürfe zwischen die rationale Biedermannarchitektur des Sozialen Wohnungsbaus setzten (»Romeo und Julia« in Zuffenhausen-Rot, Schozacher Straße 40/Schwabbacher Straße 15, 1955/59, Scharoun/Frank). Der Betrachter kann auch die Sehnsüchte erahnen, die in dieser gebauten Bedürfnislosigkeit entstanden und denen das Wolkenkuckucksheim auf dem Fernsehturm oder eine Reise in die Exotik der Liederhalle wenigstens am Feierabend und am Wochenende Befriedigung versprach.

Jörg Haspel

Das Denkmal bei der Liederhalle für den schwäbischen Mechaniker Pfarrer Philipp Matthäus Hahn (1739—1790) war von P.O. Heim noch in der NS-Zeit geplant worden, konnte nach der Zerstörung von Sockel und Modellen aber erst 1956 dank der Bosch-Stiftung hier aufgestellt werden.

Das »Büchsenbad«

Unter der exakten Adresse Büchsenstraße 53 1/2 — 55/Schloßstraße 46 war neben der Alten Liederhalle das Stadtbad, bekannter als »Büchsenbad«. *Leo Vetter* (S. 139) hatte 1886 die Gründung einer Aktiengesellschaft initiiert, in der sich auch Königshaus und Stadt engagierten, wobei die jährliche Dividende maximal drei Prozent betragen durfte. Programm war einerseits ein Volksbad, andererseits Luxusbäder als ökonomisches Standbein, wie es in einem Stadtführer 1906 zusammengefaßt ist:

»Außer den großen Schwimmhallen, dem volkstümlichen Teil der Anstalt, war es notwendig, vor allem den hygienisch so wichtigen Wannen-, Dampfbädern und Kaltwasserkuren die eingehendste Beachtung zuzuwenden. Es mußte den Bedürfnissen aller Kreise, aller Stände, auch den verwöhntesten Ansprüchen Rechnung getragen werden, um so durch den Erlös der besser bezahlten Bäder die billigen zu ermöglichen.«

Vetter strebte in Stuttgart an, »was die Bäder des Altertums allen Gesellschaftsklassen ohne Unterschied geboten haben.« Wichtig erschienen da auch die Badestunden für Schulklassen und das Bad »für die wenig berücksichtigten und daher deshalb besonders des Schwimmens vielfach entwöhnten Frauen und Mädchen.«

Zur Schloßstraße lag das Balneologische Institut, »eine behaglich ausgestattete Halle mit reichen, echt orientalischen Vorhängen und Teppichen, zahlreichen Ruhebetten mit weichen Wolldecken und glänzenden Linnen, an jedem Bett elektrische Lampe, Zeitung und Unterhaltungslektüre.« Büchsenstraße 55 war der Hauptbau

»Für die wenig berücksichtigten und besonders des Schwimmens vielfach entwöhnten Frauen und Mädchen«: Schwimmhalle im »Büchsenbad«.

(1889–93, Wittmann und Stahl), dekoriert im maurischen Stil, und unter Nr. 53 1/2 stand die (alkoholfreie) Restauration »Zum silbernen Hecht«. Im 2. Weltkrieg wurden die Bauten zerstört; ein Stadtbad hat Mitte seitdem nicht mehr.

»Eine lebhafte Stadt braucht ihre freien Plätze«, hatte der »Schwäbische Merkur« in den 1860er Jahren betont, und der Stadtgarten ist weitgehend ein solcher geblieben, wenn er auch nichts mehr mit dem Zustand der Vorkriegszeit zu tun hat und als Annex der Uni heute doch recht trostlos wirkt.

Schelling-/ Keplerstr.

Die Bauausstellung 1870 war Anlaß, den Stadtgarten anzulegen. Wegen des deutsch-französischen Krieges fand die Gartenschau zwar nie statt, der Stadtgarten aber blieb. 1871 gründete sich die Stadtgarten-Aktiengesellschaft und Förderer fand das Gelände immer wieder, so 1913 im Testament von Hotelier *Hermann Marquardt*, der 100.000 Mark hinterließ und dabei »den hervorragend schönen Palmengarten in Frankfurt am Main« als Vorbild pries. 1913–14 entstand das Weinhaus am See (wo heute der Brunnen ist), später die Freilichtbühne mit 1.500 Plätzen. Wenn das Varieté im Friedrichsbau Sommerpause hatte, ging's hier weiter und es war der Hamburger *Albert Jungeblodt* († 1935), der als Promoter »einen weltstädtischen Zug« in diesen Stadtpark brachte. Jungeblodt, 1920–21 mit Tierschauen und 50 Löwen hier aufgekreuzt, betrieb auch Stadtgärten in (Wuppertal-)Elberfeld und Düsseldorf; er besaß die Burg Katz am Rhein. Fritz West 1933 über den Stadtgarten:

»Besonders schön läßt es sich an Sommerabenden hierher wallfahrten. Varieté unter Bäumen: Abend für Abend — alle 15 Tage wird das Programm gewechselt — kann man hier Halbnackttänzerinnen, Schlangenweiber, indische Hexenmeister, ausgedörrte Fakire und andere Reißer mehr sich zu Gemüt führen. Und das alles im Freien, in der gottvoll frischen Luft, die nach exotischen Blumen in natura und nach ebenso exotischen Parfüms der Damen riecht.

»Den Bedürfnissen aller Stände Rechnung tragen«: Die Masseure des Stadtbades in der Büchsenstraße.

Es mag regnen, ein lauer Sommerregen fallen, man pilgert auch in den Stadtgarten. Unter einem Dach läßt es sich ebenso gut Bier trinken. Man braucht nicht zu denken, daß sich bloß der Münchner darauf versteht. Die braven Schwaben sind, was das Zechen anbelangt, auch wackere Kämpen. Es gibt solche, die den Gerstensaft literweise vertragen, ohne davon auch nur einen Schwips zu bekommen. Im Stuttgarter Kessel ist es sommers oft mehr wie heiß, da wird in den vielen Gartenwirtschaften das Bier, wie man so sagt, ›nach Noten‹ getrunken.«

Kanzleistr. 29/
Keplerstr. 7

Die Gebäude wurden 1944 zerstört, die Ruinen in den 50er Jahren abgerissen. 1974—76 erfolgte die Neugestaltung des Parks.

Um den Stadtgarten gruppiert ist jetzt die Universität (seit 1967 mit diesem Titel), auch noch in älteren Gebäuden. Die Fachhochschule Technik in der ehemaligen Baugewerkschule (1867—73, Egle) in der Kanzleistraße 29 und das Polytechnikum (erhalten: Erweiterungsbau 1875—79), nun Rektorat. Verschwunden sind die Gewerbehallen von 1880, an deren Platz nun die Uni-Bibliothek steht, und die nahe Garnisonskirche (1879) nach dem Vorbild des Speyerer Doms, beides kriegszerstört.

Max-Kade-Heim

Mit dem *Max Kade*-Hochhaus, einem Studentenheim, hat sich der gleichnamige US-Industrielle und Mäzen verewigt, der aus Steinbach bei Schwäbisch Hall gebürtig war und 1904 in die Staaten auswanderte. Kade (1882—1967) finanzierte auch Mensa und TH-Bibliothek mit Millionen und bekam dafür reichlich öffentliche Ehrungen (Ehrensenator Uni Tübingen, Ehrendoktor TH Stuttgart u.a.m.).

Bislang erfolglos waren die Appelle an Stadt und Universität, für die 1937 als erste Frau aus politischen Gründen hingerichtete Widerstandskämpferin *Lilo Herrmann* (1909—37) eine Gedenktafel an der Universität anzubringen.

Die gebürtige Berlinerin hatte 1929—32 in Stuttgart gelebt (Hölderlinstraße 22) und studiert. 1937 wurde sie mit drei weiteren Angeklagten (S. 38) in Stuttgart zum Tode verurteilt und in Berlin hingerichtet. Lilo Herrmann in einem ihrer Abschiedsbriefe:
» Es ist mir sehr schwer, zu gehen und auch von meinem Kind Abschied zu nehmen, aber noch schwerer ist, daß ich weiß, daß unser Volk dem Krieg zustimmt.« (1937)
Ihr 1934 geborener Sohn Walter wurde von der Gestapo einer nationalsozialistischen Familie übergeben. Als er nach dem Krieg wiedergefunden wurde, wollte er von seiner Vergangenheit nichts mehr wissen.
Nach Lilo Herrmann ist seit 1971, eine Initiative des katholischen Pfarrers Leodagar Holf(†), ein Weg benannt.

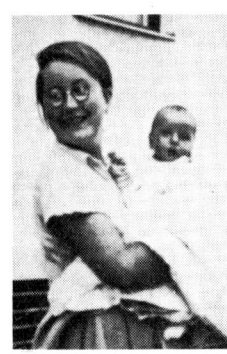

» Es ist mir sehr schwer, zu gehen«: Lilo Herrmann, hingerichtet 1937.

Rosenberg-/Holz-
gartenstr.

Als ältester erhaltener Friedhof der Stadt gilt der 1626 bis 1880 belegte Hoppenlaufriedhof, auf dem *Schubart* (1791), *Hauff* (1827), *Schwab* (1850) und Bildhauer *Johann Heinrich Dannecker* (1841) und »Merkur«-Verleger *Elben* (1829) beerdigt sind. 1961, zur Bundesgartenschau, hat die Stadt die Anlage zu einem »Friedhofspark« umgestaltet. Im westlichen Teil, bei den Glocken, ist der Israelitische Friedhof.

Hegelplatz 1

Das Lindenmuseum (1911, Georg Eser), dessen Sammlungen im Krieg ausgelagert waren und so erhalten blieben, ist das Staatliche Museum für Völkerkunde. Der Bau kam dank der Initiative des

Württembergischen Vereins für Handelsgeographie und seines Vorsitzenden Graf von der Linden (Gedenktafel) zustande.

Im Lindenmuseum war auch das Marionettentheater, das in der Stadt lange Tradition hat, nachdem 1925 der Karlsruher Zahnarzt *Georg Deininger* mit seinem »Künstler-Marionettentheater« durch die Stadt in ein eigenes Haus im Stadtgarten berufen wurde. Nachdem der Bau im Krieg zerstört wurde, machte Witwe Berta ab 1950 im Wannersaal des Museums weiter.

Die Autostadt:
Monostruktur und Belastungsgebiet

Das Etikett der »Autostadt Stuttgart« drängt sich auf, denn aus Untertürkheim stammt der »gute Stern auf allen Straßen«, aus Zuffenhausen kommen die PS-Boliden der obersten Preisklasse. Rund 40 Prozent der Arbeitsplätze hängen am Auto — eine Monostruktur, die (auch einmal) krisenanfällig sein kann.

Und: Stuttgart ist eine autogerechte Stadt, was die vergangene und gegenwärtige Verkehrspolitik beweist. Der Stadtkern wird von zwei großen Tallängsachsen zerschnitten, auf denen zigtausend Autos morgens einfallen und sich abends wieder hinausquälen, denn 100.000 Pendler strömen tagtäglich in die Stadt, die meisten von ihnen in ihren Blechkisten (die S-Bahnen sind überfüllt, die Taktzeiten mäßig). Dazu kommen die über 300.000 in Stuttgart zugelassenen Autos. Alles in allem beträgt der Schadstoffausstoß des Kraftfahrzeugverkehrs jährlich 63.000 Tonnen, wie eine Zahl aus dem jüngst veröffentlichten Emissionskataster belegt; erwartet hatte man 50.000 Tonnen.

Der Verkehr ist das Umweltproblem Nr. 1, mit dem die im Kessel liegende Stadt zu kämpfen hat, und noch immer plädiert eine Mehrheit im Stadtrat für neue Verkehrsbauwerke, vor allem den Ausbau der Ein- und Ausfallstraßen. Die Straßenbahn auf der bekannten Panoramastrecke Neue Weinstiege mußte in einem Tunnel verschwinden, um Platz für das Auto zu schaffen.

Daß eine verkehrspolitisch vernünftige Entscheidung sogleich wieder ad absurdum geführt wird, zeigt das Beispiel der Ortsumfahrung Heslach. Hier soll die Bundesstraße 14 ab 1992 im Tunnel den Stadtteil umfahren, doch schon werden neue Pläne entworfen: Der Tunnel soll mittels der Zwickenbergtrasse direkt an die Autobahn angebunden werden, womit seine Kapazität völlig überlastet wäre: Der Verkehr würde sich wieder durch Heslach wälzen.

Am anderen Ende der Stadt kündigt der Planfeststellungsbeschluß eine gigantische Baustelle an: Der Neubau der sogenannten Krailenshaldentrasse im Norden bei Feuerbach soll vierspurig mitten durch gepflegte Weinberge führen. Die Aufzählung ließe sich fortführen, etwa mit dem gewaltigen Projekt der Filderquerstraße.

Wo einerseits noch Hunderte von Millionen für den Straßenbau ausgegeben werden sollen, fehlt es andererseits am »Kleingeld« für mehr Fahrradwege, steigen die Preise im öffentlichen Nahverkehr beständig. Verkehrsberuhigte Bereiche und Tempo 30-Zonen sind Seltenheit; in den Bürgerversammlungen der Stadtbezirke prallt der Zorn der vom Verkehr geplagten Städter auf eine häufig ratlose Stadtverwaltung.

Stuttgart ist heute schon »Belastungsgebiet«, wie es im Amtsdeutsch heißt, doch wirksame Gegenmaßnahmen lassen auf sich warten. Die Blechlawine jedenfalls wird weiter wachsen: Bis 1995 rechnet man mit einem erneuten Zuwachs von 50.000 Autos in der Stadt. Die gute alte Zeit des Automobils, wie sie mit nostalgisch verklärtem Blick im chromglänzenden Automobilmuseum von Daimler Benz bewundert werden kann, ist vorbei. Ein für allemal! *Stefan Hammer*

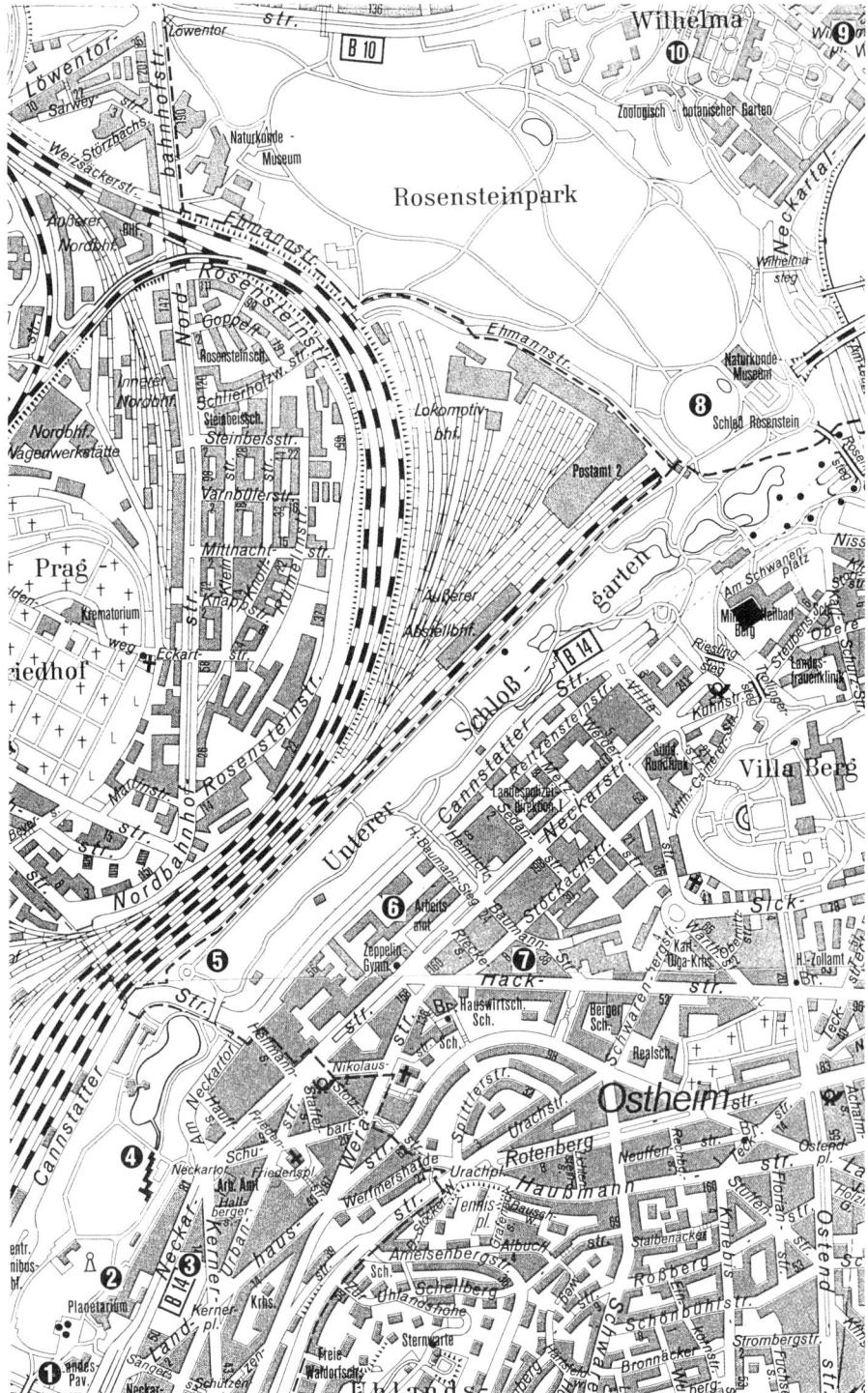

Freaks am Stöckachplatz und ein Märchenprinz

Schloßgarten: Von der Eberhardsgruppe
zur Wilhelma

von Werner Skrentny

Ausgangspunkt: Hauptbahnhof
Endpunkt: Wilhelma, Straßenbahnlinien 13, 14
Dauer: 2 1/2 Stunden

Mit dem Schloßgarten, in Stuttgart nur als »die Anlagen« bekannt, hat die Monarchie ein Erbe hinterlassen, mit dem die Stadt wuchern kann. Wen wundert's, wurde der frühe »Volksgarten«, dessen drei Kilometer-Grünzeug bis an den Neckar reicht und die Innenstadt ans Neckartal anbindet, in die Bundesgartenschauen 1961 und 1977 eingebracht und wird auch bei der Internationalen Gartenbauausstellung, der Iga, 1993 wieder eine Rolle spielen.

Genau genommen gliedert sich der Schloßgarten in vier Teile: der Akademiegarten, der Obere Schloßgarten – zu beiden siehe S. 30 –, der Mittlere Schloßgarten und die Unteren Anlagen. Und weil wir die ersten Teile des Parks in einem anderen Rundgang des Buches finden, verlängern wir dafür das Ende – mit dem klassizistischen Schloß Rosenstein und der Wilhelma, dem Zoo, mit ca. 1,5 Millionen Besuchern im Jahr noch immer *die* Stuttgart-Attraktion.

1806, Friedrich I. hatte die 112 Jahre württembergischen Königstums eröffnet, wurde den Bürgern »die Befugniß gnädigst eingeräumt, die Anlagen zu benutzen.« Thouret hatte den Garten entworfen, für dessen Anlage erst 200 Festungsgefangene, dann zusätzlich mehrere Kompanien Soldaten und 40–50 Taglöhner schuften mußten, denn der König hatte angesichts der Pläne entschlossen gemeint: »So soll es sein!« – und so konnte es auch sein, denn ein Drittel der hohen Steuern verbrauchte alleine des Friedrichs Hof. Bis 1818 waren dann auch die (Unteren) Anlagen abgeschlossen, ein ehrgeiziges Projekt, bei dessen Gelingen sich der »gewalttätige Kamerad« Friedrich, wie ihn Österreichs Kaiser genannt hatte, auch an fremdem Eigentum vergriff: Dem Bürgerhospital ließ er das Gelände abnehmen, um darauf eine Meierei einzurichten.

Als »genialer Kompromiß« ist die Verwirklichung des Stuttgarter Schloß- und Volksgarten (ein Begriff des Gartentheoretikers Hirschfeld) bezeichnet worden, doch das Volk sollte auch den Umgang mit seinem Garten »lernen«: Es wurden Wächter beschäftigt,

Nun schon am dritten Standort, zuletzt abgedrängt vom Landespavillon: Die Eberhardsgruppe.

gelegentlich Klage über »Unfug sehr unsauberer Art« und »liederliche Dirnen« geführt und das Tabakrauchen war auch verboten. Noch 1914 führt das Adreßbuch der Stadt an, daß im Königlichen Schloßgarten und den Königlichen Anlagen verboten ist: das Tragen von großen Körben, Koffern und anderen dem Verkehr hinderlichen Gegenständen; das Lärmen und Singen; das Reiten in rascher Gangart (Autos waren bis 1912 erlaubt). Wer hier zeichnen, malen oder photographieren wollte, durfte das nur mit königlicher Erlaubnis.

Die Eberhardsgruppe

❶

» Daß in den Wäldern noch so groß,
ich mein Haupt kann rühmlich legen,
jedem Untertan in Schoß. «

Da steht er nun, der 2.000 Zentner-Marmorblock aus Tirol, aus dem der Bildhauer Paul Müller 1876 die Eberhardsgruppe geschaffen hat, ein Monument auch der Wiedergutmachung und Aussöhnung mit dem Volke, nachdem der kriegerische Eberhard vom Schloßplatz keinerlei Anklang fand und im Hof des Alten Schlosses versteckt worden war.

Eine andere Eberhardsgruppe, zu der Zeichner Meinhard in der » Stuttgarter Zeitung« wohl die Diskussion um die » Bundeshauptstadt Stuttgart« inspirierte: Oben OB Klett, darunter Kanzler Adenauer und Carlo Schmid, unten Heuss und Fritz Eberhard, der Südfunk-Intendant.

Die Verwirrung über das Denkmal allerdings hält bis heute an, denn nicht Justinus Kerners obige Zeilen über Graf Eberhard im Bart werden mit ihm in Verbindung gebracht, sondern Ludwig Uhlands Ballade »Der Überfall im Wildbad«, und neuerdings sogar der Dichter Wilhelm Zimmermann. Denn auch bei Uhland entdeckt ein hoher Herr seine Untertanen:

» Da denkt der alte Greiner:
Es tut doch wahrlich gut
So sänftlich sein getragen
von einem treuen Blut.
In Fährden und in Nöten
zeigt erst das Volk sich recht
Drum soll man nie zertreten
sein gutes altes Recht. «

Die von Uhland überlieferte Erkenntnis hatte aber Graf Eberhard *im Rauschebart*, genannt der Greiner, während Kerner den Eberhard *im Bart* besang. Und eigentlich stellt der Müllersche Graf ja auch den Schreiner Augsburger aus der Hospitalstraße dar, der Modell war, aber nun wollen wir die Angelegenheit nicht noch mehr verwirren.

Das Denkmal galt einstmals als Stuttgarts populärstes, und es ist kennzeichnend, daß sich die NS-Stadtverwaltung nach den Bombenangriffen just dieses Sinnbild der Obrigkeitstreue als Sammelplatz auserkoren hatte. Heute steht der Eberhard samt Untertan etwas im Abseits, »auch seelisch«, wie ein Feuilletonist schon in den 1960er Jahren beklagte. »Treue steht heute nicht mehr so hoch im Kurs. Auch nicht im Schwabenland.«

Als Informations- und Kommunikationszentrum der badenwürttembergischen Regierung dient der Landespavillon, 1977 zur Bundesgartenschau eröffnet. Er besteht unter dem gelben Zeltdach aus einem eingeschossigen Ausstellungstrakt und einem Amphitheater mit Rundbühne und Multivisionswand. Im Programm: Ausstellungen, Musikveranstaltungen, Theater, Kaberett und Vorträge.

Schillerstr. 4

Einer US-amerikanischen Mondfähre ähnelt das Planetarium im Mittleren Schloßgarten, das nach den Plänen des Stuttgarter Architekten *Wilfried Beck-Erlang* 1975 bis 1977 errichtet wurde. Das pyramidenförmige Sternentheater entwickelte sich zum Publikumsmagneten: 200.000 Besucher jährlich erleben, wie zu den

❷ Neckarstr. 47

Das Stuttgarter Planetarium gilt als eines der modernsten in Europa. Sein Vorgänger war im Hindenburgbau beheimatet.

![Panorama photo of Stuttgart cityscape with park in foreground]

Dinkelacker wollte Wulle: Die traditionsreiche Brauerei wurde 1973 abgerissen. Auf dem Wulle-Gelände sind nun ein Hotel und zwei Ministerien.

Klängen von »Also sprach Zarathustra« von Richard Strauss der zweieinhalb Tonnen schwere Planetariumsprojektor aus der Tiefe emporsteigt und sie zu einer Reise in den Kosmos entführt. Die vollautomatisch gesteuerte elektronische Zeitmaschine ist ein Geschenk der Carl-Zeiss-Werke Oberkochen. Als eine der ersten Städte der Welt hatte Stuttgart schon 1928 ein Planetarium, im Hindenburgbau gegenüber dem Hauptbahnhof (1943 zerstört). Das neue Planetarium beherbergt auch das Kommunale Kino (Koki).

❸

Portal des Wulle-Festsaal (»Bürgerhalle« um 1900) vor dem Abriß.

Wer wollte Wulle?

Parallel zum Planetarium, auf der anderen Seite der Neckarstraße, klaffte über zehn Jahre lang »die häßlichste Baulücke der Stadt« (StZ), entstanden durch den Abriß der Brauerei Wulle in den 70er Jahren, der auch der Jahrhundertwende-Bau der »Stuttgarter Bürgerhalle«, ein bekannter Versammlungsort, zum Opfer fiel.

»Wir wollen Wulle«, war Slogan der 1859 an der Neckarstraße gegründeten Brauerei, der später auch der »Friedrichsbau« (S. 54) gehörte. Als 1970−71 die Aktien der Privatbrauerei haussierten, stellte sich der Grund rasch heraus: Diesmal wollte Dinkelacker, ebenfalls ein Stuttgarter Traditionsbrauer von 1888, die Brauerei Wulle und wurde mit der Fusion »Baden-Württembergs erster Hektoliter-Millionär.« Das Wulle-Gelände ging an die Mac Kenzie Ltd. Immobiliengruppe London, deren »City-Center« aber nie realisiert wurde: Das Land übernahm und blieb ebenfalls inaktiv, was z.B. die von Belz/Kammerer schon entworfenen Bürohaus-Giganten anging. Erst ein Privatinvestor (Versicherungsgruppe) brachte die Dinge in Bewegung: Ein Hotel und die Ministerien für

Umwelt und den Ländlichen Raum entstehen nun auf dem Areal, aber Wulle werden wir nun nie mehr trinken.

Die Neckarstraße war, dies zur Klarstellung, ehemals eines der hochherrschaftlichen Straßen der Stadt, und einige Häuser lassen ihren früheren Charakter auch noch ahnen. Längst aber ist auch sie zu einer Stadtautobahn aufgestuft (und als Wohnstraße degradiert) worden.

Das Neue Lusthaus, »ein Schmuckstück deutscher Renaissance« (Wais) von Georg Beer, Salzmann und Schickhardt aus den Jahren 1575−1593, stand am Ort des heutigen Kunstgebäudes am Schloßplatz; berühmt war vor allem der prachtvolle Große Saal, in dem 1660 die erste Oper in Stuttgart, ein »Singballett«, aufgeführt wurde. Carl Eugen ließ das Lusthaus 1750 zum Opernhaus umbauen, und nach Wais »galt die Stuttgarter Oper unter Kapellmeister Jomelli als erste in Europa, sogar für Paris und Mailand vorbildlich.« Das Lusthaus verschwand unter Um- und Anbauten und wurde Hoftheater, das 1902 bei einem Brand zerstört wurde. So kamen die Lusthaus-Baureste wieder zum Vorschein: 1904 wurde die Treppenanlage in den Anlagen aufgestellt, später auch noch einige Säulen des Baus.

Die Lusthaus-Ruine ❹

Auch Franz Liszt (1811−1886), der Pianist und Komponist, bekam sein Denkmal im Mittleren Schloßgarten (1903, Adolf Fremd). Als Zwölfjähriger hatte er schon im Hoftheater der Stadt gastiert.

Liszt-Denkmal

Widmen wir uns wieder, außerhalb der Anlagen, der degradierten Neckarstraße.

Orient in Stuttgart

»Die hohen, von dem Überschwang einer orientalischen Phantasie zeugenden Kuppeln scheinen sich über den Räumen eines bizarren Traumes zu wölben. In den Nischen, in den kleinen Einbauten, sind niedrige breite Ottomanen, üppig geschwellte Seidenkissen, in die man versinken möchte. Kleine runde Tischchen sind mit bestickten Decken überhangen, auf ihnen sind arabische Kaffeeservices, zierliche Rauchgeräte, oder eine mächtige Wasserpfeife.«

Neckarstr.

»Orient in Stuttgart«, hat *Fritz West* 1933 diese Beschreibung des (zerstörten) Palais des Fürsten Karl von Urach (1864−1928) betitelt, der sich aus Liebhaberei die »Arabischen Räume« an der Nekkarstraße 68 beim Stäffele zum Kernerplatz einrichtete. Die Kuppeln ließ er so einbauen, daß von außen nichts von der Traumszenerie zu entdecken war. Der General a.D. und Hobby-Forscher (Dr.h.c.) muß seine außergewöhliche Umgebung so sehr verinnerlicht haben, daß man ihn in Albanien zum Mbret und im Baltikum zum Fürsten küren wollte.

Auf dem Rondell im See im Mittleren Schloßgarten (1807 von Thouret angelegt, ehemals Königliche Eisbahn, 1961 neu gestaltet) stand ehemals die kriegszerstörte Marmorgruppe »Raub des Hylas« von Ludwig Hofer (1801−1887). Der Hofbildhauer hatte in Carrara während der »Rossebändiger« (S. 80) auch dieses Projekt

Mittlerer Schloßgarten/See

Hylas-Gruppe von Bildhauer Hofer: Ungeliebt und kritisiert.

Die Rossebändiger

 ⑤

(Ein) Rossebändiger: Keine Zungen und deshalb Selbstmord?

Neckarstr. 155
149/208

 ⑥

begonnen und der König Wilhelm I. gemeint: »Das gefällt mir — bringen sie ihn mit.« Aber der Hylas gefiel nicht allen: Hofer hätte das Motiv besser »in dem romantischen Buche unserer vaterländischen Geschichte« suchen sollen, hieß es, und 1911 z.b. mäkelte »Beckmanns Führer«, die Gruppe sei schlecht postiert und sowieso falsch aufgestellt.

Auf der Höhe des Sees war unter der Adresse Am Neckartor 24 das Königsbad (1811, Thouret), benachbart dem 1871 von der Deutschen VerlagsAnstalt von Eduard von Hallberger bezogenen Gelände. In diesem Bereich hatte der König auch seine »Retraite« (»Zurückgezogenheit«) und die Menagerie, Stuttgarts ersten Zoo. Des Königs Quellen speisen nun die Berger Sprudler im Unteren Schloßgarten (1977 neu angelegt, Bächer/Luz).

Einer der Brückenbauten von Fritz Leonhardt bringt uns zum Unteren Schloßgarten — und einer Legende. Drei Jahre lang, von 1844—47, hatte Hofbildhauer Hofer im italienischen Carrara bei den Marmorsteinbrüchen an den »Rossebändigern« gearbeitet, ehe die dann in Livorno eingeschifft wurden, über Rotterdam, Rhein, Neckar und Heilbronn in die Residenz kamen, wo sie zwölf Pferde und 25 Mann in die »Anlagen« transportierten. Aber da war Oktober 1848, Zeit der Revolution, und nach Denkmälern stand dem Volke wenig der Sinn. Hofer, siehe Hylas-Gruppe (S. 79), Statuen (S. 30) oder den verpflanzten Eberhard (S. 19), traf wohl den Publikumsgeschmack nicht, zumal man auch seine »Rossebändiger« für Kopien hielt. Daß ihm dann auch noch angedichtet wurde, er habe aus Gram darüber, daß er bei den Rossen die Zungen vergessen habe, Selbstmord begangen, paßt ins Bild. Aber letzteres stimmt nicht, und was die Pferde-Zungen angeht, schrieb schon Gustav Ströhmfeld 1928: »Selbst mit bloßem Auge kann jedermann feststellen, daß bei beiden Tieren die Zungen tatsächlich vorhanden sind.«

Den »Rossebändigern« benachbart war die Königliche Meierei (1810, Thouret) mit 80 Stück Vieh, und zwischen den Pferden stand ein Pavillon, der »jede Art von Erfrischungen« offerierte. Wilhelm I. fand ihn hinderlich und ließ ihn beseitigen, und die Meierei wurde 1909 beim Bahnbau abgebrochen.

Freaks am Stöckachplatz

Wir verlassen die Anlagen über die Heinrich-Baumann-Straße, die nach dem 1945 im KZ Dachau ermordeten KPD-Gemeinderat benannt ist. Wo Arbeitsamt und Zeppelin-Gymnasium sind, war ehemals der Stöckachplatz, für die Anfänge des Fußballsports in Stuttgart sozusagen ein historischer Ort, auch als Veranstaltungsgelände und Eisbahn bekannt. Hier gastierte 1900 der legendäre US-Circus Barnum & Bailey, der im 15.000 Personen-Zelt in drei Manegen gleichzeitig Programm bot. Zum Zirkus gehörte damals auch die *side show* der *Freaks*, in Stuttgart als »Abnormitätenschau« vorgestellt: Die Dame mit dem Vollbart, gliedlose Menschen, Zwerge und Riesen und der Mann, auf dessen Schädel Quadersteine zertrümmert wurden. Ein Stück oberhalb von hier, zwischen Kerner-

Denkmäler: Wie Schiller an Größe gewann und Eberhard vom Roß stieg

Als der Stuttgarter Schloßgarten 1807—08, halb Königspark, halb Bürgerpark, seine Pforten öffnete, hatte er ein Hauptgebot der zeitgenössischen Volksgartentheorie noch nicht erfüllt: Es fehlte ihm an Denkmälern. So mußten denn die königlichen Hofbildhauer entlang der Alleen ein geeignetes Statuenprogramm »zur Erziehung und Veredelung der Bürger und zur

Bereits der Auftakt auf dem Schillerplatz gewinnt auf den zweiten Blick unerwartet spektakuläre Züge: Das Stuttgarter Standbild (1839, Thorvaldsen) ist ja nicht nur das älteste Schillerdenkmal überhaupt, sondern auch eine der ersten Denkmalsetzungen, die statt eines Herrschers oder Feldherren einen »Dichterfürsten« auf den Sockel hoben.

Verglichen mit der kühnen Denkmalsetzung auf dem Schillerplatz nimmt sich das beherrschende Monument auf dem Schloßplatz eher wie ein königstreues Huldigungsdenkmal aus. Den ehemaligen Parade- und Exerzierplatz hatte zum 25jährigen Regierungsjubiläum (1841) des württembergischen Königs Wilhelm I. eine hölzerne Festsäule geschmückt, die die Stände des Königreichs durch eine 30 Meter hohe Granitsäule (1842/46, Knapp) glaubten verewigen zu müssen. Um der als »Landeskerze« bespöttelten Jubiläumssäule ein Licht aufgehen zu lassen, plante der Denkmalausschuß zur Bekrönung eine Königsstatue, deren Aufstellung die Revolution von 1848/49 jedoch unmöglich machte. 1863 erklomm schließlich die Friede-Freude-Eierkuchen-Figur der Concordia (Eintracht) das Siegersäulchen (Hofer). Mit dem Denkmaltypus der beiden Reiterstandbilder vor dem Cannstatter Kursaal (Halbig, ursprünglich 1875 auf dem Wilhelmsplatz aufgestellt, dann 1881 auf den Königsplatz versetzt) und der Staatsgalerie (1884, Hofer) fand sich der 1864 verstorbene Monarch Wilhelm I. nicht nur als Vor-Reiter vor zwei seiner wichtigsten Bauten wieder, sondern auch als standesgemäßer Mit-Reiter für das kaiserliche Wilhelmsdenkmal (1898, Ruemann) auf dem Karlsplatz.

Fast aus dem Sattel gekippt wäre dagegen der (ebenfalls von Hofbildhauer Hofer) als geharnischte Antwort auf die 48er Unruhen gestaltete Graf Eberhard (1445—96). Der furchterregend lächerlich ausgefallene erste Herzog Württembergs mußte seinen martialischen Auf-Ritt schon nach wenigen Jahren aus dem offenen Ehrenhof des Neuen Schlosses (1859) in den »publikumsscheueren« Innenhof des Alten Schlosses verlegen (1865). Endgültig vom Roß stieg die populärste württembergische Fürstengestalt aber erst mit der Aufstellung der »klassenversöhnlerischen« Eberhardsgruppe (1881, Müller) in den Mittleren Anlagen.

Die betont volks- und landschaftsverbundene Haltung des zweiten Eberhard-Denkmals erinnert kaum mehr an die gesellschaftlichen Auseinandersetzungen, die die Monumente auf den städtischen Straßen und Plätzen noch deutlich mitgeformt haben. Das um moralische Hebung und soziokulturellen Ausgleich bemühte Statuenprogramm in den königlichen Volksparkanlagen brachte mit Danneckers Nymphengruppe (1815; 1977 Kopie vor Schloß Rosenstein), Hofers Rossebändigern (Untere Anlagen/Rondellbrunnen, 1842/47) und Marmorkopien antiker Schönheiten (Obere Anlagen/Rosengarten, ab 1854) eher einen zeitlos mythologischen Zug an den Promenadenrand. Die zahlreichen Nachkriegsskulpturen — vom glitzernden »Heilix Blechle« am Theatersee (1961, Bertoni: Bewegung), über die überdimensionierte »Bierdeckel-Schichtung« am Schillersteg (1977, Lenk: Stuttgarter Tor) und die »Schlagbaum-Serie« im Unteren Schloßgarten (1977, Ruthenbeck: 7 Stangen) bis zur Raumzeichen setzenden Haus- und Hofkunst Hajeks am Mineralbad Leuze — haben diese erhabene Ewigkeitskulisse des Klassizismus aber lediglich um ein paar zeitgemäß ungegenständliche Prospekte vertieft. An der nackten Unschuld der »Liegenden« (Moore, 1958) nahm jedoch die provinzielle Prüderie des Promenadenpublikums derart Anstoß, daß sie ihren angestammten Rasenplatz vor dem Landtag aufgeben und hinter einem Gebüsch am Kunstgebäude Zuflucht suchen mußte.   *Jörg Haspel*

»Die Anlagen« reichen vom Neuen Schloß bis zum Nekkar und sind beim Publikum überaus beliebt: Ein Stuttgarter Volksgarten.

und Schubartstraße, war auch ein fester Zirkusbau von Hangleiter, 1879 durch Feuer zerstört. Und Neckarstraße 208 stand »Stuttgarts schönste Sporthalle«, die Rollschuhbahn (»Skating Rink«) von 1910, später zu einer Fabrik umgewandelt und 1944 zerstört.

Woher die Waldorfschule kam

Hackstr. 9–13

❼

Ein Fabrikgebäude ist unser nächstes Ziel, ein Gang auch zur Lebensgeschichte des *Emil Molt* (1876–1936), dem Mitgründer der ersten Waldorfschule der Welt.

Hier war das Werk der Waldorf-Astoria-Zigarettenfabrik AG. Molt, in Stuttgart aufgewachsen, in Calw bei Georgii am Marktplatz in der Lehre, in Hirsau mit dem ersten Kontakt zum Auslandsgeschäft, hatte in der Furtbachstraße 16 mit der Zigarettenfabrikation begonnen, für die dann 1908 in Hackstraße das Werk entstand. »Vatter Molt« war engagiert auf sozialem Gebiet, was die Waldorf-Beschäftigten anging, und in den Tagen der Revolution 1918–19 soll seine Firma »eine Insel des Friedens« gewesen sein.

Waldorf Astoria Zigaretten
Ihr Name und ihr besonderer Wert

Zur Anthroposophie fand das Ehepaar Molt durch einen Steiner-Vortrag in Stuttgart und förderte deren Pläne in der Theosophischen Gesellschaft (1911 das erste Zweighaus, Urbanstraße 49), dem Bauverein und schließlich der ersten Waldorfschule 1919 auf der Uhlandshöhe (S. 146). Molt, auch mit Hesse bekannt, erlebte noch den Erfolg der neuen Schulbewegung — die Waldorf Astoria allerdings wurde im Vernichtungskrieg der deutschen Zigarettenindustrie von Reemtsma liquidiert; über 1.000 Beschäftigte verloren 1929 ihren Arbeitsplatz. Als 1972 Emil Molts Erinnerungen als Buch erschienen, gab es auf der Erde bereits über 100 Waldorfschulen.

Nun wieder zurück in die Anlagen: Die Bundesgartenschau 1977 hat im unteren Teil des Parks eine Reihe von Veränderungen gebracht; die Seen (Insel-, Eis-, Schwanensee) z.B. und die Verbindung Villa Berg — Anlagen — Rosensteinpark.

1824−64: Chance für Hausbesetzer

»Hell ins Tal hinan, blickt ein heitres Säulenhaus«, fiel Gustav Schwab angesichts eines Gemäldes des Schloß Rosenstein (1824−29, Salucci) ein, das sich König Wilhelm I. als Sommerresidenz auf dem Kahlenberg hatte erbauen lassen. Lüke hat in einem Aufsatz die Kosten für den Schloßbau mit 750.000 Gulden beziffert — ein Gulden war das Einkommen eines Handwerkers pro Tag. Und auch das: Das Schloß benutzte der König nie, ein Wesenszug des Monarchen, den Hofbaumeister Zahnt anhand des Wilhelma-Theaters 1839 beschrieb:

Waldorfschul-Vater aus der Waldorf Astoria-Zigarettenfabrik: Emil Molt.

Schloß Rosenstein

» *Wenn der König zurückkommt, hat er nichts Eiligeres zu tun, als nach seinem kleinen Theater zu sehen, das ihn sehr interessiert und ihm viel Vergnügen bereitet, solange es noch nicht fertiggestellt ist. Aber es wird vergessen sein, sobald es vollendet ist.* «

Zwar fanden einige Festivitäten auf dem Rosenstein statt und das Schloß kam bei der Cholera-Epidemie 1831 auch als Fluchtort für den König samt Anhang infrage, doch tatsächlich Quartier nahm der alte Monarch erst 1864 und ist dann dort nach wenigen Tagen verstorben.

Im Brennpunkt war das Schloß während des Bahnbaus von Cannstatt nach Stuttgart, den Karl Etzel plante und der die Untertunnelung des Rosensteins vorsah. Dem König versprach der Ingenieur eine Galerie über dem Tunnelportal und eine goldene Treppe zum Bahnsteig, und der willigte auch ein, obwohl viele Etzel-Gegner den Einsturz des Schlosses prophezeiten. Tatsächlich brach während der Tunnelarbeiten der Stollen ein und Schlamm aus den undichten Schloß-Bassins durch, aber der Bau blieb heil. Zerstört wurde er im 2. Weltkrieg; in den 50er Jahren wieder aufgebaut, beherbergt er heute das Staatliche Museum für Naturkunde.

In 30 Zimmern des Schlosses untergebracht war 1920−1944 die Weltkriegsbücherei, die heute den Grundstock der Bibliothek für Zeitgeschichte (Urbanstraße 19) bildet. 1915 in Berlin dank dem Mäzen Richard Franck, einem Ludwigsburger Industriellen, begründet, reisten u.a. 65.000 Bücher und Broschüren, 2.150 Zeitungs-Jahrgänge und 20.000 Maueranschläge in elf Eisenbahnwaggons beim Umzug auf Rosenstein nach Stuttgart.

Der Rosensteinpark war in den 30er Jahren als Ort des Stuttgarter Zoo und nach 1945 als einer der Standorte für den neuen Landtag vorgesehen. Als dort Beamte das vorgesehene Areal fürs Parlament absteckten, gerieten sie übrigens in heftigen Streit mit den Spaziergängern.

Seit 1983 steht Danneckers Nymphengruppe im Rosenstein-park, als Nachbildung gearbeitet von Doris Schmauder. Dannecker hatte die Nymphen selbst nie in Stein gehauen, sondern sein Schüler Distelbarth (Denkmal jetzt in Tübingen). 1912 schufen Adolf Fremd und Fanghänel die Nymphengruppe, die beim Theatersee zu stehen kam und 1944 zerstört wurde. 80.000 Mark brachte das »Wochenblatt« für die *neuen* Nymphen zusammen, und CDU-Fi-nanzminister Guntram Palm, ganz Volkes Stimme, nutzte die Einweihungsrede denn auch gleich, um sich als Kunstexperte auszuweisen: Dies wäre doch ein »großer Wurf« (für 480.000 Mark), während das Mobile von Calder auf dem Schloßplatz (950.000 DM) »überspannter Modernismus« sei. Glückliches Stuttgart, wo das *Kunst-Gschmäckle* eines Ministerialen nicht ausschlaggebend ist, obwohl Possen wie um Moores Liegende eigentlich schon wieder anderes vermuten lassen ...

Theater im »Zauberschlaf«

Die Cannstatter wollten zu ihrem Kurbetrieb (S. 87) noch ein Spielcasino, doch König Wilhelm I. ließ ihnen stattdessen ein Theater bauen, das Wilhelma-Theater (1838–1840, Ludwig von Zanth). Zur Premiere gab's am 29. Mai 1840 neben dem Konzert ein »pantomimisches Ballett« mit Titel »Der Zauberschlaf«, und wie die StZ 1987 folgerte, wurde das so etwas wie das »Schicksalswort« der Bühne, denn von 147 Jahren seiner Existenz stand das Haus 109 Jahre lang leer — zu abgelegen war es, und das Weltbad Cannstatt gehörte ja schließlich irgendwann auch der Vergangenheit an. Eine »Wilhelma-Theater-Gesellschaft«, u.a. mit »Bade-spezialist« Leo Vetter (S. 139), versuchte es noch einmal zu reaktivie-

Die Wilhelma, Stuttgarts meistbesuchte Sehenswür-digkeit, des Zoos wegen: Königsträume im mauri-schen Stil.

ren, aber so recht etabliert war es nie und zuletzt »ein häßlicher alter Kasten, zugemauert, von allen guten Geistern verlassen, ungeliebt, nicht mal mehr die Abrißkosten wert« (StZ).

Und dann fand das »Dornröschen« doch noch seinen Prinzen, einen bürgerlichen Politiker mit Namen *Lothar Späth*, der 20 Millionen Mark für den klassizistischen Bau frei machte und der »Förderverein Alt-Stuttgart« brachte weitere 600.000 DM dazu. Hausherr ist nun die Staatliche Hochschule für Musik und Darstellende Kunst, die nach Wiedereröffnung 1987 das Haus als Probebühne nutzt und dort an 70 Tagen im Jahr Aufführungen veranstalten will. Und nun wollen wir mal sehen, ob die Späth-Initiative mehr Erfolg hat als Wilhelm I. oder Vetter und Freunde — der Zeitgeist jedenfalls spricht dafür.

»Für den eigenen Gebrauch« und »um den Hof darin versammeln zu können«, wollte König Wilhelm I. seine nach Rosenstein zweite Sommerresidenz, die 1842—1853 nach den Plänen von Zanth im maurischen Stil mit Festbau, Badehaus, Belvedere u.a. entstand. Nach 1918 und dem Sturz der Monarchie war hier der Botanische Garten, nachdem noch der König in den Wasseralfinger Hüttenwerken Gewächshäuser für die Wilhelma hatte anfertigen lassen. Im Krieg wurden die Gebäude zerstört und z.T. wieder aufgebaut. Seit 1950 befindet sich auf dem Gelände der Zoo der Stadt.

Die Wilhelma

Dem Leser stehen am Ende des Rundgangs nun allerlei Möglichkeiten offen: Die Wilhelma selbst mit Deutschlands einzigem zoologisch-botanischen Garten, die »Weisse Flotte«, die in der Nähe von Ende März bis Ende Oktober zur Neckarschiffahrt ablegt, die Berger Bäder (S. 129) oder auch ein Besuch an der Mündung des Nesenbach bei der König-Karls-Brücke in den Neckar, denn den weitgehend verdolten Wasserlauf bekommt man ja sonst kaum noch zu Gesicht.

Ab Anlegestelle Wilhelma: Neckarschiffahrt, hier eine Aufnahme von 1939.

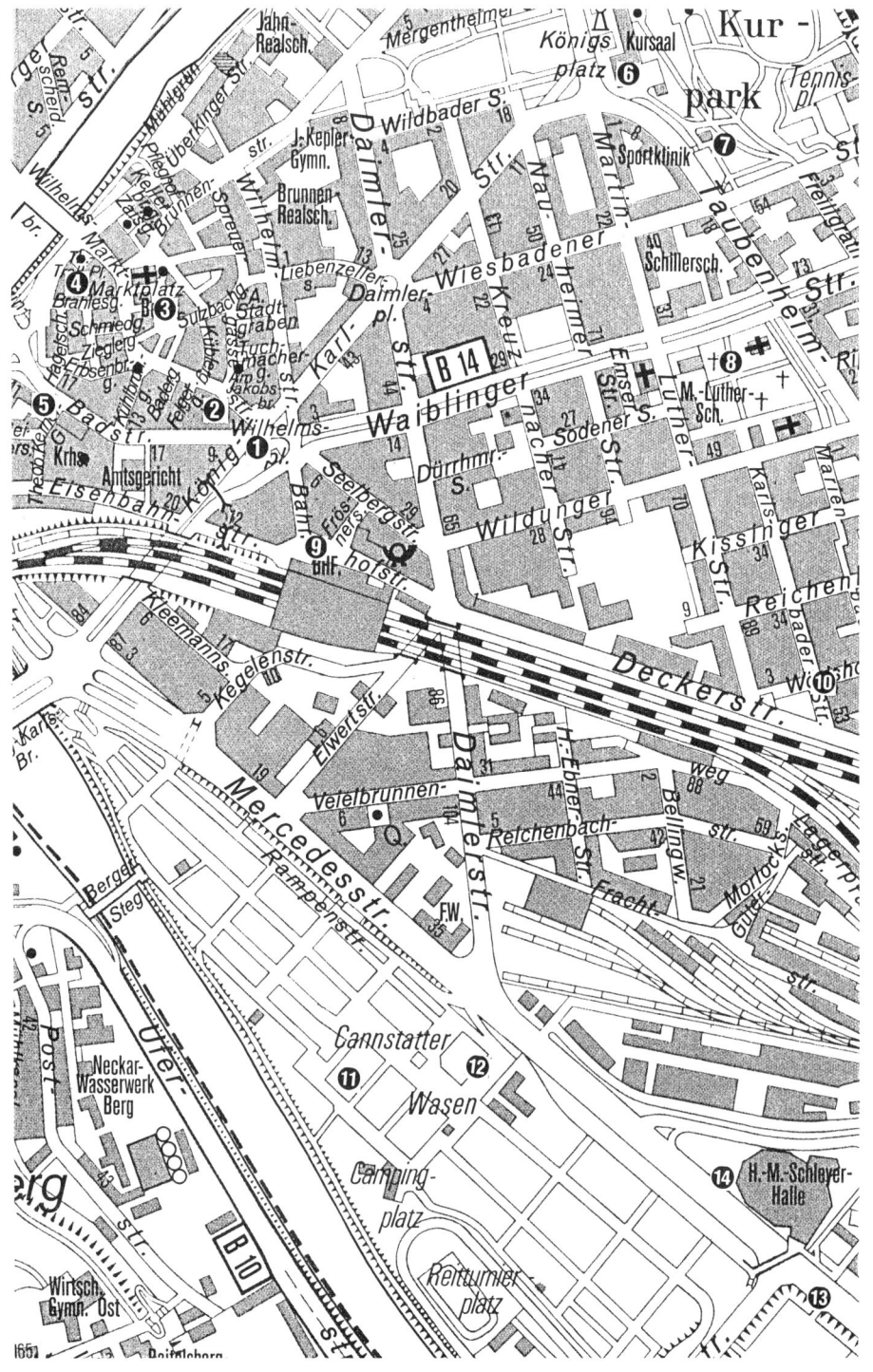

Wein, Wasser, Wasen: Rivale am anderen Ufer

Bad Cannstatt

von Stefan Hammer, Ralf Arbogast und Werner Skrentny

Ausgangspunkt: Wilhelmsplatz, Linie 1 und 2,
Endpunkt: S-Bahn Talstraße/Mercedesstraße, Bus 56
Dauer: ca. 3 Stunden

»Ein Geständnis gleich vorweg: Ich bin in Cannstatt geboren und lebe in Stuttgart, also in der Emigration. Denn ein Cannstatter hat ganz andere Wurzeln, hat seinen eigenen Krattel und will nichts mit Stuttgart zu tun haben. Der Stuttgarter bringt den Blick schwer über seinen Bergleshorizont hinaus. Stuttgart brodelt im Kessel, während Cannstatt frei und offen am Neckar und im Lande liegt.«

»Kann«statter Wappen

So der Schriftsteller *Thaddäus Troll* über das Verhältnis zwischen denen rechts und jenen links des Neckars — ein Verhältnis, das auch in der Zukunft an den Stammtischen der Weinstuben bei einem Viertel »Cannstatter Zuckerle« für Diskussionsstoff sorgen wird. Das Jahr 1905 brachte beide zusammen, was Stuttgart als Eingemeindung Cannstatts, Cannstatt aber als Vereinigung mit Stuttgart verstand.

Noch immer ist der Neckar mehr als nur eine geographische Trennungslinie. Die alte Rivalität hat Tradition: Schon 1669 lag dem württembergischen Herzog Eberhard ein Gutachten des Philosophen Wilhelm von Leibnitz vor, in dem dieser in 64 Paragraphen die Gründe darlegte, »worumb Cannstatt füglich zur Hauptstadt des Herzogthums Wirtemberg zu machen« sei. Man ist es nicht geworden, trotz des Weines und des Wassers, der Handelswege und der möglichen großzügigen Ausdehnung im Neckartal.

Im 19. Jahrhundert stand es in seiner Blüte — das *Bad*Cannstatt. Die Listen der Kur- und Badegäste waren lang, die Namen prominent. Bald darauf vertrieb die Industrialisierung das illustre Publikum. Geblieben ist das Mineralwasser, der Reichtum aus der Tiefe, der hier — außer in Budapest — so heftig sprudelt wie an keiner anderen Stelle Europas. Die vor einigen Jahren aufgedeckte Verschmutzung der Quellen durch Chlorkohlenwasserstoffe hat den Ruf des Wassers allerdings ein wenig getrübt.

Heute ist Cannstatt, das erst 1933 den Namenszusatz »Bad« offiziell bekam, der größte Stadtbezirk Stuttgarts mit rund 60.000 Einwohnern. Ein langfristiges Sanierungsprogramm soll der Altstadt frühere Heimeligkeit zurückgeben.

Zweifelsohne zählt der Wilhelmsplatz zu den häßlichsten Plätzen der Stadt, da helfen auch ein paar postmoderne Neubauten nicht. Ein Parkhaus, ein betonierter Fußgängersteg, ein Kaufhofkoloß und täglich 50.000 Autos: Eine Zumutung für die »Kleinstadt«.

Wilhelmsplatz: Eine Zumutung für die »Kleinstadt«.

Wilhelm Straße 16

Am Ende des »Platzes« am Ort des »Wilhelms-Center« stand die 1867 eröffnete orthopädische Heilanstalt des Dr. Ebner, »ein Bijou unter den hiesigen Bädern«. Der Wandel von der Kur- zur Industriestadt vollzog sich auch hier: 1878 ging das Anwesen in den Besitz der »Mechanischen Gurten- und Bandweberei Gutmann & Marx« über. Die jüdischen Besitzer mußten 1939 ihre Fabrik an die Stadt Stuttgart »verkaufen«.

Fabrikantensohn Leopold Marx wurde 1889 hier geboren. Der Dichter und Fabrikant war Mitbegründer des Jüdischen Lehrhauses in Stuttgart (1926). Die Nazis verhafteten Marx und hielten ihn 1938 im KZ Dachau gefangen. Ein Jahr später gelang ihm die Ausreise nach Palästina (er lebte in Shavej Zion). Marx starb 1983. Auf einem verwahrlosten Grünstreifen — zwischen Ladenpassage und Bundesstraße — steht ein 1985 von Jürgen Elser geschaffenes Denkmal für ihn. Der Nachlaß des Schriftstellers wird heute im Marbacher Literaturarchiv aufbewahrt.

Neben dem Amtsgericht war das Stammhaus der 1912 begründeten Schokoladenfirma *Alfred Ritter* (1903 nach Waldenbuch), die um 1920 Tafelschokolade »in quadratischer Form, die in jede Jackentasche paßt«, kreierte.

Und noch eine andere, beim Publikum sehr erfolgreiche »süße Idee« wurde in Cannstatt umgesetzt: Seit 1929/31 produzierte Robert Friedel in der Keglenstraße 5 Brauselimonade in Tablettenform (»Frigeo«): »Die Idee war umwälzend und wurde von allen Kreisen der Bevölkerung mit Begeisterung aufgenommen.« Seit Kriegsbeginn wurde nur noch für die Wehrmacht produziert, und stolz zitiert die Firmenchronik noch heute »begeisterte Feldpostbriefe« (seit 1953 Werk in Geradstetten).

Feuerwehr als Brandstifter

Von drei Bankfilialen und einem Parkplatz eingerahmt erinnert ein Gedenkstein an die jüdische Synagoge. Vom Gotteshaus war am Morgen des 10. November 1938 »um 4.30 Uhr in der Frühe nur noch ein kleiner rauchender Schutthaufen zu sehen.« (NS-Kurier) Die Feuerwehr hatte sich als Brandstifter betätigt, doch darüber herrschte erst viel später Klarheit. Im Verfahren vor dem Stuttgarter Landgericht 1946–47 gab der Leiter der Cannstatter Feuerwache zu Protokoll, den Befehl zur Brandstiftung telefonisch von einem Vorgesetzten erhalten zu haben. Nachdem die Synagoge von Gestapo und Sicherheitsdienst durchsucht wurde, verschütteten die Feuerwehrmänner Benzin und steckten das Haus in Brand.

Fritz Elsas, Stuttgarter Rechtsrat und Berliner Bürgermeister: Tod im KZ Sachsenhausen.

Im Nachbargebäude wurde 1890 *Fritz Elsas* geboren. Der exzellente Jurist trat nach Beendigung seines Studiums als Rechtsrat in die Dienste der Stuttgarter Stadtverwaltung. Das auch als Reprint wieder vergriffene Werk »Stuttgart – das Buch der Stadt« gab er 1925 heraus. Mit 41 Jahren wurde er Bürgermeister von Berlin, bis die Nazis den Juden aus dem Amt vertrieben. Als Elsas nach dem 20. Juli 1944 dem flüchtenden Leipziger Oberbürgermeister Karl Goerdeler Unterschlupf gewährte, hatte dies seine Verhaftung zur Folge. Am 4. Januar 1945 ist er im KZ Sachsenhausen ermordet worden.

König-Karl-Straße 43

Am Anfang der Fußgängerzone, wo heute das in Beton gegossene Kaufhaus stört, stand bis 1973 das Geburtshaus von Dr. Hans Bayer – besser bekannt als *Thaddäus Troll* (1914–80). Der Schriftsteller, Satiriker und Theaterkritiker gehörte zu den Gründungsmitgliedern des gewerkschaftlichen Schriftstellerverbandes VS. Feinsinnig und ironisch spürte er den Eigenarten der schwäbischen Seele nach, z.B. im Bestseller »Deutschland, deine Schwaben«. Seine heiter-kritische Erzählweise ließ aber die Wahrheit um so deutlicher ans Licht treten. Ein Beispiel:

Marktstraße ❷

»Man begegnet aber unter den Schwaben engen Spießbürgern, die alles Fremde ablehnen und es als minderwertig betrachten ... Doch wir wollen nicht verallgemeinern. Von der Flut der Reisewelle ergriffen, wurde auch mancher biedere Schwabe mit Touropas Hilfe an Gestade gespült, die er noch nicht einmal mit der Seele gesucht hatte. Als Erkenntnis von einer Griechenland-Reise brachte eine brave Degerlocherin, nach ihren Erkenntnissen befragt, das wohlwollende Pauschalurteil nach Hause: ›D'Griecha machet sich!‹. Worin die Hoffnung mitschwingt, daß die griechische Kultur, obwohl sie niemals eine Chance haben wird, schwäbisches Niveau zu erreichen, sich aus ihrer Unterentwicklung zu befreien auf dem Wege ist.«

Die Marktstraße und das umliegende Gewirr von schmalen, kopfsteinbepflasterten Gassen ist zu Recht vielbesuchter Mittelpunkt dessen *»was Cannstatt hat und Stuttgart sucht«* – so der Architekturkritiker Frank Werner.

Die Altstadt

In der Marktstraße sind noch eine Reihe spätmittelalterlicher Häuser, zum Großteil renoviert, erhalten: Die Nr. 17 ein Fachwerkhaus aus dem 16. Jahrhundert (verputzt); Nr. 19 ein Weingärtnerhaus von 1585; Nr. 33 A ein klassizistisch verändertes Fachwerk-

Marktstraße 17/19/ 33A/41

Das Klösterle

❸

Malerische Kulisse im alten Stadtkern: Das Brezelfest.

haus um 1550 (an der Ecke eine Wengerter-Figur); Nr. 41 ein ebenfalls umgestalteter Bau des 18. Jahrhunderts (»Inschrift: »Erbaut Anno Domini 1753«).

Kein Cannstatter würde zum Einkaufen nach Stuttgart fahren — das Angebot vor Ort ist reichlich. Dreimal die Woche ist hier Markt (Di, Do, Sa). Wein- und Brezelfest oder die traditionelle Cannstatter Fasnacht ziehen Tausende in den mittelalterlichen Stadtkern, wo die Weingärtner- und Bauernhäuser eine malerische Kulisse bilden. Am Marktplatz repräsentieren in stolzer Eintracht Bezirksrathaus (1491 erbaut, Umbau 1875) und evangelische Stadtkirche weltliche und geistliche Macht. Die ältesten Bauteile der Kirche stammen aus dem 12./13. Jahrhundert, doch hat sie ihr heutiges Bild durch den Umbau des Hallenschiffs (um 1470) durch Aberlin Jörg und des Turms (1612) vom Renaissancearchitekten Heinrich Schickhardt erhalten.

Marktstraße 71

❹

❺

Badstraße 39/36

Das Glanzstück der Altstadt, zugleich ältestes Wohnhaus Stuttgarts (von 1463), steht etwas versteckt am Ende der Marktstraße. Eigentlich waren die Tage des im alemannischen Fachwerkbau errichteten Hauses schon gezählt: seinen Platz sollte in den 70er Jahren ein Kaufhaus einnehmen. Eine Bürgerinitiative (»Pro Alt-Cannstatt«) verhinderte den Frevel. Das windschief in den Holzzapfen hängende Haus konnte mit 1,4 Millionen Mark renoviert werden. Seit 1984 gibt es Viertele im Klösterle — aus dem ehemaligen Beginenkloster ist eine gemütliche Weinstube geworden. Die zum Klösterle gehörende Scheuer wird wiederaufgebaut; in ihr findet das Cannstatter Heimatmuseum seinen Platz.

Vom Hotel Bellevue (Bahnhofstraße) wird noch die Rede sein. Sein größter Konkurrent stand ehemals in der Badstraße: Hinter der eternitverkleideten Fassade des Rot-Kreuz-Krankenhauses (Nr. 39) verbirgt sich eines der vornehmsten und bekanntesten Hotels im Württemberg des 19. Jahrhunderts. Bereits 1849 wurden 140 Zimmer eingerichtet, im Speisesaal — 300 Gäste fanden Platz — illustre Feste gefeiert. Könige nächtigten hier, und 1856 quartierte sich die russische Kaiserin Maria Feodorowna im Badhotel »Hermann« ein. Seit 1924 wird das Gebäude vom Roten Kreuz genutzt.

Direkt gegenüber, in der »Villa Schöne« (Nr. 36), betrieb der Dichter und Arzt Theobald Kerner (1817—1909) von 1856—1863 eine galvano-magnetische Heilanstalt.

Badstraße 36

Der rote Pfarrerssohn

Ein Pfarrerssohn, der so ganz aus der Art schlug, war der hier geborene *Edwin Hoernle* (1883—1952), der nach dem Theologie-Studium als Landvikar mit der Kirche brach und sich 1910 in Berlin den Sozialdemokraten anschloß. Er war Redakteur von »Tagwacht« und »Gleichheit« in Stuttgart und in der Novemberrevolution 1918 einer der aktiven Spartakisten, nachdem er schon während des 1. Weltkriegs, in dem seine Gedichte illegal verbreitet wurden, dreimal inhaftiert war (S. 62). Hoernle wurde Kommunist, veröffentlichte im »Verlag Spartakus« in Degerloch und bei Oskar Wöhrle (1920) legal erste Gedichte.

Badstraße 20

»Eine Faust fährt in schmatzende Fressen«: Radikale Töne vom Cannstatter Pfarrerssohn Edwin Hoernle.

»Hätte Edwin Hoernle nur die beiden Gedichte »Karl Liebknecht« und »Kommunisten« geschrieben, sein Name wäre schon allein durch sie unvergänglich in die Literaturgeschichte der deutschen Arbeiterklasse eingegangen«, schrieb sein DDR-Kollege Alexander Abusch, wobei man heute manches Hoernle-Werk eher revolutionär als literarisch findet, aber das war ja damals wohl auch die Hauptsache ... Beispiel »Marsch in den (Anm. Berliner) Westen« von 1930:

» Wenn der Wedding marschiert zum Kurfürstendamm,
klirren die Fenster
Alle Bourgeois sehen rote Gespenster —
Eine Faust fährt in schmatzende Fressen,
zwischen Sekt und Delikatessen
auf die Schippe den Schlamm!
Der Wedding marschiert zum Kurfürstendamm. «

Der Cannstatter wurde ein »vielbeschäftigter politischer (Partei)-Arbeiter«, wie das in DDR-Biographien so heißt, war 1924—33 Reichstagsabgeordneter der KPD und emigrierte über die Schweiz in die Sowjetunion (Polizei-Steckbrief: »Spricht schwäbisch«). In der DDR war er nach 1945 als Agrarexperte Präsident der Zentralverwaltung für Land- und Forstwirtschaft und später Professor und Dekan der agrarpolitischen Fakultät an der Deutschen Verwaltungsakademie.

Gerade ist der Kursaal 150 Jahre alt geworden und ist doch mehr als ein Überbleibsel aus jener Zeit, als »die Welt« in Cannstatt zu Gast war. Einst Wandelhalle und Unterschlupf bei schlechtem Wetter für die Badegesellschaft, ist er heute vielgenutzter Tagungs- und Veranstaltungsort. Der langgestreckte, im klassizistischem Stil erbaute Kursaal, ein Werk des damaligen Hofbaumeister Thouret von 1825—42, war Gesundbrunnen und Musentempel zugleich, das eigentliche Zentrum der Kurstadt. Gekurt wird noch immer und be-

Kursaal

vorzugtes Angebot ist die »Stuttgarter Kur«, die es Einheimischen ermöglicht, sich behandeln zu lassen und gleichzeitig den Vorteil der eigenen Wohnung zu genießen.

Bäderarchitektur: vom mondänen Modebad zum Massensport?

Der langen Heilquellentradition, für die sich in Cannstatt bereits die alten Römer verbürgen, und dem Reichtum des Mineralwasservorkommens, das in Westeuropa als das größte gilt, zum Trotz: Die Architekturgeschichte des Stuttgarter Badewesens nimmt sich unerwartet bescheiden und neuzeitlich aus.

An die Blütezeit des seit 1815 mit Unterstützung der königlichen Familie zur Bäderstadt von internationalem Rang ausgebauten Kurorts Cannstatt erinnert als prominentestes Bauzeugnis der 1825–42 nach Plänen des württembergischen Hofbaumeisters von Thouret (1767–1845) schrittweise ausgebaute, eingeschossige Kursaal. Griechisch-antike Tempelmotive, wie die halbrunde dorische Säulenvorhalle des Mittelrisalits, der alle Bauabschnitte einheitlich umziehende Triglyphenfries und die dreieckigen Giebelfelder, verraten bis heute etwas von der vornehm-exklusiven Atmosphäre, die höfische und großbürgerliche Kreise in dem klassizistischen Kur- und Konversationsgebäude vor dem Brunnenhof am »Sulzerrain« suchten.

Vervollständigt wurde der gesellschaftliche Treffpunkt der europäischen Hautevole durch den mit einem Wandelgang und Musikpavillon »angereicherten« englischen Landschaftsgarten des Kurparks. Weder der zum Kulturvergnügen gedachte Bau des klassizistischen Wilhelmatheaters (1839, Zanth) noch der durch neoklassizistische Anleihen wahlverwandt gehaltene Ergänzungsbau des Kleinen Kursaals (1907-08, Eitel) konnte freilich den spürbaren Attraktivitätsverlust des mondänen Modebads der Biedermeierzeit aufhalten.

Zukunftsträchtiger erwiesen sich im Industriezeitalter schon eher die auf ein breites Publikum ausgerichteten Kur- und Badeeinrichtungen, wie sie als privatwirtschaftliche Unternehmungen in Cannstatt entlang der Badstraße und vor allem auf der anderen Neckarseite in Berg entstanden waren. Deren historischer Charakter ist allerdings durch Zerstörungen und ständige Modernisierungen kaum mehr faßbar. Das in den 1940er Jahren von den Nazis geplante Kur- und Badeforum am Kursaal Cannstatt und im Rosensteinpark blieb ebenso ohne nennenswertes Ergebnis wie das 1945 von Eugen Mertz für die Stuttgarter City vorgelegte Aufbauprogramm einer internationalen Garten- und Bädergroßstadt mit dem Schloß als Kurhotel. Als eindrucksvolle Gegenwartsinterpretation des landschaftsverbundenen Heil- und Erholungsgedankens verdienen allenfalls die abwechslungsreiche Anlage des städtischen Mineralbads Leuze (1842 eröffnet; aus- und umgebaut 1979/84, R. u. I. Geier mit H.O. Hajek) und das schön gelegene »hölzerne« Heilbad Ludwigsburg-Hoheneck (Uferstraße 58, 1976/78, Arat/Haisch/Volz) Erwähnung.

In gewissem Umfang können die öffentlichen Hallen- und Freibäder die lückenhaft erhaltene Geschichte der Bäderarchitektur ergänzen helfen. Das älteste Freibad der Stadt, die von Bonatz (S. 30) »sonnenhungrig« disponierten modernen Flachbauten des Inselbades Untertürkheim (Inselbad 4, 1928-29) und insbesondere der offen von parabelförmigen Betonbindern überspannte, lichte Beckenraum des ehedem größten deutschen Schwimmbades in Heslach (Mörikestraße 62, 1927/29, Cloos/Fischle) zeigen exemplarische Merkmale der Bau- und Badekultur der Neuen Sachlichkeit. Als Beitrag zur »Massenhygiene« und Architektur der Nachkriegszeit lohnt ein Besuch des 1958 als erstem Hallenbadneubau wieder errichteten Leo-Vetter-Bads (Landhausstraße 192, Gabriel) und des durch eine Glaswand die Parkumgebung miteinbeziehenden Hallenkubus des neuen Vaihinger Stadtbades (Rosentalstraße 15). *Jörg Haspel*

In Ermangelung anderer Orte war der Kursaal in den 50er Jahren auch politische Versammlungsstätte. Die zuletzt wieder stark kritisierte »Charta der Heimatvertriebenen« wurde hier 1960 aus der Taufe gehoben (Gedenktafel). Und als Kanzler Adenauer 1953 hier war, glich Bad Cannstatt einem Heerlager: 700 uniformierte Polizisten plus berittene Polizei und sog. Zivis bewachten den CDU-Politiker, der diesmal in Ruhe vor dem »Arbeitskreis junger Unternehmer« (u.a. Porsche, Leitz, Bleyle) referieren wollte, nachdem er 1950 im Althoffbau ausgepfiffen worden war und verärgert von da an einen Bogen um Stuttgart gemacht hatte. Besonderer Einfall der Staatsschützer: Für Adenauer war, im Fall des Falles, die Damentoilette reserviert.

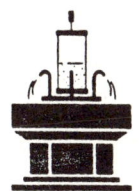

Bad Cannstatt-Symbol 1939

Daimlers Gewächshaus

Nur einen Steinwurf entfernt, am Rande des Kurparks, steht das berühmte Gewächshaus, die Tüftlerwerkstatt *Gottlieb Daimlers* (1834–1900). Zum 150. Geburtstag des Automobilpioniers wurde hier die Gottlieb-Daimler-Gedächtnisstätte eröffnet. Der gebürtige Schorndorfer ließ sich 1882 in Cannstatt nieder und schon bald hörte die Nachbarschaft seltsame Geräusche; man vermutete im Gewächshaus eine Falschmünzerei. Entstanden war dort jedoch der erste schnellaufende Verbrennungsmotor, den Daimler 1883 patentieren ließ. 1884 fuhr das erste Automobil, 1885 rollte das erste Motorrad durch Cannstatts Straßen und 1886 veranstaltete Daimler mit einem Motorboot Probefahrten auf dem Neckar.

Taubenheimstraße 13

 ❼

Probefahrten auf dem Neckar bei Esslingen: Daimlers Motorboot »Marie«.

An der Bundesstraße 14, »eingerahmt« von drei Kirchen, darunter die Uffkirche aus dem 15. Jahrhundert, liegt der Uff-Friedhof, benannt nach dem ehemaligen Ort Uffkirchen. Auf dem vom Lärm umtosten Friedhof ist Daimler begraben und nicht weit davon sein enger Mitarbeiter, der Konstrukteur *Wilhelm Maybach* (1846-1926). An der Friedhofsmauer entlang der Taubenheimstraße liegt das Grab von *Ferdinand Freiligrath* (1810-1876); die Büste schuf

Waiblinger Straße 66

 ❽

Adolf Donndorf. Der Freiheitsdichter zog 1868 von London nach Stuttgart um, weil er wegen seiner politischen Aktivitäten im Vormärz in Preußen Repressionen fürchten mußte (zusammen mit Karl Marx redigierte er 1848 in Köln »Die Neue Rheinische Zeitung«).

Die erste schwäbische Eise'bahne

Bahnhof

⑨

Cannstatt war Ausgangspunkt der ersten Eisenbahnfahrt in Württemberg: Am 3. Oktober 1845 wurde die aus Nordamerika gelieferte, aber schon schwäbisch benannte Lokomotive *»Neckar«* unter Dampf gesetzt.

Der erste Bahnhof war ein Werk von Karl Etzel und Michael Knoll, beide Pioniere der Eisenbahnzeit, waren sie doch Ingenieure und Architekten zugleich. Ersetzt hat den alten Bahnhof 1915 der Architekt Martin Mayer (1877—1925) durch ein neues, dreigliedriges Bauwerk, teils historisierend, teils versachlicht. Seit 1985 steht auf dem Vorplatz eine feurig rote Plastik: Der »Schienenhaufen« von Karl-Heinz Franke.

Dem Bahnhofsplatz kann seinen alten Glanz, geprägt von prächtigen Hotelbauten des 19. Jahrhunderts, keiner zurückgeben. Wo heute ein mächtiger Kastanienbaum steht, saßen einst die Gäste des ältesten Cannstatter Hotels im kühlen Schatten beim Nachmittagskaffee: Das Hotel »Garni Metz« (Bahnhofstraße 20), ein Bau im Landhausstil, verwinkelt und verzweigt durch viele Laubengänge, besaß auch einen »ziemlich dekorierten Speisesaal« (Heinrich Ebner). Zur Linken — heute steht hier eine Kaschemme namens »Schwemme« — war die »Süße Welt«, ein vielgeschätztes Paradies für Liebhaber von Süßigkeiten aller Art.

»Der Schienenhaufen« von Karl-Heinz Franke vor dem Bahnhof.

Bahnhofstraße 14

Ein typischer 50er Jahre-Bau fällt in der Bahnhofstraße ins Auge, an dessen Stelle die noble Herberge »Hotel Bellevue« seit 1864 auf zahlungskräftige Kurgäste wartete. Aus dem »Bellevue« wurden die »Vier Jahreszeiten« und 1903 kaufte die Brauerei Leicht das Hotel auf und führte es als »Hotel Schwabenbräu« weiter. Das im Krieg zerstörte Haus wurde durch einen Neubau ersetzt, in dem sogar ein Kino, die »Schwabenlichtspiele«, Platz fand. Viele prominente (Hotel-)Gäste besuchten hier Premieren — Luis Trenker, Hans Moser, Heinz Rühmann. An anderer Stelle, in den »Bad-Lichtspielen«, hatte Cannstatt übrigens 1945 das größte Kino der Stadt, das zweitgrößte Württembergs nach Crailsheim.

Trint' aufs neu Schwabenbräu

Aber vom Kinosterben blieb auch Cannstatt nicht verschont: 1984 schlossen die »Schwabenlichtspiele«. Erst jetzt ist über das weitere Schicksal der ehemaligen Renommierherberge entschieden: Zukünftig sind Läden und Lokale geplant.

Cannstatt hat zunehmend Arbeitsplatzsorgen: Nach der Transformatoren Union soll jetzt das Ausbesserungswerk der Bundesbahn schließen. Die Bahn war für Cannstatt immer ein wichtiger Arbeitgeber — schon 1869 wurde die »Central-Wagenreparatur-Werkstätte« eingerichtet. Die 650 Beschäftigten und 90 Lehrlinge sollen nun 1989 aufs Abstellgleis geschoben werden. Die Beschäftigten des »AW« versuchen, den Beschluß noch abzuwenden, doch

⑩

🚪 Bundesbahn
Ausbesserungswerk
Stg-Bad Cannstatt

ein neuer Grundstücksinteressent steht schon bereit: die Daimler Benz AG.

»Wiege des Fußballsports«

Politische Bühne und Sportareal, Flugplatz, militärisches Auf- **Cannstatter Wasen** marschgelände und natürlich *der* Festplatz der Stadt — der (Cannstatter) Wasen hat allerhand gesehen. Wasen ist dabei nicht allein Volksfest und Festwiese — zu dem ehemals verwilderten Landstrich am rechten Neckarufer gehören auch der Distrikt um Schleyer-Halle und Neckarstadion.

Mit Sport hat der Wasen viel zu tun: »Dieser Wasen war wahrscheinlich die Wiege des deutschen Fußballsports«, weiß die VfB-Chronik; der Engländer William Cail berichtet, daß hier schon anno 1865 die Söhne ausländischer Badegäste und Cannstatter Schüler »Rugby-Fußball« gespielt hätten. Ein Schäfer, der behauptete, seine Tiere seien wegen der Kick-Pioniere abgemagert und unruhig, und Generals-Töchter, die sich beim Ausritt gestört fühlten, vertrieben die Fußballer wieder von hier. Die aber kamen wieder: Der VfB-Ahne Kronenklub hatte seinen Platz gleich bei der König-Karls-Brücke und ein altes VfB-Lied nennt den Ort:

»Am Sonntag geht's zum Wasen, am schönen Neckarstrand; Dort auf dem grünen Rasen, da übt man allerhand...«

Ein Stadion hatte die Stadt auf dem Wasen schon zur Gesundheitsausstellung 1914. Als dort kurz nach Kriegsausbruch Italiener interniert waren, ging es am 11. August in Flammen auf — die Feuersäule stieg hundert Meter hoch.

Kein Bier, kein Wein: Antialkoholisches Festzelt der Arbeiterwohlfahrt 1928 auf dem Wasen.

Hier war der Ort der Massenkundgebung am Eröffnungstag des 12. Internationalen Sozialistenkongresses (18.8.–24.8.1907), des ersten auf deutschem Boden – nirgendwo anders waren die 60.000 Zuhörer unterzubringen!

»Aus ganz Württemberg waren sie zusammengeströmt und mit Pauken, Trompeten und wehenden Fahnen zogen sie nach Cannstatt. Die Polizei trat kaum in Erscheinung; sie war damit beschäftigt, den Verkehr zu regeln. Auf dem Wasen waren sechs Tribünen aufgebaut, »in musterhafter Ordnung scharte sich die Menge um die einzelnen Emporen und bewahrte auch dort die Ruhe, wo von den Worten der Redner nichts mehr zu verstehen war«.

Vom darauffolgenden Montag an tagten die rund 900 Delegierten aus 27 Ländern in der »bürgerlichen« Liederhalle, umgeben von roten Fahnen und riesigen Büsten von Marx und Lasalle. Selbst aus Australien, Japan und Argentinien waren Delegierte angereist.

Vor allem aber war der Wasen Exerzierplatz der Militärs, wobei die Flieger den Freiraum in der Stadt rasch entdeckten. *Ernst Heinkel* (1888–1958), der Flugzeugkonstrukteur und spätere Industrielle, flog hier 1911 seinen neuen Doppeldecker mit einem 50 PS-Motor von Daimler zu Bruch und verunglückte schwer. 1921 folgte Ex-Frontflieger *Paul Strähle* aus Schorndorf als Postflieger nach Konstanz und Nürnberg, was so recht in die »Stuttgart empor!«-Stimmung paßte: »Stuttgart ist völlig in den Kreis der neuzeitlichen Großstädte eingetreten«, hielt die »Süddeutsche Zeitung« fest und forderte Strähle auf, »das durch die Niedertracht des Versailler Friedens fast erstickte Luftwesen durchzuhalten.« Strähles Schwäbische Luftdienst GmbH aber mochte nicht und ging 1923 in der Inflation pleite.

Die württembergische »Luwag«: Stuttgarts Flugplatz war in Böblingen.

Der Flugplatz Stuttgart wanderte mit der 1924 begründeten Luftverkehrs-Württemberg AG (»Luwag«) nach Böblingen aus, von wo man 1931 für 98 RM in 5 : 40 Stunden nach Breslau und für 96 RM in 5:15 Stunden zur Insel Wangerooge fliegen konnte. Nach Friedrichshafen kostete es 18 Mark und eine Stunde Zeit.

Die Tradition des Festplatzes begründeten neben dem Volksfest die Zirkus-Gastspiele. 1890 gastierte hier die »Buffalo-Bill-Wildwest-Truppe« des William F. Cody mit 200 Indianern,

Cowboys und Scharfschützen, mit Büffeln, Mulis und 175 Reitpferden. 8.000 kamen pro Vorstellung, und für den Königlichen Hof wurde eigens ein Pavillon aufgebaut.

Stuttgart und Cannstatt.

Vom 14. Oktober ab für 6 Tage
auf dem ☞ Cannstatter Wasen:

Vorstellungen
von
Buffalo Bill's Wild West
unter Leitung des Obersten
W. F. Cody (Buffalo Bill).
früher Pfadfinder der Verein. Staaten-Armee.
200 Indianer, Cowboys, Pfadfinder, Scharfschüzen u. Reiter, 175 Ponies, Maultiere, wilde Pferde u. Büffel.
Die Vorstellungen finden nur Nachmittags täglich um 3½ Uhr statt.
Kassen-Eröffnung um 2 Uhr.
Grosse Gefechtsscenen, Vorreiten wilder Pferde
und Vorführung von Scenen aus dem westlichen Grenzerleben.
☞ Eintritts-Preis (alles Sizpläze) 1 Mark, **Sizpläze unter der bedeckten Tribüne 2, 3, 4 Mark.** ☜

Anzeige im »Schäbischen Merkur«.

Eigentlich sollte der Wasen einmal das Ausstellungsgelände der Stadt werden und ein Verein »Württembergischer Ausstellungspark« war schon gegründet: Nach den Plänen von Schmohl hätte unterhalb von Gaisburg auf der anderen Seite des Neckar eine Hochterrasse angelegt werden können, »mit zwei akropolisähnlichen Flügeln«, der Wasen sollte selbst Festplatz sein. Der 1. Weltkrieg verhinderte die Realisierung.

Monstrum Schwabenhalle

Die Nationalsozialisten hatten den Wasen rasch als Kundgebungsort funktionalisiert. »Es gibt in Stuttgart kein großartigeres Schauspiel, als die Parade der Wehrmacht am Geburtstag des Führers auf der großen Festwiese« (1938). 200.000 sahen diese Geburtstagsfeiern mit dem Gedröhn von Panzerketten und dem Aufmarsch der Wehrmacht.

1937 bekam der Wasen ein neues Bauwerk, nachdem die Stadthalle den Machthabern offensichtlich zu klein geraten war: Anstelle des alten VfB-Platzes, zwischen heutigem Campingplatz und Mercedesstraße, entstand als Holzkonstruktion (Eisenmangel!) die Schwabenhalle (Architekt: Eduard Krüger), die 20.000 bis 30.000 Menschen Platz geboten haben soll. Göring (1937) und Hitler (1938) sprachen hier und das Volksfest wurde ganz auf »Deutschlands größte Holzhalle« (160 x 64 x 29 m) ausgerichtet, indem die Fruchtsäule nun im »Ehrenhof« vor der Halle stand. Der Riesenraum wurde für Ausstellungen (»Schaffendes Handwerk«), Liederfeste (1938 mit 10.000 Sängern) und Sport (1938 Boxkampf des »blonden Tiger« Neusel gegen Europameister Lazek) genutzt.

Boxkampf in der Schwabenhalle: Walter Neusel gegen Heinz Lazek, 1938.

Tortur im Stadion

Die beste Stube des Sports in Stuttgart, ein Palast auch des König Fußball, ist die 70.705 Plätze-Arena, die international ausgezeichneten Ruf genießt. 1929 hatte der Gemeinderat im Hinblick auf das für 1933 in die Stadt vergebene 15. Deutsche Turnfest für den Bau (Architekt: Bonatz) »einer ovalen Kampfbahn mit Spielfeld,

Das Neckarstadion

Das baden-württembergische bzw. schwäbische Element überwiegt auch heute noch bei den Berufsspielern des VfB Stuttgart — eine Tradition, die sich schon an der Meisterelf von 1950 ablesen läßt, deren Akteure fast alle Schwaben waren. Von links: Läpple (Stuttgart-Münster), Baitinger (Feuerbach), Bühler (Winterbach), Barufka (Schalke), Schlienz (Zuffenhausen), Blessing (Wendlingen), Ledl (Ingolstadt-Ringsee), Otterbach (Kickers), Retter (Plüdershausen), Steimle (Sport-Club), Schmid (VfB). Trainer war Schorsch Wurzer (Ulm).

Aschenbahn und Tribünen für 35.000 Zuschauer« gestimmt. OB Strölin taufte das neue Stadion noch vor Turnfestbeginn »Adolf-Hitler-Kampfbahn«.

Das Fest selbst, zu dem aus der Deutschen Turnerschaft (DT) 200.000 an den Neckar kamen, markierte die Gleichschaltung auch im Sport: Die DT, stets deutschnational und im Gegensatz zum (nun verbotenen) Arbeitersport, hatte Juden und »Marxisten« ausgeschlossen, den Wehrsport in ihr Programm geschrieben. Fritz Rosenfelder, bekannter Sportleiter des TV Bad Cannstatt und jüdischer Kaufmann, hatte noch vor dem Turnfest Selbstmord begangen. Unter sich blieb die Festgemeinde aber nicht, denn aus der Illegalität meldete sich mit Flugblättern und Parolen, die auf kleinen Flössen den Neckar hinabschwammen, die Kampfgemeinschaft für Rote Sporteinheit (»Rotsport«) der KPD.

1951—56 ist das Neckarstadion auf ein Fassungsvermögen von 75.000 Besuchern erweitert, zur Fußball-WM 1974 modernisiert worden. Die FDP scheiterte damals mit ihrem Bürgerentscheid gegen den Stadionausbau: Nur 23 Prozent nahmen teil.

Die Menschen und Ereignisse, die mit dem Stadion verbunden sind, würden allein ein Buch füllen. Hier spielte und spielt der VfB und in der Nachkriegszeit war auch Oberligist Sport-Club, z.B. 1947 gegen Bayern München, zu Gast. Es gab Fußball-Länderspiele und das Europa-Cup-Finale 1959 mit Real Madrid und Ballkünstlern wie Di Stefano, Gento, Kopa. Hier fuhren die Profis Radrennen auf der Aschenbahn, spielten Rolling Stones (1976 vor 40.000) und Hockeyer, boxten Schmeling und Heuser 1939 vor 65.000 oder mehr. In 71 Sekunden schlug Schmeling den Gegner k.o. — Filmstar Willy Fritsch, dem der Hut heruntergefallen war, hatte vom Kampf nichts gesehen ... Einer der letzten Höhepunkte war 1986 die Leichtathletik-Europameisterschaft, die den Zuschauern das Prädikat »Publikum des Jahres« einbrachte.

Sporthistorisch von Belang sind zwei andere Daten: 1948 die ersten internationalen Fußballspiele nach dem Krieg, TH Stuttgart — Studentenauswahl Zürich und Städtespiel Stuttgart — Zürich, und am 22. November 1950 das erste Fußball-Länderspiel der Bundesrepublik Deutschland. Gegner an diesem verregneten Buß- und Bettag war die Schweiz. Für die zwischen 103.000 und 115.000 Zuschauer (!) wurde das Ende sportlicher Isolation dieses Teils von Nachkriegsdeutschland fast zur Tortur: Wege und Stehwälle versanken im Schlamm, »lebensgefährlich!«, befand die Presse angesichts der überfüllten Arena, in der es etliche Verletzte gab. Der »Sportbericht« damals:

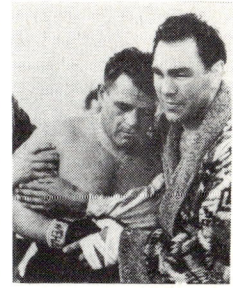

Hut fiel 'runter, nichts gesehen: der geschlagene Adolf Heuser (links) und Max Schmeling nach dem Kampf.

»Als die Schweizer Nationalhymne gespielt wurde, war es vielen Männern nicht möglich, ihre Hüte abzunehmen, da sie infolge der fürchterlichen Enge die Hand nicht an den Hut brachten. Andere Anwesende, die zufällig die Hand oben hatten, halfen aus der Verlegenheit, indem sie dem Vordermann den Hut abnahmen und auf seine Schultern legten.«

1963 endete im Neckarstadion ein Kapitel Fußballgeschichte, als »Hoppi« Kurrat, Wosab und »Aki« Schmidt Dortmund zum Erfolg im 52. und letzten Endspiel um die Deutsche Meisterschaft schossen — von da an gab's die Bundesliga.

VfB einmal anders: Jubel der Fußballer-Frauen und -Bräute über den Endspielsieg 1950. Von links: Lisa Holzer, Läpples Braut; Hanne Stetter, Braut von Baitinger; Frau Schlienz; Ruth Sensbach, Freundin von Torwart Schmid; Frau Ledl.

Hier ist die Heimat des VfB Stuttgart, dessen Vorläufer FV 1893 und Kronenclub Cannstatt von 1896/97 (Zusammenschluß 1912) — schon in der Gegend gespielt hatten. 1919 hatte der Verein einen Platz für 15.000 Zuschauer (Arch.: Pfeiffer) bei der König-Karls-Brücke erhalten und war 1937 auf das heutige Gelände umgezogen. »Die Roten«, wie sie im Gegensatz zu den »Blauen« (Kickers) aus Degerloch heißen, sind nach dem 2. Weltkrieg *das* Fußball-Aushängeschild der Stadt geworden und mobilisieren im Erfolgsfall ganze schwäbische Landstriche. 1950, 52 und 84 war der VfB Deutscher Fußballmeister, 1954 und 1958 Pokalsieger.

Die VfB-Geschichte steckt voller Fußball-Legenden, von Torwart »Gummi-Schmid« über Sawitzki, die »Italiener« Geiger und Waldner bis »Filder-Gento« Hartmut Weiss. Legendärster aller Spieler aber ist aufgrund seines ungewöhnlichen Schicksals Robert

Mercedesstraße 109

VfB-Wappen aus den 20er Jahren.

Schlienz: 1948 verunglückte er auf der Fahrt zu einem Spiel in Aalen schwer mit dem Auto; der linke Arm mußte oberhalb des Ellbogengelenks amputiert werden. Vier Monate später lief Schlienz wieder auf, blieb ein Fußball-Idol und wurde sogar dreimal in die Nationalelf berufen.

Den »Roten« steht heute mit *Mayer-Vorfelder*, dem Minister und politischen Festzelt-Matador, ein »Schwarzer« als Präsident vor. Was Individualisten im rot-weißen Dress mit dem Brustring nicht hindert: Spieler *Karl Allgöwer* (»Knallgöwer«, »Wasen-Karle«) wäre nach eigenem Bekunden schon mal lieber auf einer Friedensdemo als auf dem Platz gewesen und kämpft in Wahlen für die SPD; eben ein echter »Roter«.

Ein brauner Fleck in der Geschichte des Vereins soll nicht übersehen werden: Daß Nazi-OB Strölin bei der Platzeinweihung 1937 den VfB als einen »schon vor dem Umbruch dem Nationalsozialismus wohlgesonnenen Verein, der damals wegen seiner Haltung von der Stadtverwaltung in Strafe genommen wurde«, lobte, hatte Grund: 1932 hatte der Klub sein Stadion auf dem Wasen für eine Wahlkundgebung der NSDAP zur Verfügung gestellt — trotz Verbots der Stadt und des Deutschen Fußball-Bundes (DFB). Die Stadt kündigte dem VfB daraufhin den Platz zum 1.4.1934, doch da waren die Nazis schon die neuen Herren.

65.000 in der Adolf Hitler-Kampfbahn beim Boxkampf Schmeling-Heuser 1939.

Mercedesstr. 69/
Schleyerhalle
⑭

Als »deutscher Madison Square Garden« steht die größte Halle der Stadt (1983) in ausgezeichnetem Ruf, ein Ergebnis vor allem cleveren Managements. Hier wurden Stadthallen-Traditionen wie das Sechstagerennen und das Reitturnier wieder aufgenommen, hier gab und gibt es Tennis, Leichtathletik, Turnen und inzwischen auch Eishockey der Weltklasse. Und den Perspektiven scheinen, vor allem dank williger Sponsoren, vorerst kaum Grenzen gesetzt.

Talstraße 210

100   Bad Cannstatt

In Ostheim und Gablenberg liegen die Ursprünge des Stuttgarter Sport-Club (SSC), der 1924 seinen Platz am Neckar bei Gaisburg nahe des Gaskessels bekam; zur Eröffnung gab es das Fußball-Länderspiel Deutschland-Schweiz. Seit 1960 ist man auf der Festwiese zu Hause. Bekannt gemacht haben den Klub vor allem die Radsportler: *Karl Link* (1964) und *Jürgen Colombo* (1972) wurden Olympiasieger.

Die Sportstadt: Millionenspiel mit immer neuen Attraktionen

Es läßt sich nicht länger verheimlichen: Die Sport-Metropole der Republik liegt am Neckar. Stuttgart ist die neue Hauptstadt aller Trimmer, Werfer, Ballspieler und sonst irgendwie körperlich aktiver und nach Rekorden schielender Menschen — so meldete es jüngst ein des Lokalpatriotismus' unverdächtiger Zeuge, die »Süddeutsche Zeitung«. In der Tat, nirgendwo sonst hierzulande paaren sich mittlerweile Angebot und Nachfrage in solch attraktiver Qualität und Quantität wie hier, in einem der wirtschaftsstärksten Räume Europas. Die Gästeliste der Stars einiger Wochen z.b. liest sich wie ein Gotha des Sports: Boris Becker, Martina Navratilova, Bernhard Langer und 1988 kommen Ivan Lendl und die anderen sieben Tennis-Weltbesten zu den »Stuttgarter classics«. Die angepeilten Olympischen Spiele im Jahr 2004 wären nur noch die logische Konsequenz einer Entwicklung, die nirgendwo im Lande in solcher Reinkultur zu beobachten ist, wie in und um Stuttgart: das Zusammenspiel von Wirtschaft, Politik und Sport.

Die gemeinsame Geschäftsgrundlage ist keineswegs anstößig, sondern einfaches Kosten-Nutzen-Denken. Die Wirtschaft hat erkannt, daß Werbung mit Sport den Umsatz erhöhen und dem Image förderlich sein kann. Und in den schwäbischen Konzernen ist diese Einsicht in dem Maße gewachsen, wie Daimler-Benz immer offener als Sponsor aufgetreten ist. Die Politik nutzt den Sport, weil er ihr ein populärer Helfer sein und die Wähler von links bis rechts einen kann. Ministerpräsident Lothar Späth, der als Veranstaltungsschirmherr und mit Lobreden auf seine Landeskinder Steffi und Boris immer sofort zur Stelle ist, spielt auf dieser Klaviatur virtuos. Oberbürgermeister Manfred Rommel ist über die ersten Fingerübungen längst hinaus. Wer erlebt hat, wie er Tennismanager Ion Tiriac bei der Vorstellung der »Stuttgarter classics« im Rathaus vor der internationalen Presse die Bälle zugeworfen hat, konnte leicht ermessen, wie wichtig Schöngeist Rommel der Sport inzwischen geworden ist.

Der eigentliche Drahtzieher des Millionenspiels kommt aus seinem Haus: die Messe- und Kongreß GmbH, eine Tochtergesellschaft der Stadt. Sie hat den Auftrag, die schon als bundesdeutscher »Madison Square Garden« gefeierte Hans-Martin-Schleyer-Halle ausschließlich nach wirtschaftlichen Gesichtspunkten zu betreiben. Daraus resultiert der Zwang, immer neue hochkarätige Ereignisse auf den Wasen zu ziehen. Der »Messe« gelingt dies gegen erbitterte Konkurrenz aus München, Berlin und Dortmund, denn die Kommune bürgt letztlich für alle Fälle.

Entsprechend aufgeschlossen ist die heimische Wirtschaft, die in der städtischen Tochter einen angemessenen Ansprechpartner mit der passenden Philosophie hat: Exklusivität um jeden Preis. Das Gebotene ist bewußt vom Feinsten, ein zum Unterhaltungsmedium erster Güte kultivierter Sport, dem VIP-Lounges so selbstverständlich sind wie ein begeisterungsfähiges und zahlungskräftiges Publikum, das geradezu nach Spektakulärem dürstet.

Genau darin liegt allerdings auch ein Problem. Welche Steigerungsmöglichkeiten bieten sich in drei, vier Jahren noch? Auf der anderen Seite melden sich schon heute Stimmen, die plötzlich die »Zweitklassigkeit« fürchten müssen — das Tennis-Turnier Weissenhof zum Beispiel, das bisher den Namen Stuttgarts in alle Welt getragen hat.

Wenn hier ein Sättigungsgrad abzusehen ist, wird sich die werbungstreibende Wirtschaft sehr genau überlegen, ob der Sport noch das geeignete Medium für ihre Botschaft ist. Diese Bedenken sollen die Fans, ob Landesvater, Oberbürgermeister, Konzernchef oder Normalbürger, freilich nicht schrecken, höchstens daran erinnern, daß der Glanz des Showsports ohne den »kleinen« Sport nicht denkbar ist. Auch der zweifache Wimbledonsieger hat mal klein im Verein angefangen und vor allem diese, auf der Schlotwiese oder in Degerloch, dem Wasen oder der Waldebene Ost, machen ja die Sportstadt Stuttgart und ihre erfolgreiche Geschichte aus.

Josef-Otto Freudenreich

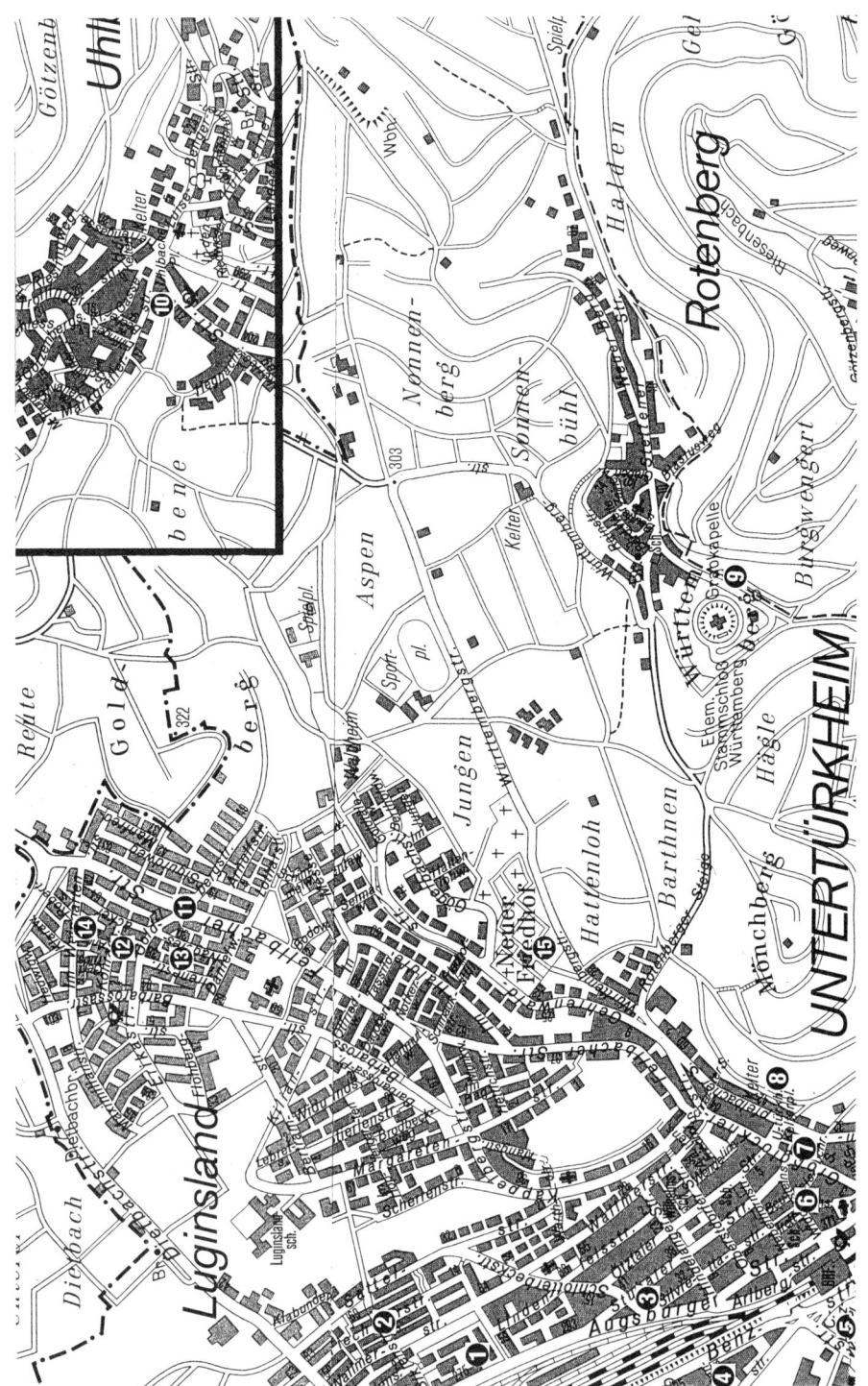

Zwischen Stern und Reben

Untertürkheim, Rotenberg, Uhlbach

von Ulrich Weitz

Ausgangspunkt: *Haltestelle Eszet, Straßenbahnlinie 13*
Endpunkt: *Haltestelle Hedelfingen, Straßenbahnlinien 9*
und 13
Dauer: *4 Stunden*

Der verkehrsgünstigen Lage »verdankt« das alte Weingärtnerdorf Untertürkheim, das den Ausgangspunkt für unseren Rundgang durch die östlich gelegenen Neckarvororte bildet, seine heutige Bedeutung, denn bei nur 16.200 Einwohnern gibt es dort mehr als 30.000 Arbeitsplätze. Am 22. Oktober 1845 fuhr der erste offizielle Zug der Königlich Württembergischen Staatseisenbahn von Cannstatt zum Bahnhof Untertürkheim: Das war der Grund, warum sich Daimler in Untertürkheim ansiedelte und das Problem »Stoßverkehr« in Untertürkheim 1905 erstmals bewältigt werden mußte. Von den damals 5.000 Arbeitern der Daimlerwerke kamen 2.000 aus dem Esslinger Raum und 1.000 aus Cannstatt, und die waren auf die Eisenbahn angewiesen: Damals gab's noch keine Jahreswagen und deshalb ließ sich das Problem leichter lösen als heute, wo viele Daimlerarbeiter im eigenen Mercedes die Neckarvororte in ein Verkehrsinferno verwandeln.

Wappen von Untertürkheim

Dort, wo heute die Firma Nordfeder Bettdecken aus Daunen und Wolle produziert, war seit 1899 eine Kultstätte der Naschkatzen: Der ehemalige Hofkonditor *Ernst Staengel* hatte zunächst 1857 im Furtbachweg 8 (heute Furtbachstraße 6/8A) einen Betrieb gegründet, in dem alles produziert wurde, was süß und kalorienreich war. Die Osterhasen, Bonbons, Zuckerstangen und Weihnachtsmänner waren so beliebt, daß der Betrieb schon drei Jahre später in der Olgastraße 75—77 ein neues Domizil suchen mußte. Mit der Produktion der Schokolade als Massennahrungsmittel (Eszet-Slogan: »Einst hat man am Karibischen Meer für 100 Kakaobohnen eine schöne Frau bekommen«) wuchs die Nachfrage, was 1899 zur Umsiedelung nach Untertürkheim führte (1922—1924 wurde die Fabrik erweitert).

Augsburger Str. 275/277

Die Marke »Eszet« stand für die ausgeschriebene Sprechweise der beiden Anfangsbuchstaben des Firmengründer Staengel und seines Neffen Karl Ziller und wurde 1904 beim kaiserlichen Patentamt in Berlin urheberrechtlich geschützt. Unter dem neuen Markenzeichen fing dann der süße Sieges-

Die Eszet-Fabrik: »Für 100 Kakaobohnen eine schöne Frau«

Eszet-Wagen mit Kühlanlage, 30er Jahre

Zwischen Sattel- und Wallmerstr.

zug an und 1933 brachte dann die »Eszet«-Schnitte, die als »wohlschmekkender und nahrhafter Brotbelag«, später als »zwischendurch-Idee«, in verschiedenen Geschmacksrichtungen angeboten wurde. Doch auch Eszet, seit 1931 unter Leitung einer Frau, von Elisabeth Staengel, blieb das Schicksal anderer Mitglieder der »Schokoladenstadt« Stuttgart wie Haller, Moser-Roth, Waldbaur, Tobler, Buck etc. nicht erspart: Die Kakaopreise gingen hoch und als die (Kaffee) Hag AG Bremen 1974 ein Darlehen zurückzog, mußte Antrag auf Liquidationsvergleich und Massenentlassung (150 Beschäftigte) gestellt werden. Die Kölner Stollwerck AG kaufte Warenzeichen und Rezepturen der »Eszet-Schnitten« für eine Million DM und stach dank einem Vorvertrag die Berliner Sprengel mit ihrem 1,75 Millionen-Mark-Gebot aus. 1976 wurde über Eszet der Konkurs eröffnet, 1977 das Fabrikgelände, u.a. mit Dampfkesselhaus, Wohnhaus und Waschküche, bei einem Verkehrswert von über 5 Millionen DM versteigert.

Die »Eszet-Schnitten« gibt's noch immer; in den 70er Jahren waren sie vom Bekanntheitsgrad die Nr. 3 für bundesdeutsche Süßmäuler, und so steht einem Gedächtnis-Essen für die abgegangene »Schokoladenstadt« nichts im Wege.

Der Wallmer könnte heute eine Attraktion sein, denn das Gelände stand auch als Standort zur Diskussion, als es 1927 um den Bau der Weißenhofsiedlung ging. Und doch ist auch die heutige Wallmersiedlung sehenswert, denn *Richard Döcker,* der Pionier »Neuen Bauens« in Stuttgart errichtete dort 1929–30 im Auftrag der Stadt mehrgeschossige Wohnhäuser — »sozialer Wohnungsbau«, da in Untertürkheim mit seinen vielen Arbeitsplätzen ein großer Bedarf an billigen Wohnungen bestand. Die 90 Wohneinheiten (ohne Bad) gelten heute als Musterbeispiel des frühen modernen Zeilenbaus in Deutschland und als Alternative zum Siedlungsbau, wie er zum Beispiel in der nahegelegenen Gartenstadt Luginsland (S. 123) zum Tragen kommt. *Richard Döcker,* der sich nicht nur für Villen von begüterten Stuttgartern interessierte, schrieb über seine dem Bauhaus nahestehenden Architekturvorstellungen:

» Man will auch nicht wissen, daß alles Übrige des Neuen, das Gesunde, das Zweckmäßige, das Soziale, viel wesentlicher ist. Das Neue ist Ergebnis der Notwendigkeit, das Bisherige war meist Ergebnis des persönlichen Geschmacks und der Einstellung des Einzelnen zum alten Bauen der Traditionen, der Stile.«

Als die Stadt 1981–1984 die Wohnungen renovieren wollte, schlossen sich schon vorher die Mieter in einer Mieterinitiative »Neuer Wallmer« zusammen, um die Sanierung nicht nur den Planern zu überlassen. Unter Beratung von jungen Architekten wurden die Grundrißvorschläge der Stadtverwaltung kritisch hinterfragt.

Frei- und Querdenker Albert Dulk

Das Haus ist ein Dokument der Geschichtslosigkeit Stuttgarts: Hier, »im Dulk-Haugh soim Haus«, wie die Untertürkheimer sagen, lebte *Dr. Albert Dulk* (1819-1884), der sich als damals einziger Akademiker 1875 der Stuttgarter Sozialdemokratie angeschlossen hatte. Trotz des Sozialistengesetzes vertrat er die Partei und kandidierte erfolgreich bei Wahlen. Der rhetorisch gewandte Freidenker, der auch in der Volkspartei breite Resonanz fand, muß als zentrale Persönlichkeit der frühen Arbeiterbewegung betrachtet werden. Als Dulk 1871 nach Untertürkheim zog, hatte er ein bewegtes Leben hinter sich. Der 1,88 m große, gutaussehende Mann stammte aus wohlhabendem Hause in Königsberg. Der junge Dr. phil. aber wurde zum »roten Schaf« der honorigen Professoren-Familie, engagierte sich in der Studentenbewegung und wurde aus Sachsen ausgewiesen, als er 1845 neben *Robert Blum* eine Gedächtnisrede für die bei den Leipziger Unruhen Gefallenen hielt. Nachdem er wenig später die Tochter des König-Attentäters *Tschech* besuchte, um Stoff für ein Drama zu sammeln, wurde er den Behörden vollends suspekt: Dulk wurde inhaftiert, die angestrebte Hochschulkarriere durch ein Berufsverbot jäh beendet.

Sozialist Albert Dulk: Durch die Wüste und den Bodensee

Dulk beschloß, als Schriftsteller seinen Lebensunterhalt zu verdienen. In seinem zweiten Drama »Lea« arbeitete er die Stuttgarter Jud Süß-Geschichte auf, ohne jedoch dem Zeitgeist entsprechend in antisemitische Ressentiments zu verfallen. 1848 entstanden die Dramen »Die Wände« und »Die Verschwörung«, zentrale Revolutionsstücke, die gerade für die Bühne wiederentdeckt werden. Als die Revolution 1849 blutig niedergeschlagen wurde, wanderte der Schriftsteller in den Orient aus. Er bereiste nahezu mittellos Ägypten, befuhr den Nil auf Segelbooten der Felachen und lebte unter den Einheimischen. Nach einer abenteuerlichen Wüstendurchquerung hielt er sich noch einige Monate auf dem Sinai als Eremit auf. 1850 zurück in Europa, lebte er in der Schweiz mit zwei Frauen in einer »Ehe«. 1858 siedelte Dulk nach Stuttgart über, verkehrte in literarischen Zirkeln und machte von sich reden, als er 1865 den Bodensee an seiner breitesten Stelle durchschwamm. Dulk erwies sich bald nicht nur als Frei-, sondern auch als Querdenker: In Briefen an Bebel und Liebknecht lehnte er einen autoritären Führungsstil in der Sozialdemokratie ebenso ab wie den Passus im Parteiprogramm, demzufolge alle Nichtproletarier »eine reaktionäre Masse seien«. 1878 wurde Dulk als Verfasser eines sozialdemokratischen Flugblatts wegen Volksverhetzung zu einem Jahr Haft verurteilt, kurz danach zu zwei weiteren Monaten Ge-

fängnis wegen Kirchenschmähung. Als er dem Kampf gegen die Kirche und ihre Dogmen Vorrang vor dem Klassenkampf einräumte, kam es zu weiteren Auseinandersetzungen diesmal mit den Genossen. Daraufhin verzichtete er auf eine weitere Kandidatur und konzentrierte sich auf die Arbeit in der von ihm 1882 mitgegründeten Stuttgarter Freidenkergemeinde.

Dulk starb 1884 an einem Schlaganfall, als er den Zug von Stuttgart nach Untertürkheim besteigen wollte. Seine Beerdigung wurde zur größten Demonstration der Stuttgarter Arbeiterbewegung unter dem Sozialistengesetz.

❹
Ecke Benzstr./
Mercedesstr.

Wo die Insel-, die Nürburg- und die Benzstraße zusammenstoßen, kommen wir zum Untertürkheimer Werkstor des umsatzstärksten Konzerns der Bundesrepublik, der Daimler-Benz AG. Den Namen, der die Daimler-Motorenwerke und damit auch Untertürkheim in aller Welt bekannt machen sollte, verdanken wir dem Wiener Kaufmann *Emil Jellinek.* Der in Nizza wohnende Automobilgroßhändler und Rennfahrer schloß 1900 mit den Daimler Werken einen Vertrag, daß er 36 Wagen (Gesamtwert von 550.000 Goldmark) unter der Bedingung bestellen würde, daß die Fahrzeuge nach seiner Tochter *Mercedes* benannt würden. Der Name wurde 1902 gesetzlich geschützt und 1905–06 wurden monatlich schon 100 Mercedes produziert. Direktor *Paul Daimler* setzte bereits 1915 auf gut betuchte Käuferschichten:

Gottlieb Daimler geb. 1834

Mercedes-Werbung 1916 (Ludwig Hohlwein)

»Der Grundsatz, nur Qualitätsware zu liefern, ist, wenn ich so sagen darf, das Leitmotiv von Untertürkheim und wird das Leitmotiv auch bleiben«.

Der gute Stern von Untertürkheim

1901 kaufte die Daimler-Motoren-Gesellschaft, deren bisherige Produktionsstätte in Cannstatt (S. 93) sich nicht mehr erweitern ließ, 185.000 qm Land von der Gemeinde Untertürkheim für ein neues Werk. Die Infrastrukturmaßnahmen ließ sich der angehende Konzern fast vollständig von der Gemeinde bezahlen, die sich verpflichtete, innerhalb von acht Monaten einen Eisenbahnanschluß und eine Fabrikstraße zu bauen. Als erstes entstand eine für die damalige Zeit moderne Schmiede, die noch erhalten ist. 1904 wurden die ersten Teile des neuen Werkes in Betrieb genommen. Der Umzug wurde dazu benutzt, bisherige Handarbeit zu automatisieren.

Trotz aller Mechanisierung war die Automobilherstellung aber noch weitgehend handwerklich geprägt durch »Professionisten«. Daneben gab es »Angelernte«, die unserem heutigen Industriearbeiter entsprechen, und »Tagelöhner«. Von Anfang an hatten die Meister eine zentrale Rolle in der Betriebshierarchie. Die Organisationsform der Arbeit wurde deshalb zutreffend als »Föderativ-System selbständiger Meisterrepubliken« bezeichnet, da den Meistern die Vorbereitung, Verteilung, Leitung und Kontrolle der Arbeit sowie die Festlegung des Akkords oblag.

Seit 1906 hatten die Arbeiter je 9 Stunden an 6 Tagen in der Woche zu arbeiten. Erst ab dem 1. Mai 1911 wurde der freie Samstagnachmittag eingeführt, allerdings bei gleichbleibender Arbeitszeit von 54 Stunden. Die Arbeitszeit begann um 6.50 Uhr und endete abends um 18.10 Uhr. Dazwischen gab es morgens und nachmittags je eine Viertelstunde und mittags eindreiviertel Stunden Pause. Die Untertürkheimer gingen zum Essen heim, andere bekamen das Essen von den Familienangehörigen ins Werk gebracht. Um das bei Schwaben sehr beliebte Mosttrinken einzudämmen, richtete die Daimler-Motoren-Gesellschaft eine eigene Limonadenfabrik ein, um mit Himbeer- und Zitronenlimonaden gegen den Mostrausch und die damit verbundene Senkung der Arbeitsproduktivität vorzugehen. Wesentlicher war Daimler aber natürlich die Herstellung von Personenwagen und Motoren für Luftschiffe und später auch Flugzeuge.

Der 1. Weltkrieg erwies sich als Konjunkturspritze: Die Heeresverwaltung verlangte im Sommer 1918 eine Vergrößerung des Werkes, da monatlich 1.000 Flugmotoren hergestellt werden sollten. Nachkriegszeit und Inflation bewirkten, daß nach neuen Produkten gesucht werden mußte. Eine Daimler-Schreibmaschine wurde entwickelt, jedoch nie produziert, da das Geschäft mit Motoren und Nobelkarossen wieder anlief. Die Marktmacht auf dem Autosektor wurde 1926 durch die Fusion mit Benz aus Mannheim entscheidend gestärkt. Die Einführung der Fließbandarbeit und die allmähliche Produktionsverlegung von Mannheim nach Untertürkheim führten dazu, daß der Umsatz auf 130 Millionen Reichsmark gesteigert werden konnte. Mit der Weltwirtschaftskrise ging der Bedarf an Luxusschlitten erneut zurück und im März 1933 erklärte sich Direktor Kissel mit der Tendenz zum »Volkswagen« konform. 1937 wurde in Untertürkheim eine Serie von 30 Versuchswagen des Volkswagenprojekts von Porsche (S. 302) entwickelt, doch sollten keine »Kraft durch Freude-Wagen« vom Band rollen: Das Werk wurde zur Waffenschmiede und um 34.000 qm Wasengelände erweitert. Die Bombenangriffe von 1943–44 zerstörten den Betrieb weitgehend und als am 20. April 1945 die Schlagzeile des Stuttgarter NS-Kuriers lautete: »Im Unglück nicht feige, sondern trotzig werden«, wurde das Untertürkheimer Werk stillgelegt.

Trotz der Kriegszerstörungen war Daimler-Benz für die Nachkriegszeit »finanziell bestens gerüstet«: Etwa 250 Millionen Reichsmark lagerten auf Berliner Bankkonten, die für den Wiederaufbau zur Verfügung standen. Der Geschäftsbericht 1948 mußte jedoch feststellen, daß durch die »Entnazifizierungsmaßnahmen der Führungsapparat der Gesellschaft weitestgehend zerschlagen wurde«. Mit Marshallplan und Währungsreform ging es dann wieder aufwärts. Die 50er Jahre waren »Jahre der Konsolidierung«, ehe Daimler-Benz Untertürkheim sich mit Zweigwerken in Hedelfingen und Mettingen ausdehnte; im Stammwerk blieben PKW-Motorenproduktion, Hauptverwaltung und Versuchsabteilung.

Heute ist die Daimler-Benz AG längst kein ausschließlicher Automobilhersteller mehr: Durch den Einstieg bei AEG, MTU, Dornier und zumindest langfristig MBB sowie durch Beteiligung beim französischen Rüstungskonzern Matra besteht die Möglichkeit, daß der Konzern zukünftig auf den »Krieg der Sterne« setzt.

Doch die Geschichte von Daimler Untertürkheim ist nicht allein eine Geschichte von Produkten und Bilanzen. Sie ist zugleich ein zentrales Stück Geschichte der Württemberger Arbeiterbewegung.

»Ihr habt völlig recht, wenn ihr mir zum Vorwurf macht, daß ich es versäumt habe, mein Nein in den Sitzungssaal hineinzuschreien und so der ganzen Welt kundzutun, daß das Gerede von der Einstimmigkeit des Deutschen Reichstags und des deutschen Volkes eine Lüge ist«: Mit diesen Worten ging *Karl Liebknecht* am 21.September 1914 aus einer internen Sitzung von Stuttgarter Vertrauensleuten, die vor allem aus dem Daimler-Werk kamen und ihn wegen seiner »falschen Fraktionsdisziplin« hart attackiert hatten.

Der Auftakt der Novemberrevolution in Stuttgart 1919 war am 4. November bei Daimler. *Fritz Rück,* einer der Führer der Spartakusgruppe: »Nach einer kurzen Pause öffneten sich die Tore, eine erste Gruppe von Arbeitern kam heraus, ihr folgten andere. Zehntausend Daimlerarbeiter ordneten sich und marschierten nach dem Stadtinnern.«

Anfang August 1920 zerstörten Daimler-Arbeiter drei Kraftfahrzeuggestelle, die an die Interventionstruppen gegen die junge Sowjetunion geliefert werden sollten. *Eugen Ochs,* damals Lehrling in Untertürkheim:»Nun sahen wir, wie zahlreiche Arbeiter drei Kraftfahrgestelle von Güterwagen auf die Straße herunterschafften. Alsdann kamen aus der Schweißerei Arbeiter mit Schneidbrennern heraus. Damit schnitten sie unter allgemeinem Gejohle an allen drei Fahrzeugen die Chassisrahmen in der Mitte durch.«

Mitte August desselben Jahres wurde von den Arbeitern neben dem Betriebsrat — das Betriebsrätegesetz war im Februar 1920 verabschiedet worden — , ein »Politischer Arbeiterrat« gewählt, von dessen 16 Mitgliedern 10 der KPD angehörten.

Ende August 1920 kam es zur Eskalation: Der mit der Reichsfinanzreform eingeführte Lohnsteuerabzug von 10 Prozent wurde von den Daimler-Arbeitern als Sondergesetz abgelehnt. Daraufhin wurde der Untertürkheimer Betrieb, ebenso wie Bosch in Feuerbach und die Maschinenfabrik Esslingen, in Absprache mit der Regierung geschlossen. *Eugen Ochs* erinnert sich, wie die Staatsordnung aufrechterhalten wurde:

»Als wir in Untertürkheim die Mercedesstraße hinuntergingen und an den Beginn des Werksgeländes kamen, waren dort quer über die Straße Spanische Reiter aufgestellt. Dahinter standen Reichswehrsoldaten mit Stahlhelmen und Maschinengewehren. Plakate wurden angebracht, Aufschrift: ›Halt! Wer weitergeht, wird erschossen!‹ Daraufhin beschloß eine Stuttgarter Betriebsräte-Vollversammlung den Generalstreik. Erst am 25.September 1920 wurde der Betrieb wieder aufgenommen. Von den 8.900 Arbeitern wurden nur 3.608 wiedereingestellt.«

1922 kam auch es bei Daimler zu Streiks für den Acht-Stunden-Tag. Nahezu drei Monate stand die Produktion in Untertürkheim still — »und zwar gerade in einer Zeit, zu welcher sonst in unserer Industrie lebhafte Nachfrage herrscht« (Geschäftsbericht).

1926, als sich nach der Inflation die Wirtschaft wieder stabilisierte, wurde rationalisiert und 1.500 Arbeiter mußten gehen. Weitere Entlassungen folgten, bis im Februar nur noch 2.198 Arbeiter im Untertürkheimer Werk beschäftigt waren. Der Stuttgarter Metallarbeiterverband warnte vor dieser Politik der Massenentlassungen:

»Geht nicht Hand in Hand mit der Rationalisierung eine Verkürzung der Arbeitszeit, eine Erhöhung der Löhne und damit die Stärkung der Kaufkraft, wird die Rationalisierung zum Fluch für die Arbeiterschaft und letzten Endes auch für die Unternehmer selbst.«

1928 beschloß der Gesamtvorstand Deutscher Metallindustrieller, die Untertürkheimer Daimlerarbeiter auszusperren, um die gewerkschaftliche Kampfkraft zu brechen.

Als im Rüstungsbetrieb der NS-Zeit Frauen sowie sowjetische und polnische Kriegsgefangene bzw. Zivilarbeiter die dünne Personaldecke aufstocken mußten, regte sich auch

Widerstand: Mehrmals wurde eine hektographierte illegale Zeitschrift mit dem Titel »Merce-des« von einer Widerstandsgruppe im Werk verteilt.

Mit Währungsreform und Wirtschaftswunder ging die Bilanz wieder steil nach oben, so daß der Arbeitsmarkt nicht mehr genügend Arbeitskräfte bieten konnte. Im Bericht des Wirt-schaftsausschusses von 1959 hieß es:

»Angesichts dieser Schwierigkeiten hat sich der Vorstand nach langem Zögern ent-schlossen, erstmals die Vermittlung italienischer Arbeitskräfte zu beantragen.« Schon 1970 war jeder vierte Arbeiter der Daimler-AG ein Ausländer. 1981 hatte das Werk Untertürkheim 19.195 Beschäftigte, davon 7.443 Ausländer.

Als eine der ersten oppositionellen Listen gegen die angeblich zu »sozialpartnerschaftli-che Linie« der IG Metall (IGM)-Betriebsräte entstand 1968 die »Plakat-Gruppe«, die neben der Herausgabe der Zeitung »Plakat« auch gegen die offizielle IGM-Liste bei den Betriebs-ratswahlen kandidierte und 1972 27,7 Prozent der Arbeiterstimmen gewinnen konnte. Ein Höhepunkt der Auseinandersetzung war 1978, als die Betriebsratswahl wegen Wahlfäl-schung von der »Plakatgruppe« angefochten wurde. Nachdem dem Einspruch stattgege-ben werden mußte, gewann die Plakatgruppe 12 der 29 Betriebsratssitze, während die IGM nur noch 15 erreichte. Inzwischen hat die Plakatgruppe an Einfluß verloren; Betriebsrat und Gewerkschaft fanden wieder kämpferische Töne.

»Rationalisierung läuft bei Daimler-Benz im Prinzip ähnlich wie in anderen Automobilun-ternehmen. Aufgrund spezifischer Umstände (Nutzfahrzeugbau, Prestige-Objekt Merce-des und guter Verkauf bei den PKWs) sind die Rationalisierungsfolgen sanfter. Jedoch ist ei-ne aktive Politik zur Gestaltung, die bereits im Planungsstadium einsetzt, unerläßlich. Schaf-fen wir nicht die Gestaltung des technischen Wandels, dann schafft der technische Wandel uns.« — so 1984 der Gesamtbetriebsratsvorsitzende Herbert Lucy. Nicht zuletzt aufgrund dieser Einsicht standen die Daimler-Kolleginnen und -Kollegen bei den Auseinandersetzun-gen um die 35-Stunden-Woche und gegen den § 116 Arbeitsförderungsgesetz — bestärkt durch ihre Gewerkschaft — mit in vorderster Front.   *Ulrich Weitz*

Ruhmeshalle der »Silberpfeile«

Renoviert, neugestaltet und mit modernster Medientechnik ausgestattet, so präsentierte sich das Daimler-Benz-Museum 1986 zum Jubiläum »100 Jahre Automobil«. Durch die neuen Ausstellungsräume (Di. bis So., 9 bis 17 Uhr) begleitet den Besucher ein neuartiges drahtloses »Audio-Informations-System«. Per Infrarotstrahl liefern im Museum verteilte Sender die Information. Videofilme setzen Automobilgeschichte und -geschichten in Szene, ein Container-Sattelzug ist Bühne der Multi-Media-Schau. Glanzstücke der Auto-Sammlung: Das Benz-Dreirad und die Daimler Motorkutsche von 1886 (Höchstgeschwindigkeit: 16 km/h), das erste Motorrad (1885), luxuriöse Kompressorwagen sowie Fahrzeuge früherer Monarchen und Staatsoberhäupter. Auch das aktuelle Typenprogramm ist zu sehen.

Hauptattraktion für die Motorsportfans ist die Schau der »Silberpfeile«, jener Renn- und Rekordwagen, die lange die internationalen Rennpisten beherrschten. Die Erfolge der Autos mit dem Dreizack-Stern lagen besonders in den Perioden 1934-39 und 1952-55. 48 Siege in 79 Formel-Rennen, Geschwindigkeitsweltrekorde, unzählige Triumphe bei Sport- und Tourenwagenwettbewerben — das ist die Bilanz der Mercedes-Piloten. Ihre Namen haben heute noch einen guten Klang: Rudolf Caracciola, ein Hotelierssohn aus Remagen am Rhein, war Europameister und gewann 17 Große Preise. Der Argentinier Juan Manuel Fangio, genannt »El Chueco« (der Krummbeinige), holte zwei Formel-I-Weltmeisterschaften nach Untertürkheim, Manfred von Brauchitsch entschied zwei Große Preise für sich, Stirling Moss siegte in England und bei den 1.000 Meilen von Italien.

Rennleiter Alfred Neubauer setzte auch Stuttgarter Fahrer erfolgreich ein: Hermann Lang aus Cannstatt (» 's Hermännle«), Karl Kling und Hans Hermann. Der clevere Neubauer war es übrigens, der beim ersten Renneinsatz des Typs W 25 anno 1934 die bis dahin für deutsche Wagen vorgeschriebene weiße Lackierung abschmirgeln ließ, um die vom Reglement geforderten 750 kg Gewicht einhalten zu können. Die Fahrzeuge gingen mit blanker Aluminium-Karosserie an den Start, die in der Sonne silbern glänzte. So kamen die Mercedes-Renner zur Bezeichnung »Silberpfeile«.

Mercedes-Werbung der 60er Jahre

Doppelsieg der Silberpfeile 1939 in Tripolis: Hermann Lang (» 's Hermännle«) gewinnt den Großen Preis von Tripolis

Am 22. April 1905 wurde die »Sängerhalle« als Vereinsheim des Untertürkheimer Liederkranzes eingeweiht, der 1895 aus der »Militär-Eintracht« hervorgegangen war und sich hauptsächlich aus kleinen Gewerbetreibenden, Weingärtnern und Lehrern zusammensetzte. Durch die Industrialisierung entwickelten sich um die Jahrhundertwende in Untertürkheim aber auch zahlreiche Arbeitergesangsvereine: »Sängerlust« (1901), »Lassallia« (1903) und der »Hohenloher Gesangsverein« (1907), in dem besonders Eisenbahner organisiert waren. Die »Hohenloher« waren die ersten »Gastarbeiter« Untertürkheims, da die Daimlerwerke aufgrund des höheren Lohnes viele Facharbeiter von der Bahn abzogen. Nach 1945 schlossen sich diese Vereine zur »Chorgemeinschaft Untertürkheim« zusammen, die 1950 Träger des Hauses wurde.

Ähnlich bunt ist die Geschichte der Sängerhalle. Im Dezember 1914 wurde der Festsaal von Militär beschlagnahmt und als Kaserne eingerichtet. Im 2. Weltkrieg waren dort 275 sowjetische Zwangsarbeiterinnen von Daimler-Benz eingepfercht. In der Nachkriegszeit fand im Festsaal der Prozeß der US-Militärregierung gegen den ehemaligen Reichswirtschaftsminister *Hjalmar Schacht* statt, der mit einem überraschenden Freispruch für die ehemalige NS-Größe endete. Hier war die erste gewerkschaftliche Jugendkonferenz nach 1945 und »nach zwölf Jahren illegalen Kampfes« fand Ende März 1946 der 1. Parteitag der KPD Württemberg-Baden statt. Radio Stuttgart, später der Süddeutsche Rundfunk, produzierten in Untertürkheim erste Musiksendungen. Traditionell ist die Sängerhalle auch das Streiklokal der IG Metall, die dort während der letzten Streikaktionen auch ein buntes politisch-kulturelles Programm veranstaltete.

Lindenschulstr. 23

❺

Die Untertürkheimer Sängerhalle vor dem Umbau

»Koi Gschäft mit am liabe Gott«

Die Evangelische Stadtkirche steht auf geschichtsträchtigem Boden, denn dort waren Vorgängerkapellen aus dem 11. und 13. Jahrhundert. Der heutige Kirchenbau von St. Germanus stammt in seinen Anfängen aus dem Jahre 1478, Erweiterungs- und Anbauten von 1602. Die Kirche und der gesamte Ort »Türkheim« wurden aber 1634 von einer Feuersbrunst zerstört. Als die Kirche 1970 grundlegend renoviert wurde, entdeckten fünf türkische Arbeiter unter dem Putz Apostelbilder aus der Zeit um 1660 und teilten den Fund mit den Worten mit: »Pfarrer, freu de: A Bild!« Noch sieben weitere Wandbilder wurden entdeckt, die die Tugenden und Bitten des »Vater-Unsers« darstellten. Anhand der Kirchenbücher konnte festgestellt werden, daß sie zwischen 1654 und 1656 von dem Bürgermeister und Weingärtner *Bartholomäus Warth* gestiftet worden waren.

Kunstkenner brauchen sich in der Stadtkirche nicht nur mit Werken vergangener Zeit zu begnügen: Besonders sehenswert ist die 36-teilige Wand mit der »Josefslegende«, die von HAP Grieshaber Ende 1970 als bewegliche Altar- und Trennwand zwischen Kir-

Augsburgerstr. 379

❻

chenraum und Gemeindesaal geschaffen wurde. *Helmut Andreas Paul (HAP) Grieshaber* (1909–1981) war dafür prädestiniert, denn seine Engel der Geschichte sind nicht himmlische Wesen, sondern wurzeln in unserer Zeit. Der vor allem als Holzschneider hervorgetretene Künstler war immer parteilich für eine menschlichere Welt. Er opponierte gegen den Hitlerfaschismus, schuf bedeutende Arbeiten gegen die Verbrechen der griechischen Junta, die Schrekken von Korea- und Vietnam-Krieg. Den Auftrag des Untertürkheimer Kirchengemeinderates nahm er erfreut entgegen. Auf die Kostenfrage angesprochen, sagte er:»Erstens könntet ihr des net zahle, ond zweitens mach i koi Gschäft mit am liabe Gott — aber d'Okoste müsset 'er natirlich zahle!« So kam es, daß die Untertürkheimer für nur 23.500 DM ihre Geschichte des heiligen Josef bekamen.

Großglocknerstr. 28

❼

Abzeichen der Naturfreunde

Die »Kaderschmiede«

Unter nebenstehender Adresse ist die Bundesgeschäftsstelle der Naturfreunde, die als proletarische Touristenvereinigung 1895 in Wien gegründet worden war. Um die Jahreswende 1909/1910 war im»Goldenen Bären«, dem damaligen Gewerkschaftshaus auch eine Stuttgarter Gruppe vor allem von »Boschianern« organisiert worden. Das Wandern mit Gleichgesinnten galt nicht nur dem Erleben der Natur, sondern war auch ein wichtiger Bereich politischer Freizeitgestaltung und Auseinandersetzung mit herrschender Kultur, die die Arbeiter und Arbeiterinnen von vornherein ausschloß (z. B.: Der deutsche Alpenverein, DAV).

Die Untertürkheimer Gruppe der Naturfreunde (heute 300 Mitglieder) wurde 1946 als erster Kulturverein des Stuttgarter Stadtteils wiedergegründet. Der Kommunist *Hermann Nuding*, Mitglied des ersten Bundestags, entstammte ebenso den Untertürkheimer Naturfreunden wie der sozialdemokratische Landtagsabgeordnete und Betriebsratsvorsitzende von Daimler, *Karl Hauff*. Auch *Willi Bleicher*, der legendäre IGM-Bezirksleiter, oder *Ernst Haar* (SPD), Vorsitzender der Eisenbahnergewerkschaft, hatten das Mitgliedsbuch der Naturfreunde unseres Stadtteils in der Tasche. Alle Landesvorsitzenden der württembergischen Naturfreunde entstammten im übrigen dieser Untertürkheimer »Kaderschmiede«!

Großglocknerstr. 33

Elisabeth Barth, Buchhändlerin aus Leidenschaft, verkauft hier Bücher und allerlei Nippes von anno dazumal. In antiautoritären Berliner Zeiten war die gelernte Kindergärtnerin Mitglied der Kommune II und Mitgründerin der Kinderladenbewegung. Aus der von der Polizei versiegelten Kommune I hat sie noch Exemplare des Teufel/Langhans'schen »Klau Mich« für die Nachwelt gerettet.

Großglocknerstr. 44

Wo heute ein Figaro seine Kundinnen verschönt, wohnte ehemals *Karl Berner*, dessen weißer Spitzerhund Karriere am Hof des König Wilhelm II. von Württemberg machte. Als sich 1886 die Prinzessin Pauline ein weißes Spitzerle zum Geburtstag wünschte, konnte sich Bürger Berner gegen harte Züchterkonkurrenz durchsetzen und erhielt 80 Mark in Goldstücken für das Prachtstück, das auch vom König Gassi geführt wurde, wie sich viele Alt-Stuttgarter gern nostalgisch-verklärt erinnern.

Direkt gegenüber steigen wir zum Alten Friedhof des ehemaligen Oberdorfs hoch, auf dem heute wieder ein Kriegerdenkmal steht. Am Volkstrauertag wird hier von den Untertürkheimer Vereinen der Toten der Weltkriege gedacht.

Dieses Kriegerdenkmal hat auch einen Vorläufer, der gern verschwiegen wird. Da dieses Denkmal unverkennbar militaristische Züge trug, mußte es nach einem 1946 von der US-Militärregierung erlassenen Befehl entfernt werden. 1947 beschloß der Bezirksbeirat mit 11 zu 1 Stimmen, das Kriegerdenkmal zu beseitigen, und auch das Denkmalamt gab sein positives Votum für den Denkmalsturz. Mitte Mai 1947 fuhr dann ein Kranwagen von Daimler-Benz vor und demontierte den kriegsverherrlichenden Stein. Nur wer den Kranwagen beordert hatte, das blieb unbekannt. Dafür kochte jetzt die Volksseele: Der Bezirksvorsteher Karl Weber wurde als »Vaterlands-Verräter« denunziert und sein Haus Jahre später noch mit Parolen wie »KPD-SED-Türken-Karle« beschmiert. Die Progromstimmung hielt bis in die 50er Jahre an. Nachdem Karl Weber es 1953 ablehnte, einen Wahlaufruf für die SPD zu unterzeichnen, kam es zu seiner von einer Koalition aus DVP und SPD betriebenen Demontage. Hatten sich 1953 noch 11 zu 1 Bezirksbeiräte für ihren Vorsteher Weber ausgesprochen, so wechselte die Stimmung nur elf Monate später zu einem Votum von 10 zu 2 gegen ihn, dem man die Vorgänge um den Denkmalssturz, auch wenn er nachweislich nicht beteiligt war, nie verziehen hatte. Das tragische Ende ist schnell erzählt: Bei einem Urlaub im Frühjahr 1955 machte Karl Weber seinem Leben ein Ende, da er die Demütigungen und Unterstellungen nicht mehr ertragen konnte.

Der König und der Spitz vom Berner

Großglocknerstr.

»Schön Mägdelein, schenk ein!«

Auch heute noch dienen 40 Prozent der Anbaufläche Untertürkheims dem Weinbau. Der Stadtteil kann sich also immer noch mit

Weinlese der 30er Jahre; im Hintergrund der Württemberg

gutem Recht als Weinbauort bezeichnen. *Kurt Brenner*, der bedeutende Dirigent von Arbeiterchören, komponierte dazu das beliebte Walzerlied »Untertürkheimer Wein, sollst gepriesen sein, das Nekkartal soll leben, schön Mägdelein schenk ein!« Alljährlich wird beim traditionellen Weinfest in der Genossenschaftskelter (immer am dritten Septemberwochenende) dieses Lied aus vollen Kehlen der Untertürkheimer Gesangsvereine geschmettert.

Der »Besen«: Klassenlose Gesellschaft der Viertelesschlotzer

An den Häusern befestigte Reisigbesen oder Tannensträuße signalisieren, wann in Stuttgart und im restlichen Ländle die Zeit der Besenwirtschaften anbricht. »Besen«, das sind kleine Wirtschaften in der umgeräumten Wohnstube, im Keller oder der Garage eines »Wengerters« (Weingärtners), der seinen Wein nicht an die Genossenschaft, sondern selbst verkaufen möchte. Der Ausschank von Trollinger, Riesling oder Müller-Thurgau dauert so lange, bis der Vorrat des Wengerters zu Ende ist, meist von November bis März. Denn fremden Wein verkaufen darf der Besenwirt nicht.

Auch sonst sind ihm gewisse Beschränkungen auferlegt: Laut Vorschrift dürfen in den Wirtschaften »nicht mehr als 40 Sitzplätze vorhanden sein und nur kalte und einfach zubereitete warme Speisen verabreicht werden«. Aber die schmecken wie von Großmutter: Schlachtplatte, Kesselfleisch mit Sauerkraut, Hausmacher-Wurst und Maultaschen in der Brühe sind einige der Spezialitäten, die als solide Magenunterlage serviert werden. Für den kleinen Hunger gibt's Zwiebelkuchen, Schmalz- und Kräuterkäsbrote, grüne Peitschenstecken (Würste) und frische Laugenbrezeln. Einige Wirte backen das Brot noch selbst oder haben eine eigene Schlachtung.

Wer einen »Besen« besucht, darf keine Platzangst, schlechte Laune oder eine empfindliche Nase haben. Denn es herrschen drangvolle Enge (eine »Drucketse«, wie der Schwabe sagt), Frohsinn und Geselligkeit, und ein Duftgemisch aus Zigarrenrauch, Kraut und Wein.

Wenn der Rebensaft die Zunge löst, fallen im »Besen« die Klassenschranken: Da diskutiert dann auch mal der Fabrikant mit dem Hinterachsen-Monteur vom Daimler, und auch so manches Mädle hat im »Besen« schon den Mann fürs Leben gefunden. So mancher Zecher hat im »Besen« mit zunehmender Dauer aber auch schon Namen und Adresse jener Hübschen vergessen, die er kurz zuvor noch für die Schönste dieser Welt hielt.

»Besen« sind Familienbetriebe und da muß jeder mithelfen. Während die Frau in der Küche »schafft«, schenkt der Wirt den Wein aus Steinkrügen aus. Es gibt Besen-Hocker, die den guten Tropfen so schätzen, daß ihr Frühschoppen nahtlos in den Dämmerschoppen übergeht und sie die letzte Straßenbahn verpassen.

In Stuttgart existieren knapp drei Dutzend Besenwirtschaften, die meisten davon in Untertürkheim. Dort liegen sie so dicht beieinander, daß man sogar eine richtige »Besenwanderung« machen kann.

»Wo dr Besa hängt« ist im gleichnamigen Besenwirtschaftsführer notiert, der jährlich im Wetterhuhn-Verlag (Brackenheim) erscheint. *Rolf Schwenker*

Tatsächlich gibt es etliches einzuschenken: 110 Wengerter (Weingärtner), davon rund ein Drittel »Feierabend-Wengerter«, sind Mitglied der Genossenschaft. Im Jahresdurchschnitt liefern sie 750.000 bis 1.000.000 kg Trauben an, aus denen 600.000 bis 800.000 Liter Wein erzeugt werden. Gelagert wird der Wein in der Kelter, 1902-1904 gebaut und damals modernste und größte in Württemberg. In ihren Tanks und Flaschenlagern können rund 1,5 Millionen Liter Wein aufbewahrt werden. Die Lagen bringen Kenner ins Schwärmen:Mönchberg, Altenberg, Weinsteige, Herzogenberg, Wetzstein und Gips. Schon Herzog Ulrich der Vielgeliebte bestand auf seinen Wein vom Mönchberg und die Gemahlin des Erzherzogs Ferdinand wünschte sich einen Untertürkheimer Tropfen ans Kindsbett.

Auch weniger Prominente schwören auf das Untertürkheimer Gewächs, das am besten im umfunktionierten Wohnzimmer, den sogenannten Besenwirtschaften, schmeckt, die in dem Stadtteil häufig zu finden sind.

Der Künstler *Leonhard Schmidt* (1892—1978), der als wichtigster Vertreter der Neuen Sachlichkeit in Stuttgart gilt und den StN-Feuilletonredakteur *Karl Diemer* zu den zehn bedeutendsten Stuttgarter Malern der Moderne zählt, lebte im Haus des Weingärtners *Julius Scheef* von 1918 bis zu seinem Tod. 1937, als die Bilderstürmer in der Staatsgalerie Gemälde für die Münchener Ausstellung »Entartete Kunst« zusammenraubten, wurden auch Schmidts Ölgemälde »Rotes Haus, Winterlandschaft« (1926) und »Häuser auf dem Weißenhof« (1929) beschlagnahmt; seitdem sind sie verschollen.

Württembergstr. 24

Leonhard Schmidt: Wengerter-Tochter als »Meisterschülerin«

Der Einfluß des künstlerischen Untermieters war so groß, daß sich auch die Tochter des Weingärtners, *Lore Scheef*, von Schmidt zu seiner »Meisterschülerin« ausbilden ließ. Schmidt starb fast vergessen. Mit 82 Jahren verlieh ihm die Landesregierung zwar die Bezeichnung »Ehrenprofessor«, aber eine große Retrospektive des sehr produktiven Untertürkheimer Malers fand erst 1988 statt.

Jetzt gehen wir einige Schritte bis zur Haltestelle »Untertürkheim Friedhof« und fahren zwei Stationen mit der Buslinie 61 bis zum Rotenberg (Kurzstrecke lösen!). Alternativ kann der Rundgang »Luginsland« (vgl. S. 123) eingeschoben werden. Bei dieser Route gehen wir dann von der Gartenstadt zu Fuß bis zum Rotenberg (dort Fortsetzung dieses Rundgangs).

Zum Rotenberg und eine Alternative

Wie ein König eine Burg abriß

⑨

Wir steigen an der Haltestelle am Fuße des Württemberg aus, dem die eine Hälfte des Bundeslandes ihren Namen verdankt. Waren wir jedoch in den 20er Jahren hier gestanden, so hätten wir uns nasse Füße geholt, in der »Wette«, dem ehemaligen Feuersee des Dorfes Rotenberg (bis 1925). Die Württembergstraße führt bis zur Grabkapelle, die nach den Vorstellungen von König Wilhelm I. ursprünglich im »teutsch-gotischen Stil« hätte errichtet werden sollen, nachdem 1819 seine Gemahlin *Katharina Paulowna*, die Tochter des Zaren Paul von Rußland, im Alter von nur 31 Jahren an einer Lungenentzündung gestorben war. Sein Architekt und Hofbaumei-

Grabkapelle Rotenberg

ster *Giovanni Salucci* konnte sich aber mit dem Plan, das Bauwerk als antiken Tempel zu gestalten, durchsetzen. Bevor mit dem Bau begonnen werden konnte, ließ der König gegen den massiven Protest der Bevölkerung den relativ gut erhaltenen Stammsitz seines eigenen Geschlechts abreißen. Diese Burg, der »Württemberg«, war von *Konrad von Wirtemberg* 1083 gebaut worden. Nur eine Inschriftplatte mit dem Baudatum, über dem Tor des Pferdestalls angebracht, blieb erhalten, jetzt eingemauert in der Grabkapelle.

Doch die Pläne Saluccis wurden nicht völlig realisiert. Nachdem die vorgesehene Bausumme von 300.000 Gulden (rund 12 Millionen DM) vom Architekten im ersten Entwurf um das Dreifache überschritten wurde, bewilligte der König dem Baumeister nur noch eine »Sparausführung« für 195.000 Gulden. In vier Jahren Bauzeit wurde die Kapelle erstellt, in deren Untergeschoß ein Marmor-Sarkophag mit dem Leichnam der Prinzessin aufgestellt wurde, in dem 1864 auch Wilhelm I. beigesetzt wurde. Seit der Fertigstellung des Baus fanden hier regelmäßig russisch-orthodoxe Gottesdienste statt, denen durch den 1. Weltkrieg und das mit diesem propagierte Feindbild des »Russen« ein jähes Ende bereitet wurde. Diese Tradition ist inzwischen wieder aufgelebt: Am Pfingstsonntag findet alljährlich wieder ein russisch-orthodoxer Gottesdienst statt, der auch für die Öffentlichkeit zugänglich ist.

Die Grabkapelle auf dem Württemberg: »Sparausführung« von Salucci

Der Panoramablick von der Grabkapelle auf das idyllische Rotenberg, das als Ensemble unter Denkmalschutz gestellt wurde, ist ebenso sehenswert wie die Aussicht auf die riesigen Öltanks des Neckarhafens und das Daimler-Benz-Areal. Wir gehen zurück zum alten Ortskern und biegen rechts in die Stettener Straße ein.

Stettener Str./ »Schallerberg«

Dicht umgeben von Bäumen liegt auf der Höhe Straße die Villa Schaller, die sich der Stuttgarter Kunsthändler *Hans-Otto Schaller* 1911 von *Martin Elsässer* bauen ließ. Schaller (1890–1917), der als 27jähriger einen sinnlosen Tod im Stellungskrieg an der Westfront starb, war ein Pionier des Stuttgarter Kunsthandels.

Peitschenstecken und Bratknöpfle: Der »Ochsen« in Uhlbach (Postkarte von 1914)

Mit dem promovierten Kunsthistoriker kam die »Kunst« in das 1860 begründete Stuttgarter Papiergeschäft Schaller (Marienstraße 3). Auf Kunstreisen lernte Schaller auch den europäischen Kunstmarkt kennen und baute in Berlin gute Kontakte zu den Kunsthändlern Paul und Bruno Cassirer auf. Der Kunsthändler war auch Stuttgart-Berichterstatter der Zeitschrift »Kunst und Künstler«. Verheiratet war Hans-Otto Schaller seit 1911 mit Käthe Schaller-Härlin, einer ungemein produktiven Porträtkünstlerin. Bis zu ihrem Tod vertrat das Kunsthaus Schaller eher eine konservative Linie. Dann schloß sich die renommierte Kunsthandlung mit der alteingesessenen Stuttgarter Buchhandlung Steinkopf zu einer Kommanditgesellschaft zusammen: Schwerpunkt wurde jetzt die Sparte »Kunst und Buch« sowie Illustration, Karikatur und Cartoon. Neuerdings werden auch keramische und plastische Arbeiten ins Angebot aufgenommen.

Villa von Hans-Otto Schaller: Ein Pionier des Stuttgarter Kunsthandels

Vom Blasiusweg führt uns ein informativer Weinbaulehrpfad auf flurbereinigten Wegen bis nach Uhlbach (bequeme Alternative: über das Burggässle nach Uhlbach). »Boden, Windstille und Wengerterfleiß«, nennt Knitz alias *Hermann Freudenberger* das Uhlbacher »Weingeheimnis«. In dem Dorf, seit 1937 bei Stuttgart, gibt es seit 750 Jahren Weinbau, viele Fachwerkhäuser, das Rathaus von 1612 bzw. 1876 (Umbau) und die Andreaskirche (Kern von 1386, Turmchor 1490, Turm 1596).

Neuer Berg/Blasiusweg/oder Burggässle

»Mir hent koin Hausprospekt«

Der »goldene Ochse« ist das Wahrzeichen einer Uhlbacher Gaststätte, die um 1600 errichtet worden sein soll. »Mir hent koin Hausprospekt — uns kennet d'Leut«, die Aussage der Ochsen-Wirtin *Erika Wagner* ist kennzeichnend für das Traditionsbewußtsein der urschwäbischen Wirtschaft, die mitsamt der angeschlossenen Metzgerei seit über 100 Jahren in Familienbesitz ist. Die dort angebotene Kombination vom Verzehr deftig gewürzter Wurstwaren mit selbsterzeugtem Uhlbacher Wein erwies sich, wie eine Jubiläumschronik des »Ochsen« verkündet, als »wohldurchdachtes und

Markgräfler Str. 6

Metzelsuppe: Die Hausschlachtung einer Wengerter-Familie. Illustration des Untertürkheimer Heimatmalers Carl Schmauk (1868-1946)

durchaus zeitgemäßes System der Ankurbelung des Wirtschaftslebens«. Neben den Peitschenstecken (Würste), die der Ahn *Heinrich Wünsch* Mitte des vergangenen Jahrhunderts in Uhlbach erfunden haben soll, gibt's dort Bratknöpfle, Maultaschen, Rostbraten und natürlich Spätzle. Nostalgiebewußt hält man auch am 0,25-Liter-Glas fest, denn woraus sonst soll man »ein Viertele schlotza«. Besonders einladend ist auch die Gartenwirtschaft, wo man unter einer riesigen Kastanie vespern kann. Der mächtige Baum war 1917 als »Friedenslinde« gepflanzt worden: Da die Wirtsleute damals keine Linde bekommen konnten, nahm man halt eine Kastanie.

Uhlbacher Platz 4

⑩

Vor der imposanten Fachwerk-Kelter von Uhlbach (1907) steht die Bronzeplastik »Der Gast« (1981) des Bildhauers *Guido Messer* (geb. 1941), ein boshafter Realismus — schon mutig von der Stadtverwaltung, diese Figur vor das 1979 eröffnete Weinbaumuseum zu setzen.

Weinbaumuseum Uhlbach:
Die Gäste und »Der Gast«

Die dortige Austellung ist so konzipiert, daß der Besucher nur der Leuchtschiene folgen muß, die an den Exponaten vorbeiführt. Wer vor dem Gedruckten kapituliert, kann neuerdings auch über Videos Wissenswertes erfahren. Insgesamt eine überzeugende Lösung, die auch vom Bund Deutscher Architekten mit einem Preis honoriert wurde. Ausgestellt sind auch Weinbehälter aus zwei Jahrtausenden; schließlich verdanken die Stuttgarter dem römischen Kaiser Domitian den Weinbau. Natürlich darf in der Sammlung eine Holzskulptur des Heiligen Urban, des Schutzpatrons der Weingärtner, nicht fehlen.

Nach soviel Theorie sollte auch die rustikale Probierstube besichtigt werden, in der 16 verschiedene Stuttgarter Weine zum Qualitätstest bereitstehen.

Am Uhlbacher Platz steigen wir in die Buslinie 63 und fahren bis Bahnhof Obertürkheim (Kurzstrecke).

In den Containern ist »menschliche Ware« untergebracht: Bis zu 39 Asylbewerber werden vom Sozialamt in den Einfachstbehausungen einquartiert. Der Arbeitskreis Asyl hat inzwischen die Auflösung des Containerdorfs gefordert.

Wo Heuss die Ketten rasseln ließ

Wir gehen über die 1.000 m lange Brücken, die die gesamte Breite des Hafens überspannen und von denen aus das Ausmaß der Anlagen gut zu sehen ist. Ihren Namen hat die Brücke vom ehemaligen Direktor der Neckar AG, die in Stuttgart maßgeblich die Neckarkanalisierung vorantrieb. Der Jude *Otto Hirsch*, der Gähkopf 33 lebte, war auch Präsident des Israelitischen Oberrats in Württemberg von 1930–1935. 1933 siedelte er nach Berlin über und war dort geschäftsführender Vorsitzender der Reichsvertretung deutscher Juden, eine Stellung, die unweigerlich zur Liquidation des »edlen Menschen« (Theodor Heuss) führen mußte. 1937 wurde Hirsch erstmals verhaftet, 1938 ein zweites Mal; jetzt wurde er ins KZ Sachsenhausen verschleppt. 1941 wurde Hirsch zum drittenmal inhaftiert und im KZ Mauthausen ermordet. Auch seine Frau *Martha Hirsch* wurde ein Jahr später umgebracht.

Von den Brücken sehen wir, noch auf Markung Untertürkheim, das Hafenbecken 3 und den Ölhafen. Im Hafenbecken 2 wird hauptsächlich Kohle, Kies und Sand be- und entladen, während das Hafenbecken 1 vor allem dem Umschlag von Stückgut dient.

Die Geschichte des Neckarhafens begann 1897, als der Präsident der Handelskammer Stuttgart, der Geheime Hofrat *Julius von Jobst* ein Komitee für die »Hebung der Neckarschiffahrt« gründete.

1916 wurde der Südwestdeutsche Kanalverein ins Leben gerufen, der maßgeblich von dem Heilbronner Silberwarenfabrikant Peter Bruckmann *initiiert worden war.* Robert Bosch *stiftete nach dem 1. Weltkrieg 13 Millionen Mark, um das Kanalprojekt (Rhein-Neckar-Donau-Wasserstraße) zu realisieren. Doch zwischen dem ersten Spatenstich des Neckarkanals 1920 und der Einweihung des Neckarhafens sollten noch 38 Jahre Bauzeit, immer wieder unterbrochen, vergehen.*

»Eines ist gewiß: Ein Stück Romantik ist dahin ...Hier an dieser Stelle aber wird es eine andere Musik geben, in der nächsten Minute geht diese Musik los: Die Böller wollen knallen, die Ketten warten darauf zu rasseln, die Kräne werden krächzen, die Sirenen wollen heulen — nicht um uns wie dereinst zu ängstigen, sondern um eben jene Zukunft zu signalisieren.« Mit diesen Worten eröffnete Bundespräsident Theodor Heuss *am 31. März 1958 den 121 Hektar großen Neckarhafen, der Stuttgart nun direkt mit den Weltmeeren verband. Jährlich werden dort durchschnittlich 4.800 Schiffe und 57.000 Eisenbahnwaggons be- und entladen. Das damalige Hafenfest von OB Klett zur Einweihung, Kostenpunkt 270.000 Mark, war allerdings heftig umstritten: Manche boykottierten es und die Schulkinder wurden gleich wieder ausgeladen — es trifft halt immer die Kleinen ...*

Man sollte es nicht für möglich halten, aber auch Binnenländer haben eine Hafenrundfahrt anzubieten: Täglich von Ende März bis

Otto-Hirsch-Brücken

Neckarhafen Stuttgart:
»Ein Stück Romantik ist
dahin« (Heuss)

Ende Oktober, jeweils um 9 Uhr und 11 Uhr, Abfahrt Anlegestelle Wilhelma, Bad Cannstatt (Tel. 54 10 73).

Die Industriekultur hatte aber auch ihre Schattenseiten: Äcker, Gärtnereien, stillgelegte Kiesgruben, Baggerseen, Obstbaumgrundstücke, Schrebergärten und Spazierwege fielen dem Hafenbecken zum Opfer. Aus den idyllischen Neckarauen wurde eine Industrielandschaft, der auch geschichtsträchtige Stätten geopfert werden mußten: 1514 hatten sich Abgesandte der revolutionären Bauern, die im »Armen Konrad« zusammengeschlossen waren, auf den ehemaligen Gestädäckern zwischen Untertürkheim und Obertürkheim getroffen und auf der dortigen Kirchweih beschlossen, sich bewaffnet gegen die Willkürherrschaft des Herzog Ulrich zu erheben.

Ein anderer Ort mit Geschichte war am linken Ufer des oberen Neckars auch nach 1945 der Sportplatz des Arbeitersportvereins Turnclub Untertürkheim von 1899, der vorwiegend aus Daimler-Arbeitern bestand. Die Fußballer des Turnclubs kamen sogar einmal ins Endspiel um die Süddeutsche Fußballmeisterschaft der Arbeitersportler.

Ebenfalls für den Hafen abgerissen wurde das Vereinsheim der Obertürkheimer Naturfreunde von 1948 auf dem linken Neckarufer, etwa 600 m oberhalb der Otto-Hirsch-Brücken, das besonders bei den Neckarkanuten beliebt gewesen war.

Bei der Straßenbahnschleife auf der Hedelfinger Seite der Brücke steht ein Gedenkstein für *Otto Hirsch,* der uns zum Abschluß unseres Rundgangs nochmals an das Schicksal des Kanalinitiators erinnert.

Der Massenwohnungsbau: Architektur »zum Wohl der arbeitenden Massen«?

Der Heimatgeschichte galt sie schon im Dritten Reich als »ein wahres Schmuckkästchen und eine Sehenswürdigkeit Untertürkheims« — die Stadtrand- und Höhen-Siedlung der 1911 gegründeten »Gartenstadt Luginsland — Gemeinnützige Baugenossenschaft«. Bemerkenswert an der vormals durch einen breiten Grüngürtel von den Nachbarstadtteilen getrennten Siedlung war nicht nur das betonte Selbstbewußtsein der Genossen als Teil der deutschen Gartenstadtbewegung, sondern auch eine Art selbstverständlicher Eingliederung in die lokale Arbeiterbewegung. Tatsächlich markiert die wohl von den Architekten Wacker/Weis entworfene Anfangssiedlung (Goldberg-/Konradstraße) — gemeinsam mit der kurz zuvor begonnenen Degerlocher Genossenschaftssiedlung in der Falterau (1911—13, Klatte/Weigel) — den eigentlichen Eintritt der selbstorganisierten Arbeiterkulturbewegung in die praktische Siedlungs- und Wohnreform.

Zu einem nennenswerten Bau von Werkssiedlungen kam es in Stuttgart nicht. Allenfalls das Postdörfle oberhalb der Heilbronner Straße 21/23 (1869/72, Morlok) und das Eisenbahnerdörfle auf der Prag östlich der Nordbahnhofstraße 58—104 (ab 1894) sowie der Blockrand Türlen-/Tunzenhoferstraße (1901/03, Pantle/Mayer) für Kommunalbedienstete und die Jugendstil-Hangbebauung der Straßenbahnen an der Liststaffel (1900/09, Gebr. Kärn) sowie der hufeisenförmige Straßenhof Augustenstr. 96/100 lassen sich als direkte Arbeiterwohnfürsorge aus Unternehmerinteressen begreifen.

Ungemein vielfältig und umfangreich entwickelte sich dagegen das Bauprogramm des 1866 von Eduard Pfeiffer ins Leben gerufenen »Verein für das Wohl der arbeitenden Klassen«, dessen Mitglieder aus angesehenen und betuchten Hof- und Bürgerkreisen sich die »Warnungen des Jahres 1848« zu Herzen genommen hatten. Das heute nach dem Vereinsbegründer benannte Arbeiterheim in der Heusteigstraße 45 (1889/90), ein stattlicher, durch Risalitbildungen und Kolossalpilaster repräsentativ gehaltener Neurenaissancebau, sowie das ehemalige Ledigenheim Villastraße 21 (1911/12, Bonatz, Schlösser/Hengerer) stehen als Einzelobjekte mit Anstaltscharakter für die fürsorgliche Belagerung der Arbeiter(bewegung) durch den Verein. Im großen Stil bezeugen die »Arbeiter-Villen« der Kolonie Ostheim (1891/1903, Böklen, Gebhardt, Heim, Hengerer, Sipple), eine vom »Teckplätzle« regelmäßig ausstrahlende, zwei- und dreigeschossige Einzelhausbebauung, das klassenübergreifende Integrationskonzept des Wohlfahrtsvereins.

Die nach dem Fall des Sozialistengesetzes (1890) in Stuttgart aufkommende Baugenossenschaftsbewegung verfolgte zunächst ebenfalls eher eine Konfliktvermeidungs- als eine Klassenkampfstrategie. Der aus Kreisen des evangelischen Arbeitervereins mitinitiierte Allgemeine Bau-, Spar- und Bedarfsverein Cannstatt (1893) wählte für seine ersten Mietshäuser am Prießnitzweg (Weißer) die Bezeichnung »Wilhelmshöhe« (1896) und versicherte sich so gleich des monarchischen Segens. Und der 1904 gegründete Cannstatter Bau- und Sparverein des Verbandes württembergischer Eisenbahn- und Dampfschiffahrtsunterbeamten mußte sogar »eine Radikalkur anwenden und verschiedene Ruhestörer ausschließen« (1909), um sich nicht die königstreue Grundstimmung trüben zu lassen. Kein Wunder, daß Zeitgenossen die politische Atmosphäre in der um einen großen Innengarten geschlossenen und heimattümelnd gestalteten Hofbebauung (Winterhaldenstraße/Kienbachstraße, 1905/06, Gerber/Brude, Schuh) dann auch *schwarz* wie im »Vatikan« dünkte.

Die Aneignung des bis dahin eher kompensatorisch als emanzipatorisch interpretierten und praktizierten Genossenschaftsideals durch die gewerkschaftsnahen und naturfreundbewegten Selbsthelfer in Falterau und Luginsland machte erst nach der Revolution im breiten Maßstab Schule. Mit Verbindungen zur organisierten Arbeiterbewegung folgten gleich 1919 die Genossenschaftsgründungen in Münster (Elbestraße 89—140, Moser), Zuffenhausen und der Straßenbahner auf der Friedenau, 1921 dann die Landesbaugenossenschaft der Verkehrsbeamten und -arbeiter (Mönchstraße 24/30, 1922; Knollstraße, 1926), 1922 die Heimstättengenossenschaft in Feuerbach und 1924 schließlich der aus Gewerkschaftskreisen ins Leben gerufene Bau- und Heimstättenverein (BHV). Als straßenbildprägende Genossenschaftsbauten der frühen 20er Jahre verdienen neben einigen »Fremdgängern« des Bau- und Sparvereins Kornwestheim (gegr. 1907) vor allem das mit einer selbstbewußten Arkadenfront zur Platzwand auftretende »Stammhaus« der Baugenossenschaft Zuffenhausen (Stammheimer-/Heimstättenstraße, 1920, Eckert, Schäfer, Weckerle) Beachtung und die von einem »in der Kurve liegenden« Blockrand hinterfangenen Häuserzeilen (Hack-/Abelsberg-/Rotenbergstraße, 1921/27, Schuh) der Straßenbahnergenossenschaft, die später auch die Umgebung der Endstation Vogelsang mitgestaltete (Vogelsang-/Scheffelstraße 18, Rückertstraße 1–5).

Mag die äußere Erscheinung dieser Genossenschaftsbauten eher den Verdacht einer kulturellen Verbürgerlichung der Arbeiterselbsthilfe auf sich lenken, so tat der Beamten-Heimstätten-Verein mit seinen betont knapp und nüchtern umrissenen Putzbauten (Viergiebelweg 1–24, Schickhardt-/Gabelsbergstraße, 1922/23, Döcker/Keuerleber) einen deutlichen Schritt in die Moderne. Für einen Signalbau der gewerk-genossenschaftlichen Vision einer Neuen (Wohn-)Welt sorgte aber der Bau- und Heimstättenverein: Ausgehend von eher schwäbisch-konventionell geratenen Häuslebauer-Entwürfen für die unteren Ränge am östlichen Killesberg (Erzberger-/Wilhelm-Blos-Straße, Kielmeyer Straße) kamen der Verein und sein Architekt Beer 1927/29 mit der Höhenbekrönung des Weißenhofs zum Zuge (Hölzelweg/Rathenaustraße). Offenbar mitangeregt durch die benachbarte Ausstellungssiedlung erfuhr der mit Satteldach, umlaufenden Gesimsbändern und einer monumentalen Pfeilereingangshalle nur gemäßigt modern ausgefallene Friedrich-Ebert-Hof zur Stadtseite eine streng kubische Baumassengliederung — ein auf zwei Geschosse herabgezonter Flachdachriegel für Gemeinschaftseinrichtungen läßt an der Südflanke des Blocks Licht und Sonne in den Hofraum und erhält im Gelenk zum nördlichen Wohnflügel einen achtgeschossigen Wohnturm (das erste Wohnhochhaus Stuttgarts) als vertikale Dominante und unübersehbare Fortschrittszeichen setzende Landmarke.

Konsequent moderner als die Bauten der Bau- und Heimstättenvereins fielen bis zur Machtübergabe an die Nazis nur einige kommunale Arbeitersiedlungen aus. Richard Döckers Teil-Entwurf für die Untertürkheimer Wallmer-Siedlung (Wallmerstraße, 1929/30) bringt mit den hangparallel geschichteten Flachdachzeilen und glatt geschnittenen Staffelgeschoßhälften für Trockenböden sogar etwas von dem Dachterrassen-Flair des Mies-van-der Rohe-Blocks am Weißenhof in die städtischen Sozialsiedlungen. Und die durch eine Straßenüberbauung abgeschirmte Insel-Siedlung in Wangen (Geislinger Straße, 1930/33, Cloos, Schmidt) besticht heute noch durch die klare Abfolge der Grün- und Häuserzeilen und die graphisch wirksame Gliederung ihrer Balkonfassaden.

Der Nationalsozialismus machte nicht nur mit der als »republikanische Systemarchitektur« oder gar »Baubolschewismus« verschrienen modernen Formensprache der Sozialsiedlungen ein Ende; die Arbeiterbaugenossenschaften wurden gleichgeschaltet, zwangsfusioniert, neuformiert. Die Nazi-Kommunalpolitiker träumten von der Rückbildung und Auflösung der proletarischen Großstadt und entwickelten als Wohnmodell das »Stuttgarter Kleineigenheim mit Landzulage« für die Außengebiete. Eingebettet in zahllose private Bauvorhaben, wie die mittelständischen Villenkolonie Sonnenberg und das Propaganda-Projekt wie die SA-Siedlung Büsnauer Hof entstanden so Arbeitersiedlungen für die »rassisch besten und wertvollsten Volksgenossen« am Stadtrand. Die mit landwirtschaftlich nutzbaren, großen Gartenflächen und Stallanbauten versehenen Siedlerkolonien in Bad Cannstatt-Steinhaldenfeld (1932/35), Degerloch-Hoffeld (ab 1932), Zuffenhausen-Neuwirtshaus (1934/35) und vor allem Weilimdorf (Reisachsiedlung, 1933/34, Hornberger, Kicherer, Kittel; Seelachwald, 1933/35; Wolfbusch, ab 1935, Dürr, Weipert, Aldinger) legen bis in die Gegenwart ein verlockend anschauliches Bauzeugnis für antiurbane NS-Planungskonzepte ab. *Jörg Haspel*

Gestorben »um ein bißchen Freiheit«

Die Arbeitersiedlung Luginsland

von Werner Stiefele

Ausgangspunkt: Goldbergstraße, Bus 60
Endpunkt: Alter Friedhof, Bus 60
Dauer: 1 1/2 Stunden

Von neun Daimler-Arbeitern, die für sich und ihre Familien Wohnstätten schaffen wollten, war die Baugenossenschaft Luginsland bei Untertürkheim 1911/12 begründet worden. Nahe dem nur zwei Kilometer entfernten Daimler-Werk entstand an der Markungsgrenze zu Fellbach auf freier Flur eine Arbeitersiedlung, die sich an den Ideen der englischen Gartenstadtbewegung orientierte. Untrennbar verbunden mit Untertürkheim-Luginsland ist bis heute das Schicksal der Familie Schlotterbeck und ihrer Freunde: Zehn Menschen, die 1944−45 von den Nazis ermordet wurden.

Die Satzung der Genossenschaft hatte 1911−12 eindeutig die Ziele festgelegt:

Das Genossenschaftsheim der Gartenstadt Luginsland.

» 1. Ihren Mitgliedern durch den Bau von Einfamilienhäusern mit zugehörigen Obst- und Gemüsegärten gesunde und billige Wohnungen zu erstellen.

2. Durch gemeinnützige Einrichtungen das geistige und körperliche Wohl ihrer Mitglieder zu fördern.

3. Den gewinnlosen Ein- und Verkauf von Gebrauchsgegenständen und Waren für den Haushalt und Garten zu ermöglichen.«

Am 1. Juli 1913 wurden die ersten — wegen Verzögerung noch türen-, treppen- und fensterlosen — 55 Häuser bezogen, bis 1914 weitere 55. Der Ausbruch des 1. Weltkriegs bremste den weiteren Ausbau der Siedlung; erst 1919/20 waren 61 weitere Einfamilienhäuser fertiggestellt. Im Lauf der Jahre änderten sich die Bautypen, wobei die Reihenhäuser in der Robertstraße den wesentlichen architektonischen Schnitt markieren.

In der Genossenschaftssiedlung herrschte von Anfang an eine andere Atmosphäre als im übrigen Stuttgart. Die Sport- und Kinderfeste, Blumen- und Gemüseschauen, Veranstaltungen mit den Naturfreunden, dem Arbeiter-Turn- und Sportbund, dem Sängerkreis Luginsland und anderen Vereinen standen für ein reges soziales Leben. Diese Idylle, die heute eher kleinbürgerlich anmutet, sollte Keimzelle einer neuen Gesellschaft sein. Selbst Metzger, Bäkker, Kohlenhändler, Milchhändler und der Wirt des Genossenschaftsheims waren bis 1931/32 Angestellte der Genossenschaft — privater Bereicherung sollte so ein Riegel vorgeschoben werden. Erst eine Änderung des Genossenschaftsrechts zwang die Baugenossenschaft, sich um des Erhalts der Gemeinnützigkeit willen von ihren »Regiebetrieben« zu trennen und die Versorgungsbetriebe zu privatisieren.

Bei Wahlen schnitten die Arbeiterparteien SPD und KPD in Luginsland besser als im übrigen Stadtgebiet ab. Die Nazis ersetzten zwar 1933 den Genossenschaftsvorstand durch ihre Vertrauensleute und siedelten Beamte und Angehörige der Mittelschichten an, konnten jedoch in der vom Arbeitermilieu geprägten »roten Gartenstadt« nie richtig Fuß fassen.

»Es sind in der Gartenstadt-Luginsland, einer früheren Hochburg der K.P.D. und des Reichsbanners, auch heute noch einzelne Drahtzieher am Werk, die mit allen möglichen Mitteln die Aufbauarbeit zu verhindern suchen und die es am liebsten sehen würden, wenn alles zu Grunde ging«, klagte noch 1935 der NSDAP-Ortsgruppenleiter von Untertürkheim.

Am Kriegsende waren etwa drei Viertel der Häuser mehr oder weniger schwer beschädigt, 15 völlig zerstört. Vor allem in den 70er Jahren veränderte sich die Sozialstruktur im Luginsland gravierend; inzwischen hat sich die Arbeitersiedlung in eine eher mittelständisch geprägte Idylle verwandelt.

Fellbacher Str. 113

⑪

Von neun Daimler-Arbeitern gegründet: Eine Arbeitersiedlung auf freier Flur.

Hier wohnte *Josef Kollmair*, bis zur Übernahme der Gewerkschaften durch die Nazis Leiter der Bäckergewerkschaft und von 1924 bis 1930 Vorsitzender der Baugenossenschaft Luginsland. In seinen Lebenserinnerungen (auszugsweise abgedruckt in »Arbeiterbewegung in Stuttgart 1933«, AS-Verlag, Stuttgart 1984) schildert er seine am 2. Mai 1933 erfolgte Absetzung als Gewerkschafts-

funktionär und die Tage seiner Haft im Polizeigefängnis Büchsenstraße.

In diesem — inzwischen völlig umgebauten — Haus wuchs *Karl* **Nägelesäcker 24**
Stäbler auf. Das ehemalige Mitglied der sozialistischen Arbeiterjugend zählte 1943/44 zur Widerstands-»Gruppe Schlotterbeck«
und war an Funkversuchen auf dem Kappelberg beteiligt. Stäbler
wurde vom ehemaligen Genossenschaftsbäcker Jakob Mattheis in
Feuerbach versteckt. Später brachte ihn Mattheis' Dienstmädchen,
seine spätere Ehefrau Else, in einem Wochenendhaus in den Untertürkheimer Weinbergen unter; dort überlebte er die Verfolgung der
NS-Zeit.

Der erste Typ von Luginsland-Eigenheimen, wie er 1913 unter **Nägelsäcker** ◁
Leitung von Architekt Wilhelm Wacker errichtet wurde: In einem **25—29/36—40**
»Dreispänner« wohnten drei Familien. Jede Wohneinheit hatte 66
Quadratmeter mit vier Zimmern, Küche und Toilette.

Der zweistöckige, nach Plänen des Architekten *Wilhelm Moser* **Nägelesäcker**
gebaute Reihenhaustyp aus dem Jahr 1922 bot mit 69 Quadratme- **59—61**
tern für Wohnküche, 3 Zimmer und Toilette eine effektivere Aus-
nutzung des umbauten Raums als der erste Bautyp der Siedlung.

Dieses Haus spiegelt die Spaltung der kommunistischen Arbei- **Annastr. 6**
terbewegung wider: Der linke Eingang führte zum Elternhaus von
Willi Bleicher, ab 1929 Mitglied der Kommunistischen Partei Opposition (KPO) und später Bezirksleiter der IG Metall; rechts
wohnte die von den Nazis fast vollständig liquidierte Familie Schlotterbeck (S. 126), die KPD-orientiert war.

Willi Bleicher wurde am 27. Oktober 1907 in Untertürkheim geboren.
1923 begann er eine Schlosserlehre bei Daimler, trat dem Württembergi-
schen Metallarbeiterverband bei und wurde 1926 dessen Jugendleiter. Seit
1929 war er arbeitslos. Im Mai 1933 floh Bleicher nach einigen Monaten il-
legaler Widerstandstätigkeit in die Schweiz, kehrte wieder zurück, floh er-
neut, arbeitete im Saarland, kam wieder nach Stuttgart und wurde am 2. Ja-
nuar 1935 verhaftet.

KZ-Häftling und IG Me-
tall-Bezirksleiter: Willi
Bleicher aus Luginsland.

Bleicher war in den KZ Oberer Kuhberg in Ulm und Welzheim inhaftiert,
ehe er seit 1938 im KZ Buchenwald bei Weimar gefangengehalten wurde. Er
arbeitete dort als Kapo in der Effektenkammer, und gemeinsam mit Kamera-
den gelang es ihm, einen dreijährigen jüdischen Jungen aus Polen vor der De-
portation ins Vernichtungslager Auschwitz zu retten (s.a. Bruno Apitz, Ro-
man: »Nackt unter Wölfen«).
Im Juli 1945 war Willi Bleicher wieder in Stuttgart, wurde Mitglied der
KPD, die er 1950 wieder verließ, und widmete sich als hauptamtlicher Sekre-
tär der Gewerkschaftsarbeit. 1953 trat er der SPD bei, 1958 wurde er Be-
zirksleiter der IG Metall. In einer Rede zur gewerkschaftlichen Programma-
tik faßte er 1963 drei unveränderliche Grundsätze zusammen:
»Ich meine, daß 1. eine Wirtschaft der übergeordneten Planung bedarf,
wenn sie den Arbeitnehmern die Sicherheit der Beschäftigung und allen die
bestmögliche Erfüllung ihrer Bedürfnisse bringen soll; 2. der Arbeitnehmer
durch Mitbestimmung in allen Wirtschaftsbereichen und -stufen dem Ar-
beitgeber gleichgestellt werden muß, wenn man eine lebenslange Demokra-
tie aufbauen will; und 3. die Überführung wirtschaftlicher Schlüsselstellun-
gen in Gemeineigentum notwendig ist, um die Ausübung politischer Macht
auf der Grundlage wirtschaftlicher Macht zu unterbinden.«

Fellbacher Str. 143

Zum 1926 fertiggestellten Genossenschaftsheim gehörten die Gaststätte mit Saal und Kegelbahn, Badeanstalt, Bäckerei, Metzgerei und 13 Wohnungen. Erstellt wurde es anstelle einer Anfang der 20er Jahre als Treffpunkt eingerichteten Kantine. Die Gemeinschaftseinrichtung wurde finanziert, indem die Genossenschaftsmitglieder auf ihre Anwesen Sicherheitshypotheken übernahmen. Die Siedlerfrauen waren so nicht mehr gezwungen, Milch und andere Lebensmittel im einige Kilometer entfernten Fellbach einzukaufen. Das Heim wurde durch Bombenangriffe zerstört und Anfang der 50er Jahre neu aufgebaut.

Goldbergstr. 36

Das Gebäude der Baugenossenschaft Gartenstadt Luginsland wurde 1951 errichtet; es umfaßt zusätzlich zu den Verwaltungsräumen 12 Mietwohnungen und einen Sitzungssaal.

Goldbergstr. 41—49

Die Zweifamilien-Reihenhäuser (1953/54, Olkus) wurden mit zwei Vierzimmerwohnungen à 77 Quadratmeter und zwei Dreizimmerwohnungen à 66 Quadratmeter konzipiert.

Goldbergstr. 38—50

Die 1937, als der NS-Staat das Bauprogramm fortsetzte, nach Plänen des Architekten *Philipp Olkus* gebauten Wohnungen waren mit 45 und 50 Quadratmetern kleiner als die Luginsland-Eigenheime der Weimarer Republik. Sie boten mit einer Badewanne im Sanitärbereich zwar mehr Komfort, hatten jedoch neben der relativ geräumigen Küche nur zwei Zimmer.

Fellbacher Str.

Regierungsbaumeister *Karl Ellsässer* gestaltete 1956 diese Mehrfamilien-Mietwohnhäuser. Auf jedem Stockwerk liegen sich zwei symmetrisch geschnittene, 67 Quadratmeter große Wohnungen mit Küche, Bad und WC sowie Wohnzimmer, Schlafzimmer und Kinderzimmer gegenüber.

Die Gruppe Schlotterbeck

1954 wurde hier die Gedenkstätte für die kommunistische Familie Schlotterbeck aus Luginsland und ihre Freunde eingeweiht: Zehn Menschen, die Opfer der Nazis wurden. Am 30. November 1944 waren im KZ Dachau der Vater *Gotthilf Schlotterbeck* (geb. 1880), die Mutter *Maria Schlotterbeck* (geb. 1885), die Tochter *Gertrud Schlotterbeck* (geb. 1910; s.a. S. 257), *Friedrich Schlotterbecks* Braut *Else Himmelheber* (geb. 1905; s.a. S. 240), die aus der Sozialistischen Arbeiterjugend (SAJ) kommenden *Erich Heinser* (geb. 1920) und *Emil Gärttner* (geb. 1896), die Nachbarstochter und zeitweilige Untermieterin der Schlotterbecks, *Sofie Klenk* (geb. 1904) und die mit ihr bekannten *Hermann Seitz* (geb. 1907) und *Emmy Seitz* (geb. 1904) ermordet. *Theo Seitz* wurde 1945 im Zuchthaus Halle getötet, Sohn *Hermann Schlotterbeck* am 21. April 1945 auf einem Transport der Gestapo bei Riedlingen in Oberschwaben erschossen.

Die Gruppe war von dem Spitzel *Eugen Nesper* denunziert worden (die gesamten Unterlagen über Ermittlungen und Prozeß sind vernichtet). Nesper wurde nach Kriegsende zu 10 Jahren Arbeitslager verurteilt.

Überlebte als Einziger der Familie: Friedrich Schlotterbeck (Aufnahme von 1978).

Vater Gotthilf Schlotterbeck war in der Siedlung als Kommunist bekannt, hatte auch dem Aufsichtsrat der Genossenschaft angehört. Bei Daimler war er 1922 nach dem »Steuerstreik« entlassen worden und blieb infolge der »schwarzen Liste« arbeitslos. Er wurde Sprecher der Stuttgarter Erwerbslosen. Nach der Haft 1933–34 trat der gesundheitlich geschwächte Mann politisch nicht mehr hervor. Für den Lebensunterhalt der fünfköpfigen Familie sorgte vor allem Mutter Maria.

**Friedhof Unter-
türkheim,
Parzelle 16**

Als einziger der Familie konnte Friedrich Schlotterbeck überleben; ihm gelang die Flucht in die Schweiz.

In dem Buch »Je dunkler die Nacht, desto heller die Sterne« hat er 1945 im Europa-Verlag in Zürich-New York »Erinnerungen eines deutschen Arbeiters 1933–45« veröffentlicht. Eine 2. Auflage erschien 1948 in der Sowjetzone, erweitert um Schlotterbecks Broschüre » ... wegen Vorbereitung zum Hochverrat hingerichtet« (Degerloch, 1945). Es gab Ausgaben in englischer, italienischer und tschechischer Sprache; 1986 erschien das Buch zum erstenmal in der Bundesrepublik, im Gabriele Walter Verlag Stuttgart (Nachwort: Christa Wolf).

Friedrich Schlotterbeck war nach 1945 in Stuttgart Vorsitzender des Roten Kreuzes, verlor diese Stellung aber, als er sich weigerte, an einer Berlin-Hilfe-Aktion teilzunehmen; sein Nachfolger wurde OB Klett. Der Luginsländer siedelte später in die DDR über, wo er 1979 verstarb. Zehn Jahre vorher war er zur Gedenkfeier der IG Metall für die NS-Opfer nach Untertürkheim gekommen und hatte in seiner Rede an der Gedenkstätte gesagt:

»Diese Toten hier starben für die Würde des Menschen, für sein Recht auf Persönlichkeit, um ein bißchen Freiheit.«

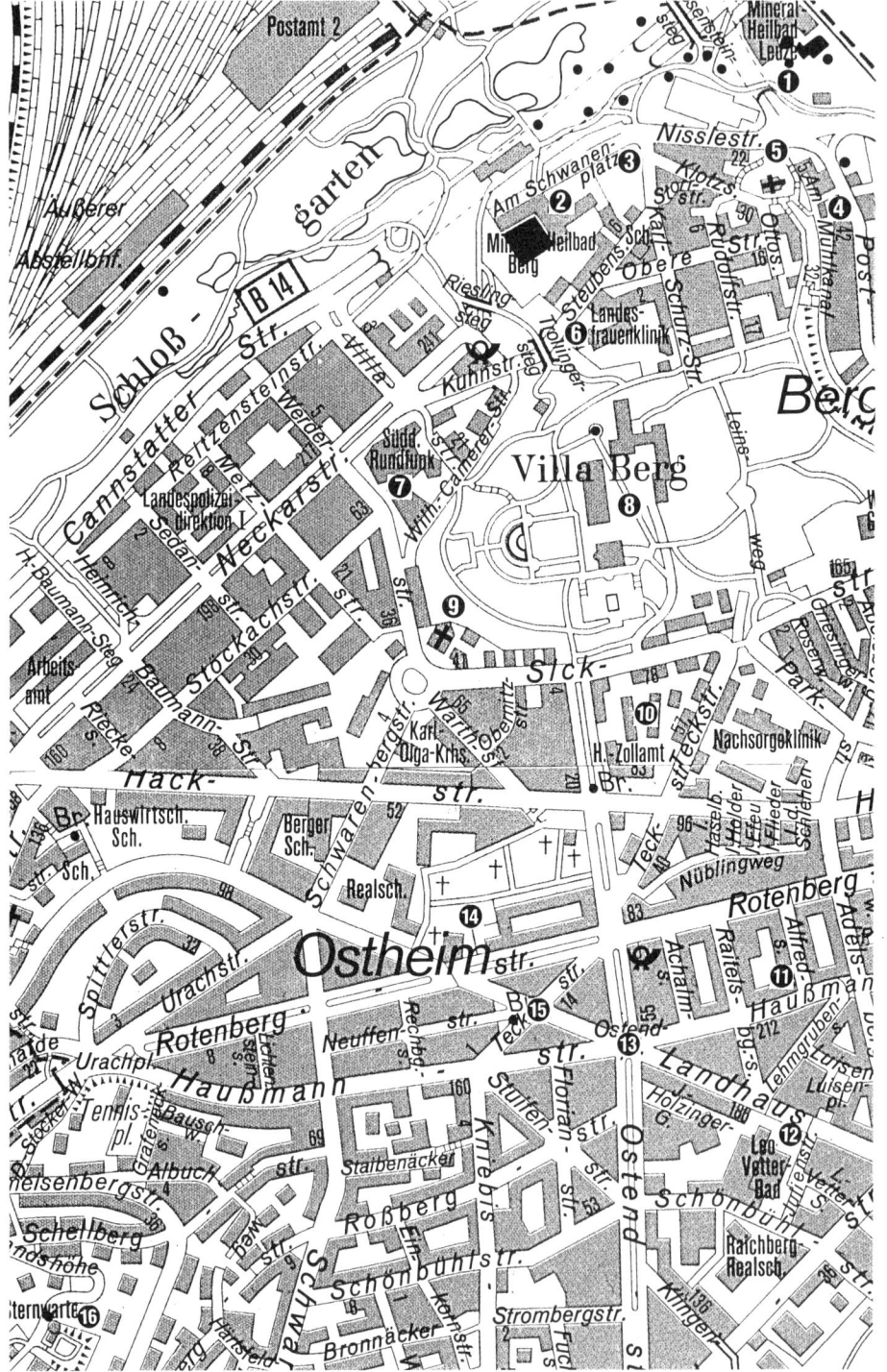

Von »Klein-Venedig« in die Kolonien

Der Osten 1: Von Berg auf die Uhlandshöhe

von Werner Skrentny

Ausgangspunkt: Schwanenplatz, Straßenbahn-Linien 1, 2, 14
Endpunkt: *Gerokstraße, Straßenbahn-Linie 15*
Dauer: *3 1/2 Stunden*

Wo sich der »Kessel« zum Neckartal hin öffnet, liegt Berg, längst mit Stuttgart zusammengewachsen, und doch ist dieser Rundgang auch ein Weg vom Dorf in die Stadt, von jenem fast schon überkommenen Idyll im Schatten des Berger Kirchenbergs über die frühen Arbeitersiedlungen des Ostens hin zur großstädtisch-exklusiven Hanglage auf der Uhlandshöhe. Obwohl von den Verkehrswegen mit dem Knotenpunkt Schwanenplatz regelrecht eingekeilt, hat sich Berg bis heute so manche verträumte Ecke bewahrt. Und heimelig wirkt gelegentlich auch noch das »Eigene Heim«-Idyll der Kolonie Ostheim, um die sich eine Vorstadt, der ehemals »rote Osten«, entwickelt hat.

Den Rundgang kann man im übrigen auch umgekehrt machen (wie der Benutzer des Buches sowieso alle Gestaltungsfreiheiten hat), und mit einem Bad in den Thermen am Neckarstrand beenden, aber so einfach ist das nun auch wieder nicht, denn Baden ist in der Landeshauptstadt eine Glaubensfrage wie der Fußball: Ein eingefleischter »Leuzeaner« geht nicht ins »Neuner«, so wenig wie ein »Blauer« (Kickers-Fan) zum VfB ins Neckarstadion. »Leuzeaner« nämlich schwören auf das städtische Mineralbad Leuze, so benannt nach der früheren Besitzerfamilie; »Neuner« meint im Volksmund das benachbarte, private Mineralbad Berg, benannt nach Gründer Friedrich Neuner.

Favorit in der Gunst der »Wasserratten« ist derzeit das 1983 für 46 Millionen Mark umgebaute und erweiterte Leuze-Bad: Knapp eine Million Gäste tummeln sich pro Jahr in seinen Becken am Nekkarufer; damit zählt es zur bundesdeutschen Spitzengruppe.

Das Kur- und Freizeitbad trifft auch durch sein äußeres Erscheinungsbild den Geschmack der Gäste: In enger Zusammenarbeit mit den Architekten Geier + Geier entwarf Bildhauer Otto Hajek eine bunte »Badelandschaft« mit einer Vielzahl plastischer Elemente, Reliefwände, farbiger Flächen und Stützen, die der Künstler als »Römische Erinnerung« begreift. Zum Badekomplex gehören neben dem Kurmittelhaus sechs Schwimm- und Badebecken drinnen und draußen (Wassertemperatur 20, 24, 30, 34 Grad),

Leuzesches
Mineralbad
Inselbad.
Berg-Stuttgart

Am Leuzebad 2–6

Die bunte Badelandschaft ist Favorit der Wasserratten: Das neue Leuze.

»Gags« wie ein Wasserfall, der Strömungskanal, Sprudelliegen, Massagedüsen und Bodensprudler, sowie eine Sauna, weite Grünanlagen und Spielbereiche.

Gegründet wurde das Bad 1842 von dem Maschinenfabrikanten Augustin Koch, *der die Mineralquelle bei der Grabung eines artesischen Brunnens für die Berger Kunstmühle entdeckte. 1851 ging es an* Ludwig Leuze *über, den Begründer der Leuze-»Dynastie«, der das Bad bis zur Übernahme durch die Stadt im Jahre 1919 gehörte. Der Badebetrieb — damals streng nach Geschlechtern getrennt — kam während und nach dem 1. Weltkrieg zum Erliegen; erst war ein Reservelazarett auf dem Anwesen untergebracht, dann bis 1939 ein Altersheim. Der letzte Leuze, Ludwig Albert Eugen, führte das Bad als Pächter weiter, bis es 1944 durch einen Luftangriff fast völlig zerstört und er selbst bei den Löscharbeiten tödlich verletzt wurde (Wiedereröffnung 1955).*

Am Schwanen-
platz 9

②

Ein paar hundert Meter neben dem Leuze besteht seit 1856 das von Werkmeister *Heimsch* und Kunstgärtner *Friedrich Neuner* eröffnete Mineralbad Berg. Neuner und sein Partner schufen einen Kurbetrieb mit dem damals größten Mineralschwimmbassin Deutschlands (40x50 Meter), mit geheizter Winterschwimmhalle, 50 Stahlbadkabinen, Dampfbad, ausgedehnten Parkanlagen, Hotel und Kurtheater. Das Bad war so großzügig geplant, daß es bis zur Zerstörung 1944 in beinahe unveränderter Form weitergeführt werden konnte. Bis heute ist das inzwischen mehrfach erweiterte »Neuner« eine »wirkliche Erholungsstätte im Häusermeer der Großstadt« (Amtsblatt).

③

Am Schwanenplatz

Der Name des Platzes erinnert an das populäre Lokal »Zum Schwanen« (im früheren Amtshaus), das 1941, als es geschlossen wurde, »Parkrestaurant« hieß. »Ein Gasthof, den unsere Großväter und Väter, vor allem zur Volksfestzeit und wegen seines Gartens, gerne zur Einkehr benützten«, schrieb der »Merkur« seinerzeit im »Nachruf«. Zu Volksfest-Zeiten ging es hier, auf dem anderen Nekkarufer, hoch her.

Nißlestr. 22

Auch denen, die nur zum Parken (fürs »Leuze«) hierher kommen, dürfte der eindrucksvolle Blick auf ein Überbleibsel des Dorfes Berg auffallen: Die Kirche auf dem Bergsporn, darunter das »Werahaus« (Nr. 22) und jenes Efeu-verwachsene »Dornröschen-Haus« (Nr. 20). Auch das »Werahaus«, die ehemalige Kleinkinderschule, ging auf die russische Großfürstin (S. 136) zurück, die »auf der Villa« ihren Witwensitz hatte und den Bergern eng verbunden war. Später war das Gebäude (1903–04) Gaststätte, heute gehört es der Stadt (Krankengymnastinnen-Schule).

Poststr. 32–34

Neben der alten Pumpstation der Neckar-Wasserwerke der Stadt stand bis in den 2. Weltkrieg die Große Mühle von 1613, in der 1831 die erste Kunstmühle des Landes eingerichtet wurde. Berg erlebte dank Flußnähe und günstiger Verkehrswege früh einen Gewerbeboom, für den vor allem die Mühlen standen, deren Räder im Winter eisfrei waren: Aus einer Quelle leiteten die Berger warmes Mineralwasser auf die Anlage.

Am Mühlkanal
❹

Zu Füßen der Kirche hat sich eine Szenerie hinübergerettet, die in schwäbischen Landstädtchen, nicht aber in der Stadt, zu vermuten wäre. Die Straße gibt es dabei erst seit 1929: Damals wurde der Mühlkanal, der mit dem Neckar die »Berger Insel« bildete, zugeschüttet. Ältere Abbildungen haben oft zum Vergleich dieses Stück Berg mit »Klein-Venedig« inspiriert.

Der »Berger Adel«

Klotzstr. 21
❺

Mittelpunkt und Blickfang von Berg ist die Kirche (1853–55, Ludwig von Gaab) an exponierter Stelle auf dem Bergvorsprung, der schon vor Jahrhunderten Bedeutung hatte: Hier war die Burg, 1287 vom Heer Rudolf von Habsburgs zerstört. »Wir spielen auf

»Klein-Venedig« wurde das alte Berg genannt. Die Federzeichnung von Bothe um 1900 zeigt Kirche, Schulhaus und Mühlkanal.

Ottostr. 10

Obere Str. 2
⑥

der Burg«, sagten die Berger Buben noch vor dem Krieg. Seit dem 15. Jahrhundert war hier die gotische Dorfkirche, die 1853 abgebrochen wurde. Der Baumeister hat sich übrigens im Schlußstein der Vorhalle mit seinem Wappen verewigt.

König Wilhelm I. steuerte einiges zur Bausumme bei und kam zur Einweihung: Einmal war die Villa Berg ja nah und dann war Berg ehemals auch »Kammerort« und unterstand der Herzoglichen bzw. Königlichen Rentkammer — »ohne Hinderung der Stadt Stuttgart«. Städtisch wurde es 1836, aber der Spitzname »Berger Adel« für die Bewohner hat sich lang' gehalten. Eine weitere Spezialität des Stadtteils ist der »Berger Tag«, ein Heimatfest, das alle einstigen Bewohner zurückrufen soll und auf Initiative der Witwe von Berg-Autor Brösamlen anläßlich der Wiedereinweihung der kriegsbeschädigten Kirche 1955 erstmals gefeiert wurde.

Was aussieht wie das Rathaus von Berg, ist das Parkheim (1926), Alten- und Pflegeheim der Stadt (Neubauten 1951—52, 1979).

Weltfirma Kuhn

Wo heute die Landesfrauenklinik ist, die frühere Landeshebammenschule (1926—28), war eine Weltfirma, die Maschinenfabrik Kuhn, ansässig. Von ihr und anderer prosperierender Berger Industrie ist kaum noch etwas vorhanden, sieht man vom Grab von Firmengründer *Gotthilf Kuhn* und der Benennung Kuhnstraße ab. Die Grabstätte ist auf dem ehemaligen Bergfriedhof, Karl Schurz-Straße, jetzt Teil des Parks der Villa Berg.

Weltfirma Kuhn: Fast 1300 Beschäftigte, Abbildung um 1870.

Gotthilf Kuhn (1819—1890) gilt als einer der Industriepioniere des Landes bzw. Stuttgarts. Gebürtig aus Grafenberg bei Metzingen, war er auf seiner Wanderschaft auch Werkmeister in einer Berliner Fabrik gewesen und hatte mit diesem Wissen 1851 in einem Bierkeller des »Schwanen« eine Werkstätte eröffnet. Sein Werk (1900 fast 1.300 Arbeiter!) lieferte komplette Fabrikeinrichtungen, Dampfmaschinen und -kessel, die von 10—14 Pferden zum Güterbahnhof Cannstatt gezogen wurden, und auch Lokomotiven.

Die »Kuhnler«, wie die Arbeiter hießen, hatten einen Fabrikherrn, der ihnen auf sozialem Gebiet entgegenkam: 1855 entstand die von ihm bezuschußte Betriebskrankenkasse, 1865 eine Sparkasse (4,5 Prozent Zins, Buchführung gratis). 1872 wurde der Acht-Stunden-Tag eingeführt und für langjährige Beschäftigte galt die Befreiung vom Beitrag zur Altersversicherung. Kuhn experimentierte ebenso wie Daimler mit dem Gasmotor.

Das Werk von Kuhn, das sich vom Klinik-Gelände entlang der heutigen Steubenstraße dem Park zu hinzog, begründete Bergs Blütezeit mit. 1910 waren es über 7.000 Einwohner — so viele zählte man nie mehr. Es gab in Berg den Georg Schöttle *(1823—1897)*, *genannt »Bau-Schöttle«, der aus dem Bohnenviertel kam und im Waisenhaus aufwuchs: Er besaß eine Möbelfabrik, Steinbrüche, stellte schlüsselfertige Häuser her und eröffnete 1868 die Pferdeeisenbahn Neckarstraße-Berg.*

Noch vor dem 1. Weltkrieg oder in der Inflation brachen etliche der Berger Firmen und damit der Boom zusammen. Kuhn-Sohn Ernst machte beträchtliche Verluste: 1903 mußte an den Konkurrenten Maschinenfabrik Esslingen verkauft werden, der die Firma stillegte. Ein Teil von Kuhn lebt aber noch heute im Männer-Gesangsverein Stuttgart-Berg 1856 e.V. weiter: Der nämlich wurde als Werks-Chor »Vulkania« gegründet; die Frau des Firmenbesitzers stickte und verwahrte die Fahne.

Steubenstr.

Von der Brücke, die im anläßlich der Bundesgartenschau 1977 geschaffenen Parkgelände zur Straßenbahn-Haltestelle führt, blickt man ins »Neuner« (s.o.). Auf der Anhöhe rechts vom Bad besaß Berg sogar ein Theater, begonnen 1872 mit Ulmer Gastspielen und recht erfolgreich 1890—99. Da spielte in den Theaterferien ein Theodor Brandt (alias Köstlin), und weil der sonst in Berlin engagiert war, brachte der allerlei »moderne und pikante Stücke« mit (Sudermann, Hauptmann, Ibsen, Wedekind), die beim Theater drinnen in der Residenzstadt noch nicht angekommen waren.

Mit der Axt gegen Hitler

Neckarstr. 230

Wo 1976 der Süddeutsche Rundfunk gebaut hat, war bis in den Krieg für 18 Jahre *der* Ort für Großveranstaltungen in Stuttgart: Die Stadthalle.

1925—26 mit Verzögerungen gebaut, weil im Juli 1925 ein Sturm die als »Wunderwerk der Technik« gefeierte Holzkonstruktion zusammenbrechen ließ (ein Zimmermann wurde getötet, elf Arbeiter zum Teil schwer verletzt), verfügte der Bau über ca. 10.000 Plätze. Der Zirkus zog hier ein, weinselig wurde das »Fest der deutschen Traube« gefeiert oder bedächtiger die Reformation.

Natürlich war der Ort auch politisches Forum und die Umgegend manchesmal Schauplatz handgreiflicher Auseinandersetzungen. Schumacher, Breitscheid, Löbe sprachen hier für die SPD; Ernst (»Teddy«) Thälmann von der KPD trat 1932 als Reichspräsidentschafts-Kandidat »des Kampfes um Brot, Freiheit und Sozialismus« auf.

Die NSDAP meldete für den 15. Februar 1933 im Vorfeld der »Reichstagswahl« mit ihrem Redner, Reichskanzler Hitler, für die Halle »ausverkauft«, und vereinnahmte den Süddeutschen und Südwestdeutschen Rundfunk für eine Direktübertragung: Zwei Millionen sollten den »Führer« hören. Hitler sprach bis kurz vor Ende seiner etwa anderthalbstündigen Rede, dann war Stille im Äther: KPD-Anhänger hatten mittels zwei Axthieben das Sendekabel gekappt — das sog. Stuttgarter Kabelattentat.

*Goebbels in der Neckar-
straße auf dem Weg zur
Stadthalle (vermutlich 1936
anläßlich der Gauführerta-
gung): Wüste Drohungen
nach dem Kabelattentat.*

*Hitlers Begleiter Goebbels war außer sich; Tagebuch-Eintrag: »Ich lasse
gleich die verantwortlichen Herren vom Rundfunk im Hotel (Anm. Vikto-
ria-Hospiz, S. 54) antanzen und geige ihnen die Meinung, daß ihnen Hören
und Sehen vergeht.«*

*Die Aktion, begleitet von einem Flugblatt der KPD, soll der gebürtige
Bietigheimer Kurt Hager initiiert haben, später im Politbüro der SED. Die
Ausführenden holten sich Rat bei Eduard Futterknecht von den Technischen
Werken und schritten dann im bewachten Stadthallen-Viereck zwischen
Neckar-, Werder-, Stuttgarter- und Villastraße zur Tat: Während Eduard
Weinzierl und Wilhelm Breuninger die Wachleute in ein Gespräch zogen,
stiegen zwei ihrer Genossen in den Hinterhof Werderstraße 20 ein. Hermann
Medinger nahm dort Alfred Däuble auf die Schultern, und der setzte mit den
Axthieben gegen das etwa vier Meter hoch angebrachte Kabel Hitler matt.*

1935 wurden die Männer verhaftet und vor dem Oberlandesge-
richt, das »eine unglaubliche Frechheit beklagte«, verurteilt: Breuninger, Däuble und Futterknecht zu je 2 Jahren Gefängnis, Weinzierl zu 21 Monaten und der geflüchtete Medinger später zu 22 Monaten.

Vor allem aber war die Stadthalle (Arch.: Keuerleber) auch
Sportarena: Sechs-Tage-Rennen, Reit- und Springturniere und eine heute fast vergessene Sportart wie Rollhockey hatten hier Tradition. Der Stuttgarter Schlittschuh- und Rollsport-Club war Deutscher Rollhockey-Meister, zu großen Matches kamen um die 7.000.
Noch 1938 lief hier ein »Turnier des Friedens« mit England, Frankreich, Italien, und die 1. Rollhockey-WM hatte die Stadthalle 1936
auch gesehen. Berufsringer (Catcher) und Boxer waren Publikumsmagneten: Die Professionals der Faustkämpfer wie Eder, Heuser
und der »blonde Tiger« Neusel kamen zum »Schwabenring«,
Amateure der Stadt boxten mit Rom, Ungarn, Polen. Die Stadthalle
wurde 1944 zerstört, in ihren Ruinen siedelte der Althoffbau, Stätte
vieler Kundgebungen und Sportveranstaltungen (Abriß 1956).

1976 hat der Süddeutsche Rundfunk (SDR) hier sein Hochhaus (Arch. R. Gutbrod) gebaut. Begonnen hatte die »Süddeutsche Rundfunk AG« 1924 im (zerstörten) Haus Friedrichstraße 50/54, ehe sie ins Waisenhaus am Charlottenplatz umzog. Die letzten Mitteilungen vom »Reichssender Stuttgart« kamen am 5. April 1945, allerdings aus dem Kurhaus von Bad Mergentheim, wohin er verlegt worden war. Um Mitternacht wurde der Sender Mühlacker gesprengt und so war das erste Nachkriegsstudio ein US-Fahrzeug, das in der Hofeinfahrt des Telegrafenbauamts Neckarstraße 145 stand.

Erst 1949 wurde »Radio Stuttgart« zum SDR — »ein freier Sender mit authentischer Stimme. Der Rundfunk gehört dem Volk. Er dient sowohl den Minderheiten wie den Mehrheiten. Und das ist in

Reformation und Rollhockey, Politik und Profiboxen: Stuttgarts bedeutendste Vorkriegs-Veranstaltungsstätte, die Stadthalle, Architekt Hugo Keuerleber (Aufnahme um 1930).

Stadthalle-Ersatz Althoffbau kurz vor dem Abbruch 1956.

die Tat umgesetzte Demokratie.« (US-General Charles P. Gross) Ministerpräsident Reinhold Maier (FDP/DVP) sah die Aufgabe des Südfunks damals ganz im Zeichen des Kalten Krieges: »Wir bilden den ersten Posten, dessen Auftrag es ist, die Ideologie der Freiheit gegen die Ideologie der Macht zu verteidigen.« Intendant wurde jetzt *Erich Roßmann,* früherer SPD-Reichstagsabgeordneter und KZler.

Intendant ist Hans Bausch, ein Parteiloser. Skandale, wie sie andere Sender der ARD infolge massiver Eingriffe der Parteien liefern, hat der Südfunk (bislang) keine. Nachdem der Sender ehemals Willy Reichert und die Valentes der Republik näherbrachte, verdanken wir ihm heute Richling, Mary und Gordy, Paola und Kurt Felix — und natürlich die regional populären Cartoon-Figuren »Pferdle und Äffle« (Armin Lang).

Villastr. 21

Das Ledigenheim Berg war ehemals an der Stelle des »Parkhotel/Haus der Wirtschaft«. 1921 wurde das Gebäude als »Parkhotel Silber« (S. 26) eine der führenden Herbergen der Stadt, 1940 von der Wehrmacht beschlagnahmt. Die Wiedereröffnung war 1949 ein Ereignis und rief auch Ministerpräsident Maier und OB Klett auf den Plan, manifestierte sich doch auch hier der Wiederaufbau Stuttgarts, das 1938 noch über 4.546 Fremdenbetten verfügte, bei Kriegsende aber gerade noch 15 hatte.

Die Villa Berg

****

»Auf der Villa« gingen die Berger Buben spielen und meinten damit die Villa Berg (1845–53, C.F. Leins). Ob sie wohl auch jenen Vers kannten, der nach der Erbauung des Landsitzes für Kronprinz Karl (später König Karl) und seine Frau, die russische Großfürstin Olga, kursierte:

» Er baut für seine Pflanzen
Dort einen Glaspalast
Und nackte Kinder tanzen
Umher in Hungerhast. «

So war der Prunkbau im italienischen Renaissancestil samt Belvedere und Orangerie, finanziert auch aus der Mitgift von Olga, offensichtlich nicht in allen Schichten wohl gelitten. Das Schlößchen auf der Anhöhe über dem Neckartal, dessen Garten der spätere Badgründer Neuner mitkonzipierte, hatte als Adelssitz schon vor 1918 ausgedient: Die Erben der *Herzogin Wera,* die hier ihren Witwensitz nahm, verkauften 1913 an die Stadt, die dann 1925 eine Gemäldegalerie einrichtete und das Haus für Empfänge nutzte. Im Krieg brannte die Villa aus; 1948 begann der Südfunk mit dem Wiederaufbau, nachdem er seinen Baugrund auf der Karlshöhe 197 mit der Stadt getauscht hatte. Der Park ist seit 1977 (Bundesgartenschau) mit Schloßgarten und Rosensteinpark verbunden.

Das ehemalige »Parkhotel Silber«.

Sickstr. 37

****

Als »Dankeszoll für meine vor 50 Jahren erfolgte Ankunft in Stuttgart und für alles im geliebten Schwabenland Erlebte« begriff Herzogin Wera, bekannte Wohltäterin, die Stiftung der Heilandskirche 1911. 1909 war die Frau des Herzogs Eugen vom orthodoxen zum evangelischen Glauben übergetreten. Von der 1912–13 erbauten Kirche (Eisenlohr und Pfennig) blieb nur der Turm erhalten (Wiederaufbau 1964 abgeschlossen, Arch.: Eberhard Hübner).

1894 begründet wurde das Karl-Olga-Krankenhaus. Wo die beiden Straßen zusammenlaufen, ist an einem einstöckigen Bau-Rest noch die alte Inschrift zu erkennen.

Werder-/Schwaren-bergstr.

Zwischen diesen Straßen lag die 1895 bezogene Bergkaserne, die am 9. November 1918 in der Revolution als erste Kaserne von den Arbeitern, vor allem denen von Daimler, besetzt wurde. Erhalten ist nur noch ein Gebäude, Teckstraße 59.

Ostend-/Sick-/Teck-/Hack-str.

Gegenüber, im Block zwischen Teck-, Hack- und Parkstraße, wo heute Kripo und SDR untergebracht sind, liegen die Bauten des ehemaligen Garnisons-Lazarett (1901–04, Julius Holch), wegen Seuchengefahr als Pavillontyp gebaut.

Die »Königsstraße des Ostens« bildet die Hauptachse unseres weiteren Rundgangs. Auf der rechten Seite ist anfangs noch die ursprüngliche Bebauung erhalten: Nr. 12 Gaststätte »Villa Berg«, schon vor der Jahrhundertwende ein Wirtshaus; Nr. 14, 16, 18, letzteres Haus mit Jugendstil und Malerei, noch von 1903; Nr. 20 »Pflugfelder«, auch eine Restauration der Jahre um 1900. Auf der Verkehrsinsel steht ein Brunnen aus dem Kuhn'schen Werk.

Ostendstr. 12/14/16/18/20

Der Weg zur bekannten Gaststätte »Friedenau« führt durch ein Siedlungsgebiet der 20er Jahre. 1921–28 (Arch.: Schuh) entstand an Rotenberg-, Hack- und Abelsbergstraße die Straßenbahner-Siedlung der Gemeinnützigen Baugenossenschaft Friedenau. Ebenfalls dort wurde die Siedlung der Gasarbeiter (Arch.: Rist) mit 87 Reihenhäusern 1921–29 gebaut. Und nicht weit entfernt ist die Raitelsbergsiedlung der Stadt an Park-, Röntgen- und Sickstraße (A. Daiber/Hochbauamt) von 1926–28.

Rotenbergstr. 127

Luftaufnahme der Raitels-bergsiedlung im Stuttgarter Osten in den 30er Jahren. Vorne die Raiteesberg-Schule, im Hintergrund das Garnisonslazarett und die Berg-Kaserne mit Exerzier-platz.

Die »Friedenau« mit ihrem Saal, mittendrin im Osten, wobei der Blick schon auf die Gaisburger Gaskessel fällt, ist ein traditionelles Streik- und Versammlungslokal der Arbeiterschaft. Hier erwarteten in den 70er Jahren die K-Gruppen die Arbeiter, doch die kamen nicht. Es gab damals sogar eine Maidemonstration im Osten, wobei die »Spätzles-Maos«, der in Stuttgart im Vergleich zu anderen Städten stärker vertretene Kommunistische Arbeiter-Bund Deutschland (KABD), besonders aktiv waren.

Alfredstr. 4–18
⑪
Lehmgrubenstr.

Der »Verein für das Wohl der arbeitenden Klassen«, von dem wir noch lesen werden, erstellte die Backsteinhäuser 1901.

Die Straße führt direkt zum ehemaligen Straßenbahndepot Ost, von dem Teile erhalten sind. 1909 war hier, wegen der Vorortstrecken nach Hedelfingen und Untertürkheim, ein Betriebshof eingerichtet worden, 1911–13 zum lange Zeit größten Depot der Stadt erweitert. Das Kinder- und Jugendzentrum Ostend ist hier untergekommen und 1987 auch das »Theater der Welt«.

Landhausstr. 192
⑫

Das Leo-Vetter-Bad (1962, Werner Gabriel) steht am Ort des Stadtbad Ostheim von 1910, das nach dem Krieg notdürftig »geflickt«, dann aber doch abgerissen wurde. Sein Bau galt als »hohe soziale Wohltat für diesen immer dichter besetzten Stadtteil« und muß im Zusammenhang mit der Kolonie Ostheim gesehen werden.

Stuttgart war vor dem 2. Weltkrieg eine überaus badefreudige Stadt: Mit seinen städtischen Hallenbädern stand es an 2. Stelle im Deutschen Reich, bei den Wannenbädern an der ersten. Zudem hatte es die höchste Besucherzahl der städtischen Badeanstalten Deutschlands. Mitzuverdanken hatte die Stadt den Ruf dem »Badespezialist« Leo (von) Vetter (1842–1923), dessen Namen das Bad im Osten jetzt trägt. Auch das Bad an der Büchsenstraße (S. 70) ging auf die Initiative des Industriellen zurück, ebenso die Wiedereröffnung des Wilhelma-Theaters 1900.

Anzeige aus den 20er Jahren

Das »Coop-Super-Center« — welch' einfallsreicher Name für eine ehemals genossenschaftliche Einrichtung — nimmt unter Nr. 77 jetzt Teile des ehemaligen Straßenbahn-Areals in Besitz. Nr. 85—91 der 1930 erbaute Mietshausblock der Stadt. Nr. 88 war in den 20er Jahren Sitz der Kakao- und Schokoladenfabrik Wernick, die noch vor dem Krieg von der Schoko-Buck GmbH abgelöst wurde. Ältere werden sich noch an die Werbung der Marke erinnern: »Zu jeder Speise, jedem Schluck/kauf Schoko nur bei Schoko-Buck!« (1932) Im Frühjahr 1985 gab die Chocolat Tobler GmbH hier ihre Produktion auf: 600 Arbeitsplätze gingen dem Osten verloren.

Ostendstr. 77/85—91/88/106

Unter Nr. 106 war mit der Strickwarenfabrik *Paul Kübler* ein weiterer Traditionsbetrieb des Ostens, den die wortradikale KPD in den 30er Jahren heftig als »Knochenmühle« und »Textilbude« attackierte und einer breiten Öffentlichkeit kundtat, der Firmenbesitzer verlustiere sich in seiner Villa am Starnberger See, während die »Textilproleten« im Osten ausgepreßt würden.

Der Saal der früheren Gaststätte »Linde« ist seit 1972 Domizil des »Laboratorium« — keine Brauküche für Chemikalien, sondern ein Treffpunkt für Freunde der »Kultur von unten«. In der Kleinkunstkneipe gehen jährlich über 200 Veranstaltungen über die Bühne; die Palette reicht von Blues, Folk, Jazz über Liedermacher, Kabarett und Theater bis zu politischen Veranstaltungen und Workshops. Heute überregional bekannte Künstler wie *Matthias*

Wagenburgstr. 147

Was für Radfahrer: Die Alternativkultur

Die wahren Alternativen (Werther's Echte) fahren morgens mit der ersten Straßenbahn zum Hauptbahnhof: Kurz nach fünf. Dann ein Blick auf die Sonne, und ab geht's nordostwärts: Ein rascher Trab durch die Anlagen, Richtung Cannstatt, zum *Berger Mineralbad:* Bei jedem Wetter draußen schwimmen, im Sommer, im Winter, im Cannstatter Sprudel. Heiße Dusche vorher, nachher, oder Sauna, und dann Frühstück.

Wer sich Zeit läßt, kommt rechtzeitig zum Frühstück ins *Merlin,* sogar zu Fuß, aber das ist fast eine Tagesleistung: Furtbachstraße 14, Nähe Tübinger Straße, Österreichischer Platz. Ein freundlich-ruhiger Ort zum Relaxen, natürlich natürlich: Müsli und selbstgebackene Kuchen und Nicaragua-Kaffee. Ein paar preiswerte Mittagsgerichte, die Nachmittage für die Kinder, die Abende für die Eltern: Ausstellungen, Musik, Liedermacherinnen, etwas Kabarett, Politik, Literatur. Merlin muß übrigens ausziehen ...

10 Gedanken- und Gehminuten weiter: *»Mitte«,* Hohe Straße 9: Cafe, Kneipe, Kultur, Kino — mit »jiz«, dem Jugendinformationszentrum (was der Name sagt). »Mitte«, das ist einer der mutigsten Stuttgarter Veranstalter — ein offenes Haus für offene Ohren, dessen Träger (der Stuttgarter Jugendhaus e.V.) denn auch öfters in dieser liberalen Stadt angepinkelt wird: Das trocknet wieder. »Mitte« verbindet die Vorzüge eines Jugendhauses mit den Möglichkeiten eines offenen Kommunikationszentrums.

Ostwärts dann wieder, direkt unter der Jugendherberge (Haußmannstraße), 1 Minute vom Kommunalen Kino (Planetarium), zwischen Polizeiwache Neckarstraße, Staatstheater und Staatsgalerie, direkt im Tunnel: die *»Röhre«:* Jazz und Rock und Pop und Kneipe, noch etwas gesichtslos.

Mit dem Bus Richtung Gaskessel, Neckarstadion, Wangen, in der Wagenburgstraße 157: *»Laboratorium«,* kurz *lab* — Herz der Stuttgarter Alternativkultur. Hier läuft, mit Mühen, über Jahre, was nicht im Trend liegt, preiswert und engagiert. Eine Programmkneipe, und was für

eine: schlechte Löhne, freche Töne, viel Volk, viel Folk, Kabarett, Kleinkunst. Herzlichen Dank für'n aufrechten Gang, oder: Gang ins Lab, da goht was ab!

Jenseits von gut und böse: Stuttgarts Furoremacher, das *Theaterhaus Wangen* (Ulmer Straße 241, Haltestelle Im Degen, SSB 4 und 9). Im Theaterhaus ist alles möglich — möglich, daß das kritisch klingt. Die Räume sind groß, sehr groß, da sind die anderen Veranstalter kleine Fische, und das klingt manchmal ein wenig durch. 100.000 Besucherinnen im Jahr, bisher rund 300.000. Zwanzig, dreißig Veranstaltungen monatlich — manches Fettauge fehlt der anderen Suppe. Die Eintritte: eher bei 14, 16 Mark — aber hier geben sich die Großen der Welt die Klinke in die Hand: Kunst und KünstlerInnen und Trendsetter aus Moskau und New York und London und Paris und Rom und Riedlingen, Eigeninszenierungen, Frauenwochen, Männerleiden, Volkszählungs-Boykotteure, Bistro, Bier und gelegentlich ein Hauch von IBM: streng alternativ, versteht sich.

Träger dieser wie der anderen Einrichtung sind jeweils gemeinnützige Vereine — vom Erfolg des Wangener Theaterhauses, das bei einem Etat von ca. 2,5 Millionen DM 1,4 Millionen DM Zuschüsse erhält, profitieren auch die anderen, deren Etats aufgestockt wurden. Keines der Projekte ist übrigens übern Berg — sonst wären sie ja nicht alternativ.

Übrigens — Radfahren ist auch für Alternative in Stuttgart fast lebensgefährlich.

Peter Grohmann

Richling oder Zupfgeigenhansel starteten im »Lab« ihre Karriere. Die relativ intime Club- und Kneipenatmosphäre und das vielfältige Programm haben dazu beigetragen, daß das »Lab« über die Jahre hinweg sein Publikum halten konnte. Jeden Sommer seit 1982 organisieren das »Lab« und sein Trägerverein ein dreitägiges »Festival zum Nulltarif« in einem Zelt bei den »Berger Sprudlern« in den Unteren Anlagen.

Die Route geht zurück zum Ostendplatz. Nr. 68 waren bis in die 60er Jahre die »Ostend-Lichtspiele« von *Anna Meister,* eines von vielen Stadtteilkinos. Alle haben sie längst die letzte Vorstellung hinter sich in der Stadt, die 1962 noch 63 Lichtspielhäuser besaß. »Alhambra« in Sillenbuch, »Apollo« in Gablenberg, »Astoria« in Rohr, »Schauburg am Schlachthof«, »Deli« in Degerloch, die Stammheimer »Scala«, die »Uli« von Untertürkheim und viele andere mehr — sie alle wären einmal eine eigene Spurensuche in der Stadt wert.

Ostendstr. 68

Colonie Ostheim - Stuttgart

Ansicht.
Einzelhaus der Kolonie

Wir erreichen den Ostendplatz mit seinem Pagoden-artigen Toilettenhaus, dem auch schon der Abriß drohte, und sehen einen weiteren Kuhn'schen Brunnen vor der Apotheke.

Das Zentrum des Ostens ist inzwischen Literatur geworden, wie das Straßenbahndepot und Ostheim und die Ostendapotheke und so vieles mehr: Im »Ostend-Roman« von *Manfred Esser,* den 2001 verbreitete, und über den die StN 1979 schrieben:

» Dieses Buch führt die Landeshauptstadt auf einem Feld der Literatur ein, auf dem dichterische Giganten wie Döblin und James Joyce mit ihren Stadtbeschreibungen von Berlin und Dublin Maßstäbe gesetzt haben.« So war denn Stuttgart endgültig in die Reihe der Weltstädte aufgerückt ...

Ostendplatz
⑬

Bei der Lukaskirche (1897−1899, Wittmann und Stahl) und ihrer Backsteingotik sind wir mittendrin im alten Ostheim. 1944 ausgebrannt, wurde die evangelische Kirche 1951 wieder eingeweiht. Weil das Geld fehlte, wurden die drei mittleren Chorfenster damals vermauert und bekamen erst 1978 neue Farbfenster. Hinter der Kirche ist der 1884 angelegte Bergfriedhof.

Landhausstr. 151
⑭

Wie Kirche und Bad gehörte auch die Schule (1903) zur Kolonie Ostheim. Auf dem Giebel sitzt eine Eule, ebenso vis-a-vis auf dem Gebäude Nr. 112/114 zwei Artgenossinnen: Der Architekt war derselbe, Eugen Klaiber.

Landhausstr. 112/ 114/115

Die Kolonie Ostheim

Am »Eingang« zur Kolonie wird deren Historie berichtet: 1892−1903 baute hier der »Verein für das Wohl der arbeitenden Klassen« 383 Häuser mit 1.267 Wohnungen für eben jene Klasse. Zwar hatte es in der Stadt schon vorher gemeinnützigen Wohnungsbau gegeben — Wohnungsverein Lerchenstraße 32, Baugesellschaft Adlerstraße 9 oder das »Postdörfle« (S. 277), nichts aber von der Bedeutung des Werks des 1890 gegründeten »Verein für das Wohl der arbeitenden Klassen«. Initiator *Eduard von Pfeiffer* (1835−1921), Millionär, Wirtschaftsmann und Geheimer Hofrat,

»Teckplätzle«/ Neuffenstr.
⑮

hatte schon früh an seinesgleichen um soziale Reformen apelliert:

» Merkt es Euch, Ihr Mächtigen und Reichen, die ihr behaglich dahinlebt, ohne Euch um das Los derer zu kümmern, durch die der ganze Comfort, der Euch umgibt, geschaffen wurde! Ihr, die ihr ohne Teilnahme seid für die Leiden, denen ihr selbst nicht ausgesetzt seid, laßt Euch die Warnungen des Jahres 1848 nicht umsonst gegeben sein!«

Das »Projekt Schwarenberg« im Osten war die größte Wohnsiedlung ihrer Zeit im Königreich Württemberg und entstand auf freiem Feld an Achalm-, Haußmann-, Neuffen-, Rotenberg- und Lichtensteinstraße. Die Mieten waren bis um die Hälfte billiger als in der damals drei Kilometer von Ostheim entfernten Stadt. Später folgten noch Westheim, Südheim (S. 141) und Ostenau, keines von ihnen so bedeutend wie Ostheim, für das die Architekten *Gebhardt, Heim, Hengerer* verantwortlich zeichneten.

Neuffenstraße in der Kolonie Ostheim: »Jedem Häuschen ein kleines Gärtlein.«

Pfeiffer, der jüdische Sozialreformer, 1909 auch Ehrenbürger der Stadt (Straßenbenennung), hatte in der Rückschau 1906 eine zufriedene Bilanz gezogen:

» Der Verein hat in kaum mehr als einem Dezennium 1439 kleine Wohnungen erstellt, gleichzeitig sind von Staat und Gemeinde etwa 500 Wohnungen erbaut worden und es machte sich deutlich fühlbar, daß dem Bedarf an kleinen Wohnungen genügt war.

Die Grundstücke waren doch so teuer, daß von der Erstellung von Einfamilienhäusern abgesehen werden mußte. Der Absicht des Vereins hätte es auch nicht entsprochen, Mietskasernen zu errichten, und so wählte er einen Mittelweg: kleinere Häuser, welche meistens nur 3 Wohnungen enthalten. Jedem Häuschen wurde ein kleines Gärtlein zugeteilt, so daß Luft- und Lichtzutritt in reichem Maße vorhanden ist.

Etwa 80 Prozent der in den Kolonien untergebrachten Bevölkerung gehören dem Arbeiterstande im engeren Sinne an.«

Wochenends stößt man insbesondere um die Neuffenstraße immer wieder auf Trupps von Studentinnen und Studenten der Architektur, die speziell diesem Stück Ostheim mit Kamera und Notizbuch zu Leibe rücken.

Am Ende der Neuffenstraße ist noch die Ostheimer Kinderkrippe (1896) mit Uhr und Türmchen in Neugotik erhalten.

Schwarenbergstr. 64

Geschichten vom »Roten Platz«

Vom »roten Osten« wird in politischer Bewertung noch heute oft geschrieben. Tatsächlich war in den Tagen von Belagerungszustand und Generalstreik im April 1919 »namentlich die Ostheimer Gegend wieder sehr unruhig«, wie es z.B. im »Schwäbischen Merkur« hieß. Hier ließ die bürgerliche Presse in diesen Tagen eine ganze acht Mann-Patrouille »spurlos verschwinden« — eine Nachricht,

Ostendplatz

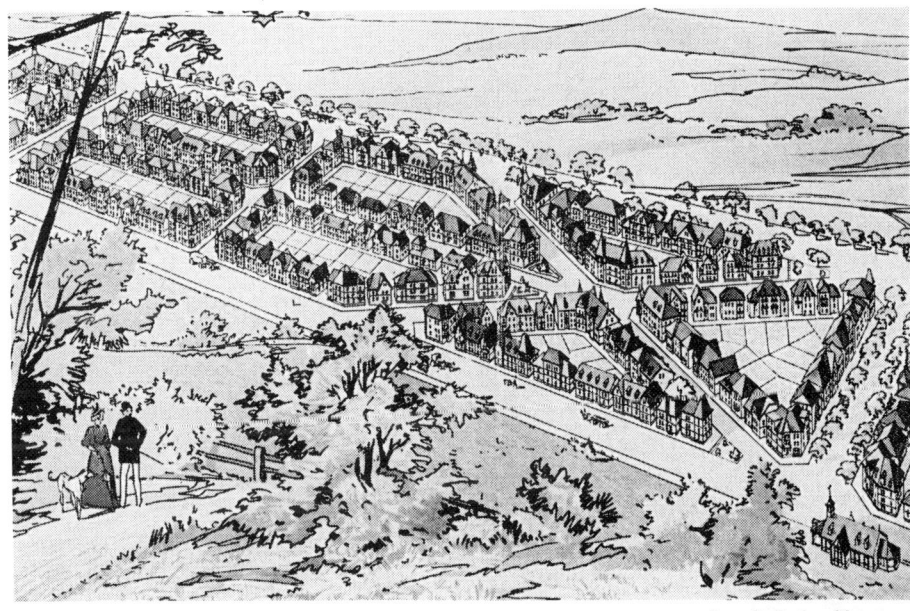

»Dem Bedarf an kleinen Wohnungen war genügt«: Die Kolonie Ostheim in der Vogelschau (1891).

die wohl auch die Kampfmoral der Truppen gegen die »Roten« und »Spartakisten« fördern sollte. Ein Mitglied der Sicherheitswehr war damals beim Ostendplatz von Bewohnern (»Merkur«: »Haßerfüllt durch erdachte Greuelnachrichten der blödsinnigsten Art«) ermordet worden; dieser Lynchmord an einem 19jährigen Bäcker von der Rehmühle im Kleinenztal wurde in den Zeitungen immer wieder in allen Details geschildert. In der Landhausstraße töteten die Soldaten in diesen Tagen einen unbeteiligten Mann, doch er fand genauso wie die anderen Todesopfer des Militäreinsatzes in Stuttgart in der Öffentlichkeit kaum Erwähnung.

»Roter Platz« hieß der Ostendplatz denn auch in der Weimarer Republik im Volksmund; »Roter Platz« wurde z.B. auch in der kommunistischen Stuttgarter Tageszeitung ohne weitere Bezeich-

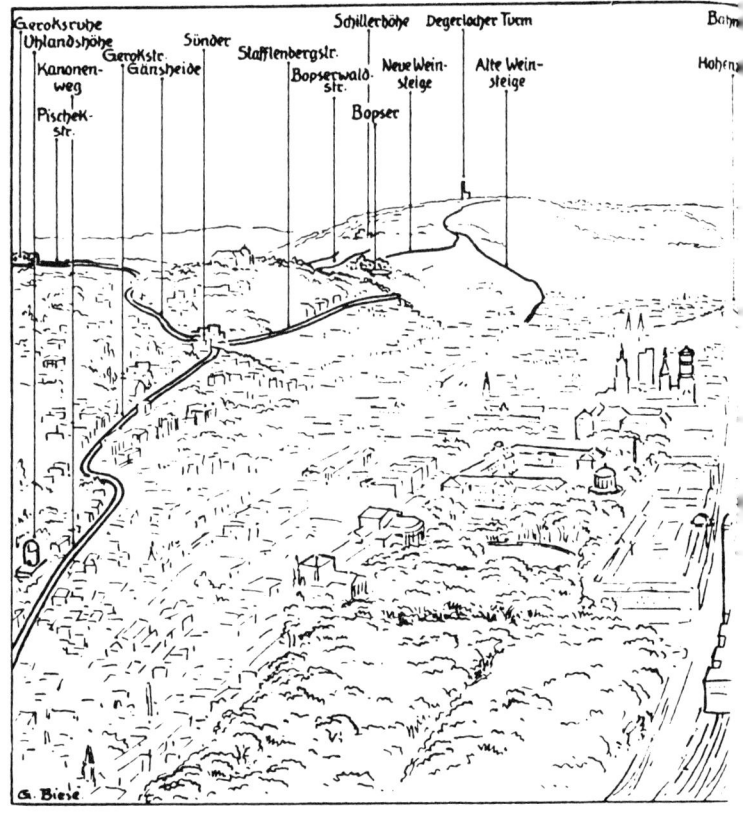

nung als Treffpunkt angegeben. Hierhin demonstrierte am 1. Mai 1929 (Berliner »Blutmai«) mit 8.000 Teilnehmern auch die KPD, während SPD und Gewerkschaften zur Stadthalle marschierten — Ausdruck der Spaltung der Arbeiterbewegung. Entsprechend fielen die Presseberichte aus:

» Schwäbische Tagwacht« (SPD) über die KPD-Demonstranten auf dem Marktplatz:
» Es war wohl eine Anzahl von Transparenten mit blutrünstigen Aufschriften, aber kein revolutionäres Proletariat zu sehen. Ein leichter Regen hatte die paar Männlein bald vertrieben. Die Anhänger hatten es vorgezogen, in den umliegenden Wirtschaften auf besseres Wetter zur Eröffnung ihres weltrevolutionären Theaters zu warten.«
Die »Süddeutsche Arbeiter-Zeitung« (KPD) über die SPD-Maifeier:
» Sanft und friedevoll schlängelte sich der von der Sozialdemokratie und Gewerkschaftsbürokratie inszenierte Festzug die Neckarstraße hinunter. Tot, ohne jedes Leben, das ist das Gepräge dieses Festzuges, der einem Leichengang gleichkam.«

Bei den letzten freien Reichstagswahlen im Juli 1932 erreichen die beiden Arbeiterparteien in den vier Wahlbezirken der Ostheimer Schule fast 50 Prozent (SPD 32,5, KPD 14,3), während in den beiden Wahllokalen der Ostendstraße die Marke sogar bei 60 Prozent lag: 32 Prozent für die Kommunisten, 28 für die Sozialdemo-

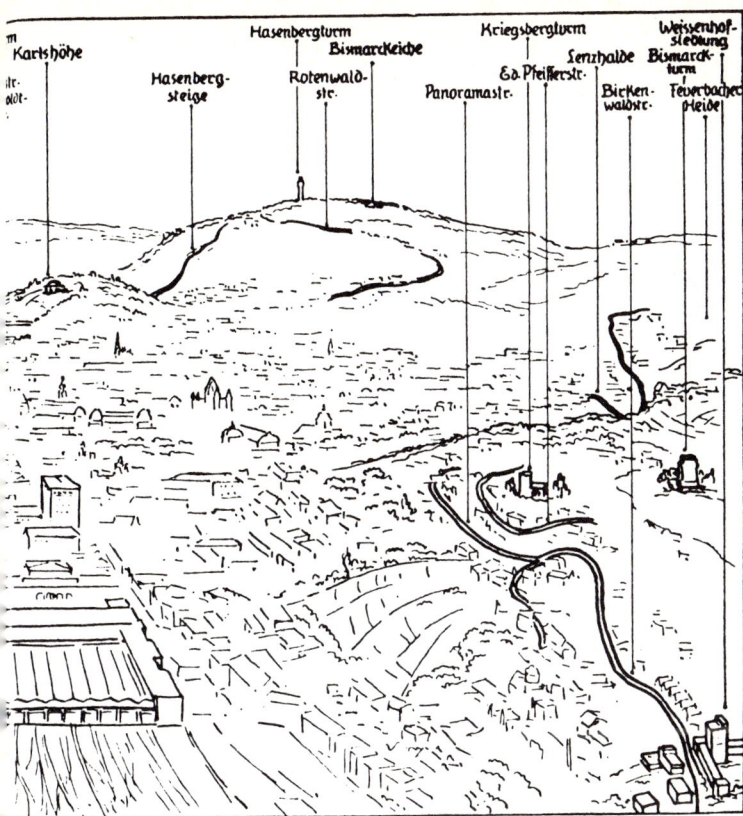

Karlshöhe · Hasenbergsteige · Hasenbergturm · Bismarckeiche · Rotenwaldstr. · Panoramastr. · Kriegsbergturm · Ea.Pfeifferstr. · Senzhalbe · Birkenwaldstr. · Weissenhofsiedlung · Bismarckturm · Feuerbacher Heide

kraten. Die Tradition hat sich verloren, denn zu den SPD-Hochbur-
gen zählte der Osten z.B. bei der letzten Bundestagswahl schon
nicht mehr.

Keine Ausstellung zu Arbeiterbewegung und -wohnungsbau, **Florianstr. 17**
wie wir sie in Ostheim gerne gesehen hätten (derlei »versteckt« das
Land in Waldenbuch im fernen Schönbuch) ist hier, sondern das
»Haus der Bessarabiendeutschen« mit Museum. Weil keiner mehr
weiß, wo Bessarabien war: »Hügelige, fruchtbare Landschaft zwischen Pruth, Dnjestr und der unteren Donau; seit 1940 zur UdSSR
(Moldauische SSR) gehörend.« (Lexikon) Stuttgart hat sich zur Pa-
tenstadt der Bessarabiendeutschen erklärt, 100.000 DM in der Flo-
rianstraße spendiert, und Schwabenbräu hat 1962 das Grundstück
auf 99 Jahre in Erbpacht weggegeben. Ein Lokal namens »Steppen-
brunnen« war hier, aber nicht das war dem »Spiegel« eine Geschichte wert, sondern die Zustände in dem Haus, wo aufgrund der
vielen Einzelzimmer die sexuelle Revolution vorweg genommen
wurde und das Gebaren von Mieterinnen und Mietern der Steppen-
deutschen den Sozialausschuß auf den Plan rief.

Bis 1945 hieß die Straße Kanonenweg, ehe sie 1945 im Zuge der **Haußmannstr.**
Entmilitarisierung ihren Namen änderte — einigermaßen unüber- **101—107**
legt, denn den Namen gaben das Kanonenhäusle (S. 164) und die

Kanonen, die die Stadt vor Feuer warnten. Neue Namenspatrone wurden die liberalen Zwillinge *Friedrich* (1857–1907) und *Conrad Haußmann* (1857–1922); letzterer verteidigte den »Simplicissimus« vor Gericht. Nr. 101–107 waren Textilbetriebe des Ostens: In den 20er Jahren die Trikotagenfabrik Schmidt AG und die Württembergische Gardinenweberei, später eine Kühlerfabrik.

Haußmannstr. 46

Auf der Höhe angelangt, offeriert Stuttgart ein Panorama mehr. Haus Nr. 46, wegen des »hanseatischen« Giebels eines der auffälligsten Gebäude, wurde 1899 als Burschenschaftshaus der Alemannia gebaut.

**Haußmannstr. 44/
Uhlandshöhe**

Hier ist die Waldorfschule und war 1919 die erste überhaupt (zuvor das um 1900 erbaute Lokal »Uhlandshöhe«). Der Anstoß zur Gründung kam aus der »Waldorf-Astoria«-Fabrik von Emil Molt (S. 82), der 1929, zum zehnjährigen Bestehen der Schule, sagte:

» Es kommt darauf an, daß wir ganze Menschen erziehen, solche, die nicht nur totes Kopfwissen haben, sondern vor allem soziales Empfinden für andere.«

1932 waren hier bereits 1.000 Schülerinnen und Schüler, doch ab 1934 durften keine weiteren mehr aufgenommen werden und 1938 schlossen die Nazis die Stuttgarter Waldorfschule, die zum Verkauf an die Stadt gezwungen wurde (»Uhland-Oberschule« für Mädchen).

Der Hauptbau wurde im Krieg zerstört. Inzwischen sind die Neubauten abgeschlossen.

Uhlandshöhe

⑯

Mit der Schwäbischen Sternwarte (1922) neben dem Stadtwasserwerk (1893) ist ein weiterer klassischer Aussichtspunkt der Stadt in grüner und nobler Umgebung erreicht. Im 2. Weltkrieg war hier eine Flakstellung, ehe die Sternwarte 1947 wiedereröffnet wurde.

Stuttgart, Hauptstadt der Waldorf-Architektur: Der Festsaal auf der Uhlandhöhe.

Die nahe Aussichtsplattform ist 1987 zum 200. Geburtstag von Ludwig Uhland (1787–1862), dem Dichter, Politiker und Rechtsanwalt, angelegt worden. Uhlands Balladen mußten ganze Genera-

tionen schwäbischer Schulkinder auswendig lernen, wobei wir mit besonderer Genugtuung die blutrünstige Stelle vom ›gespaltenen Türken‹ aus der »Schwäbischen Kunde« rezitierten ... Die Uhland-büste (1865, Rau/Pelargus) stand früher bei der Liederhalle.

Der Blick von der Uhlandshöhe fällt unweigerlich auf eines der imposantesten Gebäude des Ostens, das in der Dämmerung wie ein verwunschenes Märchenschloß erscheint: Es ist die Villa Hauff — aber das ist schon wieder ein anderer Rundgang.

Die Hauptstadt der Waldorf-Architektur — Entwürfe gegen Reißbrett-Planungen

Ein exemplarischer Sonderbeitrag Stuttgarts zur Architekturgeschichte des 20. Jahrhunderts bleibt häufig unbeachtet, ist doch die Hauptstadt des Schwabenlandes auch so etwas wie eine moderne Hauptstadt der anthroposophischen Waldorf-Architektur.

Gut angekommen in der Erneuerungsstimmung der ersten Jahre nach dem 1. Weltkrieg ist das Schulreformprogramm von Rudolf Steiner zunächst vor allem in Stuttgarts bürgerlichen Kreisen, und noch im Frühjahr 1919 erwarb die Waldorf-Astoria-Zigarettenfabrik das Ausflugs- und Aussichtslokal auf dem ehemaligen Schießplatz am Kanonenweg (Haußmannstraße 44) zur Einrichtung einer nach anthroposophischen Grundsätzen geleiteten Werkschule (S. 146). Drei Jahre später entstand der — 1953 leicht verändert wiederaufgebaute — erste Schulneubau (Weippert) der Waldorfpädagogik, der mit seinen bewegten Umrissen, angeschrägten Wandöffnungen und modellierten Konstruktionsgliedern dem Ordnungsdiktat des rechten Winkels allenthalben ein Schnippchen schlägt. Der Altbau bildet heute mit dem schützend überwölbten Kindergarten (1962/63, Matthiessen/Murko) die vergleichsweise unspektakuläre Urzelle eines in den letzten Jahrzehnten von ehemaligen Waldorfschülern (Gutbrod; Billing/Peters/Ruff) erweiterten Ensembles, zu dem das Lehrerseminar (1965/73), die Ganztagsschule (1978/80) und das grandiose Beton-Schauspiel des felsartig gegen die »Rote Wand« aufgeschichteten Festsaalgebäudes (1975/77) gehören. Die organisch frei gestalteten, großplastischen Baukörper erinnern an expressionistische Architekturvisionen der 20er Jahre (Scharoun, Häring, Mendelsohn).

Die 1938 von den Nazis geschlossenen, unangepaßten Schulbetriebe und -bauten der Anthroposophen haben im Nachkriegs-Stuttgart am Kräherwald mit einem massiven Klassentrakt (1959, Lauer) und den übereinander gestülpten Betonschichten des Saal- und Schulgebäudes (1965/68, Gutbrod, Lauer) sowie dem Neubau der Michael-Bauer-Schule in Stuttgart-Vaihingen (1974/75, Müller) Nachfolge gefunden.

Ergänzt um die Waldorfbauten in Tübingen (Frischlinstraße und Waldhäuser Ost), Reutlingen (Freie Georgenschule), Nürtingen (Engelberg), Heilbronn, Ulm, Göppingen, Heidenheim und Pforzheim ist der Großraum Stuttgart für Anhänger, Skeptiker und Kritiker der Anthroposophen-Architektur eine Art Wallfahrtsregion mit dem dichtesten und qualitätsvollsten Bestand an »künstlerisch gestalteten Utilitätsbauten« (Steiner) geworden. Kein Wunder, daß diese bewußt Menschen ansprechenden und bildenden Schulbauprinzipien hier auch auf verwandte soziale Bauaufgaben wie die anthroposophische Filderklinik in Filderstadt-Bonlanden (Haberschlai, 1972/75, Klein/Ogilvie) übertragen wurden.

Wer aber erst einmal auf einem »Schulausflug« zu den anthroposophisch-organischen Bildungsbauten einen Blick für die expressive Plastizität der Baukörper und die transparente Farbigkeit der Innenräume erworben hat, der kommt in der modernen Rasterarchitektur der Stuttgarter Innenstadt rasch auch manchem freier modellierenden Waldorfschüler unter den Reißbrett-Künstlern auf die Spur — spätestens am »Musikbunker« der Stuttgarter-Liederhalle.   *Jörg Haspel*

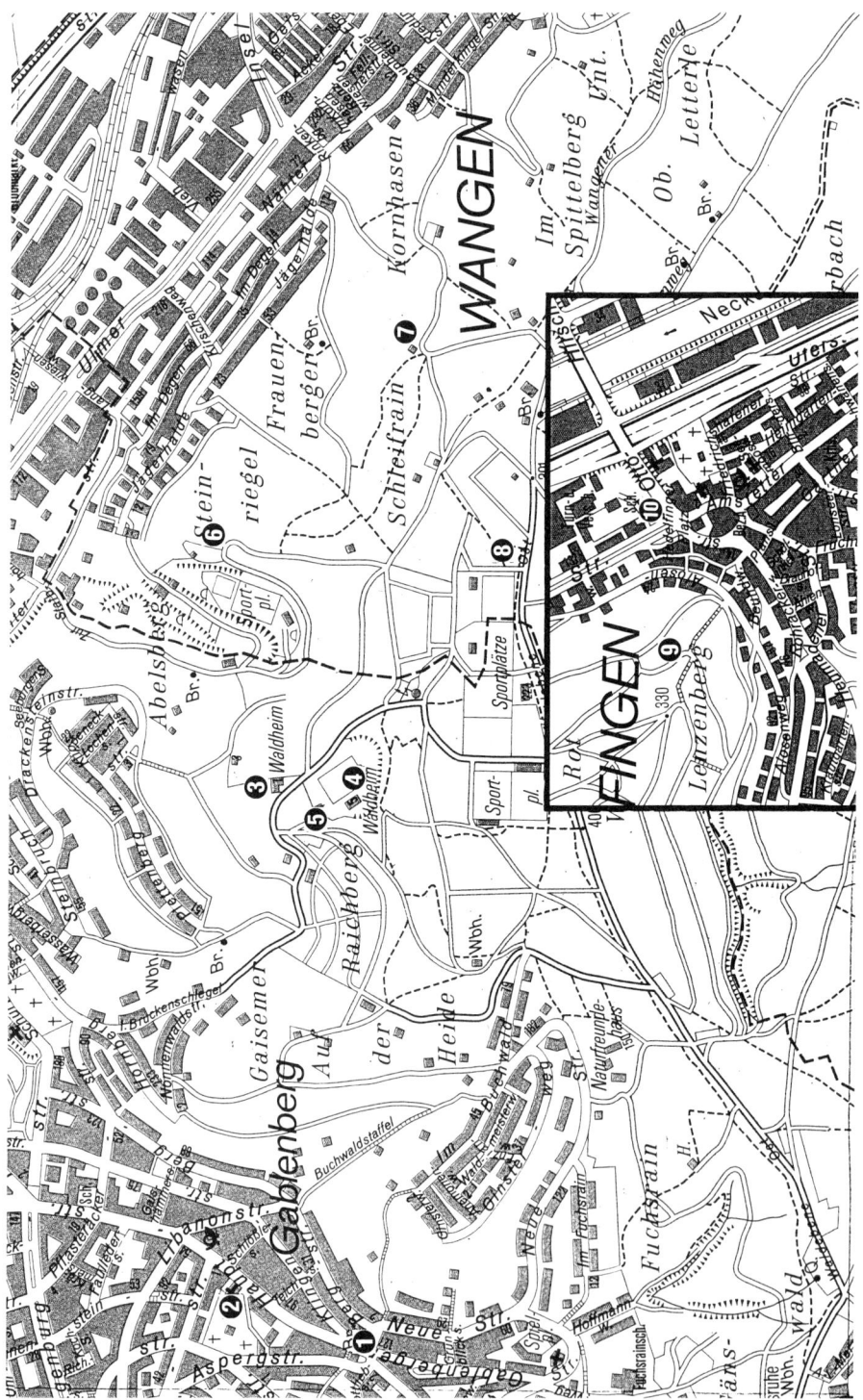

Arbeiterkultur in Waldheimen und »Shilo Ranch«

Der Osten 2: Von Gablenberg nach Hedelfingen

von Sybille Weitz und Werner Skrentny

Ausgangspunkt: *Gablenberger Hauptstraße, Bus 42*
Endpunkt: *Hedelfinger Platz, Straßenbahnen 9, 13,*
                  Bus 62, 63
Dauer: *3 Stunden*

Von Gablenberg nach Hedelfingen, den ehemaligen Weingärtner-Dörfern, die Stadt und Industrialisierung längst eingeholt haben, führt dieser Rundgang auf beliebter Route über die Wangener Höhe hoch über dem Neckartal. Die Wangener Höhe, ein Erholungsgebiet der Stadt, war dabei ehemals für 10.000 Menschen als Neubaugebiet eingeplant. Nun aber ist sie ein anschauliches Beispiel dafür geblieben, wie eng Arbeitswelt und Freizeitbedürfnisse einander bedingen. Ausdruck dafür sind auch die zahlreichen Waldheime.

Die Höhen über dem Neckartal hatten in früheren Zeiten auch strategische Bedeutung: Hier war eine mittelalterliche Burg und hier verschanzten sich 1919 auch die Spartakisten bei der »Schlacht am Abelsberg«.

Vom einstigen Wengerter-Dorf Gablenberg ist nicht viel geblieben, galt der Ort doch schon Ende letzten Jahrhunderts als »württembergisches Unikum«, das Pfarrer *Schmid* beschrieb: Als Teil des immer mehr großstädtische Züge annehmenden Stuttgart war man hier noch vorwiegend mit der Landwirtschaft beschäftigt; die 156 Weingärtner dominierten die soziale Struktur, »also hatte Gablenberg vielfach *ganz andere Interessen,* als es die der Großstadt sind.« Pfarrer *Lempp* machte 1900 dann schon deutliche Veränderungen im Ort aus:

» Wohl stehen noch (etwa die Hälfte der Gebäude) die kleinen Wohnhäuser aus alter Zeit, aber reihenweise erheben sich schon die neuen großen Gebäude mit ihren 3 Stockwerken, mit ihren massiven Backsteinfassaden und ihren hohen Fenstern. Verschwunden sind die Scheunen bis auf ganz wenige kleine, versteckt haben sich die Viehställe, und nur da und dort ist noch eine Miste neben der Straße sichtbar.« In den 50er Jahren war der ökologische Wandel nicht mehr zu übersehen: *»Der Wald wurde zurückgedrängt, die Weinberge größtenteils überbaut oder in Obstgärten und Gärtnereien verwandelt. Die Wiesen im Tal sind verschwunden, der Bach fließt unterirdisch.« (Langenstein, Heimatkunde)*

Als *Frank Werner* dann in den 70er Jahren in seinen architekturkritischen Spaziergängen für die StZ dorthin kam, fand er vom ehe-

Dieses antimilitaristische Denkmal stand beim Waldheim Hedelfingen. Die Inschrift: » Zum ehrenden Andenken unserer für Kapitalsucht, Ehrgeiz und Ländergier gefallenen Mitglieder.« Gestiftet hatten es im April 1920 der Verein Waldheim, der Gesangverein Conkordia, der Radfahrerverein und die Ortsgruppe der Unabhängigen Sozialisten (USP). 1933 wurde es von den Nationalsozialisten zerstört.

mals eigenständigen Gemeinwesen nur noch »kärgliche, oft ob ihrer Altersschwäche schamhaft verborgene Überreste.«

Schmalzmarkt

Am heutigen Mittelpunkt des Stadtteils und dem Ende der lebhaften Gablenberger Hauptstraße steht das »Volkshaus«, das die Nationalsozialisten »am 15. Tage des Christmondes« 1935 eröffnet hatten. Reichsgelder für die Altstadtsanierung hatte es zwar nicht gegeben, aber die Stadt überließ das Grundstück günstig und ermöglichte so den Abriß von sieben Häusern. Das »Haus der Volkstreue« (Arch.: Endreß und Bachofer sen. und jun.) sollte ein »Denkmal der Zeit harten und zähen Ringens« sein, hatten doch die Nazis auch in Gablenberg Prügel bezogen, z.B. in der Saalschlacht von 1931. Statt »des Führers verschworener Gemeinschaft« saß im Volkshaus dann allerdings 1945 die Zentrale der Stuttgarter Arbeitsausschüsse, die aus den Antifaschistischen Kampfkomitees, die sich vor bzw. bei Kriegsende 1945 gebildet hatten, hervorgegangen war. Die Stuttgarter Antifa-Bewegung wird als die größte in einer deutschen Stadt bewertet und war in ihrer Anfangszeit einflußreich, ehe sich zunehmends die Konflikte mit Besatzern und Stadt, die *andere* Ziele als die überwiegend linken Komitees hatten, ergaben. Im August 1945 hatte der Zentralausschuß als Hauptaufgaben formuliert:

1. Beseitigung der nazistischen Überbleibsel; 2. Linderung der Notlage der Bevölkerung; 3. Wiederaufbau und Wiedergutmachung; 4. Förderung der kulturellen Demokratie.

Das NS-Volkshaus beherbergte 1945 die Zentrale der antifaschistischen Arbeitsausschüsse.

Mit der Übernahme der Aufgaben durch die zivile Verwaltung verloren die Arbeitsausschüsse Einfluß und Existenz.

Gablenberger Hauptstr.

Als stadtplanerisches Desaster wie im Fall Allianz im Westen (S. 200) wurde der Neubau der Girokasse bezeichnet, dem ein Teil von Alt-Gablenberg zum Opfer fiel: Das Schlößle, das noch in einer Straßenbenennung fortlebt, und das Rathaus (1870) gegenüber der Petruskirche. Das Schlößle, dessen Wappenschmuck bis 1602 zurückführte, beherbergte Brauerei und Wirtschaft, während das Rathaus zeitweise auch Schule und eine Bleibe für kinderreiche Familien (Volksmund: »die Kaserne«) war.

Gablenberger Hauptstr. 80

1900 haben die Gablenberger ihre alte Kirche abgerissen, an deren Stelle die Petruskirche (1900−02, Theophil Frey) entstand. Auf dem rückwärtigen Friedhof sind noch einige ältere Grabdenkmäler, so von Weingärtner Rühle (mit Relief) von 1911. Gleich neben der Kirche ist die »Sakristei« (Nr. 84), in der es weniger fromm zugeht. Hier ist noch einiges vom ehemaligen Dorf auszumachen und mit dem »Träuble« ein historisches Lokal zu finden. Wir verlassen Gablenberg über die Pflasteräckerstraße zu Im Brückenschlegel und weiter zur Nonnenwaldstraße.

Bussenstr.

Der Kampf ums Waldheim

Am 31. März 1911 versammelten sich im »Stern« in Gaisburg beim *Rothweilers Karle*, einem damals bekannten Fußballspieler und Wirt, Arbeiter aus Gablenberg, Ostheim, Gaisburg, Stöckach, Berg und Untertürkheim, um für ihre Stadtteile den Bau eines Waldheimes zu beschließen, nachdem vor allem durch das Engagement des SPD-Ortsvorsitzenden *Friedrich Westmeyer*, schon in Heslach (1908) und Sillenbuch (1909) derartige Begegnungsstätten gebaut worden waren (S. 152). Schon fünf Wochen später war das Gelände gekauft, eine Bretterbude für den Verkauf von Speisen und Getränken gezimmert. Durch Anteilsscheine hatten die Vereinsmitglieder auf genossenschaftlicher Basis das erforderliche Kapital zusammengetragen. Am 7. Mai 1911 fand die Eröffnungsfeier statt, bei der u.a. Westmeyer und die damalige SPD-Landtagsabgeordnete Clara Zetkin sprachen.

Schon nach seiner ersten Sommersaison hatte das Waldheim Gaisburg Feinde, wohl auch, weil den Wirten nun mancher Stammgast fehlte. Jedenfalls berichtet der Waldheimverein 1911 in der »Schwäbischen Tagwacht« der SPD: »Der frühere Bäckermeister und Wirt, jetzige Gemeinderat Theurer in Gaisburg, betrachtet es als seine besondere Aufgabe, den Verein Waldheim Gaisburg e. V. fortwährend zu bekämpfen. In der Sitzung des Gemein-

Neue Obere Halde 1
❸

SPD-Vorsitzender Friedrich Westmeyer: Vater der Waldheim-Bewegung.

Angriffe auf das Waldheim Gaisburg: Zwei Trauben abhanden gekommen?

derats vom 7. September hat Herr Theurer die Behauptung aufgestellt, bei Festlichkeiten im Waldheim Gaisburg finde eine förmliche Plünderung der Grundstücke statt. Beweise für seine Behauptungen hat Herr Theurer nicht erbracht. Nach unserer Information sind im Ganzen zwei Trauben abhanden gekommen ...«

Raichberg

❹

Die Auseinandersetzungen zwischen Kommunisten und Sozialdemokraten trieben Ende der 20er Jahre einen tiefen Riß in den Verein: Die KPDler ekelten schließlich die Sozialdemokraten aus dem Waldheim-Verein hinaus und diese gründeten Anfang der 30er Jahre vis-à-vis ihr eigenes Waldheim Raichberg. Schon von der Satzung her sollte hier verhindert werden, daß die SPD aus ihrem Verein vertrieben werden konnte: Nur die vier SPD-Stadtbezirke Stöckach-Berg, Gaisburg, Gablenberg und Ostheim durften je elf Mitglieder in den Waldheim-Verein entsenden. Auch nach 1945, als die vier Bezirke zum SPD-Stadtbezirk Ost zusammengefaßt wurden, blieb es bis heute bei der Mitgliederzahl von 44.

Die Waldheime:
»Hier bin ich Mensch, hier kann ich's sein!«

Noch immer sind Stuttgarts Waldheime beliebte Ausflugsziele in gepflegter Halbhöhenlage, umgeben von Schrebergärten und dichtem Wald. Entstanden nach der Jahrhundertwende, waren sie ein spezifischer Stuttgarter Beitrag zur deutschen Arbeiterkultur und sind — neben kirchlichen Einrichtungen — bis heute auch einzigartig geblieben.

Das erste Waldheim wurde 1908 in Heslach gegründet vom »Arbeiter-Waldheim-Verein Stuttgart-Karlsvorstadt e.V.«: Eine Handvoll Sozialdemokraten erwarb ein Grundstück im idyllischen Dachswald, zimmerte in Eigenarbeit Holzbuden und legte einen Spielplatz an. Im eigenen Waldheim gab es billiges Vesper, politische Diskussionen und Kinderfreizeiten. Auf Heslach folgten die Waldheime Sillenbuch (1909, S. 270), Gaisburg (1910), Zuffenhausen-Schlotwiese (1911), Wangen (1912, S. 156), Hedelfingen (1912), das der Straßenbahner auf dem Killesberg (1927) und das der Eisenbahner auf der Prag.

Von Anfang an gab es keinen Zweifel, wem ein Waldheim zugute kommen sollte. Im Einladungsschreiben zur Eröffnung am 31. Mai 1908 hieß es: »Werter Genosse, die Benutzung des Platzes wird in der Regel nur Mitgliedern des Sozialdemokratischen Vereins Stuttgarts und deren Familien gestattet sein.« Wie begrenzt diese neue Form der Selbsthilfe war, zeigt ein Dokument des Stuttgarter Sozialdemokraten Fritz Westmeyer, Gründer des Waldheims Sillenbuch, 1909 auf: »Es wäre blöde Utopie, die soziale Frage durch solche Unternehmungen auch nur teilweise lösen zu wollen. Der ›Zukunftsstaat‹ läßt sich nicht parzellenweise zusammen kaufen. Aber einem kann und soll das Waldheim dienen, nämlich dem Besitzlosen für seine paar Freistunden: Hier bin ich Mensch, hier kann ich's sein!«

Über Jahre hinweg waren die am Rande der Großstadt gelegenen Waldheime für viele ein Platz der Erholung und Fürsorge. Die Arbeiterjugendhilfe übernahm während der Ferien die Betreuung der oftmals kranken und unterernährten Kinder. Für vier Mahlzeiten täglich waren damals 80 Pfennige zu bezahlen. Die Waldheime waren auch Ort des politischen Kampfes der Arbeiterparteien. In Heslach z.B. hatte das Reichsbanner, 1924 gegründete republikanische Schutzorganisation, seinen Ausbildungsplatz.

Im März 1933 wurden die »marxistischen Brutstätten« (NSDAP) von der SA besetzt. Erst nach 1945 blühten die Waldheime wieder auf. Jahr für Jahr strömen jetzt die Stuttgarter dorthin, um in den schönsten Gartenlokalen der Stadt unter schattigen Obstbäumen genußreiche Stunden zu verbringen — eben so, wie es sich die Gründerväter vorstellten.

Stefan Hammer

1933 wurden beide Waldheime beschlagnahmt und von der HJ benützt, im Krieg dann zerstört. Das neue Waldheim Gaisburg konnte 1951 eingeweiht werden, das Waldheim Raichberg am 1. Mai 1952. 1974 stellte die Arbeiterwohlfahrt (AWO) ein zweites Haus auf das SPD-Gelände.

Auch in der Geschichte der Sportvereinigung Stuttgart Ost 1886 e.V. spiegeln sich die Auseinandersetzungen in der Arbeiterbewegung wieder. Der 1897 gegründete Arbeitersportverein Gaisburg, 1910 in die politisch weniger anrüchige »Turngemeinde Gaisburg« umgetauft, ging 1919 mit dem Arbeitersportverein Gablenberg Ost als TSV Stuttgart Ost zusammen, dessen größter Erfolg 1929 die Süddeutsche Fußball-Meisterschaft des Arbeitersportverbandes war. Die Konflikte zwischen SPD und KPD spalteten Ende der 20er Jahre auch den Arbeitersportverein in »Blaue« (FSV Stuttgart-Ost, Sportplatz beim Waldheim Raichberg) und »Rote«.

Vereinsabzeichen der SpVg Stuttgart-Ost

**Waldebene Ost
221/1**
❺

Waldheim Raichberg: Gegründet, als die Sozialdemokraten hinausgekelt wurden.

»Blaue« und »Rote«, der TSV Stuttgart Ost, die Freie Sportvereinigung Stuttgart Ost, der TSC Gablenberg-Ostheim, der Arbei-
ter-Schwimmverein (Bezirk Ost) und der Athletiksportverein
Stuttgart Ost (Vorgänger 1. Athletenclub Gablenberg war 1913
Deutscher Meister im Arbeitersport) schlossen sich 1945 zur Sportvereinigung Ost zusammen, aus der infolge der Krise der bürgerlichen TSG Gaisburg (»Ämterverbot für NS-Mitglieder«) 1946 die
SpVg Stuttgart Ost 1886 wurde.

Staibhöhe

⑥

Unterhalb der Sportanlagen von Stuttgart Ost biegen wir am
Funkturm links ab Richtung Staibhöhe. Diese ins Neckartal hinein-
ragende Anhöhe (316 m ü.M.) wurde wegen des weiten Panorama-
blicks ins Neckartal, zum Schurwald und Rotenberg 1926 vom Verschönerungsverein Stuttgart mit einer Aussichtsterrasse und Bänken versehen. Die 26.500 Reichsmark, die Geländekauf samt Bauarbeiten den Verein kosteten, hatte der Stuttgarter Privatier *Otto
Staib* gestiftet.

»Arme Leite zu Gaisburg«

Der Blick von hier geht auch auf die beiden Neckarvororte Gaisburg und Wangen.

*Gaisburg, dessen Gaskessel 103 Meter hoch ragt, war schon 1140 als Gut
von Kloster Hirsau erwähnt; eine andere Urkunde nennt 1467 » die armen
Leite zu Gaisburg«. Die Oberamtsbeschreibung von 1856 erlebt die Gaisburger » durch harte Arbeit und Entbehrung niedergedrückt; Leute, die nur
wenige oder gar keine Güter haben, arbeiten auswärts in Taglohn oder näh-
ren sich mit Sandverkaufen, die Kinder gehen in die Fabriken nach Berg,
Cannstatt und Stuttgart.«
Wie der Nachbarort hat jetzt auch Wangen (10.000 Einwohner) den Cha-*

rakter eines Industrieorts entwickelt. In einer ehemaligen Fabrik ist das

Theaterhaus (S. 139) und (In den Heiligenwiesen 6) die Country & Western-Hochburg »Longhorn«, vor allem von US-Soldaten frequentiert.

Auch die Aussichtsplatte bei der Schillerlinde (376 m ü.M.) hat der Verschönerungsverein angelegt, zum 100. Todestag des Dichters 1905. Zur Einweihung hatte *Karl von Schönhardt*, Staatsrat und Generalstaatsanwalt, Poetisches zu Papier gebracht:

Schillerlinde

> *»Hier, an des Waldes dämmerndem Rande, auf lichter Bergeshalde,*
> *in dunkler Tannen umhegendem Schutz, steh und gedeihe!*
> *Kräftig erhebe dich hoch und höher weithin sichtbar!*
> *Schillerlinde!*
> *Uhlandlinde! Schillerlinde!*
> *Grüßet euch im Frühlingswinde!«*

1965 spaltete ein Blitzschlag die so besungene Schillerlinde und Fäulnispilze hätten sie fast zerstört, hätten nicht Spezialisten des Gartenbauamtes 1978 mit einem komplizierten Eingriff den Baum gerettet.

Wir folgen dem Wangener Höhenweg (Albvereins-Zeichen: ein rotes Hufeisen), haben Ausblicke auf Rotenberg, Schurwald und vor allem die geballte Industrielandschaft entlang des Neckars. Die Wangener Höhe ist anschauliches Beispiel, wie Arbeitswelt und Freizeitbedürfnisse einander bedingen. Unten im Tal die dichte Wohnbebauung neben Industriekomplexen und Verkehrslärm der B 10; hier oben ein Gartenhäusle am andern, teils liebevoll bis ins Kitschige herausgeputzt, individuell gestalteter Rückzug ins Grüne. »Refugium« hat einer bezeichnenderweise in die betonierte Einfahrt zu seinem »Stückle« geschrieben; ein anderer pinselte »Kurtles Shilo Ranch« ans grüne Paradies. Daß es meist Arbeiter und Angestellte von Daimler sind, die hier oben ihr Gartenhäusle haben, ist schon daran zu erkennen, wie augenfällig ausgeschildert ist, wer wo (nicht) parken darf; der Jahreswagen geht erstmal vor.

Wangener Höhenweg

Wo das Auto zum Baumhaus wird und der Reifen zur Schaukel: Ein Gütle auf der Wangener Höhe.

Die »Schlacht am Abelsberg«

Der Berghang hat auch schon Anderes gesehen, denn am 3. April 1919 lagen während des Generalstreiks und Belagerungszustands zwischen Gaisburg und Wangen etwa 400 Spartakisten, die sich in Schützengräben verschanzt hatten und sogar über Maschinengewehre verfügt haben sollen (das Artillerie-Wagenhaus Untertürkheim war von ihnen erobert worden). Die Regierung setzte Geschütze gegen die Aufständischen ein, ließ den Untertürkheimer »Hirsch« (»von 120 Bewaffneten gesäubert«), das besetzte Artillerie-Wagenhaus und das Waldheim Wangen, wo ein Waffenlager war, stürmen. »Bis jetzt sind 16 Tote, darunter zwei Angehörige der Regierungstruppen gemeldet. Verwundet sind 41 Personen«, hieß es im Bericht der Staatsregierung von Württemberg.

Während des 2. Weltkrieges war der Wangener Bergrücken von der Schillerlinde bis zum heutigen Ausflugslokal »Onkel Otto« mit Luftabwehrgeschützen und riesigen Scheinwerfern bestückt. Sie sollten die Industrieanlagen am Neckar schützen, die auf Waffen-

Abelsberg

Die Flak der Wangener Höhe schützte im 2. Weltkrieg die Rüstungsproduktion.

Im Gewann Rot 1

Soziale Preise in der Gartenwirtschaft: »Onkel Ottos Hüttenwerke« durften bleiben.

produktion umgestellt hatten. Am Rennweg haben Reste von Backsteinbefestigungen mit Schießscharten die Jahre überdauert und sind heute zu Gartenhäuschen »konvertiert«.

Vorbei an der Gaststätte »Neckarblick« führt der Wangener Höhenweg zum Waldheim Wangen, 1912 als fünftes Stuttgarter Waldheim gegründet. Vier Arbeiterorganisationen hatten sich zusammengetan, um ihren Traum vom Wochenende im Grünen zu erfüllen: Der sozialdemokratische Verein Wangen, der Gesangsverein »Hoffnung«, die Freie Turnervereinigung und (ab 1913) der Arbeiter-Radfahrer-Verein Solidarität. Politische Auseinandersetzungen ließen die Gründer 1925 aus dem Waldheim-Verein austreten, er verlor seine linke Ausrichtung, wurde aber dennoch 1933 aufgelöst, die Gebäude von der NSDAP zerstört. 1946 erhielt der Verein von

»Achtung Selbstschüsse«:
Kleingarten auf der Wange-
ner Höhe.

der US-Militärregierung wieder eine Lizenz und 1949 fand wieder eine Waldheim-Freizeit der Arbeiter-Wohlfahrt (AWO) statt. 1951 stand erneut eine große Freihalle, die mit Zuschüssen von Stadt und AWO 1961 zu einem festen Haus ausgebaut wurde. Seit 1966 bewirtschaften die Mitglieder das Waldheim nicht mehr selbst, es wurde Gaststätte.

Bei »Onkel Otto«

Auf dem Kamm der Wangener Höhe verläuft der schon 1955 genannte Rennweg, den wir erreichen, wenn wir beim Waldheim den steilen, gepflasterten Weg bergauf gehen. Dort ist die bekannte Gartenwirtschaft »Onkel Otto«, in der an Sommertagen bis zu 600 Gäste sitzen. Da der Wirt *Adolf Rotter* vor 30 Jahren mit einem schlichten Gartenhaus einen Schankbetrieb begonnen hatte, der immer mehr expandierte, protestierten die Nachbarn ob des Lärms und des Autochaos und drohte die Stadt nach jahrelangen Auseinandersetzungen mit der Schließung von »Onkel Ottos Hüttenwerken«. Schließlich wurde 1986 ein Kompromiß ausgehandelt: Das kleine Weinstüble, Urzelle der Gartenwirtschaft, wurde eine richtige Gaststätte und draußen im Garten dürfen nun maximal 120 Gäste in den riesigen Weinfässer-Lauben und auf Bänken aus knorrigem Wurzelholz ihre Viertele schlotzen. Trotz Umbau hat »Onkel Otto« übrigens seine sozialen Preise gehalten: Das billigste Viertele kostet weiterhin 3,50 Mark; Rentner zahlen von 11 bis 18 Uhr weniger fürs Viertele und andere Getränke.

Der Lenzenberg am Südost-Ausläufer der Wangener Höhe Richtung Hedelfingen ist das letzte große Weinbaugebiet des Höhenzugs. Auch wenn in den jetzigen Freizeitgärten und »Stückle« noch so manche Trockenmauer, manches Weinberghäusle und einige steile Wasserstaffeln an die ehemaligen Weingärten erinnern und der Wangener Höhe besonderen Charme geben, so werden doch durch exotische Zierpflanzen und überzogene Düngung mit Pestiziden, die die schwäbisch-sauber herausgeputzten Gärten vor Unkraut bewahren, die Biotope der aufgelassenen Weinberge dezi-

8
In den Stuben-
weinbergen 5

Gußeiserne Pumpe bei
»Onkel Otto«.

9
Lenzenberg

Der Osten 2   157

Selten geworden sind in den rebflurbereinigten Weinbergen die schmucken Weinberghäuschen vom Beginn des Jahrhunderts (hier bei Bad Cannstatt, mit Weinrebe und Rebmesser als Winzerzeichen über der Tür) und die historisch und ökologisch wertvollen alten Trockenmauern (rechts im Bild).

Burg Hedelfingen

miert. Allerdings ist dies auch im 1981—83 flurbereinigten Lenzenberg so, da in ihm z.B. die Weinbergmauern, ein spezifischer Lebensraum für Eidechsen u.a., entfernt wurden.

Vom Lenzenberg bietet sich ein imposantes Panorama auf die riesigen Werksanlagen von Daimler-Benz in Mettingen, aber auch nach Lederberg, Heumaden, Sillenbuch, Rohracker und Frauenkopf. Sinnlich erfahrbar wird hier oben in den letzten Resten von Natur, was »Landschaftsverbrauch« und das Ballungsgebiet Mittlerer Neckarraum bedeuten.

Den runden Markierungen des 1983 von Verschönerungsverein und Schwäbischem Albverein eröffneten 54 km-Rundwanderwegs »Stuttgarter Rössle« folgen wir bis zum Standort der einstigen Burg Hedelfingen, von der außer einer urkundlichen Erwähnung 1346 und ausgegrabenen Grundmauern wenig bekannt ist.

Auch das einstige Weingärtner-Dorf Hedelfingen hat die Industrialisierung gründlich verändert. Sehenswert im Ort sind die

Friedhofskirche (Wandmalereien 15. Jh.), die neuzeitliche Kreuz- **Hedelfingen**
kirche (1929—30, Trüdinger) in der Amstetterstraße 25, das Rathaus (1910, Hornung) und die Alte Kelter, Ecke Heumadener-/
Fruchtstraße. Seit 1922 gehört Hedelfingen zu Stuttgart.

An dem häßlichen Platz, der aus einer riesigen Kreuzung besteht, **Hedelfinger Platz**
ist die Endhaltestelle der Straßenbahn. Hier erinnert ein Gedenkstein an *Otto Hirsch*, der im KZ Mauthausen ermordet wurde
(S. 120).

Wein-Bau:
Keltern, Kellern, Winzerhäuser

Auf den ersten Blick lassen Schlösser und Gärten, Industrieanlagen und Bürohäuser die
Wein-Kultur im Stuttgart-Bild glatt vergessen. Wer aber die jüngeren Zeit- und Farbschich-
ten einmal abgenommen hat, findet noch reichlich Anhaltspunkte für die Ära, da die Reise-
schriftsteller befürchteten, daß die Region »im Wein ersäufen müßte, wenn die Trauben
nicht abgelesen würden.« Tatsächlich sind Hanglandschaft und auch Hauslandschaft stellenweise noch eindrücklich von der Weinkultur geprägt.

Nicht nur im Cannstatter Ortskern (Spreuergasse 10, 1689), sondern auch mitten in der
Stuttgarter Innenstadt (Firnhaberstraße 1, 17 Jh.?) sind ansehnliche Erinnerungsposten an
die vorindustrielle Winzerkultur erhalten. Giebelständig, mit (verputzten) auskragenden
Fachwerkobergeschossen und einem steinernen Rundbogentor zum Lagerkeller kann
schon das Stuttgarter Exemplar den Blick für die Sonderform des »Weingärtnerhauses«
schärfen, dessen Merkmale hin und wieder zwischen der Großstadtarchitektur der alten
(Heslach, Gablenberg) und eingemeindeten Dorfkerne (Cannstatt, Degerloch, Untertürkheim, Obertürkheim, Wangen, Hedelfingen, Rohracker, Uhlbach, Rotenberg) aufscheinen
und in einigen Remstalgemeinden (Beutelsbach, Strümpfelbach) geradezu folkloristische
Musterformen angenommen haben. Das Remstäler Paradebeispiel (Strümpfelbach:
Hauptstraße 28—46, Hindenburgstraße 28) vereinigt die ganze Palette der Weingärtnerhau-
selemente.

Gleichzeitig verstellen diese pittoresken Kleinodien und die Suche nach Fachwerkgie-
beln und Weinkellern aber auch den Blick für den historischen Bau- und Wohnalltag der
Weinbauern. Selbst in einschlägigen Reblandgemeinden besaß nur ein Bruchteil der ländlichen Wohnhäuser den zum Weinlagern notwendigen, kühlen Kellerraum. Die Intensivkultur
des Weinbaus bot zwar vielen Händen Arbeit und führte damit zu fast städtisch anmutenden Dorfstraßenbildern mit verdichtet enger und mehrgeschossiger Bebauung, aber die Möglichkeit zum Weinhandel und zum Genuß des Luxusgetränks war eher wohlhabenden
Schichten vorbehalten. Die erhaltenen Stuttgarter Wein-Vororte, die kleinbäuerliche Dorf-
randbebauung in Strümpfelbach oder die bescheidenen Traufenhäuser der Weingärtner-
Vorstadt in Waiblingen lassen erahnen, daß der eigene (oder vermietete) Weinkeller im Win-
zerhaus des mittleren Neckarraumes weniger bäuerlichen Alltag als ein ausgesprochenes
Privileg war.

Die in Württemberg ursprünglich geltende Verpflichtung der Weingärtner zur Benutzung
der grundherrschaftlichen Kelter und die damit gewährleistete Kontrolle über die Naturab-
gaben, machten private Lagerräume für viele kleine Weinbauern entbehrlich, da der verbliebene Rest in der Regel gleich über den Verkauf unter der Kelter in die Lagerkeller oder direkt
in den Handel kam. Die Fachwerk-Kelterhallen in Strümpfelbach (Streitbergkelter, 16. Jh.)
und Metzingen (Heiligenkelter, 15. Jh) oder in Esslingen die (heutige Sekt-)Kellerei im mittelalterlichen Speyrer Pfleghof (Marktplatz 21—23) und die Spitalkelter (Marktplatz 2, 16.
Jh.) erinnern sozusagen als Herrschaftsbauten an die Vorgeschichte des »Stuttgarter Wein-
dorfes« oder des »Fellbacher Herbstes«. *Jörg Haspel*

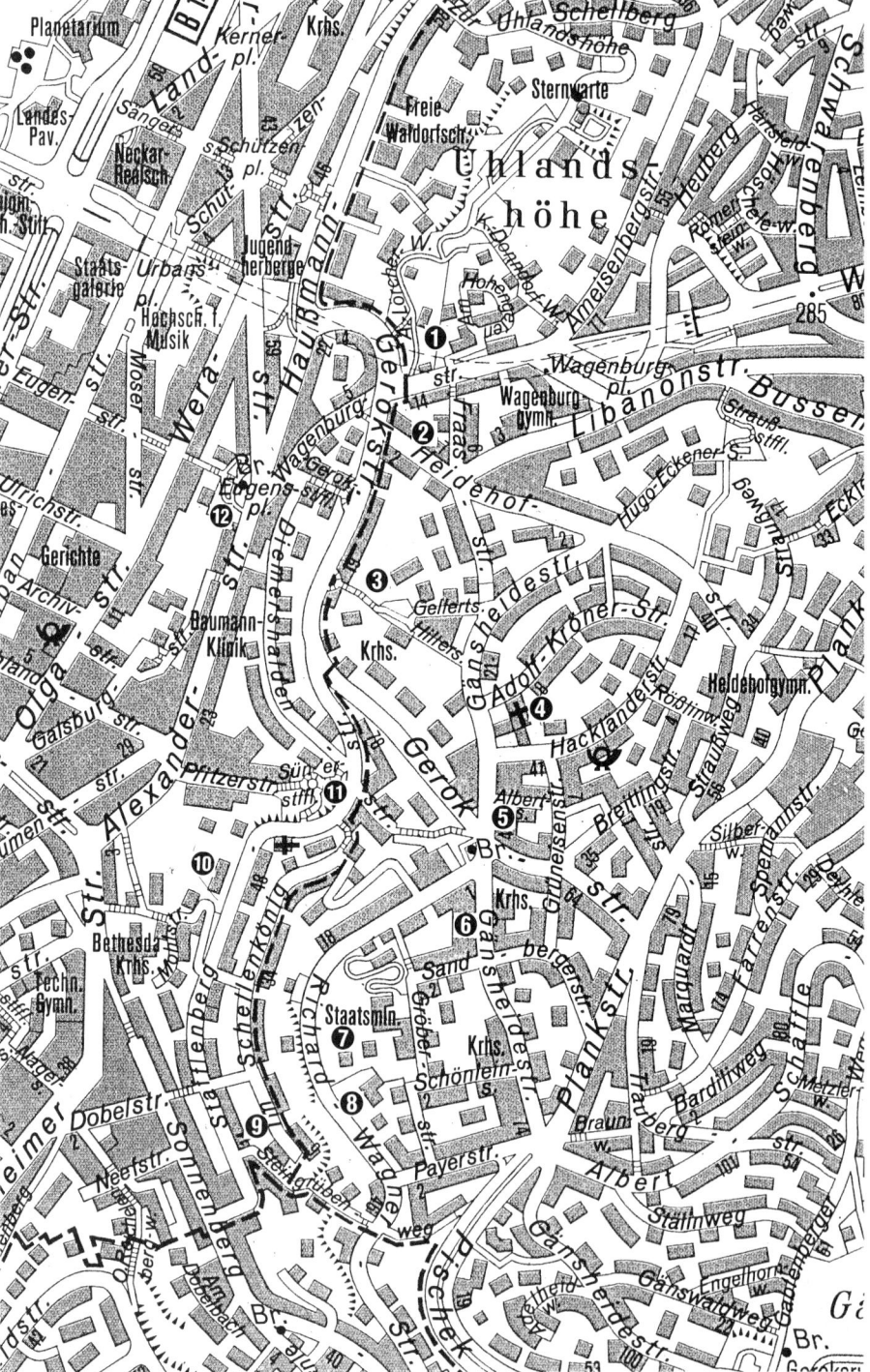

Schlösser mit Videoaugen und nützliche Kanonen

Der Osten 3: Über die Gänsheide

von Werner Skrentny

Ausgangspunkt: Haltestelle Gerokstraße, Straßenbahn-Linie 15
Endpunkt: Eugensplatz, Straßenbahn-Linie 15
Dauer: 2 Stunden

Es ist eine bessere Gegend hier oben auf der Gänsheide, aber das haben Stuttgarter Höhen- und Hanglagen ja nun mal so an sich. Um die Jahrhundertwende ist hier ein nobles Villenquartier gewachsen. Die Bewohner hatten sich schon früh organisiert (1901 Gänsheidevereinigung), um ihr Viertel vor »4—5stockiger Bauweise und Mietskasernen« zu bewahren.

So spazieren wir heute durch ruhige, vornehme Straßen, gesäumt von repräsentativen Bauten. Wen wundert es, daß hier sowohl die staatliche Obrigkeit (Villa Reitzenstein) als auch die geistliche (Evangelischer Oberkirchenrat) ansässig sind.

Wir begegnen viel Prominenz auf der Gänsheide, eher allerdings in der Vergangenheit: Die von heute sieht lieber uns bzw. läßt uns sehen dank ganzer Videobatterien und sogar privater Wachleute. Gelegentlich stoßen wir auf Befestigungen und Stacheldraht; das sieht nach Wackersdorf oder DDR-Grenze aus, nicht nach Stuttgart-Ost. Aber vielleicht muß das auch so sein, hier, wo schon mal *drei* Porsche 911 in *einem* Hof parken.

Aber erfreuen wir uns »an dieser schönen Gegend, wie wohl kaum eine andere ist in dieser Stadt, sowohl was die Größe des Areals als die landschaftliche Lage angeht.« (Gänsheidevereinigung um die Jahrhundertwende)

Kanonenhäusle und Kanonenstraße: In falschem Verdacht

Das Märchenschlößle

Gleich einen baulichen Höhepunkt beschert uns der Auftakt, mit der Villa Hauff von 1903 samt ehemaligem Torhaus, Wagenburgstraße 13. *Karl Hengerer* hat die Arbeiterquartiere von Südheim (S. 141) und Ostheim (S. 249) entworfen, aber auch »diese Mischung aus mittelalterlicher Burg und Märchenschlößle«, wie StN-Kolumnist *Knitz* die Villa definierte. Bauherr war Dr. phil. Dr. Ing.h.c. *Friedrich Hauff* (1863—1935), der eine Fabrik für fototechnische Produkte in Feuerbach besaß, die u.a. erfolgreich die »Hauff-Ultra-Rapid-Photoplatte« verkaufte, wie das stattliche Anwesen, zu dem

Gerokstr. 7

❶

ehemals noch ein kleiner Aussichtsturm auf der Uhlandshöhe und das 1960 zerstörte Weinhaus gehörten, vermuten läßt. Prominenz ging bei Hauff ein und aus: *Daimler* und *Bosch*, Komponist *Engelbert Humperdinck*, die Luftschiffer *Zeppelin* und Graf *Luckner*. Nach Hauffs Tod wurde der Familie das Schloß wohl zum Klotz am Bein, denn 1939 wurde an die Stadt verkauft, ehe sich die SS hier einnistete. Über diese Periode kursieren allerlei Geschichten, von der »Ordensburg« bis zur »Vereidigung«. Im Adreßbuch liest's sich weniger geheimnisumwittert: 1941 Sitz von SS-Führer *Otto Sehn*, ab 1942 Ergänzungsamt der Waffen-SS.

Als dann die Faschisten derlei Exklusivität (vorübergehend) mit anderer Umgebung vertauschen mußten, kam das US-Konsulat hierher. Und hätte es Neuschwanstein nicht gegeben, so möchten wir vermuten, stünde heute vielleicht die Villa Hauff in Disneyland. Seit 1952 ist hier nun, eine Initiative der US-Amerikaner, das Jugendhaus Ost: Wenn das keinen gesellschaftlichen Wandel belegt!

Gerokstr. 9

»Villa Libanon« steht etwas verwittert an einem Torpfeiler — einziger Hinweis auf das verschwundene Haus von *Oscar Fraas* (1824–1897), Professor und Direktor des Königlichen Naturalienkabinett in der Neckarstraße, der hier schon 1874–75 baute, als sich andere Stuttgarter Prominenz wie der »*Honig-Leyrer*«, Buchhändler *Steinkopf* oder Architekt *Schweitzer* noch mit Sommergärten auf der Gänsheide begnügten. Die Benennung der Villa war Reminiszenz an eine Forschungsreise, die der Geologe und Pfarrer gerade hinter sich hatte.

Gegenüber liegt das »Haus Sonnenbühl« (1901), ehemals dem Oberbaurat *Knoblauch* gehörig, und für uns interessant, weil wir dem »Wagenburg«-Kult begegnen, dem Historismus jener Zeit, der im Kopf des König Rudolf an der Fassade Ausdruck fand. Stuttgart und Rudolf von Habsburg waren sich 1286 begegnet, als der König die Stadt von der »Wagenburg« aus belagerte. Prediger *Karl Grüneisen* 1906 in einem Gedicht:

»Dort, wo dürstend nach der Beute
seine Schar gelagert stand,
ist der Hügel noch bis heute
Wagenburg im Volk benannt.«

Das erklärt uns Wagenburgstraße und -tunnel, doch nicht nur Knoblauch huldigte dem Mittelalter: Es gab weiter die »Villa Wagenburg« (1864) und — wir begegnen ihr beim Eugensplatz — es gibt die »Wagenburg« von *Wilhelm Springer,* Haußmannstraße 2, auf deren Fassade »1286« vermerkt ist, das Jahr der Belagerung.

Wir verlassen den Hauptweg, die Gerokstraße, zu einem ersten Seitensprung bergan. Haus Nr. 3, den roten Backsteinbau, begründete 1903 ein Eisenbahn-Betriebsinspektor — mit dem neuen Verkehrsmittel kam man also wirklich wohin. Nachbar in Nr. 5 (1904), dem städtischen »Heidehofheim« mit der Wetterfahne, war ein Bankdirektor.

Zeuge des nazistischen Rassismus ist Haus Nr. 9, dessen Besitzer der jüdische Kaufmann *Isidor Rosenstock* war, Teilhaber einer Altmaterialien-Handlung in Feuerbach. Das Anwesen ging 1936 auf den Israelitischen Landesasyl- und Unterstützungsverein für Württemberg über, der 1940 hier — wir kennen die Umstände — 32 Menschen zusammenpferchen mußte, deren Sterbeort Auschwitz, Theresienstadt oder Riga hieß. Nebenan, Nr. 11, herrschte zu der Zeit eher frohes Treiben, im Frauenwohnheim der Auslandsdeutschen.

Über die erwähnte Attraktivität der Gänsheide dürfte wohl kein Zweifel mehr bestehen, wenn wir erfahren, daß hier in der Villa Hei-

Das mächtige Portal zur Bosch-Villa, 1934 umgestaltet und u.a. mit einem Relief des »Bosch-Zünder« versehen. Die 25 Zimmer-Villa, deren Architekten Früh und Heim waren, wurde 1911 fertiggestellt. Robert Bosch lebte hier bis zu seinem Tod 1942. 1945 zogen hier die Franzosen ein, später die US-Amerikaner, zuletzt war hier die der französische Generalkonsul und nun ist hier die Bosch-Stiftung.

dehofstraße 31 (1909–10) auch der Großindustrielle *Robert Bosch* ansässig wurde, wo einst das Gartenhaus von Schriftsteller *Hackländer* war. Heidehofstraße 39 war Wohnsitz von Kunsthändler *Hans Otto Schaller* (siehe dazu S. 116).

Gerokstr. 13A/15

Zurück auf unserer eigentlichen Route, passieren wir weitere Prominenz: Nr. 13A, mit dem Wappen am Haus, erbaut 1904, Bewohner ehemals Prof. *Karl Neef*; Nachbar war *Max Schiedmayer*, »Königlich Bayerischer und k.u.k. Hofpianofortefabrikant« — das Traditionshaus baut noch heute an der Heilbronner Straße. Die kleine Backsteinvilla mit Turm (Nr. 15) stammt von 1891. Vis-a-vis führt die Gerokstaffel hinab zum Eugensplatz.

Das unmilitärische Kanonenhäusle

Gellertstr. 12

❸

Für uns geht es nun neuerlich bergan, über die Hillerstaffel zum Kanonenhäusle von 1702. Beachten wir auf dem Weg die Brückenbauten, u.a. des Oberkirchenrats, zu den Hanggärten.

Das Kanonenhäusle hatte eine gänzlich unmilitärische Funktion und war als Hochwacht erbaut worden, nachdem ein Feuer in Esslingen 200 Häuser zerstörte. Zwei Lärmkanonen sollten im Brandfall die Stadt warnen — »die Nachbarschaft soll von der obhabenden Gefahr gewahrschauet und benachrichtigt werden« (Feuerordnung). Das Häusle gab dem Kanonenweg den Namen, den er 1945 im Feuereifer der Antifaschisten verlor und nun Haußmannstraße heißt.

Nach dem NS-Jungvolk wurde in dem 1863 aufgestockten Häuschen ein Gärtnerpaar heimisch und als das 1974 auszog, war natürlich gleich wieder an Abriß gedacht, zumal sich Obdachlose als Hausbesetzer einstellten. Dem »Verein zur Förderung und Erhaltung historischer Bauten e.V.« ist zu danken, daß das Häusle erhalten blieb (jetzt Künstleratelier).

Rechterhand der Staffel ist die Kunststiftung des Landes am Ort des früheren »Kurhaus Gänsheide«/Restauration Zorn.

Gellertstr. 6

Die *Galerie Valentien* kaufte 1974 den palaisartigen Bau (1910–11, Bonatz), die sog. Villa Kopp, und garantierte so den Erhalt, was auch der Staat honorierte: Der Erwerb wurde von der Besteuerung ausgenommen.

Gänseheidestr. 29

❹

Die Christuskirche mit ihrem 36 Meter-Turm aus Kalk-Travertinstein ist eine Landmarke der Gänseide, ihre Geschichte bestimmt vom letzten Krieg. Schon 1936 war der Name festgelegt, 1939 die Pläne von *Sylvester Laible* fertig, doch lange traf sich die Gemeinde noch unter dem Bildnis eines überschäumenden Bierglases in der Gaststätte »Geroksruhe« und in einer Baracke, die noch die SS erbaut hatte. Erst 1955 wurde die Kirche geweiht, ein Traditionsbau — »keine Spur von erfreulichem und unerfreulichem Suchen nach neuen Wegen im Kirchenbau« (Evangelisches Gemeindeblatt).

❺
Gerokstr. 41

»Bubenbad« heißt die Haltestelle der Straßenbahn, wo Gerokstraße, Gänsheidestraße und Richard-Wagner-Straße zusammenstoßen und auch der Salamanderbrunnen aus den 30er Jahren steht.

»Bubenbad« heißt auch noch eine Wienerwald-Gaststätte (Nr. 41)

und erinnert im Namen an die 1875 von *Gottlieb Eckardt* begründete Restauration. Der Name »Bubenbad« rührt von einem Anfang des Jahrhunderts zugeschütteten kleinen See auf der heutigen Kreuzung Gerok-/Grüneisen-/Breitlingstraße, ein Treffpunkt der Jugend. 1900 ertrank hier ein Junge; einige Jahre später wurde der Tümpel zugeschüttet.

Bevor wir in die Richard-Wagner-Straße einbiegen, gehen wir noch ein Stück weiter zur schloßähnlichen Villa (1900) des Militärs *Fritz Lauffer,* deren Turm so markant ist.

Die Narren von Schwaben ...

Heinrich-Heine-Straße war Name der noblen Straße, bis die Nazis Stuttgarts Straßenverzeichnis »entjudeten«. »Was hat Heine mit Stuttgart zu tun?«, wurde vor '33 schon spitzfindig gefragt und mit einem Heine-Zitat geantwortet: »Ich weiß nicht, was soll es bedeuten.« Heine hat in »Deutschland, ein Wintermärchen« einen Stuttgart-Bezug, schrieb er doch zum Transport der Steine von der Gänsheide für den Kölner Dom:

> *»Es ward nicht vollendet der Kölner Dom*
> *Obgleich* die Narren von Schwaben
> *zu seinem Fortbau ein ganzes Schiff*
> *voll Steine gesendet haben!«*

Die Richard-Wagner-Straße blieb auch nach Ende der NS-Zeit; die (neue) Heinestraße führt nun hinauf nach Degerloch.

Der Eingang mit Figurenschmuck bei Nr.4 ist erhalten, und durch ihn ging's um 1950 in ein Etablissement, in dem so etwas wie ein Hauch von Weltstadt geweht haben soll, die Zigarren der gerade wieder dick gewordenen Manager gequalmt und die Nitribitts gestöckelt haben. »Golf-Bar« hieß das, ein Werk des Architekten

»Ein Markstein in der Erschließung der Gänsheide«: Eröffnung der Straßenbahn-Haltestelle Bubenbad *am 6. August 1910. Die Linie 5 fuhr damals auf der Strecke Kanonenweg — Gerokstraße — Bubenbad und galt als »Panoramabahn ersten Ranges«.*

Gänseheidestr. 62

Richard-Wagner-Str. 4

Hans Peter Schmohl, »eine Stätte der Unterhaltung, wie sie bislang im Gesellschaftsleben der *aufstrebenden* Stadt fehlte, mit schlichter Vornehmheit, intim-familiär.«

»Ond dess älles om oi Bett rom!«: Villa Reitzenstein, deren Gegenstück im Süden die Villa Gemmingen ist

Als »Herr Müller« auf der Alm versteckt: »Reichsstatthalter« Wilhelm Murr mit Hitler

Und noch ein »Nabel Schwabens«

Es ist schon eine optische Überraschung, geht man die vornehm-ruhige Richard-Wagner-Straße entlang und wird dann unversehens mit dem überdimensionierten Schloß-ähnlichen Eingang samt Torbauten (und natürlich auch hier Polizei und Videoüberwachung) der Villa Reitzenstein konfrontiert. Wäre die Technik allerdings noch nicht soweit, hätte die Villa mit Stacheldrahtverhauen u.a. verunziert werden müssen.

Hier wird die Politik des Landes gemacht, ist der Amtssitz des Ministerpräsidenten und das Staatsministerium, eine Machtzentrale, auch wenn andere die eher in der Vorstandsetage von Daimler-Benz vermuten. Der Ministerialdirigent i.R. *Eberhard Muff* jedenfalls hat in seiner detaillierten Chronik des Reitzenstein (1981) die Villa gleich zu einem (weiteren!) »Nabel Schwabens« befördert (vgl. S. 7).

Bauherrin der Villa (1911–13, Schlösser und Weirether) war die Baronin *Helene von Reitzenstein,* Tochter des steinreichen Verlegers *Hallberger.* Daß sie auf der Gänsheide, oberhalb des Wilhelmspalais, so unübersehbar ansässig wurde, soll ein Affront gegen die Königin im Palais drunter gewesen sein: Der barocke Bau steht für einen Herrschaftsanspruch. Schon der Rohbau war eine Attraktion:

» Das Ganze wirkt in dieser Villenkolonie neuartig und pompös und wenn an den schönen Sonntagen der Strom der Ausflügler und Spaziergänger nach der Gegend des Bubenbades sich ergießt, dann ist das stattliche Baugrundstück den ganzen Tag über von Neugierigen umlagert.« (Süddeutsche Zeitung, 1912). Felsen wurden gesprengt, Wasserfälle und Hohlwege angelegt, ein Rosengarten und Pavillons. 61 Räume hatte das Palais und ein schwäbischer Steinmetzmeister befand angesichts der verwitweten Bauherrin: »Ond dess älles om oi Bett rom!«

Kaum war die Villa fertig, da wurde sie Kriegslazarett (aber nur für höhere Ränge) und der Besitzerin in der Inflation zu teuer: Helene zog nach Oberbayern, die Stadt war die neue Besitzerin der vergoldeten Wasserhähne, des gekühlten Weißwein- und des beheizten Rotweinkellers, des Silberputzzimmers und was sonst noch dazu gehörte. Das Reichsverwaltungsgericht kam nicht wie geplant hierher (sondern nach Dresden), und so amtierten auf dem Reitzenstein die württembergischen Staatspräsidenten *Bazille, Bolz* und ab 1933 der spätere »Reichsstatthalter« *Wilhelm Murr* (geb. 1888) der NSDAP.

Pack schlägt sich, aber es verträgt sich doch nicht immer: 1938 erschoß nach einem internen Streit der Parteigenossen ein SS-Mann einen Wachtmeister, der Murr schützen sollte. Der »Reichsstatthalter« ließ sich später vorsichtshalber gleich einen Bunker für 200 Personen bauen, suchte aber dann doch das Weite (und nahm die flandrischen Gobelins mit):

In zehn überfüllten Pkws flüchteten Murr und seine Freunde am 19.April 1945 über Urspring, Schloß Kisslegg und Trauchberg bei Wangen (wo man längst in Zivil war) zum Bodensee nach Österreich. Und dann waren Wilhelm Murr und seine Frau Lina wie vom Erdboden verschwunden.

Erst ein Jahr später, 1946, löste sich das Rätsel bei der Exhumierung zweier Toter in Egg in Vorarlberg: Jenes Ulmer Ehepaar »Walter und Luise Müller«, das von den Franzosen am 13.Mai 1945 auf einer Almhütte festgenommen worden war und sich in der Scheune des »Löwen« von Egg vergiftete, war in Wirklichkeit das Ehepaar Wilhelm und Lina Murr gewesen.

Die Franzosen, die US-Militärregierung aus Schwäbisch-Gmünd, der Länderrat der US-Zone (Baden, Bayern, Bremen, Hessen, Württemberg) mit Generalsekretär *Erich Rossmann* (SPD) und das Coordination Office der USA waren die nächsten Bewohner auf dem Reitzenstein, ehe im September 1948 das Staatsministerium aus der Olgastraße einzog. Bis 1953 amtierte *Reinhold Maier* (FDP/DVP) im ehemaligen Billardzimmer im 1.Stock als Ministerpräsident, ab 1953 dann *Gebhard Müller* (CDU) und von 1959 an Wilhelm Murrs ehemaliger Parteigenosse *Kurt Georg Kiesinger,* der nach dem Krieg anderthalb Jahre im Internierungslager Ludwigsburg der Alliierten inhaftiert war. 1966 folgte *Hans Karl Filbinger* (CDU), und als der »furchtbare Jurist« (Hochhuth) endlich zurückgetreten war, wurde *Lothar Späth* (CDU) Regierungschef.

Und so regiert der eine nun oben und der andere im Tale, was den Gegebenheiten von 1978 entspricht: OB Rommel unterlag damals in der CDU-Fraktion um die Filbinger-Nachfolge um 27 zu 42 Stimmen gegen Späth.

Ein weiterer exzellenter Aussichtspunkt der Stadt: Die Innenstadt liegt wie auf dem Präsentierteller.

Eingang zu einem weiteren »Nabel Schwabens«: Dank moderner Überwachungstechnik keine Stacheldrahtverhaue um Villa Reitzenstein

Chef im ehemaligen Billardzimmer: Ministerpräsident Lothar Späth

Wieland-Wagner-Höhe

Villenarchitektur:
die Austreibung der Schloß-Geister

Die Stuttgarter Villenarchitektur erweist sich als ausgesprochene Höhen-Architektur. Als großbürgerliche Privatresidenzen seit den 1860er Jahren gewissermaßen die höfischen Schloßresidenzen als ranghöchste Wohnbauaufgabe abzulösen begannen, suchten sie die exklusiven Hang- und Aussichtslagen am Rand der Stadt auf. Das Bild der von villenbekränzten Höhenzügen umgebenen Kesselstadt verweist aber auch auf eine weitere Stuttgart-typische Note. Zwar bestätigt der Höhendrang nur das Gesellschaftsbild von der in »oben und unten« geschiedenen Wohn- und Klassenlage, aber das sozialtopographische Verteilungsmuster vom »goldenen bürgerlichen Westen« und »proletarisch düsteren Osten« erfährt in der Schwabenhauptstadt eine bezeichnende Ausnahme von der Industriestadtregel. Die Entwicklung des Kesselgrunds von der höfischen Stadt zum Verwaltungs- und Dienstleistungszentrum ließ bürgerliche Geruchsempfindlichkeit gegenüber Fabrikabgasen von Südwest kaum aufkommen. So entstand eine Art »Stuttgarter Mischung« mit allenthalben in Hang- und Höhenlagen anzutreffenden Villengruppen.

Halb Schloß, halb Landhaus, hatte der kronprinzliche Sommersitz der *Villa Berg* (1846/53, Leins) eine Art Prototyp für die neue Oberschicht-Architektur abgegeben. Die Bürger-Residenzen blieben freilich lieber in Sichtkontakt mit Stadt und Schloß. Erst als die städtische Baufront allmählich den Hanggrundstücken näherrückte, verloren die Villen die Kernstadt aus den Augen.

Vollständig erhalten sind nur einige wenige kompakter ausgefallene Stadtvillen aus der Zeit vor der Reichsgründung. Villenanspruch in klassizistischer Tradition verraten die Fabrikanten- und Unternehmerwohnsitze Reinsburgstraße 8 (1864) und 56 (1865/66). Beachtenswert als Erinnerungsposten an das Industrieareal im Westen und bemerkenswert niederdeutsch anmutende Ausnahme vom »schwäbischen Edelklassizismus« der Vorgründerzeit ist die Backstein-Villa Knosp (Rotebühlstraße 72, Egle). Auch in stadträumlichen Zusammenhängen erfahrbar geblieben sind — von Bauwichen (S. 199) auf kurze Distanz gehaltene — Stadtvillen am östlichen Kesselrand im Bereich Olga-, Wera, Alexander- und Danneckerstraße. Die Villenanlage Bohnenberger (Olgastraße 9/10, 1869/71, Beisbarth) vermittelt als Renaissance-Palazzo wohl den besten Eindruck von den stark dezimierten Spitzenobjekten der Villenkultur der Residenzstadt.

Ansätze zu geschlossenen Villenquartieren aus dem Kaiserreich finden sich am Boulevard zum Cannstatter Kursaal an der König-Karl-Straße (10/14, 27/42) mit einigen palaisartigen Wohnhäusern (1860/80), am Rande des Kurparks (obere Wiesbadener Straße) und in den zum Jahrhundertende ausgebauten exklusiven Wohnstraßen der sog. »Villa« in Degerloch: Vielgestaltige und stellenweise verspielt gestaltete Bürger-Träume vom Adelsschlößchen haben südlich der Jahnstraße (Wald-, Hainbuchen-, Ahornstraße und Königsträßle) und dem nördlichen Hanggebiet (Knödler-, Melitta- und Nägelestraße) das wohl schönste spätgründerzeitliche Villenensemble Stuttgarts entstehen lassen.

Als prägnanter Vertreter für die zum Jahrhundertende einsetzende Abkehr von der dogmatisch-historischen Stilarchitektur zu einer eher malerisch-romantischen Stilmontage darf die »mittelalterliche Höhenburg« Villa Hauff (Gerokstraße 7, 1903/04, Hengerer) zwischen Uhlands- und Wegenburghöhe gelten.

Das Adelspalais der freiherrlichen Villa Gemmingen am Villenhang der Mörikestraße (Nr. 12, 1911, Eitel) und der freifraulichen Villa Reitzenstein in der Villengegend der Wagnerhöhe (Richard-Wagner-Straße 15, 1910/13, Schlösser & Weirether) haben nichts gemein mit diesem »alten Raubritternest«, sondern nehmen mit ihren achsensymmetrisch um einen halbrunden Kuppelpavillon ausgelegten Baukörpern und Gartenanlagen offenbar standesgemäß die spätbarocke Ausgangslage der herzoglichen Gartenschlösser von Monrepos und Solitude (S. 209f.) auf.

Johannesstrasse mit Kirche.

Stuttgart

»Stadtvillen« an der Johannesstraße im Stuttgarter Westen

Erst der Sturz der Monarchie vertrieb die »Schloß-Geister« aus der Villenarchitektur. Einen wegweisenden Schritt zu formaler Selbstbescheidung und »Verbürgerlichung« der Bauaufgabe tat 1911 die Villa Kopp (Gellertstraße 6, Bonatz). Ähnlich reduziert auf einen quaderförmig geschlossenen Baukörper mit möglichst symmetrisch verteilten Wandöffnungen und einem ruhigen großflächigen Walmdach stehen auch die unaufdringlich traditionell anmutenden Schmitthenner-Villen von 1925 für die Fabrikanten Roser (Feuerbacher Weg 51) und Rassbach (Schottstraße 98) für das Leitbild einer vornehm zurückhaltenden bürgerlichen Wohnkultur.

Die von den führenden Köpfen der Stuttgarter Schule (S. 300) auf dem Killesberg vorexerzierten Wohnhausentwürfe für Stuttgarter Oberschichten (Am Birmarckturm) erklommen in der schematisch vereinfachten Form des »Kaffeemühlen-Stils« mit Walmdach allenthalben in der Zwischenkriegszeit die Stuttgarter Halbhöhenlagen. Moderne Hangbauformen, wie sie der experimentierfreudige Richard Döcker mit seinen Terrassen-Entwürfen für das Haus Vetter (Birkenwaldstraße 169, 1926/27), das Haus Kilpper (Gerokstraße 70, 1927/28) sowie für sein eigenes Wohnhaus (Hermann-Kurz-Straße 44, 1930 und 1947) vorgestellt hatte und wie sie in den Weißenhof-Villen von Le Corbusier (Rathenaustraße 5), Scharoun (Hölzelweg 1), Bourgeois (Fr.-Ebert-Straße 118) und Schneck (Bruckmannweg 1, Fr.-Ebert-Straße 114) eindrucksvoll erhalten sind, blieben auffällige Ausnahmeerscheinungen.

Den auf Stahlskeletten über abfallendem Gelände aufgeständerten Bürger-Bungalows (Schottstraße 110/112, 1966/67, Heinle & Wischer) oder in den Hang geschobenen Sichtbeton-Bastionen (Planck-/Marquardtstraße, 1966/67, Beck-Erlang) der Nachkriegsarchitekten ist das »Schmitthennern« gründlich vergangen. Aber mit dem Begriff »Villenarchitektur« scheinen diese neuen Wohnbauformen ja auch nicht mehr treffend beschrieben.

Jörg Haspel

Wo Klett OB wurde

Der langgestreckte weiße Bau gehört der Bundesrepublik, doch wer hier wohnt, wissen wir nicht, schweigt doch auch das aktuelle Adreßbuch beharrlich. *Eisenlohr + Pfennig* hatten das zweistöckige Landhaus mit dem Flügelanbau für den Fabrikanten *Friedrich Fühner* († 1916) gebaut. 1921 kaufte sich Großkaufmann *Emil Zarges* ein und ließ *Albert Eitel* weiterbauen. Seit 1934 war die »Villa Fühner« Reichsbesitz, Quartier der Wehrkreis-Befehlshaber und Generäle Geyer und Ruoff (deshalb gelegentlich die Benennung »Haus Ruoff«).

Es waren dramatische Stunden hier oben bei Kriegsende, wo es Nazi-OB *Karl Strölin* fertigbrachte, innerhalb zwei Stunden zwei neue Oberbürgermeister für Stuttgart zu benennen:

»Am Montag, den 23.April 1945, gegen 12 Uhr mittags, bekam der Oberbürgermeister Strölin in der Villa Ruoff die Nachricht, daß er seines Amtes enthoben werden müsse, da nach Meinung der einmarschierten Franzosen kein Oberbürgermeister der vergangenen Regierung im Amt bleiben dürfe. Strölin konnte einen Nachfolger benennen, der aber nicht NSDAP-Mitglied sein durfte. Der Oberbürgermeister war in Verlegenheit. Er erkundigte sich nach dem Verbleib von Dr.Arnulf Klett, Mitglied der regulären Notverwaltung. Es erschien der Notar Franz Lau und in seiner Verlegenheit bot Strölin Lau das Amt als Oberbürgermeister an.

Als Lau um 13.45 Uhr zu Strölin zurückkehrte, hatte sich dieser für Arnulf Klett entschieden. Alles hatte sich innerhalb von zwei Stunden abgespielt. Um 17 Uhr nachmittags kam die Bestätigung der französischen Militärregierung.« (in: Maria Zelzer, Stuttgart unterm Hakenkreuz)

Haus Scheufelen: Inoffizielle Gespräche in der Villa des »Kanzler-Machers«

So hieß Stuttgarts erster Nachkriegs-OB denn Klett und Strölin (1890—1962) wurde erst einmal vom US-Geheimdienst im »Reichsbahnhotel« interniert und blieb bis Mai 1948 in Haft — aus dem *Hauptschuldigen* nach den Entnazifizierungs-Kategorien war ein *Mitläufer* geworden. Die Stadt mußte ihm schließlich sogar Wiedergutmachung zahlen: »Es kann nicht bestritten werden, daß Stuttgart auch unter der Leitung von Strölin 1933—1939 einen weiteren beachtlichen Aufschwung erlebt hat, so daß die Stadtverwaltung auch im Reich besonderes Ansehen genoß« (Aufsichtsbehörde).

NS-OB Karl Strölin: Lau oder Klett als Nachfolger?

Als der ehemalige NS-OB, der schon 1919 als Vorsitzender eines Kriegsgerichts maßgeblich an der Erschießung von 52 russischen Gefangenen, die angeblich auf Seiten der Räterepublik in München gekämpft hatten, beteiligt war, starb, erhielt er standesgemäß letztes Geleit — von Bundeswehr-Offizieren und Soldatenverbänden wie dem Kyffhäuser.

Über den Steingrübenweg erreichen wir die Stafflenbergstraße, ebenso wie die darunterliegende Sonnenbergstraße mit einer Häuser-Parade der Gründerzeit.

Stafflenbergstr. 14/18—20/24/26/34/36/38

 ❾

Nr. 14 ließ 1911 ein städtischer Bauinspektor errichten. Es folgen drei Bauten der Architekten Hummel + Förstner: Nr. 18-20, Sandstein-Doppelhaus mit Ziergiebel und Turm (1900); das Eckhaus Nr. 24 (1902—03); sein Bewohner Fritz Rothschild (Trikotwarenfabrik, Heusteigstraße 105) wurde 1941 nach Riga deportiert und ermordet. Nach dem Krieg war dies das »Haus Stafflenberg«, Gästehaus der Stadt. Nr. 26 ist von 1902—03, im Renaissancestil.

Klangvolle Namen sind weiteren Villen der Hanglage eigen: Nr. 34: »Haus Java« (1902, Schmohl + Stähelin), im Jugendstil. »Villa Malabur« nannte ein Baumwollpflanzungs-Chef den Natursteinbau Nr. 36 (1906, Schmohl + Stähelin), in dem nach 1945 das Polizeipräsidium war. »Belvedere« hieß Haus Nr. 38, ehemals in jüdischem Besitz.

Geburtsort der Großen Koalition

Stafflenbergstr. 51

 ❿

In exponierter Hanglage ließ der Papierfabrikant *Heinrich Scheufelen* im Jahr 1935 das »Haus Scheufelen« bauen (Arch.: Kurt Dübbers, Mitarbeiter von Bonatz). Seit Ende 1985 ist die Stadt Besitzer, die ca. 2,5 Millionen DM für Villa und 15.000 Hektar-Garten bezahlte. Pächter ist die Stuttgarter Messe- und Kongreßgesellschaft und sie wiederum duldet für Empfänge oder Konferenzen im Gartenzimmer bzw. Salon auch »Untermieter« (Tagesmiete 150 bis 250 Mark). Das wertvolle Interieur des Lenninger Industriellen und Kunstsammlers wurde weitgehend übernommen, die Villa für rund 100.000 Mark renoviert.

Mit dem CDU-Kanzler Kiesinger wurde die Villa Ort wichtiger, oft inoffizieller Gespräche: *Klaus Scheufelen*, »CDU-Millionär« und »Kanzler-Macher« (»Der Spiegel«), war Vorsitzender des CDU-Wirtschaftsrats und ebenso wie Bosch-Chef *Hans Merkle*

Nobles Villenquartier: Kreuzung Gänsheide- und Gerokstraße (Postkarte)

Stafflenbergstr. 48–50

Stafflenbergstr. 66

Sünderstaffel

⑪

enger Berater Kiesingers. Hier trafen sich 1965 Strauß (CSU) und Mende (FDP) zum »Versöhnungsmahl«, besprachen Kiesinger und UdSSR-Botschafter Zarapkin die Berlin-Frage und beschlossen der CDU-Kanzler und Brandt 1966 die Große Koalition von CDU/CSU/SPD.

Wo heute St. Konrad und das Konrad-Miller-Haus (Altersheim) sind, hatte 1866 der Werkmeister Rudolf Arnold »eine reizende Villa im besten italienischen Style« (kriegszerstört) bauen lassen. Konrad Miller (1844–1933), deren späterer Bewohner, ein Priester und Professor, Geologe, Naturwissenschaftler und Altertumskundler, der u.a. zu den Römerkastellen von Cannstatt und Köngen a.N. forschte, schenkte das Anwesen dem katholischen Kirchenbauverein Stafflenberg.

»Das älteste Haus der Stafflenbergstraße!« — was im übrigen nicht stimmt —, rief uns auf einem unserer Rundgänge ein junger Mann entgegen und verwies auf das Burschenschaftshaus des Altherrenverbandes Hilaritas (1903), auf dem, als wäre nichts gewesen, noch immer das Schwarz-weiß-rot der Kaiserzeit weht (die Burschenschafter werden natürlich auf »ihre Farben« verweisen). Die Geschichte der Hilaritas blieb uns verborgen, hat doch die hiesige Landesbibliothek deren Chronik mit einem Sperrvermerk (!) versehen.

Beim Hilaritas-Schlößle geht die Sünderstaffel ab, an deren oberen Ende der Sünderstein von 1564 erhalten ist, Inschrift: »Was die Gottlosen gerne wollten, das ist verloren.« Weder sanken hier Delinquenten zur letzten Andacht vor dem Galgen nieder, noch sühnte hier ein Junker einen Eifersuchtsmord, wie gelegentlich berichtet wird. Reell ist neben dem Stein noch der Name Johann Broll

auf demselben: Ein Bürgermeister, der am Stafflenberg Weinberge hatte.

Über Diemershalde, Gerokstaffel und ein kleines Stück Wagenburgstraße finden wir zum Eugensplatz, einer — angesichts *dieser* Konkurrenz! — eher bescheidenen Aussichtsplatte, laut »Stuttgart-Illustrierte« allerdings mit einem »der schönsten Brunnen der Stadt«, dem Galatea-Brunnen (1890, Otto Rieth), den das Volk, das sich die griechische Sagengestalt nicht merken will, »Eugensbrunnen« taufte.

Der Po von Fräulein Sasse: Umstrittener Galatea-Brunnen und der Eugensplatz um 1910.

Eugensplatz

Rieth hatte im Brunnen-Wettbewerb nur den 3. Preis bekommen, aber in ihrem Winterquartier in Nizza schlug bei der Königin angesichts der ersten Preisträger (Ruemann, Eisenlohr und Weigle) und deren Modell von Triumphbogen, Obelisk und Säulen wohl schwäbische Sparsamkeit durch: Rieth durfte mit Unterstützung von Stadt und dem Verein zur Förderung der Kunst ans Werk.

An die Galatea-Figur, eine wohlgerundete Frau, knüpft sich die Anekdote, biederen Bürgern habe das blanke Hinterteil mißfallen. Die Königin soll erwogen haben, die Galatea dann eben direkt der Stadt zuwenden zu lassen. Inzwischen ist auch ermittelt, wem der Po gehörte: Fräulein Anna Sasse, eine Berliner Schuhmacher-Tochter, war Rieth Modell gestanden, war sie doch in der Kaiserstadt, wo Rieth auch am Reichstagsbau mitwirkte, ein vielumschwärmtes Modell. Die beiden Sphingen am Denkmal, im Krieg etwas beschädigt, wurden 1954 mit der Begründung beseitigt, sie hätten »keinen sonderlichen künstlerischen Wert«.

Wir sehen uns noch die stattlichen Häuser der Umgebung an, darunter die erwähnte »Wagenburg« (S. 163), und können abschließend auf den Spuren so manches Kulturschaffenden, der hier lebte bzw. lebt, wandeln: Die Eugenstraße führt direkt zum Künstlereingang des Großen Hauses.

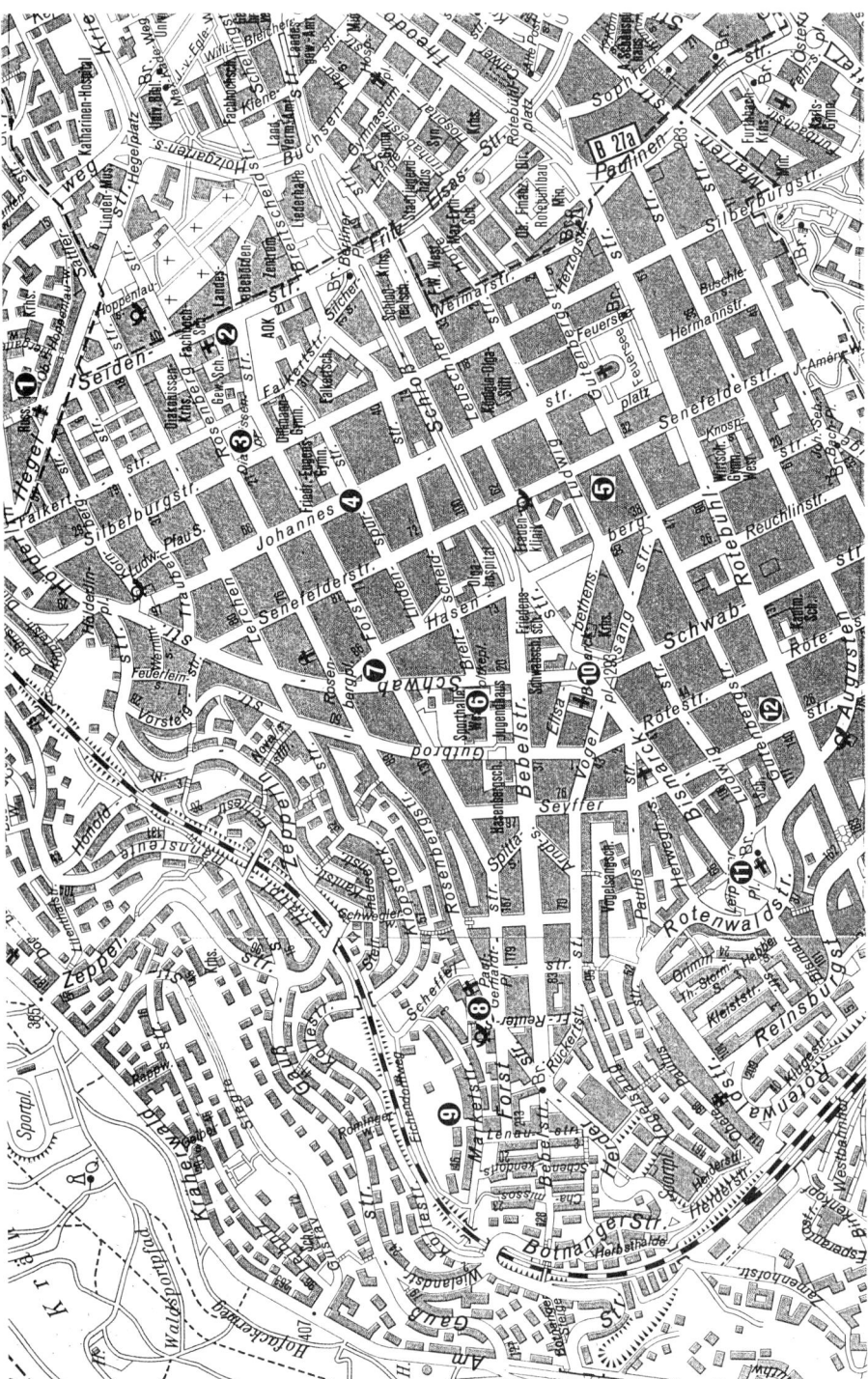

Redselige Fassaden und ein Zuchthaus im Versteck

Der Westen 1

von Werner Skrentny und Rolf Schwenker

Ausgangspunkt: *Haltestelle Russische Kirche, Bus 40,*
               Straßenbahnlinie 2
Endpunkt: *S-Bahnhof Schwabstraße*
Dauer: *ca. 2 1/2—3 Stunden.*

Der Stuttgarter Westen gehört zu jenen Teilen der Stadt, die erst allmählich entdeckt werden. Daß er mit 54.000 Bewohnern eines der dichtbesiedeltsten Gebiete der Republik ist, wäre dabei schon Sehenswürdigkeit genug: lange Straßenzüge, in denen oft die Bauten der Gründerzeit Krieg wie auch Nachkrieg überlebt haben, offenbaren viel Historie. Reithalle und Russen-Kirche mögen dabei noch bekannt sein. Wer aber hat das versteckte Zuchthaus gesehen, die verirrte Burg, die Bauausstellung der NS-Zeit und Nazi-Kunst im Hofdurchgang, »Palmenhof«, »Ludwigsburg« und das steinerne Schaf? Wie lange diese einstmals »hinterwäldlerische Gegend« mit ihrem noch vorhandenen Nebeneinander von Wohnen und Gewerbe, von Prachtfassaden und Hinterhof-»Fabrikle«, aber auch wenig Grün, noch ein Geheimtip bleibt, ist ungewiß: bereits 1983 war der Westen Gegenstand einer Vortragsreihe im Studium generale der Universität Stuttgart.

Die zaristische Regierung bezahlte: Russische Kirche

Rußland und Stuttgart

Am alten Platz steht die 1944 teils zerstörte und bis 1950 wiedererbaute Russisch-orthodoxe Kirche Hl. Nicolai, ein Zeuge der russisch-württembergischen Beziehungen. Die Geschichte des Baus beginnt fernab auf dem Rotenberg, wo 1819 Königin *Katharina* in der Grablege der Württemberger bestattet wurde. Sie war eine Schwester des Zaren *Alexander I.*; die russischen Gottesdienste fanden nun auf dem Rotenberg statt. Herzogin *Wera Konstantinowna* soll dann den Anstoß gegeben haben, in der Stadt zu bauen: *Ludwig Eisenlohr* und *Karl Weigle* errichteten 1895 eine recht originalgetreue russische Dorfkirche, die zaristische Regierung bezahlte (geöffnet zu Gottesdiensten: Sa. 17/So. 10 Uhr).

Seidenstr. 69/
Ecke Hegelstr.

In der Bundesrepublik lebten Anfang der 80er Jahre 20.000 Russen — die Nachkommen weißrussischer Flüchtlinge, ehemalige sog. Ostarbeiter und Emigranten. Stuttgart ist dabei die viertgrößte Kirchengemeinde in Deutschland.

In dem Bereich, wo Seiden- und Rosenbergstr. kreuzen, waren Gasanstalt (1845, nach Gaisburg 1878), Schlachthof (1864) und Armenhaus (1865), doch von alledem ist nichts geblieben. Beherrschend ist heute der Eckbau der Bosch-Werke von 1932, in dem der verstorbene Firmengründer 1942 vor dem Staatsbegräbnis aufgebahrt lag. Bosch (S. 197) hatte um 1900 hier eine Fabrik gebaut. Im 2. Weltkrieg war das Areal eines der Hauptziele der Luftangriffe und entsprechend schwer wurde die Umgegend zerstört. *Reinhold Maier*, der spätere Ministerpräsident, sah das Bombardement auf Bosch in der Nacht des 2. März 1944:

» Die Fabrik zu unseren Füßen brannte lichterloh und brannte, soweit sie verbrennbar ist, bis zum Erdgeschoß aus. Sie brannte in allen Farben, je nachdem der Brand dieses oder jenes Metallager erreichte. «

Seidenstr. 36   Erhalten sind neben der runden Ecke noch einige Klinkerbauten des Werks und im Behördenzentrum Berliner Platz die ersten Sichtbetonbauten Württembergs von 1911.

Seidenstr. 41   Daß die katholische St. Fidelis-Kirche, 1925 von *C. Hummel* in

romanischer Tradition mit Arkadenhof, 1944 ausgebrannt und bis 1947 wiedererbaut, ehemals für heftige Debatten sorgte, werden nur noch wenige wissen. Als Bauplatz hatten die Katholiken ursprünglich nämlich die damaligen Seidenanlagen im Auge, doch SPD und andere Gemeinderats-Fraktionen wollten diese 16 ar nicht freigeben — dem Westen mangelte es eh' schon an Grün.

Daß die neue Kirche dann noch den Namen eines Märtyrers der Gegenreformation bekam, des 1622 in der Schweiz erschlagenen Kapuzinerpaters *Fidelis von Sigmaringen*, brachte wiederum das »Evangelische Gemeindeblatt« auf: Hier werde ein »Sinnbild der Gegenreformation« gefeiert — »Evangelische Stuttgarts, wachet auf und merket, um was es geht!« Wie wir wissen: Die Gegenreformation fand nicht statt, im Westen nicht und auch nicht anderswo.

Mit Asiens Seidenstraße hat diese Stuttgarter Straßenbenennung nichts zu tun: In dem Gelände wurden die Raupenkokons für die Seidenspinnerei von Herzog *Friedrich I.* gewonnen (1601–11).

Forststr. 2a   Auf dem Weg zu einer alten/neuen Sehenswürdigkeit der Stadt mag das Hinweisschild auf das »Parkhaus Tivoli« auffallen — eine Reminiszenz an die gleichnamige Brauerei, die bis ins 17. Jahrhundert zurückgehen soll und 1887–89 hier an der Forststraße baute. »Tivoli«-Bierhalle und -Garten gab es bereits früher. Über allerlei Fusionen und Gesellschafts-Neugründungen ging das »Tivoli«-Bräu schließlich mit dem Englischen Garten, St. Lutzen Hechingen, Karmeliter Esslingen, Greiner Cannstatt u.a. 1935 in der Hofbräu AG auf.

Just zum 100jährigen Bestehen hat die Reithalle ihr Comeback erlebt. »Stuttgarter Tattersall« stand über dem Portal (das nicht mehr vorhanden ist). In der einstigen »Pferdevorführhalle mit Stallungen« wird auch keine hohe Schule mehr geritten, sondern in allen Variationen veranstaltet: Sothebys stellte aus, Mode wurde vorgeführt und zu einem Tango-Fest trafen sich, mag man den StN

Bosch-Bau von 1932: »Es brannte in allen Farben«.

glauben, »die schönsten Männer und Frauen« der Stadt. 1887—88 war der Bau (Arch. Robert von Reinhart) von einer Privatgruppe »zur Förderung des Pferdemarktes« erstellt worden, war aber tatsächlich Vielzweckhalle, u.a. für Operette und Zirkus. 1925—26 bereits ging die Reithalle an Bosch, 1969 dann an das Land. Es gab allerlei Pläne mit dem Gebäude, das mal Mensa oder Kantine, dann wieder Kongreßzentrum oder Hotel werden sollte. Erst private Initiative belebte den denkmalgeschützten Bau, die dann jedoch mit dem Freitod des Unternehmers ins Stocken kam. Jetzt scheint der Betrieb und der Stadt in dem Oval mit der Eisengitterkonstruktion und Galerie ein Schmuckstück gesichert.

Aus dem Dornröschenschlaf erwacht: Die Reithalle

Diakonissenplatz

Der Platz ist zwar auf Karten verzeichnet, ein Straßenschild jedoch sucht man vor Ort vergebens. Oberirdisch nimmt heute eine Jugendverkehrsschule das Areal ein, unterirdisch der für künftige Kriegszeiten überholte Weltkrieg II-Bunker.

Die evangelischen Diakonissen, die hier seit 1866 »eine kleine Stadt für sich« hatten, sind noch da, die alten Bauten fast durchweg zerstört — Ausnahme das Wilhelms-Hospital von 1904—06 (Bihl+Woltz), heute Teil des Diakonissen-Krankenhauses.

Wenn schon die erwähnte Seidenstraße nichts mit China zu tun hat, so doch die Diakonissen: Im Deutschen Hospital im Gesandtschaftsviertel von Peking streifte sie, es war im Jahr 1924, »der Atem der (Welt-)Geschichte«: Pu Yi, der junge und letzte Kaiser Chinas, war aus der Verbotenen Stadt ge-

wiesen worden, und weil ihm sein Volk gar zu sehr auf den Pelz rückte, flüchtete er zu den Stuttgarter Diakonissen. Die labten ihn und brachten ihn dann durch die Hintertür in Japans Botschaft. »So endete die viertausendjährige Geschichte der chinesischen Kaiser gewissermaßen in den Händen der Stuttgarter Diakonissen«, weiß der Chronist nicht ohne Stolz.

Dämmernder Boulevard

Johannesstr. 19/21/ 23/69/73/74/86

»Wenn hier eine Kutsche hielte, paßte sie besser ins Bild als abgestellte Autos«, urteilte der Schriftsteller *Hermann Lenz*, dessen Spaziergängen wir so viele wertvolle Informationen verdanken, angesichts jener »Repräsentationsachse« und »einzigen gründerzeitlichen Prachtstraße Stuttgarts«; den Betrachtern rief sie die Wiener Ringstraße und den Boulevard St. Michel ins Gedächtnis. Nun sind auch hier die Linden gestorben, und die Häuser, und die einst ganz auf die Johanneskirche am Feuersee ausgerichtete Perspektive ist dahin: Vor der Karlshöhe baut sich jetzt die überdimensionale Wand des Allianz-Neubaus auf, der in der Rangliste der Stuttgarter stadtplanerischen Bausünden einen Spitzenplatz beanspruchen darf. Doch nehmen wir uns Zeit, so läßt sich der Boulevard an einigen Stellen noch nachempfinden: Den Abschluß und Gegenpol zur Kirche bildet die Landwirtschaftliche Genossenschaftsbank, Nr. 86 (1910, Albert Eitel), und in deren Nähe sieht man allerlei Mietshausarchitektur der Jahrhundertwende (Nr. 69, 73, 74) mit Fachwerk, Erkern, Turm — und gelegentlich den Namen der Architekten an der Fassade. Weitere Stadthäuser, Nr. 19, 21, 23, erbaut zwischen 1886 und 1895, sind am anderen Ende des dämmernden Boulevards. In Nr. 11, bei Strecker & Schröder, wurde 1899—1942 die bekannte satirische Zeitschrift »Simplicissimus« gedruckt.

»Boulevard« Johannesstraße, Johanneskirche und Stuttgarts stadtplanerische Bausünde Nummer eins.

Ein Spielplatz ist anstelle der ehemaligen Schankwirtschaft »Lindenspürstüble«. Die Wirtin *Sophie Haller* wurde 1944 bei der Gestapo denunziert, weil sie »leitende Persönlichkeiten des Staates und der Bewegung gegenüber Gästen beschimpft und ihrer Haltung auf den Zusammenbruch des nationalsozialistischen Staates Ausdruck gegeben hat.« Der für Februar 1945 vorgesehene Prozeß mußte verlegt werden, als sich ein Verteidiger den Fuß brach: Das Kriegsende rettete die Frau.

Ecke Lindenspur/ Hasenbergstr. 73

Ein Merinoschaf über dem Eingang zum Hof der Fabrik (1910) steht als Symbol für das Gewerbe der Besitzer, die hier Trikotagen herstellten.

Hasenbergstr. 97

Im Zuchthaus zur Miete

Zu den Bauten, die im letzten Jahrhundert im Westen allein auf weiter Flur lagen, gehörte das Zuchthaus, das Pönitentiarhaus (lat. poena=Strafe). Zentralbau und Verwaltungsflügel sind erhalten, obwohl noch um die Jahrhundertwende daran gedacht war, »diese gehaßte Festung der irdischen Gerechtigkeit zu schleifen und ihre letzte Spur aus dem Weichbild der Stadt zu vertilgen.« (SchwM 1900) 1846 wurde der Bau begonnen, 1850 eröffnet; Architekt *Theodor Wilhelm Landauer* hatte für dieses Werk der Gefängnisreform zuvor Anstalten u.a. in London, Turin und Genf besichtigt. Ursprünglich eine Filiale von Gotteszell, wurde 1851 bestimmt, hier alle zu lebenslanger Haft verurteilten Männer unterzubringen. Die Beschreibung des Stadtdirections-Bezirkes über den Knastalltag 1856:

Senefelderstr. 45A
❺

»*Die Mehrzahl der Gefangenen ist in vier großen Arbeits-Sälen gemeinschaftlich, der Rest in sogenannten Doppelzellen zu 2 und 3 oder, so weit sie es selbst wünschen, in Einzeln-Zellen beschäftigt. Die in Einzeln-Zellen beschäftigten Gefangenen haben daselbst auch ihre Schlafstellen in Hängematten, wogegen die in den Sälen beschäftigten bei Nacht theils in den 64 Zellen, so weit solche verfügbar sind, einzeln, theils in zwei Schlaf-Sälen untergebracht werden.*

Die Arbeitszeit beträgt täglich 11 Stunden. Die Ausführung der Arbeiten geschieht entweder im Taglohn oder im Accord; in beiden Fällen wird die Leistung eines Gefangenen täglich zu 20 kr. verwendet, wovon derselbe in der Regel 1/4—1/3 als Nebenverdienst erhält. In vier wöchentlichen Stunden wird Schulunterricht ertheilt, an welchem alle Gefangene unter 30 Jahren Theil nehmen müssen.«

Auch drei Hinrichtungen durch das Fallbeil und »Nachrichter« Siller fanden an diesem Ort statt: 1895 der Mörder Martin Mauth aus Leidringen, O.A. Sulz/Neckar, und der Waiblinger Raubmörder Gottlob Vöster; 1898 Friedrich Fauser aus Feuerbach, der seinen Vater getötet hatte.

» Gehaßte Festung der irdischen Gerechtigkeit«: Pönitentiarhaus im Westen

Als die Stadt hinauswuchs gen Westen, war der Steinkoloß im Weg. Das Zuchthaus, Belegfähigkeit 130 Gefangene, 1883/84 aber 185 Mann, wurde 1900 aufgelöst, die Insassen nach Ludwigsburg verlegt. Zellentrakt und Nordost-Anbau wurden abgerissen, doch ganz verschwand der Komplex eben nicht: Werkstätten der Kunstgewerbeschule, das württembergische Schulmuseum, französische Kriegsgefangene im 1. Weltkrieg und schließlich Mieter kamen hier

Schweinefleisch und Sauerkraut für die Soldaten: die Moltkekaserne

unter. Heute liegt das Zuchthaus versteckt hinter Mietshausarchitektur der 20er Jahre im Block Senefelder-, Ludwig-, Hasenbergstraße.

Entmilitarisierter Westen

Moltkeplatz

Konsequent aufgeräumt mit allen militaristischen Straßennamen hat Stuttgart 1945 — so weit hat es noch nicht einmal das doch fast immer sozialdemokratisch regierte Hamburg gebracht. Insbesondere der Westen profitierte von diesem Schlußstrich für die Kriegsverherrlichung: *August Bebel* ersetzte *Moltke*, die Antifaschisten und NS-Opfer *Rudolf Breitscheid* und *Wilhelm Leuschner* die Militär- und Kasernenstraße; *Admiral Scheer* und *Graf Spee, Schlieffen, von Seeckt, Zieten, Yorck, Tirpitz*, die Schlacht von Langemarck und wohlgemerkt auch *Hindenburg* verschwanden aus dem Stadtplan.

Nun aber heißt das Areal zwischen Forst- und Bebelstraße wieder Moltkeplatz, doch wollen wir die Stadtverwaltung gleich von allen Verdächtigungen freisprechen: Nicht die beiden Generalstabschefs aus den Kriegen von 1866 und 1870/71 bzw. dem 1. Weltkrieg sind hier gemeint, sondern *Helmuth James Graf von Moltke* (1907–1945), NS-Gegner aus dem Kreisauer Kreis, von den Nazis ermordet.

Mit klingendem Spiel war hier, wo jetzt Sporthalle und Jugendhaus West, Abenteuerspielplatz und Anlage sind, 1886 das Militär in die Infanteriekaserne II, einem Massivbau aus Werkquadersteinen (»florentinische Frührenaissance«), eingezogen. Zur Feier des Tages gab's Nudelsuppe mit Ochsenfleisch und »das schwäbische Nationalgericht«, Schweinefleisch und Sauerkraut. »Die Bewegung, welche die Kaserne diesem einst so völlig unbeachteten Stadtteil bringen werde, ist in vollem Zuge begriffen«, prognostizierte die Presse.

Die Soldaten blieben bis 1919 an der Moltkestraße, und damals, in den Tagen des Belagerungszustandes, hätte fast noch das Studentenbataillon dort vermutete »Spartakisten« angegriffen; den Minenwerfer hatte man schon bei der Elisabethenkirche eingegraben. Weil dann aber nur noch das 100.000 Mann-Heer erlaubt war, zog die Polizei ein, bis 1935/37 die Wehrmacht kam. Und als es 1945 (vorübergehend) wieder einmal vorbei war mit dem Militär, wurde die Moltkekaserne zivil und eine Hautklinik. Aber schon hatte die Bundeswehr wieder ein Auge auf das Gelände, doch die Stadt erfand ein Tauschgeschäft, übernahm die Kaserne und ließ sie 1966 abreißen. Auch wenn manche dem vertrauten Bau nachtrauern und in ihm lieber ein lebendiges Kulturzentrum gesehen hätten: So hat man dem dichtbesiedelten Westen jedenfalls etwas »Luft« verschafft.

Forststr. 68

Das Haus, in dem *Bruno Frank*, Sohn des jüdischen Bankiers und Millionärs *Sigismund Frank*, lebte, ist zerstört. Sieht man von einer Straßenbenennung weit draußen in Heumaden ab, so hat Stuttgart den Schriftsteller erst kurz nach dessen 100. Geburtstag 1987 wiederentdeckt, mit einer Gedenktafel am Ort des zerstörten Geburtshauses Silberburgstr. 159 (andere Wohnorte waren Tübinger Str. 69, Johannesstr. 26). Frank, der in Tübingen seinen Dr. phil. machte, war einer der populären Autoren der Weimarer Republik: Der Roman »Trenck« (1925), die heftig angefeindete »Politische Novelle« (1928), die Komödie »Sturm im Wasserglas« (1930); der Roman »Der Reisepaß« entstand 1937 im Exil, in das der Schriftsteller getrieben wurde.

Über die Schweiz, Österreich und England emigrierte Bruno Frank 1937 in die USA, wo er gemeinsam mit seiner Frau Liesl, einer Tochter der bekannten Schauspielerin Fritzi Massary, *und Gefährten wie* Einstein, Feuchtwanger, Thomas Mann *u.a. engagiert die Sache der Emigranten vertrat — »einer der rührigsten, wenn es galt, Schicksalsgefährten zu helfen« (DDR-Buch »Exil in USA«). Frank kehrte nicht mehr ins befreite Deutschland zurück: Er starb am 20. Juni 1945 in Beverly Hills. Thomas Mann über den engen Freund: »Wir wollen der Zeit nicht erlauben, dies Leben eines wahrhaft Wohlwollenden, wahrhaft Menschenfreundlichen, und was es an guten Taten zeitigte, mit Vergessenheit zu bedecken.«*

Verirrte Burg: Der »liebe Augustin«

Schwabstr. 84/ Ecke Forststr.

»Redselige Fassaden« hat Denkmalpfleger *Norbert Bongartz* die Spezialität des Westens aus der Gründerzeit genannt, jene Architektur zur Straße hin, in der Romanik- und Gotik-, Renaissance- und Barockformen wieder aufgenommen wurden. Allein dieses Thema gäbe einen eigenen Stadtrundgang her, wobei vor allem die Eckhäuser zu auffälligen Blickfängen gestaltet sind.

Für das heutige Lokal »Zum lieben Augustin« — eine Burg, die sich in die Großstadt verirrt hat — gab es 1902 von *Schieber* und *Schweizer* erst einen gotischen Plan, ehe der Bau im neuromanischen Stil entstand.

Pavillonsystem oder »Stuttgarter Wich«: Individualisten unter sich

»Das Wohnhaus in Stuttgart zeigt im allgemeinen eine von anderen Orten abweichende Anordnung, deren Ursprung hauptsächlich in der Lage der Stadt zu suchen sein dürfte. Ringsum von Bergen eingeschlossen und selbst auf bergigem Terrain erbaut, hat Stuttgart ganz wenige ebene Straßen; ja eine größere Anzahl derselben zeigt sogar ein ziemlich beträchtliches Steigungsverhältnis. Solche Straßen eignen sich weniger gut für große Hausfronten und geschlossene Häuserreihen; daher findet man auch schon in den ältesten Stadttheilen die Gebäude in Abständen von einander aufgebaut.«

Mit dieser Beobachtung startete 1879/80 ein Architektur-Korrespondent in der Deutschen Bauzeitung seinen Erklärungsversuch für die auffälligste städtebauliche Eigenheit der expandierenden Residenzstadt. Der »Stuttgarter Wich« (oder »Stuttgarter Pavillonstil«) galt im letzten Jahrhundert als unverwechselbares Markenzeichen für die Baustruktur der Vororte und Stadterweiterungsgebiete der Schwaben-Metropole: Die Auflösung der Randbebauung in eine Folge separierter Einzelbauten, deren Straßenflucht im knappen Takt der Parzellengrenzen durch gleichmäßige Hausabstände unterbrochen und rhythmisiert wurde. Es entstand eine Art »Lückenbauweise«, die den Stuttgarter Stadterweiterungsgebieten im Westen und im Osten, etwa um den Kernerplatz, oder in Heslach um die Matthäuskirche ihre lokaltypische Note unter den Großstädten im Kaiserreich verlieh.

Die stuttgarttypische Ausprägung der Stadterweiterungsgebiete erscheint freilich weniger naturgebunden als kulturell bedingt. Der Bauwich oder »der Winkel«, wie der Gebäudeabstand in Württemberg auch genannt wurde, hatte nämlich in der Gründerzeit schon eine gewisse Tradition,

Die in Alt-Württemberg übliche Fachwerkbauweise, die ja eine höhere Brandgefahr mit sich brachte, und die traditionelle Giebelstellung der Häuser hatten bereits Grund genug für eine »separierte« Bauweise geboten. Hinzu kam, daß die Gebäudeabstände auch geeignet waren, Nachbarschaftskonflikte um Brandmauern oder Entwässerung zu verringern.

In der ersten Hälfte des 19. Jahrhunderts, als die königliche Hauptstadt am Nesenbach der herzoglichen Barockresidenz Ludwigsburg endgültig den Rang ablief, kam der obrigkeitlichen Festlegung von Gebäudebreiten und -abständen aber auch eine ästhetische Bedeutung zur Herstellung eines repräsentativen Stadtbildes zu. Statt krummer und enger Altstadtgassen präsentierten die neuen Stuttgarter Vororte propere großzügig ausgelegte Straßenräume mit frei stehenden Einzelbauten. Die Freistellung der Gebäudeabstände ließ ein zwangloses Nebeneinander verschiedener Haustypen wie Villa und Mietshaus zu und betonte den Residenzstadtcharakter der sichtbaren Straßenwand, die sich durch Hausecken und Schlagschatten im Bauwich zu einer vornehm anmutenden Reihe palaisartiger Einzelbaukörper addierte.

Die neue württembergische Bauordnung von 1872 und das daraus abgeleitete Stuttgarter Ortsbaustatut von 1874 verlangten anstelle des altertümlichen »Winkelrechts« einen regulierten Grenzabstand von 10 württembergischen Fuß (2,865 m) zwischen den Vordergebäuden und schrieben damit das Pavillonsystem für die nächsten Jahrzehnte fest. Erst als um die Jahrhundertwende die »Zerstückelung« des Häuserblocks in »individualistische« Einzelhäuser »ästhetisch nicht mehr befriedigen« konnte, setzte eine Umorientierung ein. Für die eleganten Villenstraßen blieb die weitläufige Einzelhausbebauung verbindlich, während die Massenwohnquartiere sich zusehends zu einer blockhaften Straßenrandbebauung mit Gartenhöfen zusammenschlossen (Türlenstraße, »Vatikan«, Ostenau).

Hinter diesem Geschmackswandel offenbart sich freilich auch ein Funktionswandel der Stadt. Stuttgart hatte sich um die Jahrhundertwende bereits von der höfischen Luxusstadt zur modernen Industriestadt entwickelt. Nur der Wunsch aller schwäbischen Häuslebauer, die »ums ganze Haus rumlaufa« können wollen, erinnert noch bis heute an die vornehme (oder bäuerliche) Bauherren-Mentalität unserer Vorfahren.«   *Jörg Haspel*

Forststraße 137–139/Seyfferstraße 107 ist in seinen ausladenden romanischen Formen (1903–04, Hermann Jaeger) ein weiteres Beispiel für die markanten Eckpunkte des Westens. Und ein Stück weiter, Ecke Forst-/Spittastraße, wird über der Reinigung auf Reliefs die Geschichte von Ekkehard und Hedwig berichtet.

Forststr. 137–139/
Seyfferstr. 107

Und wenn wir schon so genau hinschauen, wird uns auch dies auffallen: Forststraße 104a/102b die verblichene Aufschrift »Gartenwirtschaft, Restauration, Kegelbahn«, am Haus Nr. 167 dasselbe — Relikte verschwundener Restaurationen, letztere war die von *Hugo Bacher*, aber zum Einkehren haben wir keine Zeit, wissen auch nicht so recht wohin, und schlagen vor, in einem schwäbischen Kirchhof zu verweilen:

Forststr. 102/
104/167

»In der Not der Zeit mit einfachsten Mitteln ein kleines Wunderwerk der Kirchenbaukunst — vorbildlich für andere Kirchenbauten«: So wurde die 1926 entstandene Paul-Gerhardt-Kirche von *Z. Schäffer* beurteilt. Aus den Kriegstrümmern entstand 1951–53 (später erweitert) nach den Plänen von *Paul Heim/Schreyer* der Paul-Gerhardt-Hof — »ein Baukomplex, der äußerlich an die Anlage eines alten Klosters erinnert. Der Hof hat völlig ungewollt fast genau die Maße des Hofes von Hirsau und Alpirsbach (Anm.: Klöster im Nordschwarzwald).«

Forststr. 198

⓼

Klosterhof im Westen: »Der Bogen nimmt den Wanderer auf«

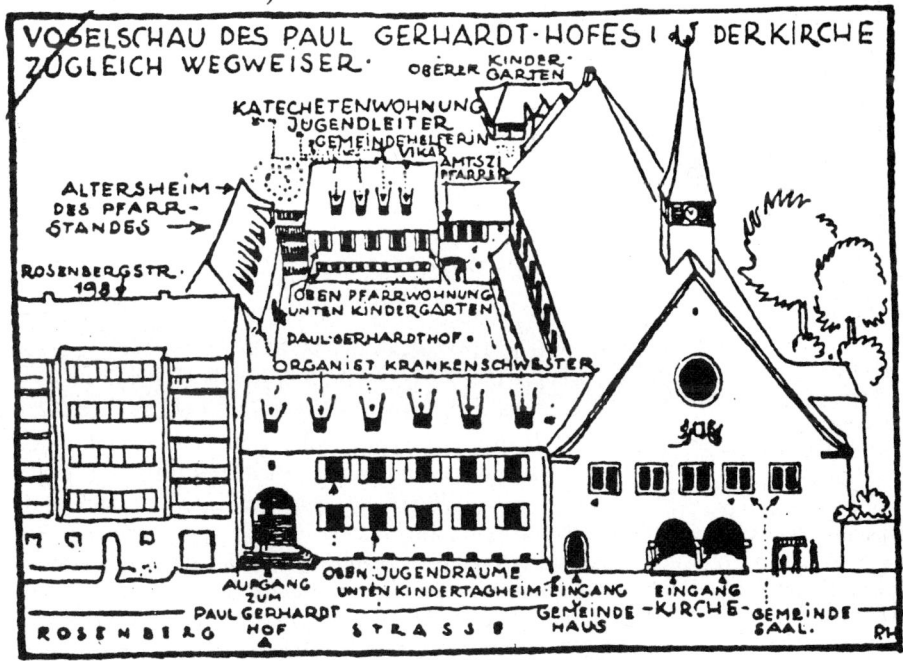

Zu Vorträgen waren hier *Karl Barth* und *Niemöller, Erler* und *Heinemann*, und im Brunnenhof gab es in der Nachkriegszeit sogar Serenaden-Konzerte. »Der weite geöffnete Bogen nimmt den Wanderer von der Straße auf«, hieß es im Programm der Architekten, und so darf man denn ruhig hineingehen und das Idyll beschauen.

Einer der west-typischen Industriebetriebe innerhalb eines Häuserblocks ist die Pianomechanik *Louis Renner,* seit 1902 hier. Ihre Platzprobleme löste die Firma fernab Stuttgarts, mit einem Neubau im Kraichgau.

Stuttgarter Schule: Nachsitzen!

Chamisso-/Schenkendorf-/Lenau-/Bebelstr.

Aus 33 Einfamilienhäusern besteht in diesem Gebiet die sog. Bauausstellung der NS-Zeit, die in der Nachfolge der Holzsiedlung Kochenhof (S. 299) »ein richtungsweisendes Beispiel für die Stuttgarter Hangbebauung« darstellen sollte. *Ernst Leistner,* Landesvorsitzender der Architekten im BDA, nutzte die Vorstellung der Vogelsang-Siedlung zur Abrechnung mit dem Bauen vor '33:

» Nachdem jahrzehntelang Spekulantentum, mangelndes Verständnis für die Schönheit unserer Stadt und unzulängliche Baugesetze zu einem wüsten Durcheinander der Baugebiete geführt haben, muß nun schnell und gründlich in dieser Hinsicht Wandel geschaffen und das gerettet werden, was noch zu retten ist. Es ist ein besonderes Verdienst des Oberbürgermeisters Strölin, *daß er sich der Angelegenheit der Verbesserung der Bebauung unserer Hänge mit besonders viel Liebe und Eifer annimmt.«*

Mustersiedlung der NS-Zeit: Kettenhäuser in der Markelstraße.

Architekt *Hengerer* versprach »eine ganz neue Wohnart, das Wohnen im Kettenhaus« und warb um Bauherren: »Es ist die letzte Möglichkeit für den Mittelstand, nahe der Geschäftszentren mit verhältnismäßig wenig Kapital zum Eigenheim zu kommen.« *Bonatz,* der bei Vorstellung des Projekts ebenfalls als Redner auftrat, und *Schmitthenner* hatten die »künstlerische Beratung« bei dem Projekt, unter dessen Architekten *Heim, Eisenlohr + Pfennig, Döcker, Schmohl, A. + H. Eitel, Hengerer* u.a. waren. Zustande kam diese Bauausstellung aber wie geplant offensichtlich nicht, was im November 1933 mit der gleichzeitigen Münchener Ausstellung und »arbeitspolitischen Gründen« erklärt wurde. Gebaut werden mußte noch bis 1939 — die Stuttgarter Schule beim Nachsitzen.

» Die Mustersiedlung war als Teil des Blut- und Bodenprogramms für den ›Feldzugs- und Propagandaplan im Kampf für die Reinhaltung und Verschönerung unseres Stadtbildes‹ entstanden. Traditionalistisch gehaltene Putzbauten mit geneigten Satteldächern, Kreuzsprossenfenstern und Werksteinmäuerchen legen bis heute Bau-Zeugnis ab von einer handwerklich-gediegenen Architekturauffassung und einer bürgerlich-konservativen Wohnvorstellung, die gegen die sozialen und architektonischen Reformprogramme der Bauhaus-Moderne gerichtet waren. In- und ausländische Delegationen wurden auch nach der Bauausstellung durch die von verschiedenen Architekten entworfene Mustersiedlung geschleust, und noch 1936 durften ihre Bauten das bodenständige ›schwäbische Kulturschaffen der Gegenwart‹ und das ›kulturelle Aufbauwerk im neuen Reich‹ repräsentieren helfen.« (Jörg Haspel)

Herderstr. 12

Auch der Klavierbau ist eine der Stuttgarter Traditionen. Die Firma *Pfeifer* begann 1862 in der Rotebühlstraße und Gründer-Sohn *Carl Anton* — der Familienname hatte nun ein weiteres f —, schuf dem Werk Silberburgstraße 120—124 »einen hochachtbaren Namen, den alle Musiker gerne anerkannt haben, auch *Liszt* und *Rubinstein*« (Prof. *Pazaurek*). *Pfeiffer* war Hoflieferant und *Carl Anton* (1920 Dr.h.c. Uni Freiburg) förderte als Mäzen u.a. die Musikinstrumentensammlung im Landesgewerbemuseum. 1943 wurde die Fabrik des »Lehrerklavier« zerstört und das Holzlager Herderstraße neuer Standort.

Rückertstr.

Wir steigen wieder hinab in den Vogelsang, wo der See längst nicht mehr da ist, nur noch in alten Bildern und der Literatur (*Lenaus* »Schilflieder«, *Theodor Storms* Novelle von den zwei Königskindern) lebt. Hier baute die Straßenbahn 1913 für die neue Linie 18 Stadtmitte-Botnang, und hierhin zog die Gemeinnützige Baugenossenschaft Friedenau der Straßenbahner in den 20er und 30er Jahren mit Wohnhäusern nach (Vogelsangstraße 65—71, 80—82).

Rötestr. 67—69/ 66a—d

Der letzte Bauernhof des Westens befand sich im »Roßbollengässle«, wie der Hinterhof zwischen den beiden Gebäuden im Volksmund genannt wurde. Das Anwesen von Landwirt *Wahl*, der hier Pferde, Rinder und Schweine hielt, wurde 1944 bei einem Luftangriff zerstört. Die Backstein-Hinterhäuser 66 a—d sind trotz Zerfallserscheinungen mit Loggien und Balkonen beeindruckend.

Vogelsangstr. 33

Am Bismarckhaus gegenüber der katholischen Elisabethenkirche (1901, *Cades*) sind die Spuren des Krieges nicht zu übersehen: Von dem 1891—93 erbauten dreigeschossigen »Monumentalgebäude« mit Bismarck-Büste überm Portal sind auf der rechten Hälfte nur noch drei Stockwerke, links nur noch zwei erhalten. Mitbesitzer des Hauses war der Kaufmann *Albert Oertel*, ein glühender Verehrer von Reichskanzler *Otto von Bismarck*. 1908 fragte der Stuttgarter bei der Bismarck-Witwe in Friedrichsruh an, ob »Durchlaucht gütigst gestatten wollen, diesem Gebäude den Namen Bismarckhaus beilegen zu dürfen«. Das Schreiben samt Foto vom Haus hatte Erfolg: Über Privatsekretär *Weishaar* ließ die Fürstin mitteilen, daß sie mit der Benennung einverstanden sei. »Eurer Durchlaucht untertänigst gehorsamster *Albert Oertel*« antwortete mit einem überschwenglichen Dankschreiben.

Paulusstr. 2A

Wie kommen die Elefanten (am Eckeingang) in den Westen? Wir wissen auch nur, daß *Karoline Umgelter* hier 1903 von *Kärcher + Barth* als Ergebnis von drei Bauten einen der »verrücktesten« Neubauten der Stadt errichten ließ — größerer Individualismus ist um 1900 kaum vorstellbar, als man woanders noch gotisch baute.

Drei arbeitslos gewordene Drucker und Setzer der von den Nazis verbotenen SPD-Zeitung »Schwäbische Tagwacht« gründeten 1933 die bis heute bestehende »Schwäbische Druckerei« als Selbsthilfeprojekt. Der Kleinbetrieb war in der NS-Zeit Anlaufstelle für verfolgte Sozialdemokraten. Die »SD« überlebte diese Zeit wie

Bismarckstr. 67A

auch das große Druckerei-Sterben der 60er und 70er Jahre, dem renommierte Unternehmen wie Stähle + Friedel, Union, Herget, DVA und Offizin-Druck zum Opfer fielen.

»Schwäbische Druckerei«:
Sozialdemokratische
Selbsthilfe

Neben der »SD« bestand 1933—43 im Westen ein weiterer von entlassenen SPD-Arbeitern aufgebauter Druckbetrieb: Hofstetter + Wurm, Ludwigstraße 47 A, zu dessen Teilhabern der langjährige SPD-Stadtrat *Frieder Wurm* sowie die Brüder *Karl* und *Paul Hofstetter* (SPD-MdL), beide Spitzenfunktionäre der württembergischen Arbeiterwohlfahrt, gehörten.

Bismarckstr.

Die repräsentativen Wohnbauten im oberen Teil der Straße entstanden 1909—11. Architekt *Hermann Jaeger*, hier wesentlich beteiligt, lebte selbst unter Nr. 57 in dieser Straße und war gut im Geschäft in der Stadt, hatte er doch einen der ersten Fernsprechapparate der Gegend.

Hellas im Westen

⑪
Rotenwaldstr. 26

An ein mittelalterliches Gotteshaus in Hellas erinnert die »Christi-Himmelfahrts-Kirche« der griechisch-orthodoxen Gemeinde, doch tatsächlich stammt der Bau von 1948-49 (R. Lempp), damals als evangelische »Paulus-Notkirche« aus Kriegstrümmern errichtet. In den sonntäglichen Messen (9 bis 12 Uhr) von Pater *Vaggelis* sind die Bänke stets dicht besetzt, da für 16.000 Griechen in Stuttgart sonst nur noch eine weitere Kirche in Feuerbach existiert. Höhepunkt im Gemeindeleben der Griechisch-Orthodoxen ist das Osterfest, dem am Karfreitag eine große Fackel-Prozession durch den Stadtteil vorausgeht.

Der Tod des Zsmulek Danziger

Nicht weit vom Leipziger Platz ist die obere Reinsburgstraße, älteren Stuttgartern noch als einer *der* Plätze für Schwarzhandel in Erinnerung. In 34 Mietshäusern ab Nr. 190 lebten seit 1945 die DPs, displaced persons, also verschleppte Juden und sog. Ostarbeiter aus Polen und der Sowjetunion. Hier gab es Butter, Kaffee, Zigaretten — für die deutsche Polizei Anlaß eines Einsatzes, der am 29. März 1946 im Chaos und mit dem Tod eines Juden endete. **Reinsburgstr. 190ff**

Im Morgengrauen um 6.15 Uhr hatte die Polizei mit 136 Uniformierten und 80 Kripobeamten die Obere Reinsburgstraße abgeriegelt, weil sie, wie später erklärt wurde, »die Zentrale eines ausgedehnten Schwarz- und Schleichwarenhandels mit Waren aller Art, darunter auch häufig Diebesgut« treffen wollte. Als die Polizei die Durchsuchung der Häuser begann, wehrten sich die DPs, noch nicht einmal ein Jahr aus KZs und Lagern frei: Steine, Benzinkanister, Flaschen flogen und zwangen die Polizei zum Rückzug zur Kreuzung Rotenwald-/Reinsburgstraße. Nachdem die sog. Polizeigerte eingesetzt worden war, sollen aus einem Eckhaus erste Schüsse gefallen sein (denen dann die US-Militärpatrouille, die die Razzia beobachtete, sofort abrückte). Die Polizei nahm die Juden unter Feuer: Zsmulek Danziger, gerade aus Paris zu seiner Familie zurückgekehrt, wurde durch einen Kopfschuß getötet, weitere DPs und Polizisten verletzt. Jetzt rückte US-Polizei mit einem Panzerspähwagen an und befahl den Deutschen den sofortigen Rückzug.

Die Stuttgarter Ereignisse waren für General *Mc Narney*, Oberbefehlshaber der US-Truppen in Deutschland, Anlaß zu verfügen, daß deutsche Polizei von da an die Lager der DPs *nicht mehr alleine* betreten durfte.

Ein kaum unterbrochener Verkehrsstrom flutet hier in die und aus der Stadt, drängte die Bauten völlig an den Rand: So Nr. 59 A/B bis 81, die Beamten-Wohnbauten der Württembergischen Gebäudebrand-Versicherung (1925). Nr. 43, die heutige »Vesperstube«, war schon um die Jahrhundertwende eine »Restauration« — der Gang um die Ecke offenbart den erhaltenen Saalbau der Wirtschaft. **Rotenwaldstr. 27B/ 29/34/59—81**

1901 gebaut wurde die Villa Nr. 31, die in den 10er Jahren das »Institut Sonnenberg, Höhere Lehranstalt«, beherbergte. Nr. 29 trägt ein Wappen, weiße Taube auf blauem Grund, und den Namen »Ludwigsburg« (1900): Erstbewohner war Privatier *Louis Sprösser.* Haus Nr. 27 B ist von 1900.

Eine der für den Westen typischen neuromanischen Fassaden hat der »Palmenhof« (1899), mit dem ein Restaurant der Vorkriegszeit auch namensmäßig überlebt hat. **Rotenwaldstr. 19**

Lesen wir im Stuttgarter Adreßbuch von 1930 nach, so mangelte es an anderen ausgefallenen Bezeichnungen für Lokalitäten gewiß nicht:

»Automobil«, natürlich in der Mercedesstraße von Untertürkheim; »Bettlade«, Dreherstraße 1; »Bienenstock«, Weberstraße 4; Cannstatts »Gelobtes Land«, Schmidenerstraße 63; »Gustav Schwab« in der Augustenstraße 88; »Jerusalemer Weinprobierstube«, Hauptstätterstraße 9; »Neue Hoffnung«, Schusterstraße 12; »Oberamt Calw«, Rosenstraße 33, und »Stadt Calw«, Brunnenstraße 28; der »Paragraph 11« in der Gutenbergstraße 128 und das »Philadelphia«, Cannstatter Brunnenstraße 20; »Schwäbisches Luftschiff« in der Neckarstraße 119 und siebenmal das »Volkskaffee«.

Gutenbergstr. 109

Der Reichsadler über dem Eingang hat das Hakenkreuz in seinen Krallen »verloren«, doch im Durchgang zum Hof ist noch eine treudeutsche Familie als Fresko der NS-Zeit zu besichtigen. »Hauptstaatsarchiv« steht an dem Gebäude etwas allgemein: Konsequenterweise ist in dem früheren Waffenarsenal und Artilleriemagazin jetzt das württembergische Militärarchiv untergebracht.

Rötestr. 43−45

Zwischen beiden Hausnummern liegt der Zugang zum wohl eindrucksvollsten Beispiel der Blockentkernung im Westen. Spiel- und Sportmöglichkeiten, Ruhezonen und Hasenställe hat hier im nunmehr grünen Hinterhof die Projektgruppe Stadtteilbelebung verwirklicht: »Wir haben diesen Hof erstritten, geplant und erbaut. Wir erhalten ihn jetzt ohne Zuschüsse der Stadt.« Das »Hinterhof-Fest« fand 1987 bereits zum siebtenmal statt.

»Chaos im Dschungel ...«

Rotebühlstr. 120

⑫

Matrosenanzüge und Bleyle gehören zusammen und der Betrieb und Stuttgart auch, doch 1987 ging die 1889 von dem Vorarlberger *Wilhelm Bleyle* in der damaligen Kasernenstraße 20 (jetzt Leuschnerstraße) gegründete Textilfirma Konkurs. Zuletzt waren 370 Menschen in der Ludwigsburger Auffanggesellschaft beschäftigt.

94% der deutschen Frauen war der größte Stricker von Oberbekleidung noch Anfang der 70er Jahre ein Begriff, doch Bleyles Image lag nicht im Trend: Die biedere Beamtenfrau und Damenschlüpfer (»Liebestöter«) wurden mit Bleyle assoziiert. »Maschen, die man gerne trägt« — der Slogan zog nimmer, 1985 war das Minus 14% gleich 137 Millionen DM. Das »Handelsblatt« bescheinigte dem Traditionshaus »chaotisches Durcheinander«; als »Dschungel« erschien Experten die Bleyle-Holding mit ihren 17 Gesellschaften und die »FAZ« rügte die »soziale Verantwortung«, die die älteren Gesellschafter gezeigt hätten, anstatt rigoros »abzubauen«, lies: zu entlassen.

Die Fabrik von 1911−12 bzw. 1924−37 steht z.T. unter Denkmalschutz. Wo Bleyle war, strickte der Staat übrigens 1987 an seiner Volkszählung.

Endstation der 3,4 km-Untergrund-Strecke der S-Bahn vom Hauptbahnhof her war seit 1978 die Schwabstraße. Seit 1986 geht's weiter, durch den Neuen Hasenbergtunnel zur Uni und bis nach Böblingen.

S-Bahnhof Schwabstr.

Augustenstr. 124

Wer nun noch nicht müde ist, dem kann mit einer Vielzahl weiterer interessanter Orte in der nahen Umgebung gedient werden:

So wie das Schaf in der Hasenbergstraße, steht auch hier Architektur, ein Fries aus Nähmaschinen und Textilien, fürs Gewerbe der

Zum Schulanfang

Herrenkleiderfabrik *Karl Hermann Leibfried* (gegr. 1908), die 1924 hier baute.

Rückschlüsse, wer hier einst arbeitete, läßt auch die Gutenberg-Büste an dieser Hausfassade von 1903 zu: Die Messinglinienfabrik und Schriftgießerei *H. Berthold AG*, die auch in Berlin — Wappen am Haus! — tätig war.

Rötestr. 17

Eine Ausstellung für sich bietet die Landesversicherungsanstalt (1899/1900): Über dem Eingang Reliefs der NS-Zeit, dazu am Bau eine Galerie der Symbolik württembergischer Städte: Für Tübingen die Eule, für Rottenburg die Mitra, für Friedrichshafen ein Schiffsbug mit jungfräulicher Gallionsfigur usf.

Rotebühlstr. 133

Hier war's, wo die Straßenbahn direkt aus dem Wohnhaus kam. Schienenfragmente und die rot-weißen Markierungen sind im Toreingang letzte Zeugen des Strab-Depots »Westend«. Im Innenhof, auf dem Grund der 1902 abgebrochenen Pferdebahn-Remise, war die zweigeschossige Wagenhalle, deren Obergeschoß von der Augustenstraße her erreicht wurde. Weitere Zufahrten gab es in der Reuchlin- und Schwabstraße. 1967 wurde das Depot geschlossen.

Augustenstr. 84a—b

Benachbart war in der Augustenstraße 82 das Karosseriewerk Reutter & Co, das 1945 mithalf, die Straßenbahnen wieder einsetzbar zu machen. Der von Sattler *Wilhelm Reutter* 1906 begründete Betrieb hat seinen Stellenwert in der Automobilgeschichte: Dank »Reutters Reform-Karosserie« gilt er als erster deutscher Cabriolet-Hersteller; u.a. wurden größere Serien für »Wanderer« und Porsche-Prototypen hergestellt (seit 1937 Zweigwerk in Zuffenhausen, 1945 von Porsche gemietet und 1963 gekauft).

Schwäbische Akropolis und Mahnmale gegen den Krieg

Der Westen 2

von Werner Skrentny und Rolf Schwenker

Ausgangspunkt: Rotebühl-Platz (U-Bahn, Stadtmitte)
Endpunkt: Haltestelle Birkenkopf (Bus 92)
Dauer :   3 Stunden (wer den Aufstieg am Hasenberg
umgehen will, kann mit Bus 92 direkt zum
Birkenkopf fahren)

Der Hasenberg und die Karlshöhe im Süden, der Kräherwald im Norden, grenzen jene Talmulde ein, in die die Stadt hinausgewachsen und in der der dichtbesiedelte Westen entstanden ist. So kommen wir bei diesem Rundgang denn auch nicht um eine »Bergtour« herum, die den Gegensatz zwischen Talbebauung und Hanglage zeigt: »Wir da oben, ihr da unten«, Hasenberg*steige* oder Hasenberg*straße* — eine Frage des sozialen Prestige.

Spaziergänger in der Hermannstraße: Zeichnung von Schriftsteller Raabe

Die Rotebühlstraße, Ausgangspunkt des Rundgangs, war dabei die Achse für die gen Westen mit rechtwinkligem Straßensystem erweiterte Stadt. Das allerdings war nicht Systematik, sondern anfänglich »geradlinige Planlosigkeit, nach Bedarf« (Bezirksvorsteher *Stegmaier*). Mit der Besiedlung kam auch die West-typische Hinterhof-Industrie, der wir auf der Route in Waldbaur, Bosch u.a. begegnen. Die großen Fabriken allerdings wanderten nach und nach wieder ab, in die Vorstädte. Stationen des Wegs sind auch die traditionellen »Hausberge« der Westler, Karlshöhe und Hasenberg, die infolge der Motorisierung aber längst nicht mehr die Anziehungspunkte darstellen wie ehemals.

Rotebühlplatz

Wer sich auf Luftbildern der Innenstadt orientiert, dessen Blick bleibt meist am mächtigen Bau der ehemaligen Rotebühlkaserne (1827—43, Ludwig Gaab + Johann Kaspar Vogel) hängen. Wo zuvor eine Seidenfabrik und andere Kasernen standen, war die Große Infanteriekaserne mit ihren 150 Meter langen Flügeln zeitweise eine der größten in Deutschland. In der Revolution von 1918—19 war sie einer der Brennpunkte, als sich auch hier Soldaten unter der roten Fahne sammelten. Abgesehen von wenigen Einrichtungen wurde die Kaserne entmilitarisiert. Von ihrer Vergangenheit zeugen heute noch Gedenktafeln an den Flügeln und der Graevenitz-Obelisk mit dem Adler Ecke Herzog-/Rotebühlstraße (1919, 1953 wiedereingeweiht).

Den ehemaligen Exerzierplatz, auf dem heute Autos parken, funktionierten die Nationalsozialisten umgehend als Versammlungs- und Aufmarschareal um. 1933 ließen sie hier den 1. Mai feiern und 60.000 sog. Kriegsopfer zusammenkommen; hier begann der Festzug zum 100. Volksfest 1935 und trat die HJ zum Appell an. Auch das Gauhaus der NSDAP war hier geplant. Es war eine Antwort des demokratischen Deutschland, daß die erste Maifeier nach der Befreiung 1946 an diesem Ort stattfand, doch kamen nur 4.000 bis 5.000 Menschen — »die Jugend fehlt«, wie die Presse schrieb. *Fritz Ulrich* (SPD), *Rudolf Kohl,* der Arbeitsminister (KPD), *Artur Ketterer* (CDU) und *Henry Bernhard* (FDP/DVP) sprachen für die Parteien, *Hans Stetter* für das Ortskartell der Gewerkschaften.

Bis 1980 war im Rotebühlbau noch » eine Wirtsstube von anno dazumal« (StN), erreichbar über eine schmale Treppe an der Fassade. Der 85jährige Eugen Seifried schenkte in seinem Wohnzimmer unter dem Bild von König Wilhelm II. Viertele aus, bis die Kantinen-Erweiterung dem Weinstuben-Idyll den Garaus machte.

Aufmarschplatz für NS-Kundgebungen war der Hof der ehemaligen Rotebühlkaserne

Heute sind Ministerium und Finanzamt in dem Bau, der in den 50er Jahren auch eine Behörde mit dem umständlichen Titel »Gewerbeaufsichtsverwalter der Bundesrepublik im Ausschuß für Blitzableiterbau« beherbergte. Das waren tüchtige Beamte, die ihr eignes Wohl anscheinend völlig hintan stellten: 1953 schlug der Blitz ein, zerstörte Kamin und Dach, was bewies, daß ausgerechnet diese Behörde an ihrem Sitz keinen Blitzableiter installiert hatte ...

Rotebühlplatz 29 Vom Alten Postplatz, den der Autor Schukraft »den behaglichsten der Alt-Stuttgarter Plätze« nennt, ist nichts geblieben, reichte er doch vom Ende der Calwer Straße bis »Radio Barth«. Neben diesem Geschäftshaus blieb die Amtsoberamtei erhalten (1778, restauriert 1982—83) (S. 63).

Hohe Str. 27 Das Militärhospital von 1837 gehörte zum Komplex der Rotebühlkaserne und war bis 1904 belegt.

Anschläge gegen Entnazifizierung

Das US-Militärgefängnis in der Weimarstraße, die Geschäftsstelle der Spruchkammer Stafflenbergstraße und die Backnanger Spruchkammer — letztere zuständig für die Entnazifizierung — waren am 19. Oktober 1946 Ziel einer Serie von Sprengstoffanschlägen. Die Arbeiterschaft Stuttgarts reagierte mit 15minütigem Proteststreik und Versammlungen. 4.000 kamen bei Daimler, 8.000 bei Bosch,und die Belegschaft der Städtischen Betriebe forderte, endlich »rücksichtslos« gegen NS-Kriegsverbrecher durchzugreifen. Die Agenten des US-amerikanischen CIC fanden die Verantwortlichen der Attentate in der »Organisation der ehemaligen SS-Angehörigen« (ODESSA), die auch eine Esslinger Kirchenbaracke zerstörte, weil der dortige Pfarrer *Hitler* einen Kriegsverbrecher genannt hatte, und die den Entnazifizierungs-Minister *Gottlob*

❷
Weimarstr. 20

Sprengstoff-Anschlag!

Am Sonntag, dem 19. Oktober 1946 wurden in den Abendstunden zwischen 19 Uhr und 20.45 Uhr drei Sprengstoffanschläge auf die Geschäftsstellen der Spruchkammern in Backnang, Stuttgart, Stafflenbergstr. 46 und auf das Militärgefängnis Stuttgart, Weimarstr. 20 verübt.

25000 RM
und zusätzliche Belohnung

Fahndung mit Plakaten:
Anschlag des Polizeipräsidiums nach den Attentaten gegen die Entnazifizierung

Kamm entführen und liquidieren wollte. Das Oberste US-Militärgericht verhängte gegen den Hauptangeklagten *Siegfried Kabus* die Todesstrafe (zu Lebenslang begnadigt) und gegen zehn weitere Angeklagte Zuchthaus- und Gefängnisstrafen. — Der Zellenbau in der Weimarstraße wurde später abgerissen, das Vorderhaus steht noch.

Zeitweise größte deutsche Infanteriekaserne: die Rotebühlkaserne

Für eine der Traditionen der Stadt steht das »Brauerei-Wirtshaus Sanwald«, seit den 20er Jahren als »Weißes Bräuhaus« bekannt. 1903 hatte *David Sanwald* in Heslach eine Weiss- und Weizenbierbrauerei gegründet, die 1905 im Westen siedelte (1944 zerstört). 1977 kaufte sich Dinkelacker beim Nachbarn ein, dessen Marken im Geschäft blieben.

Das »Rotebildtor«, so genannt nach einem Heiligenbild selbiger Couleur vor dem Stadteingang, hat der Rotebühlstraße den Namen gegeben. Das Tor war an der heutigen Kreuzung Rotebühl-/Pauli-

Silberburgstr. 157/160

Feuersee und Johanneskirche vor den Kriegszerstörungen

❸

nenstraße und wurde 1821 hinaus an den Feuersee verlegt —»Calwer Tor« hieß es auch, da am Weg ins Nagoldtal. 1836 kam der Abbruch und so ist denn heute hier kein Halten mehr für den Verkehr: Unterirdisch die S-Bahn, darüber eine der Haupt-Einfall-Ausfallstraßen der Stadt für den Raum Leonberg/Vaihingen.

Der Feuersee, 1701—1707 für Löschzwecke angelegt und keineswegs wie vermutet »Rest eines Urweltsees«, hat sich als bescheidener Ruhepol erhalten. Der S-Bahnhof-Bau war da von Vorteil: Zwar verkleinerte er die Seefläche, ermöglichte aber andererseits die breite Treppenanlage und Abwendung vom Verkehr.

Mit dem Bau der Johanneskirche (1865—1876, Christian Friedrich Leins) verlor der See die ursprüngliche Dreieck-Form: Das Gotteshaus fand auf einer Halbinsel Platz. Die Kirche, zu deren Weihe auch das Königspaar hinaus in den Westen kam, war Stuttgarts erster Kirchenbau seit dem Mittelalter und Symbol dafür, daß über prächtige Haus-Neubauten und hochragende Fabrik-Rauchfänge keinesfalls die Religion vergessen wurde. Der »erstaunlich reinrassige hochgotische Bau« ist nach Denkmalpfleger *Norbert Bongartz* »in künstlerischer Qualität den mittelalterlichen Stuttgarter Kirchen gleichzustellen«. Allerdings ist die Kirche nach den Zerstörungen im Krieg ein Torso: Das Gewölbe wurde zertrümmert, die Turmspitze fehlt.

Der See ist heute eines der wenigen Zentren im Westen. Hier ist wie schon in der Vorkriegszeit Markt und winters ein Dorado der Schlittschuhläufer. Die Nachbarn Klett und »Württembergische« setzen den See ins rechte Licht und haben 1981 auch das »Floriansbrünnele«, einen der alten gußeisernen Pumpbrunnen, gestiftet.

Bei soviel Güte drängt sich die Frage auf, ob die Versicherungen vielleicht etwas gutzumachen haben am Westen? Besonders begehrt sind im Viertel die Sitzplätze hinterm Kirchenchor mit Blick auf die Fontäne, die die einstige steinerne Meerjungfrau ersetzt hat. Weil zum Großstadt-Idyll eine (im Winter beheizte!) öffentliche Toilette gehört, kommen auch die Berber gerne hierher.

Das Firmenzeichen prangt zwar noch am Eingang, doch tatsächlich geht einer der stolzen Repräsentanten der »Schokoladenstadt« Stuttgart längst branchenfremd. Das 1848 gegründete Schokolade- und Kakaowerk Waldbaur galt 1960 als »eine der Kleinen bei den Großen« (500 Beschäftigte). Gewarnt durch das Schicksal der Untertürkheimer Eszet (S. 103) wurde die Produktion 1977 aufgegeben: Gigant Stollwerck aus Köln stieg ein (und verkauft die Stuttgarter Marke heute noch). Im April 1976 hatte Waldbaur dabei noch eine neue Produktionsanlage für den Westen geordert. Infolge Überkapazitäten, ruinösem Wettbewerb und den Berlin-Vorteilen der Konkurrenz sahen die Familiengesellschafter laut »Welt« dann aber »keine Möglichkeit mehr, Geld zu verdienen.« Wer die Türschilder am Haus 83 studiert, stellt fest, daß Waldbaur nun mit seinen eigenen Liegenschaften und Reisen im Geschäft ist. — Im Innenhof des Waldbaur-Hauses zu sehen: ein Portalfragment, »G & H W 1862«. **Rotebühlstr. 83—85**

Das letzte Kino des Stadtteils, das »Feuersee-Filmtheater« (FF), gab Besitzer *Eugen Dölker* 1980 altershalber auf. Dölker hatte das 1957 als 50. Stuttgarter Kino eröffnete Haus 1971 übernommen; er kassierte und führte Filme vor, seine Frau war Billeteurin. War der Besuch einmal nicht so groß, teilte Dölker dem Publikum mit: »Jetzt wartet mer, bis no oiner kommt, no schbielet mer!« 1981 zog ins FF das »Theater im Westen« ein, eine Truppe junger SchauspielerInnen, die vor allem französische Autoren und literarisches Kabarett im Programm haben. Die Anfänge dieser privaten Bühne lagen im Jahr 1976: Im Saal der evangelischen Paul-Gerhardt-Gemeinde in der Rosenbergstraße ging für das Ensemble um *Rolf Siemsen* zum erstenmal der Vorhang auf. Aus dem Status des Stadtteiltheaters ist das »Theater im Westen« längst herausgewachsen: 140.000 Besucher bei 1.700 Vorstellungen zählte es 1986 nach zehnjährigem Bestehen. **Rotebühlstr. 89**

Das Fabrikanten-Schlößle ❹

Das Areal um den Feuersee — siehe Waldbaur und Bosch — spielte eine wesentliche Rolle in der Industrialisierung des Westens und der Stadt. *Gustav von Siegle* (1840—1905) baute seine Farben- **Rotebühlstr. 72**

fabrik, wo heute das Wirtschaftsgymnasium West steht (Rotebühlstraße 101), und *Rudolph Knosp* (1820−1897) hatte sein Werk seit
1846 gegenüber. 1873 fusionierten beide Farbfabrikanten mit der
BASF in Ludwigshafen: Knosp war bis zum Tod deren Aufsichts-
ratsvorsitzender, Siegle bis 1889 kaufmännischer Direktor. Der
Nachlaß des einen Fabrikherrn, der rote Backsteinbau des
»Knosp'schen Schlößle«, steht heute etwas verloren da vor dem
mächtigen Versicherungsneubau. Die eher bescheidene Villa von
1859 (Joseph Egle) steht unter Denkmalschutz.

Fabrikherrn-Nachlaß: Das
»Knosp'sche Schlößle«

Knospstr. 1−4

⑤

Knosp-Witwe *Sophie* ließ 1902−1904 (Arch.: Eisenlohr + Weigle) nebenan in der Knospstraße bauen, auch die Höhere Handels-
schule (Nr. 8). Da die Familie das Mäzenatentum pflegte − ein Beispiel das Rudolph-Sophien-Stift von 1913−14, erst für den Hasenberg vorgesehen, jetzt Leonberger Straße 220 −, mag die Stadt den
Bauplänen für die »Privatstraße« wohlgesonnen gewesen sein.
Doch Reichtum macht bekanntlich nicht glücklich, wir wissen es aus
»Dallas«: Knosp-Tochter *Henriette*, verheiratete Freifrau *von Si-
molin*, stand zwar im »Jahrbuch der Millionäre von Deutschland«
von 1914 mit 30 Millionen Mark Vermögen als württembergische
Nr. 2 hinter dem König (36 Millionen), doch ihr verehelichter Leut-
nant hatte das Weite gesucht. Vom Knospschen Vermögen soll heu-
te noch ein Baron mit einem langen wohlklingenden französischen
Namen am Starnberger See profitieren − Details verbietet uns die
Diskretion.

Beim Haus Rotebühlstraße 95a ist Hinterhof-Kunst zu entdek-
ken, während Nr. 64 deutlich die Spuren des Kriegs verrät, die sonst
in unseren Städten so gründlich getilgt sind.

Hasenbergstr. 31

Einen Abstecher wert ist der »schönste Fabrikbau Stuttgarts«,
die ehemalige Brauerei Bartner AG (1900), deren Fassade heute

ein Neonschriftband verunziert.

»Hermannstraße« hieß einmal eine Literaturzeitschrift und mit Literatur haben zwei Häuser zu tun. In Nr. 5 ist der *J.F. Steinkopf-*Verlag. Das Haus baute sich 1872 Werkmeister *Gottlob Hofacker* — die Fassade ist ganz aus Stein, sonst ist der Bau in Fachwerk, und kann als Aushängeschild des Berufs des Erbauers gelten. Im 3. Stock des Hauses Nr. 11 lebte 1865—1870 *Wilhelm Raabe*, der aus Wolfenbüttel in die Stadt kam und befand: »Für mich als Schriftsteller wie als Mensch könnte ich jetzt in Deutschland keinen besseren Aufenthalt finden.« (Gedenktafel) Raabe wohnte im 1861—62 erbauten Mietshaus von Waldbaur: »Die Aussicht ist wunderschön; wir übersehen einen Theil der Stadt, viele Gärten und die ganze Bergreihe ...« Heute würde der Autor infolge der Bebauung nicht mehr soviel sehen. Raabe (1831—1910) schrieb in seiner Stuttgarter Zeit den »Hungerpastor«, »Abu Telfan« und »Schüdderumpp«; Stuttgart-Bezüge tauchen gelegentlich in seinem Werk auf (S. 205).

Hermannstr. 5+11
❻

»Die Aussicht ist wunderschön«: Raabes Stuttgarter Jahre

Boschs »böses Gewürge«

Unter der heutigen Adresse des Klett-Verlages begann 1886 in der Hinterhof-»Werkstätte für Feinmechanik und Elektrotechnik« der von der Ulmer Alb gebürtige *Robert Bosch* (1861—1942) mit einem Mechaniker und einem Lehrling. »Man hatte keine Besonderheit anzubieten, man war bereit, jeden Auftrag, dessen man habhaft werden konnte, zu übernehmen«, beschreibt Biograph *Theodor Heuss*, was Bosch selbst als »lange ein böses Gewürge« schildert. Mit der Gründung des Stuttgarter Elektrizitätswerks 1895 bekam Bosch größere Aufträge, so die Telefon- und Klingelanlage im Hotel »Marquardt«. Seine Firma »wanderte« im Westen — Gutenbergstraße 9, Rotebühlstraße 108 z.B. —, bis sie am Bosch-Gelände (S. 176) ankam. Bosch wohnte Rotebühlstraße 145 (zerstört) in illustrer Nachbarschaft: Über ihm im 2. Stock *Karl Kautsky*, in Nr. 147 *Clara* Eißner (= *Zetkin*). »Bosch hat sich damals eine gute Kenntnis der marxistischen Ideologie angeeignet« (Heuss).

Kautsky (1854—1938) lebte 1890 bis 1897 in Stuttgart, wohin er aus London kam, wo er Privatsekretär von *Friedrich Engels* gewesen war. Der Sozialdemokrat war Chefredakteur von »Die neue Zeit« im Dietz-Verlag (S. 229) und entwarf als Theoretiker der Partei das Erfurter Programm der SPD von 1891. Auch stimmte 1914 für die Kriegskredite, arbeitete 1917 dann aber am Manifest der abtrünnigen USPD mit, um später zur Mutterpartei zurückzukehren. Karl Kautsky starb 1938 im Amsterdamer Exil.

Das Gebäude von 1856 war Alterssitz der Siegle-Witwe Julie und beherbergt heute den Adolf Kröner-Verlag.

Mit dem Jean-Amery-Weg beginnt der Aufstieg zur Karlshöhe, dem Berg, dem man die »Krone« verweigerte und baulichen Schmuck herausbrach. Der Schriftsteller *Jean Amery* alias Hans Mayer (1912—1978) hatte in Klett-Cotta einen Stuttgarter Verlag, der auch die Gedenktafel an diesem Ort stiftete. Einen der Prachtbauten der Stadt könnte man am verschlungenen Amery-Weg unter

Rotebühlstr. 75B/145

Begann im Hinterhof und nahm jeden Auftrag an: Konzerngründer Robert Bosch

Reinsburgstr. 56

Jean-Amery-Weg/ Karlshöhe
❼

der Adresse Reinsburgstraße 39 erwarten, doch alles was blieb, ist ein Torso des Athene-Brunnen. Wo der Spielplatz ist, war die Villa *Siegle* des gleichnamigen Fabrikanten aus dem Westen (S. 195). Gemeinsam mit Architekt *Adolf Gnauth* und Kunsthistoriker *Eduard von Paulus* hatte der Bauherr auf einer italienischen Reise Vorbilder gesucht und gefunden — z.b. in Tremezzo am Comer See in der Villa Carlotta. 1870 entstand das später als » einer der schönsten Bauten der Stadt« gerühmte Werk, gleichzeitig ein Kulturzentrum von Rang, das 1932 per Schenkung an die Stadt ging. Die richtete dort ein Pflegeheim ein, das 1944 ausbrannte. 1953 wurde die Ruine der Villa Siegle abgebrochen.

Die großartigen Ausblicke lohnen den Aufstieg zu Aussichtsterrasse und Milchbar (Mo. geschlossen), doch bedenkt man, welch hochtrabende Pläne einst der Anhöhe galten, auf der eine Art schwäbischer Akropolis entstehen sollte, ist das Resultat doch arg bescheiden.

Der Verschönerungsverein hatte 1864 auf dem Hasenberg-Ausläufer eine » Karlslinde« gepflanzt; den Namen bekam der Berg 1889 zum 25jährigen Regierungsjubiläum des König Karl. Es entstand ein Park mit dem erhaltenen eisernen Brückchen, was der » Merkur« als » jüngsten Edelstein in dem Ringe von Anlagen« und Dichter Fischer » als Glied der Ehrenkette, die sich um den König schlingt«, feierten.

Bald kreisten viele Gedanken darum, dem Berg nun auch die » Krone« zu verleihen. » Gäbe die Karlshöhe nicht ein herrliches Kapitol für die hohen Schulen der Residenz?«, fragte 1903 Architekt Theodor Fischer.

Mit dem Projekt des » Reichssender Stuttgart« rückte die Karlshöhe in der NS-Zeit neuerlich in den Blickpunkt, denn dem Südfunk war's am Charlottenplatz zu eng geworden. Die Lösung Weißenhof (Abriß der Siedlung!) wurde verworfen, und so sah Hitler 1938 im Rathaus zwei andere Modelle: Silberburg-Gelände und Karlshöhe, für die als Standort des 160 m langen und 120 m breiten Bauwerks entschieden wurde. Der Schwäbische Heimatbund ging konform mit dem Plan für die » Stadtkrone« und lobte » die Schaffung eines beherrschenden Stadtmittelpunkts.« 1940 waren die Planungen abgeschlossen, doch gebaut wurde wegen des Krieges nie.

Die Fotomontage wurde niemals Wirklichkeit: Geplanter »Reichssender Stuttgart« auf der Karlshöhe.

Nationalsozialistische Stadtgestaltung: Bauten, Bunker, Bomben

Im Stadtbild des Stuttgarter Westens hat die Zeit des Nationalsozialismus kaum Niederschlag gefunden. Die Kahlschlagsanierungsprojekte und Dienstleistungsbauten der Nachkriegszeit, so der Allianzkomplex oder der im Vergleich dazu geradezu dezente Rasterbau der BASF, vollziehen allerdings, was NS-Planer vorgesehen hatten: Die Konzern-Architektur erschlägt den historisch gewachsenen Maßstab des Stadtteils, den die NS-Architektur von der Karlshöhe herunter hatte erdrücken (und unterdrücken) wollen.

Die Entwerfer des Dritten Reiches hatten nämlich auf der Karlshöhe ein stadtbeherrschendes Rundfunkzentrum geplant; Stuttgart besaß um 1940 die höchste Rundfunkdichte europäischer Großstädte. Auf einem mächtigen steinernen Sockelbau sollte eine gewaltige Vierflügelanlage der nationalsozialistischen Rundfunkmaschinerie Platz bieten. Kolossale Säulenvorbauten hätten dem Reichssender die neoklassischen Weihen eines unerschütterlichen Propagandatempels verliehen. Die vorgesehene Schlacht vom Propagandahügel fiel freilich dem 2. Weltkrieg zum Opfer.

Auch andern Orts haben die gigantomanischen Projekte des Dritten Reichs kaum Spuren hinterlassen. Stuttgart zählte — zum Bedauern seiner Machthaber — nicht zu den fünf »Führerstädten« (Berlin, Nürnberg, München, Hamburg, Linz); Baustoff- und Arbeitskräftemangel und schließlich der Untergang des NS-Systems im Bombenhagel haben die Verwirklichung nationalsozialistischer Macht- und Architekturträume erfolgreich verhindert: Die Weißenhofsiedlung, die dem riesigen Bau eines Generalkommandos Platz machen sollte, hat die NS-Zeit ebenso weitgehend unbeschadet überstanden wie die Uhlandshöhe, die als Standort für die stadtbeherrschende Anlage des Gauforums favorisiert worden war. Allenfalls die fragmentarische Reihe dorisch-toskanischer Kolossalsäulen an der Neckartalstraße erinnert noch an die maßstablosen NS-Architekturvisionen — bestellt für Nürnberg, aber nie abgeholt.

Die realisierten Bauten treten weniger spektakulär in Erscheinung. Da ist zunächst die dem »Führer« gewidmete Adolf-Hitler-Kampfbahn (1931/33, Scholer & Bonatz), jetzt »Nekkarstadion«. Dazu zählen das betont sachlich gehaltene Haus der TWS (Lautenschlagerstraße), »das erste große Gemeindebauwerk in Stuttgart seit der Zeit der nationalsozialistischen Erhebung« (1935/36, Schmidt), oder der handwerkliche Baugesinnung bekundende

Steinquader-Bau der Württembergischen Kreditanstalt an der Schillingstraße (1938, Barth & Laible). In Rohr (Thingstraße) ist das ehemalige HJ-Heim erhalten (Erwin Rohrberg & Holstein), und auch das Flughafen-Empfangsgebäude in Echterdingen stammt aus der NS-Zeit (1936/37, Ernst Sagebiel).

Im städtebaulichen Maßstab legen die Holzsiedlung auf dem Kochenhof und zahlreiche, zur Selbstversorgung mit Gartenanteilen ausgelegte Stadtrandsiedlungen — SA-Siedlung Büsnau, Modellsiedlung für Alte Kämpfer am Rotweg Zuffenhausen, Werkssiedlung Mahle im Sommerrain, Teile des Hallschlags — von der Alltags-Wohnarchitektur Zeugnis ab. Ebenso gehen die Anlage des Max-Eyth-Sees (1935) oder das Reichsgartenschaugelände Killesberg (1939) auf das Konto nationalsozialistischer Planungsleitbilder. Zum propagandistisch ausgeschlachteten Kampf gegen die avantgardistische Baukultur der Weimarer Republik (»Wiedergutmachung von Bausünden«) zählten insbesondere die »Arisierung« der evangelischen Brenzkirche am Killesberg (1933, Daiber), die zur Reichsgartenschau ein schräges Dach und konventionell geteilte Fensterformen erhielt, und der katholischen St.Antonius-Kirche in Kaltental (1931/32, Herkommer), deren auskragende Betonplatte 1938 einem Satteldach als Turmabschluß weichen mußte. Unauffälliger, als die Propaganda erwarten ließ, nimmt sich auch im Westen die Ausstellungs-Siedlung im Vogelsang aus (S. 184).

Der kultur- und menschenverachtende Grundzug des NS-Programms kommt in seinen realisierten Bauprojekten nur unvollständig und gebrochen zum Ausdruck. Der rassistische Vernichtungsfeldzug gegen die Juden fand in der Zerstörung der Synagogen Hospitalstraße, Connstatter Wilhelmsplatz) heute unanschaulichen Ausdruck.

Die Außenstelle des KZ Natzweiler (1944/45)auf dem »Fliegerhorst Echterdingen« (1938 begonnen und 1939 von der Luftwaffe übernommen) hat nach dem Krieg der US-Militärflughafen besetzt (und vergessen lassen?). Die Gestapo-Zentrale im ehemaligen Hotel Silber verrät nichts über ihre ehemalige Funktion. Selbst die Aufrüstung des Stadtbildes durch Bunker kommt heute eher harmlos einher. Wer würde wohl auf der Fahrt durch den Großschutzraum Wagenburgtunnel oder im Bunker auf der Prag ein Mahnmal gegen Faschismus und Krieg erblicken?

Nur an einer Stelle, so scheint es, wird der scharfe Riß, den die Gewaltherrschaft auch Stuttgart und seinen Menschen zugefügt hat, noch im Stadtbild sichtbar, im Trümmerberg auf dem Birkenkopf, den SPD-Bürgermeister Josef Hirn den »blut- und tränengetränkten Schicksalsberg der Stadt« nannte: Die Tod und Verderben versinnbildlichende Stadtkrone der Architekturpolitik im tausendjährigen Reich. *Jörg Haspel*

Eine »Krone« hatte Karls Höhe dabei schon: 1909 wurde dort für Siegle-Witwe Julie ein Sommerdomizil mit Erkern und Brunnenhof gebaut (Arch.: Albert Eitel/Wilhelm Kull). Letzter Mieter war 1955 ein US-Offizier, ehe die Stadt das »Teehaus« kaufte — und 1961 abriß. Angeblich »schlechter Bauzustand« und »zu wenig Platz zum Unterstehen« mußten als Gründe für den Frevel herhalten. Der Zeitgeist hatte kaum Gedanken für das bemerkenswerte Bauwerk — wesentlicher schien die durchgehende Grünanlage von der Silberburgstraße bis hierher. Die Allianz-Versicherung spendierte 50.000 DM für den Allerweltsneubau der Milchbar — »kleine Geschenke erhalten die Freundschaft«, merkte die StZ an und hatte dabei das »schlechte Bauherren-Image« der Allianz im Sinn, deren Hauptverwaltung so massiv vom Fuß der Karlshöhe Besitz ergriff. Nahe dem erwähnten Brückchen finden sich noch Kriegszeugen, Betonfundamente der Flakstellungen. Dort ist auch die Willy Reichert-Staffel (S. 276), die in den Süden hinabführt. Vor dem Abstieg mag man hinter dichten Hecken noch nach dem »Schweizerhaus« (1850) von Knosp-Witwe Sophie Ausschau halten.

Das »Villen-Museum«

Hasenbergsteige

»Wer regelrecht von vorne den ziemlich steilen Bergrücken hinauf will, muß sich schon vorher die Kniegelenke ordentlich einölen«: Der Rat, den *Fritz West* in seinem Stuttgart-Büchlein von 1933 für die Hasenbergsteige und ihre 14 Prozent Steigung gab, besitzt bis heute Gültigkeit. Da muß einer schon tüchtig schaffen, würde der Schwab' meinen, um da hinauf zu kommen — sei's als Spaziergänger oder Bewohner, die eine der Top-Wohnanlagen der Stadt diskret genießen: Oftmals stehen nur Initialen an den Briefkästen. Das Adreßbuch von 1906 gibt da noch bereitwilliger Auskunft, wer sich ihn leisten konnte, den Hasenberg: Verleger und Architekten, Baurat, Kommerzienrat, Hofrat und Fabrikanten. »Do g'hör I net her ...«, sagt unser Begleiter aus den Niederungen des Westens, doch den Gang durch's »Villen-Museum« der Jahrhundertwende darf jedermann genießen; einige Stationen seien erwähnt.

❽

Nr. 1/3

Der Gänsepeterbrunnen von 1901 (Lauser + Bausch) »eröffnet« die Steige, ehemals der Weg von der Residenz nach Calw. Haus Nr. 1 ist von 1881 und Nr. 3 von 1878—79 (L. W. Braunwald), heute Sitz der Internationalen Bach-Akademie und deshalb heißt der Ort auch Johann-Sebastian-Bach-Platz. Nr. 3 war Wohn- und Geschäftshaus des Verlegers *Ferdinand Enke*. Der Bau in den Formen eines stilreinen italienischen Renaissance-Palazzo konnte eher seinen Vorbildern entsprechen, da er verschiedenen Nutzungen (Magazin im Sockelgeschoß) gewidmet war. Ein Stück weiter das »Fischer-Anlägle« mit dem Denkmal für den Dichter *Johann Georg F.* (1816—1897).

Gänsepeterbrunnen am Bach-Platz

Zwei kleine Seitensprünge führen von der Steige zum Schwabtunnel: Nach links in die Wannenstraße zum Südportal mit dem Löwenkopf, nach rechts hinter Haus Nr. 20 zum Westeingang. Der Tunnel von 1896 (Arch.: Karl Kölle) stellte die wichtige Verbindung zwischen dem aufstrebenden Westen und dem Süden her. Zu seiner Entstehungszeit war er mit 10,50 m Europas breitester Tunnel und außerdem der erste Straßen- und Straßenbahntunnel des Kaiserreichs — zwei Bahnen passierten hier später parallel. Im 2. Weltkrieg wurde er gesperrt und zum Luftschutzraum umfunktioniert.

Schwabtunnel

❾

Bevor's richtig bergan geht, sei uns noch ein Abstecher gegönnt: die Hohentwielstraße mit dem Blick auf Heslach und dem »Schloß« Nr. 10—12. Ein weiterer Aussichtspunkt liegt hinter Hasenbergsteige 48 a-b; das Seewasserwerk gegenüber geht auf das Jahr 1874 zurück.

Nr. 48a+b/60/65/ 79/83/90

Ehemals Europas breitester Tunnel: Schwabtunnel von 1896 (Aufnahme von 1903)

Unter Nr. 60 steht gleich hinter dem Holztor das sog. »Alexanderhäusle«, dessen Geschichte eine frühere Besitzers-Tochter einer Bekannten erzählte und die diese dann dem Kulturamt einsandte. So soll das Häusle schon 1737 da gewesen sein und seinen Namen vom Herzog *Carl Alexander* haben, einem Katholiken, dessen protestantische Opposition hier oben zusammenkam. Später soll der russische Pianist und Komponist *Anton Rubinstein* diverse Rendezvous mit einer höheren Tochter des Westens an dem Ort gehabt haben.

Nr. 65 ⑩

Otto Herbert Hajek (geb. 1927), dem Bildhauer, verdankt die Stadt den Park mit den Plastiken vor dessen Wohnhaus — »ein Punkt, der sehr viele interessierte Bürger anzieht, sich zu betrachten, wie Kunst und Natur hier ineinandergeraten« (Hajek). Der Künstler studierte in Stuttgart; zu seinen wichtigen Arbeiten gehören die Innengestaltung der romanischen St. Aureliuskirche von Hirsau (1956) und der Kreuzweg der Kirche Maria Regina Martyrium bei der NS-Hinrichtungsstätte Plötzensee in Berlin. Baden-Württemberg allerdings hatte wenig, genauer: nichts, übrig für Ha-

jek, denn 1959 tat das Finanzministerium per Verordnung (!) kund, der Künstler sei für Landesaufträge nicht zugelassen. Die Freiheit der Kunst sei in Baden-Württemberg nicht gegeben, folgerte der daraufhin und lehnte konsequenterweise 1962 eine Kandidatur als Professor der Stuttgarter Kunstakademie ab. Inzwischen hat der Staat Frieden gemacht mit dieser Kunst, denn 1978 verlieh man dem Hasenbergler die Professur; seit 1980 hat er einen Lehrstuhl für Bildhauerei in Karlsruhe und das Leuze z.B. hat er 1979–84 künstlerisch gestaltet.

Hasenberg-Tunnel, Buchenhof (links) und Hasenberg-Turm (Druck nach Federzeichnung von 1900)

Ein Ort des Widerstands

Nr. 79

Im stolzen »Haus Hohenberg« mit dem Bergfried-gleichen Turm lebte Kunsthistoriker *Dr. Gottfried Hermann Wurz, 1879* in Stuttgart geboren. Das »wir da oben, ihr da unten« hatte für ihn keine Gültigkeit: »Hohenberg« war Ort des Widerstandes gegen die Nazis, wobei Wurz' Rolle wie vieles andere auf diesem Gebiet in Stuttgart noch unzureichend erforscht ist.

Der Privatgelehrte hatte nachweislich Kontakte zur örtlichen Gruppe des »Nationalkomitee Freies Deutschland« (NKFD), und sein Haus war einer der illegalen Treffpunkte für Oppositionelle aus dem Westen. 1944 wurde der 65 Jahre alte Wurz von der Gestapo verhaftet. Sein Schicksal klärte sich erst lange nach Kriegsende: Er war auf dem Hohenasperg gefangen und am 21. März 1945, Häftlings-Nummer 89024, in das KZ Flossenbürg in der Oberpfalz verschleppt worden. Als die US-Truppen näher rückten, wurde das Lager »evakuiert«: Gottfried Wurz kam bei einem dieser Märsche ums Leben. Zunächst auf dem Sonderfriedhof von Pillmersried, 60 km vom KZ, bestattet, wurde der Tote nach Neunburg vor dem Walde östlich von Schwandorf in ein anonymes Grab überführt.

Der Widerstandskämpfer Georg Schwenker (†) in seinen Erinnerungen: »Dr. Wurz war ein fortschrittlicher Mann, Pazifist, mit einer ausstrahlenden Würde, ein Mann, der den Krieg haßte. Er hielt uns Verbindung zu bürgerlichen Kreisen. Seine Kontakte und Informationen waren für uns wertvoll. Bei Einlieferung im langen Bau sah ich ihn am 21. Juli 1944 wieder. Sein Schicksal berührt mich noch heute tief.«

»Ein Mann, der den Krieg haßte«: Gottfried Hermann Wurz (1879-1945)

Nr. 83

Nr. 90

Der Turmstumpf

⑪

Am 24. März 1943 ge-
sprengt: Der Hasenberg-
turm; vorne das »Wald-
haus«, rechts das »Jäger-
haus«

Ebenso wie Hajeks Kunst waren auch die Werke des Malers *Oskar Zügel* (1892–1968) dem Staat nicht genehm. Der Sohn des Murrhardter Stadtschultheißen hatte seine erste große Ausstellung bei Schaller 1926 und war Mitglied der Stuttgarter Secession. Als die Nazis seine Bilder als »entartete Kunst« raubten, emigrierte Zügel über Spanien in die argentinische Provinz Santa Fé. Durch einen Zufall wurde ein Teil seiner beschlagnahmten Bilder 1959 im Magazin der Stuttgarter Staatsgalerie wiederentdeckt.

Das »Luftkurhaus Buchenhof« mit seiner Glasveranda, 1890 von *Carl Friedrich Wanner* begründet, war eines der bekannten Ausflugslokale der Stadt. Der Warmbronner Bauerndichter *Christian Wagner* sichtete von hier — Gästebucheintrag — »das schwäb'sche Firenze«. Das »Korbmöbelhotel« wurde 1944 zerstört, im Neubau 1959 wieder ein Hotel eröffnet, das inzwischen den Betrieb eingestellt hat.

Als der Hasenbergturm, das »weit hinaus grüßende Wahrzeichen Stuttgarts« 1879 am 6. März (Königs Geburtstag) eingeweiht wurde, sang *Johann Georg Fischer* im »Weihegruß« auch deutscher Wehrkraft ein Lob: »So kühn gekämpft, als gält's ein freudig Wetten!« Der Krieg aber ließ vom 36 Meter hohen »Burgturm« im Stil des Mittelalters, wie ihn der spätere Ulmer Münsterbaumeister Beyer konzipiert hatte, nur einen Stumpf übrig: Damit er den alliierten Bomberflugzeugen nicht als Orientierung diene, wurde der Hasenbergturm am 24. März 1943, 9 Uhr morgens, gesprengt.

Der _Turm aus rotem Gerlinger Sandstein,_ für den anfangs auch Birkenkopf und Degerloch als Standorte im Gespräch waren, ging auf den Verschönerungsverein zurück; seine Einweihung war ein Volksfest. Bis 1936 stiegen
über eine halbe Million Besucher die 184 Stufen empor — einen Fernsehturm
gab es ja noch nicht. Noch heute zahlt die Stadt jährlich 700 DM für entgan-
gene Eintrittsgelder an den Verein (!). Auf der Aussichtsplattform unterhalb
des Turms war mit dem «Jägerhaus» (1944 zerstört) ein weiteres Ausflugslokal, gebaut in den 1850er Jahren. Das Denkmal für den Dichter Wilhelm
Hauff (1802-1827) in der Hasenberganlage blieb ebenfalls nicht unberührt
vom Krieg. 1882 hatte es der Verschönerungsverein geweiht, »im Angesicht
des von der Ferne herüber grüßenden Lichtenstein« (Bezug zu Hauffs
Werk). Im 2. Weltkrieg wurde das Werk von Bildhauer Wilhelm Rösch ein-
geschmolzen; die neue Büste ist von Wilhelm Brelloch (1955).

Turm als Erkennungsmar-
ke des Verschönerungsver-
ein Stuttgart: Noch heute
jährlich 700 DM von der
Stadt

Stuttgarts Zoo sollte vor dem Krieg auf dem Hasenberg seinen
Standort finden, 180.000 RM hatte ein Verein schon gesammelt
und Hagenbeck die Pläne fertig (»er war von der Lage entzückt«).
Aber gebaut wurde bekanntlich nie, auch nicht die Drahtseilbahn
Westbahnhof-Buchenhof und Heslach-Hasenberg.

Letztes Ausflugslokal auf dem Hasenberg ist das »Waldhaus«   **Nr. 105**
(So. und Mo. geschlossen), 1879 gebaut und ehemals Villa des
Kunstsammlers Prof. Riegler. 1902 eröffnete die Restauration.

Auf dem Birkenkopf

»Was zeigt die Nische?«, wird vorm Aufgang zum Berg gefragt,   **Rotenwald-/Geiß-**
wo ein Ausschnitt der Birkenkopf-Verwerfung zu sehen ist. Der   **leichstr.**
Weg führt sanft hinauf zum Gipfel, von wo sich eine eindrucksvolle
Stuttgart-Perspektive bietet. Vor allem aber ist der Birkenkopf ein
Mahnmal gegen den Krieg, von dessen Folgen hier unzählige Bau-
fragmente zeugen — Kapitel und Reliefs, Torbögen und Quadersteine. Um über 40 Meter ist der Berg gewachsen, als hier in den
50er Jahren die Trümmer der zu 45% zerstörten Stadt aufgeschüt-
tet wurden. Der Birkenkopf war, im Volksmund auch »Monte
Scherbelino« genannt, Ort von regelmäßigen »Bergandachten«,
des 17. Juni 1953 gedachten hier 10.000, _Stefan Andres_ und _Alb-
recht Goes_ waren Redner. Holzkreuz und Steinaltar sind weiterhin
Ort des Gedenkens, doch immer mehr wird der Berg auch Platz
fröhlicher Feste, so in der Silvesternacht. 1937—38 war der Birkenkopf Schauplatz einer Grabung: Die Funde ließen auf Jäger und
Sammler schließen, die hier in der Steinzeit Station gemacht hatten.

Auch _Wilhelm Raabe_ aus der Hermannstraße mag hier hinauf
gestiegen sein, blickt er doch in seiner Erzählung »Aus den Akten
des Vogelsangs« (1895) von einem »Osterberg« hinab:

_» Der Wald war selbst damals schon dort oben von ziemlich wohlgehalte-
nen Pfaden durchschnitten, wie man sie heute in den Bädern als Promena-
denwege kennt. Hier und da hatte sogar schon irgendein Naturliebhaber und
Wohltäter der Menschheit eine Bank aufgestellt, mit dem Blick ins Tal und
auf die liebe Heimatstadt und Hochfürstliche Residenz, halb in diesem Tale
und halb im offenen Lande. Da Neumond im Kalender stand, so war der
Abend ziemlich dunkel. Die vereinzelten Sterne oben zählten nicht; nur die
Lichter der Stadt in der Tiefe und die Gaslaternen ihrer Straßen und Plätze_

gaben einen bemerkenswerten Schein. Im fürstlichen Schloß schien »irgend-
was los zu sein«, denn das leuchtete sogar hell in die warme Sommernacht
hinein und zum Osterberge empor. Im Walde war es still; wildes Getier, das
nächtlicherweile in ihm aufgewacht wäre, gab's nicht mehr drin. Nur vom
Bahnhof her dann und wann das Pfeifen und Zischen einer Lokomotive,
und aus den drei Bier- und Konzertgärten der letzte Wiener Walzer, der Ein-
zugsmarsch aus dem Tannhäuser und der Hohenfriedberger harmonisch
ineinanderdudelnd und den Abendfrieden hier oben ein wenig störend.«

So war's auf dem Birkenkopf, und wer jetzt wieder hinab will in
die »Lichterstadt«, wie sich Stuttgart auch schon mal nannte, der erreicht den Bus unterhalb des Bergs und hat es gewiß bequemer als
der Troß der Tour de France, der sich 1987 hier vorbeiquälte.

Westbahnhof/
Rotenwaldstr.

Eine Bahnstation, epochemachend

Ein Abstecher kann noch zur »Hasenbergstation« unternom-
men werden — wer nach der Station fragt, um dort die
»Schwäb'sche Eise'bahne« zu besteigen, den werden ältere, kundi-
ge Bürger der Stadt zum Westbahnhof weisen, doch dort wird man
den potentiellen Reisenden wieder wegschicken: Seit 1985, nach
immerhin 106 Jahren, ist der Westbahnhof für den Personenver-
kehr geschlossen — nach Vaihingen und Böblingen fährt jetzt die
S-Bahn.

Der Haltepunkt im Westen lag an der Gäubahn, die im vorigen
Jahrhundert als Diskussionsthema ein Dauerbrenner war. 1879 war
die Route von Stuttgart über Böblingen, Herrenberg, Eutingen
nach Freudenstadt im Schwarzwald (88 km Strecke) eröffnet worden, um den Bahnanschluß an die Schweiz und über die Gotthard-
bahn nach Italien zu erreichen. Über Horb, Rottweil, Tuttlingen,
Singen kann man heute denn auch z.B. bis Zürich reisen, allerdings
weder im TEE noch IC; die Rheintal-Linie Karlsruhe-Basel fuhr
der Gäubahn den Rang ab.

Die heutige Streckenführung bekam den Vorzug vor einem Ab-
zweig in Feuerbach und einem Bahnhof Feuersee. Der 1879 eröffneten Hasenbergstation wurde dabei außerordentliche Bedeutung
beigemessen: »Die Eröffnung wird zu den epochemachenden Ereignissen in der Geschichte unserer Stadt gehören und für die Entwicklung jenes Stadtteils (Anm. des Westens) von größtem Einfluß
werden« (»Merkur« 1879).

Vor allem die Bahnstrecke selbst vom Hauptbahnhof hinaus in
den Westen galt schon bald als Attraktion mit »unvergleichlichen
Reizen für jedes empfängliche Gemüth«, als die »Panoramabahn«
schlechthin: Von der Stadtmitte ging es bis an den Rand des Ro-
sensteinparks, durch den Kriegsbergtunnel, den italienische Arbeiter mit Hammer und Meißel über 579 m geschaffen hatten, dann
quer auf dem 39 m hohen Bahndamm übers Vogelsangtal zur Hasenbergstation und weiter durch den Hasenberg-Tunnel (258 m)
ins Gäu. Der Baedeker zählte diese Fahrt im vorigen Jahrhundert zu
»den ersten Sehenswürdigkeiten der Stadt« und der »Merkur« folgerte: »Man darf sicher sein, daß jeder Tourist in Stuttgart zu aller-

Stuttgart. Westbahnhof.

Station der »Panorama-
bahn«: Der Westbahnhof

erst die Fahrt zur Hasenbergstation unternehmen will« (1880) —
und wohlgemerkt an einem Abteilfenster links Platz nehmen soll
(die Perspektiven von einst sind heute verbaut, verstellt und zuge-
wachsen).

*Zehn Jahre nach Eröffnung der Gäubahn und just an dem Tag, an dem
die Hasenbergstation einen Fernsprechanschluß bekam, ereignete sich auf
der Strecke ein Unglück, bei dem acht Menschen ums Leben kamen und 40
bis 50 verletzt wurden. Am Vormittag des 1. Oktober 1889 war der Zug nach
Böblingen zwischen Vaihingen und der Wildpark-Station bei der Solitude
stecken geblieben. Vom Bahnhof Hasenberg wurde eine Schiebmaschine zur
Hilfe dorthin beordert, die nahe dem Wildpark mit dem Zug 222 aus Horb
zusammenstieß, weil Alarmsignale nicht beachtet worden waren. Die meisten der Toten wurden unter großer Anteilnahme der Stuttgarter Bevölkerung
auf dem Pragfriedhof beigesetzt. Es gab aber noch eine andere Art der »Anteilnahme«: Am Wochenende nach dem Unglück strömten Tausende Schau-
lustige an die Stelle, wo sich das Unglück ereignet hatte.*

Die Station Hasenberg selbst war ein »einfaches Gebäude mit
drei spitzen Giebeln und Arkaden« und recht betriebsam: 1912
wurden hier 600.000 Fahrgäste gezählt. 1960 wurde das alte Bahn-
hofsgebäude abgerissen und durch den 1962 eingeweihten Flach-
dachbau ersetzt. Was blieb, ist eine Durchgangsstation, die seit 1978
auch von der Straßenbahn nicht mehr angefahren wird.

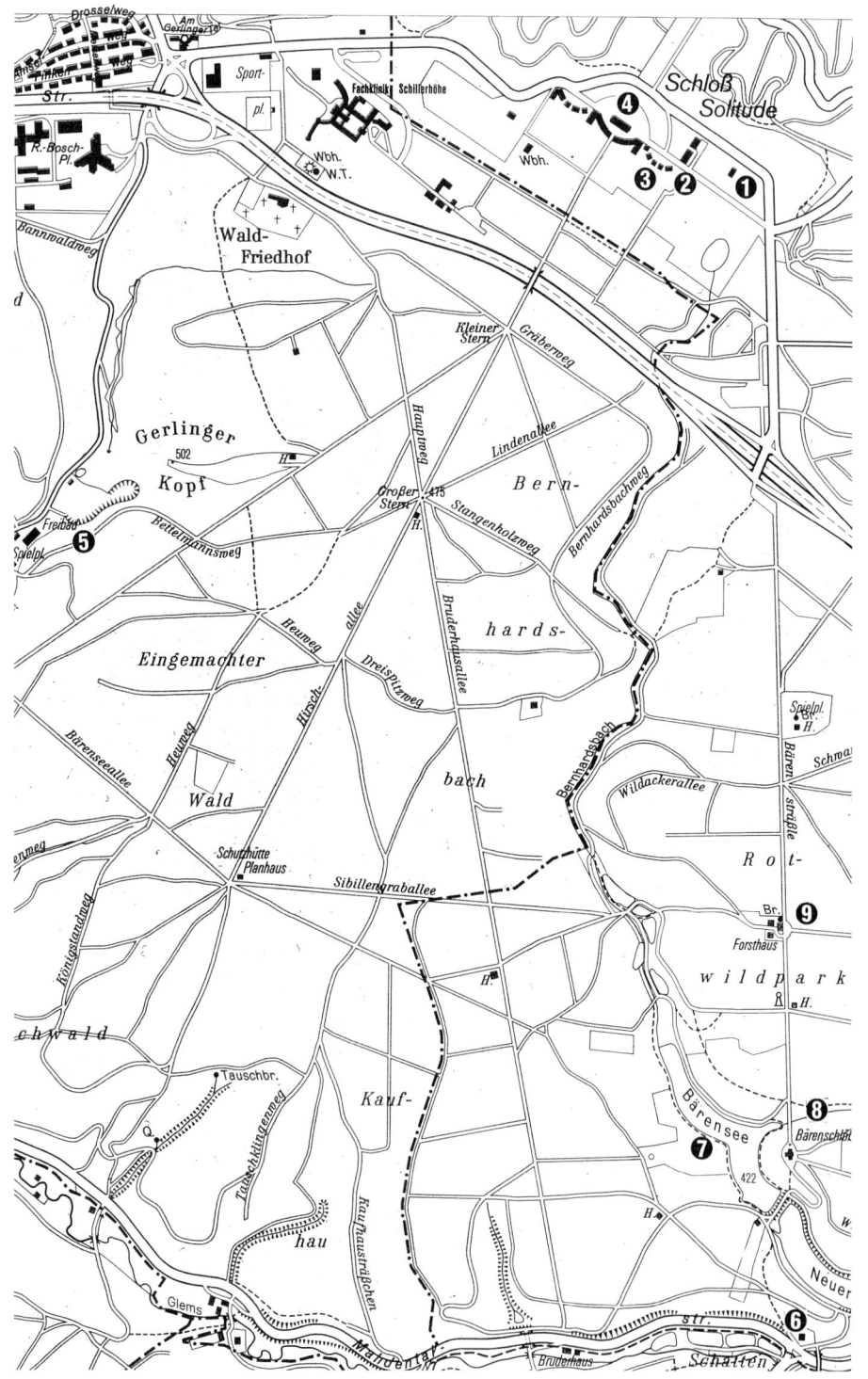

Stuttgarts spät(h)absolutistischer Herrschaftssitz

Von der Solitude über's Krummbächle zum Bärensee

von Ulrich Weitz

Ausgangspunkt: Buslinie 92 vom Hauptbahnhof
Endpunkt: Buslinie 92 Forsthaus I
Dauer: 3 Stunden

Der württembergische Despot Carl Eugen ließ von 1763—1767 auf einem fast 500 Meter hohen, bewaldeten Bergkamm das Schloß Solitude erbauen, das heute zum Stuttgarter Westen gehört. Inzwischen halten die »Fürsten« der Neuzeit wie Ministerpräsident »Cleverle« Späth auf der Solitude Hof.

Bauherr Carl Eugen

»Jetzt kommt wieder ein Spaziergang, und zwar auf die Solitude, ein einsames Lustschloß des Württemberger Königs, in ziemlich großer Gesellschaft. Im Schlosse wurde gegessen und getrunken, tüchtig. Das erhitzte mich sehr, auch blickt ich einigemal scharf auf die Lotte hin und drückte dem Schwaben die Hand, daß er aufschrie. Nach Tische lagerten wir alle in einem Walde, die Frauenzimmer sangen und ich wollte des Teufels werden.«
Nikolaus Lenau *(österr. Dichter) zu unserem Ausflugsziel, 1831*

Zur Solitude fährt der Bus durch eine prächtige Kastanienallee, die allerdings 1962 wegen der Überalterung der Bäume neu gepflanzt werden mußte. Als in Stuttgart 1980 der Karlsplatz neu angelegt wurde, wurde diese Allee dann »ausgedünnt«, um für den Platz in der Stadtmitte entsprechend repräsentatives Baummaterial zu liefern. Solitude heißt »Einsamkeit«, doch wenn der ADAC zum jährlichen Wandertag »Rund um die Solitude« ruft, dann traben 15.000 mit Knickerbockern und roten Wadenstrümpfen, mit Rucksack und Vesper (schwäbisch für Wegzehrung) los, und mit der Einsamkeit ist es vorbei. Wir vermeiden diesen Massenmarsch und hoffen, einen etwas ruhigeren Tag zu erwischen. **Kastanienallee**

In Richtung Kastanienallee liegt der »Äußere Pavillon«, in dem heute ein Museum des Bildhauers *Fritz von Graevenitz* (1892—1959) beheimatet ist. Ehemals diente das Gebäude profaneren Zwecken: Von 1770—1775 war es zunächst Pflanzschule und Teil der Akademie, später Forstgebäude, bevor es 1922 von dem Generalssohn und Hauptmann a.D. zum Atelier umgewandelt wurde. **»Äußerer Pavillon«**

Ab 1933 begann Graevenitz' steile Karriere: Er hielt Vorträge im Kampfbund für deutsche Kultur und bekam 1937 eine Professur an der Kunstakademie, deren Direktor er von 1938-1940 war. Ganz so »harmlos«, wie das im Garten stehende Bronzerehlein den Bildhauer erscheinen läßt, war von Graevenitz nicht. Nach Ausbruch des 2. Weltkriegs verfaßte er 1940 ein Büchlein für die kämpfende Truppe — Titel »Kunst und Soldatentum« —, in dem er Bildinterpretationen voll Blut und Boden verkündete: »Ja, die Musik der Form- und Farbenklänge, wie sie Kunst ist, erhebt uns so über die Grausamkeit des Lebens, daß selbst die tobende Schlacht, darin Ströme von Blut fließen, zur jauchzenden Lust wird durch die Kraft der Gewalt.«

Aber wer wird da lästern? Schließlich ist von Graevenitz Ehrenbürger der Stadt Gerlingen (auf deren Markung die Solitude bis zu ihrer Eingemeindung 1942 nach Groß-Stuttgart lag), weil er ihr 1953 ein schönes Gefallenendenkmal schuf.

Etwas zurückgesetzt standen früher zwei weitere Pavillons der alten Schloßanlage. In einem wohnte Schillers Vater, den Herzog Carl Eugen 1775 als Leiter der Pflanzschule auf die Solitude holte. Nach eigenen Aussagen war *Johann Kaspar Schiller* sehr erfolgreich: »Die Anzahl von 22.400 Stücken an Obstbäumen, Pappeln, Kastanien und Strauchhölzern konnte ich teils nach Hohenheim, teils an die hiesige Gärtnerei abgeben«. Außerdem pflanzte er 30.000 kleine und große Bäume in der Forstschule an und sorgte dafür, daß alle Alleen und Wege mit hochstämmigen Bäumen besetzt wurden.

Die Minister-
präsidentenvilla

Mancher Baumriese, dem wir auf unserem Spaziergang begegnen, könnte also von dem Dichtervater gepflanzt worden sein. Die Pavillons wurden abgerissen und durch eine Scheune ersetzt, die sich Ministerpräsident *Hans Filbinger* dann zum repräsentativen Wohnsitz umbauen ließ. Das erklärt den häufig dort parkenden Polizeiwagen und den festungsmäßig ausgebauten Eingangsbereich. Stacheldrahtverwehrt und videoaugengesichert sollte dies den Mann schützen, der unsere Sprache um so kernige Begriffe wie »Dunstkreis« erweiterte, zu dem er in einer Bundestagsrede auch den Schriftsteller Heinrich Böll zählte (den er der Sympathie zur Baader-Meinhof-Gruppe bezichtigte).

Die Schlacht als jauchzende Lust: Handgranatenwerfer von Graevenitz, Flandernkaserne auf dem Burgholzhof in Stuttgart

Rollen wir kurz einige Geschichten auf, die sich mit dem 1913 geborenen Mannheimer, der trotz seiner braunen Vergangenheit Ministerpräsident des »liberalen Musterländle« werden konnte, verbinden. Über ihn schrieb Rolf Hochhuth *am 17. Februar 1978 in der »Zeit«: »Ist doch der amtierende Ministerpräsident dieses Landes, Dr. Filbinger, selbst als Marinerichter, der sogar noch nach Hitlers Tod einen deutschen Matrosen (Gröger, wegen Fahnenflucht) mit Nazigesetzen verfolgt hat, ein so ›furchtbarer Jurist‹ gewesen, daß man vermuten muß... er ist auf freiem Fuß nur dank des Schweigens derer, die ihn kannten.«*

Filbinger, damals stellvertretender Bundesvorsitzender der CDU, der getreu dem Motto »Was damals Rechtens war, kann heute nicht Unrecht sein«, gegen den Schriftsteller prozessierte, erhielt prompte Schützenhilfe aus Bayern. Beim Oberfrankentreffen erklärte Franz Josef Strauß: *»Man kann Filbinger aus dem, was er bei Kriegsende unter den damaligen Verhältnissen getan hat, keinen Vorwurf machen, aber man führt mit Ratten und Schmeißfliegen keine Prozesse.«*

Obwohl Filbinger leugnete, weitere Todesurteile ausgesprochen zu haben, fanden die Medien noch zwei weitere Todesurteile des Marinerichters in den Archiven, so daß selbst baden-württembergische CDU-Größen ihn nicht mehr halten wollten. Resigniert bekannte Filbingers Vize Lothar Späth: *»Meine Erklärungskraft ist erschöpft.«*

Fritz von Graevenitz:
In Stein gehauene Unbelehrbarkeiten

»So stehen beide — Künstler und Soldat — in letzter Verantwortung vor dem Volk: zu trotzen Wirrnis und Gefahr, Kämpfer zu sein um das heiligste und schwerste Gut der Erde: Freiheit. Sie aber, die Urmutter Heimat, die kampfumlohte, dankt ihren Söhnen mit dem Geschenk ewiger Wiedergeburt. Über den Gräbern von Langemarck ersteht heute Großdeutschland.« Mit diesem unzweideutigen Bekenntnis interpretierte der Künstler-Vater 1940 seine Steinskulptur »Mutter Heimat«, die uns heute auf dem Stuttgarter Waldfriedhof Mahnung und Erinnerung an die Kriegstoten sein soll. Die mehrfach aufgelegte und über 100.000 mal als moralische Aufrüstung in den 2. Weltkrieg gezogene Tornisterschrift des Stuttgarter Bildhauers Fritz von Graevenitz (1892—1959) »Kunst und Soldatentum« läßt keine Zweifel an dem nationalistischen und militaristischen Entstehungs- und Gesinnungszusammenhang des Gedenksteins zu.   Dennoch haben die »Kunst im öffentlichen Raum« verwaltenden Stellen nicht nur dem von dem passionierten Jäger ins Leben gerufenen Zoo zahmer Stein- und Bronzetiere Überlebensnischen (Killesberg-Höhenpark, Eberhard-Ludwig-Gymnasium) offengehalten. Sie haben für die Wiederherstellung des populären Cannstatter Erbsenbrunnens (Marktstraße, 1929, ren. 1948) gesorgt und die Verklärungskünste des Portraitbildhauers (von Ministerpräsident v. Weizsäcker, 1926, über den »Führer«, 1935, bis zu Bonatz, 1952) für Gerichtsengel in der Stiftskirche (Kanzelpfeiler, 1957) reaktiviert.   Vor allem aber läßt sich Graevenitz als eine Art »künstlerischer Kriegsgewinnler« charakterisieren. Seinen ersten Großauftrag verdankte der Leutnant seinem langjährigen Regiment, dem er Mitte der 20er Jahre das Gefallenendenkmal der Olga-Grenadiere schuf. Der unerschütterliche stolze Löwe hält heute noch im Mittleren Schloßgarten am östlichen Hauptweg die Totenwache bzw. die Gesinnung der Toten wach. Der umherspähende Adler hingegen hat sich 1927 auf dem Obelisken der Friedrich-Infanteristen beim Hof der Rotebühlkaserne niedergelassen. Im Zuge der Kriegsvor- und nachbereitung entstanden auch Gedenksteine für gefallene württembergische Reiter und Flieger (1928/29) an dem von Bonatz entworfenen Ehrenfeld auf dem Waldfriedhof sowie erste Entwurfsskizzen (1930/32) für eine ebenfalls dort vorgesehene Skulptur »Mutter Erde« oder »Mutter Heimat«. In Anlehnung an den christlichen Bildtyp der über dem Leichnam Christi trauernden »Mutter Gottes« schuf der Bildhauer ab 1932/33 eine, nunmehr aber gegen den Schmerz um den Gefallenen in ihrem Schoß aufgerichtete Frauenfigur: Der Soldatentod erfährt seine Gleichschaltung mit dem Opfertod Christi und damit auch eine politische Sinngebung im Glauben an die Wiederauferstehung der deutschen Nation aus der heimatlichen Mutter-Erde.   Auf dem Weg zur Wiedergeburt der Nation lagen 1936 die Wiedereinführung der Wehrpflicht und eine Kasernenbauwelle, für deren künstlerische Ausformung der zuverlässige Bildhauer Verwendung fand. Die überlebensgroße Kolossalstatue eines Handgranatenwerfers (1936) für die Flandernkasernen (heute Robinson Barracks) auf dem Burgholzhof sorgte nicht nur reichsweit für Aufsehen, sondern auch für die Berufung Graevenitz' an die gesäuberte Kunstakademie (1937), deren Direktor er 1941/42 wurde. Statt des Granaten schleudernden Muschelkalk-Monsters überdauerte auf dem Burgholzhof nur seine pflichtbewußte Soldatenbüste (Gedenkstein Grenadierregiment 119).   Der furchtbar fruchtbare Bildhauer blieb auch nach Kriegsende für Kriegerehrungen gefragt: Die 1939 entworfene Adlerapotheose für einen »Sarkophag des auferstehenden Kriegers« kam in Ditzingen gut an (1951); ein kriegserprobter Bronzelöwe (1936) fand bei Gerlingen seine Heimat (1953); die Variante eines Flammenschwertträgers für die Kriegsuniversität Posen (1942) zog in die Uni Hohenheim ein (1954); die nachgearbeitete »Mutter Heimat« kam auf dem Ehrenfeld des Waldfriedhofs zur letzten Ruhe (1954) — von nach 1945 neuentworfenen und -geschaffenen Erinnerungsmälern ganz zu schweigen. Der Löwenanteil der heute rund 50 Kriegsgedenkstätten der Landeshauptstadt geht auf das Konto des Stuttgarter Militärbildhauers.   *Jörg Haspel*

Die letzten Takte spielten sich auf der Solitude ab. *Gerhard Mayer-Vorfelder,* ein strammrechter Ziehsohn des Ex-Marinerichters, riet Filbinger, zurückzutreten. Dieser bäumte sich nochmals auf, zieh ihn einen Brutus, zimmerte Legenden, daß die Jagd auf ihn eine Rache des linken Machtkartells für Willy Brandts Rücktritt sei und erklärte sich zum Märtyrer. Aber da war es schon zu spät: Am 7. August 1978 trat Filbinger als Ministerpräsident zurück.

Der sture, alte Herr zog sich schmollend auf die Solitude zurück und bestand darauf, bei seinen monatlichen Ruhestandsbezügen von rund 11.000 DM weiter in der feudalen Scheune zu wohnen — zu einem Spottpreis von 2.250 DM, was umgerechnet auf Quadratmeter weit unter dem Mietzins für Stuttgarter Sozialwohnungen liegt. Schwäbisch-knitz forderte Filbinger auch noch einen jährlichen Putzkostenzuschuß von 3.000—5.000 DM für die Villa, und nur mit Mühe konnte ihm diese »Kehrwochensubvention« ausgeredet werden. Erst 1984 räumte Filbinger endgültig die Präsidentenvilla: Nachfolger Lothar Späth konnte nun sein Bietigheimer Reihenhäuschen mit dem standesgemäßeren Domizil vertauschen. Doch ganz ist der Schatten Filbingers nicht gewichen: Im Stuttgarter Adreßbuch von 1987 wird der Filbinger-Clan immer noch als Bewohner der Villa ausgewiesen.

Nur selten noch ist die Stimme Filbingers zu vernehmen. Als Präsident des von ihm gegründeten »Studienzentrum Schloß Weikersheim« (Tauberkreis) kämpft der Ministerpräsident a.D., der die Wahlkampfparole »Freiheit oder Sozialismus« erfand, für »geistige und moralische Erneuerung« in der Politik, und aus dem Schloß kam erst kürzlich der Ruf nach Gründung einer neuen Rechtspartei.

❷ Der Solitude-Friedhof

Nach diesem turbulenten Ausflug in unsere jüngste Vergangenheit wollen wir jetzt an einem ruhigeren Ort verweilen. In unmittelbarer Nähe zum Wohnsitz des Ministerpräsidenten Späth befindet sich der kleine Solitude-Friedhof, der 1866 an der Straße nach Weilimdorf angelegt wurde, nachdem das Schloß zum Feldspital im Krieg der Preußen gegen Österreich umgewandelt worden war. Auch im Krieg 1870—71 wurde die Solitude wieder zweckentfremdet und zum »Königlichen Reservespital« ernannt. Für die Gefallenen dieser Kriege wurde auf dem Friedhof ein Gedächtnismal errichtet. Auch der erwähnte Bildhauer von Graevenitz und *John Cranko,* der wie kaum ein anderer den Ruf des Stuttgarter Balletts geprägt hat, fanden hier ihre letzte Ruhe.

Machte Stuttgarts Ballett weltbekannt: John Cranko

Der britische Choreograph John Cranko, 1927 in Transvaal (Südafrika) geboren, begann seine künstlerische Laufbahn als Tänzer und Choreograph des Ballets der Universität Kapstadt. Weitere Stationen waren das Royal Ballett in London, das New York City Ballett, Paris, die Edinburgher Festspiele und die Scala in Mailand, bis er 1961 als Ballettmeister nach Stuttgart kam. 1962 gelang ihm mit »Romeo und Julia« jene Produktion, die das Stuttgarter Staatstheaterballett in der Welt fast so bekannt machte wie das Mercedes-Markenzeichen. Mit einer umfassenden Klassikerpflege und der Übernahme literarischer Themen wie der »Widerspenstigen Zähmung« auf die Bal-

lettbühne erreichte Cranko, daß in Stuttgart Ballettkarten nur noch durch Beziehungen oder Glückstreffer erhältlich waren. Als er 1973, gerade 46 Jahre alt, nach der Rückkehr von einer Gastspielreise in die USA starb, herrschte große Trauer um den experimentierfreudigen Meister, der mit der Einrichtung des einzigen deutschen Ballettinternats (heute John-Cranko-Schule, Urbanstraße 94) auch eine ganze Reihe junger Talente ausbildete, die heute die Zuschauer zu Beifallsstürmen hinreißen.

Als Halbovalgruppe befinden sich linkerhand der Kastanienallee zehn sogenannte Kavaliershäuschen, in denen die Lehrer und Professoren wohnten, die an der Militärpflanzschule und späteren Militärakademie unterrichteten, die Carl Eugen 1771 auf der Solitude gegründet hatte. Am 17. Januar 1773 bekam der junge Schiller — er war gerade 13jährig — diese Erzieher zu spüren. Ihr Reglement war streng: werktags um fünf Uhr Wecken, Morgengebet und Frühstück um sechs Uhr. Um sieben Uhr begann der Unterricht, unterbrochen von den »ritterlichen Übungen« Tanzen, Reiten und Fechten. Vor dem Mittagessen war dann eine Stunde zum Reinigen der Uniform angesetzt. Der Unterricht füllte den ganzen Nachmittag. Vor dem Abendessen um sieben eine Erholungsstunde, anschließend Gebet und Zubettgehen. Eine schreckliche Disziplinierungsübung, die der junge Poet später als »unerträgliche und stupide Zwangsanstalt« charakterisierte.

Kavaliershäuschen: Die Kavaliere kommen und gehen

1820 kamen die Kavaliershäuschen unter den Hammer und wurden meistbietend zum Abbruch versteigert. Die Pietisten der nahen Gemeinde Korntal wollten die Pavillons abreißen lassen und auf dem Gelände eine »Heiden-Mission« errichten. Glücklicherweise zerschlug sich das Vorhaben. Auch später ging der Staat mit den Kavaliershäuschen recht seltsam um, wie die Öffentlichkeit 1963 dem »Spiegel« entnehmen konnte. Damals wurde eines der Gebäude, die meist an Beamte vermietet waren, trotz Denkmalschutz abgerissen und für 130.000 DM neu gebaut — eine kleine Dankesgeste des Staates an seinen »Untermieter« Prof. *Horst Linde*, Ministerialdirigent a.d. und Ordinarius für Städtebau an der TH Stuttgart?

Die Kavaliere kommen und gehen, und einer der jüngsten Mieter ist *Paul-Uwe Dreyer*, frisch gekürter Rektor der Stuttgarter Kunstakademie und bekanntester Vertreter der konkreten Malerei. Die neue Kulturszene zieht es an den »Hof« von Lothar Späth, der in seinem Bestseller »Wende in die Zukunft« recht treffend formulierte, warum Kreativität im Technologiezeitalter so gefragt ist:

»Der bloße Wissensspezialist findet im Computer seinen gefährlichsten Konkurrenten, der gestalterisch Veranlagte und Phantasiebegabte seinen besten, weil routiniertesten Helfer. Das Streben nach Rückgewinnung ganzheitlicher Zusammenhänge und Betrachtungsweisen führt notwendig über die Bejahung der Koexistenz von Rationalität und Irrationalität, von Arbeit und Spiel, von wissenschaftlichem Erkenntnisdrang und musischem Ausdrucksverlangen, von Technik und Kultur.

Die Versöhnungsgesellschaft wird eine technikimmanente Kulturgesellschaft sein.«

❹
Der Kavaliersbau

Dieses Nebengebäude des Schlosses im Osten hatte im Erdgeschoß neben einigen Versammlungsräumen, die später zu einem Restaurant umgebaut wurden, und dem großen Speisesaal auch ein kleines Appartement des Herzogs. Dort konnte sich Carl Eugen — mit oder ohne Mätressen — dem Trubel des Hoflebens entziehen. Im rückwärtigen Flügel beherbergte der Bau noch eine Schloßkapelle mit einem goldgerahmten Deckengemälde »Christi Himmelfahrt« von *Nicolas Guibal.*

Mätresse auf Schloß Solitude: Tänzerin Agatha, im Harem des württembergischen Herzogs seine Favoritsultanin

1869 wurde der Kavaliersbau zum Kurhotel für erholungsbedürftige Großstädter umgewandelt, nachdem schon 1830 ein Appenzeller Senner mit sechs Ziegen die Schloßanlagen in eine idyllische Almwiese verwandelt hatte. Ein Prospekt pries das Kurleben auf dem ehemals fürstlichen Wohnsitz an:

»Morgens und abends versammelt sich ein Gesellschäftchen im Kuhstall der Meierei, um kuhwarme Milch zu trinken; in der Anstalt sind Molken und alle Sorten Mineralwasser zu haben. Die Kurgäste verweilen im Schatten mächtiger Kastanien in reiner bewegter, auch im Sommer erträglicher Luft.«

1918, als die Luft bombengeschwängert roch, wurde aus der Kur- und Sommerfrische ein Hospital für Kriegsverletzte und später ein Kriegsblindenlazarett. Erst 1950, das Wirtschaftswunder kündigte sich zaghaft an, wurde der Schloßflügel mit dem großen Saal renoviert und als Hotel neu eröffnet.

Den Repräsentationsbedürfnissen des Hofstaates von Lothar Späth genügte dieser Restaurationsbetrieb nicht mehr. Ab 1990 wird in das alte Schloßhotel ein exklusives Feinschmeckerrestaurant einziehen; der Pächter ist schon gefunden, und Austern, Hummerschwänze und Wachtelbrüstchen sollen die kulinarischen Genüsse von einst wiederaufleben lassen. Damit die Nobelkarossen der Lukullusjünger standesgemäß geparkt werden können, muß die Wiese zwischen Kavaliershäuschen und Kapelle zubetoniert werden: 70 Parkplätze müssen nach Meinung des Staatlichen Hochbauamtes als Marstall der »High-Tech-Ära« bereitgestellt werden.

»Zur Solitude fährt der Bus«: Aufnahme der 20er Jahre

Der zweite Flügel des Schlosses, der Officenbau, der einst die herzogliche Bildergalerie beherbergte, soll nach Späths Vorstellungen zur »Drehscheibe des kulturellen Lebens« werden. In dieser schwäbischen »Villa Massimo« sollen 20 international renommierte bildende Künstler bei freier Kost und Logis und einem großzügigen »Stipendium« einquartiert werden, damit Ministerpräsident Späth in der Rolle des Mäzen und Musenförderers gefeiert werden kann.

Der Officenbau

Neu ist die Idee nicht: Späth-Vorgänger Carl Eugen bot in diesem Gebäude ebenfalls erlesene Kulturveranstaltungen, denn im hinteren Flügel des Offizienbaus war das Solitude-Theater untergebracht. Ungeheure Summen wurden in die Aufführungen gesteckt und der Monarch schreckte vor nichts zurück, um Exklusivität zu bieten. So konnte sich Carl Eugen rühmen, für die in italienischer Sprache gesungenen Opern 15 Kastraten zu besitzen und zwei Bologneser Wundärzte, die derlei Operationen gut verstanden, wie eine zeitgenössische Quelle berichtet. Weltberühmte Künstler, wie der französi-

![Schloß Solitude]

Schloß Solitude, gemalt von A.F.Harper 1765

Menschenlieferungen für Südafrika: Hier Gardesoldaten des Carl Eugen

Das Lustschloß

sche Ballettmeister I.G. Noverre, *waren ständige Gäste auf der Solitude und der Herzog verteilte aus vollen Taschen. Sängerinnen und Tänzer, die aus ganz Europa herangeholt wurden, bezogen höhere Gehälter als hochgestellte Regierungsbeamte. Die berühmteste Sängerin,* Catarina Bonafini, *war lange Zeit die Lieblingsmätresse des Herzogs.*

Ob ein mit ihr gezeugtes Kind unter den Menschenlieferungen war, die Carl Eugen als Soldaten für den holländischen Kolonialkrieg in Südafrika für bare Münze verkaufte, ist nicht überliefert. In seiner Illustrierten Sittengeschichte zitiert Eduard Fuchs *zeitgenössische Dokumente, nach denen der »württembergische Seelenverkaufer seine eigenen Söhne« verkauft habe; allerdings nicht zum Preis eines Bauernburschen, sondern als Offiziere und damit zum drei- und mehrfachen Preis: Blaues Blut mußte teuer bezahlt werden.*

Trotz des Menschenhandels wurde das Theater der Welt bald zu teuer. Im Juni 1774 wurden alle ausländischen Schauspieler entlassen und durch einheimische Nachwuchskräfte, die kärglich bezahlt wurden, ersetzt. 1775 schloß das Theater seine Pforten für immer.

Der eigentliche Schloßbau wurde vom Herzog selbst mitentworfen und als »Opernszene im Freien« mit einem durch großzügige Arkadenbögen aufgelockerten Untergeschoß, der Blendarchitektur aus weißem Stuck und den herabschwingenden Freitreppen wirkungsvoll inszeniert. Über den Arkaden der Hofseite findet sich deshalb eine lateinische Inschrift, die, etwas größenwahnsinnig angehaucht, die Leistung des herzoglichen Hobbyarchitekten würdigt: »Moderatore Carolo desertam solitudinem labor improbus quadrienno vicit«, d.h.: daß unermüdliche Arbeit unter Carl Eugen als der bestimmenden Kraft in vier Jahren die einsame Einöde besiegt habe. Eher den Tatsachen entsprechen dürfte hingegen die Eintragung in das Bauprotokollbuch vom 6. August 1770: »Der Herzog ritten nach dero Gewohnheit von morgens bis nachts herum, und sahen wie gearbeitet wird.«

Zu seiner Unterstützung hatte Carl Eugen noch seinen Hofmaler *Nicolas Guibal* und den Baumeister *Johann Friedrich Weyhing* hinzugezogen, als 1764 mit dem Schloßbau begonnen wurde. Doch bald kam das Trio in Schwierigkeiten und holte sich mit dem Hofarchitekten *La Guêpière* professionelle Unterstützung. Schloß Solitude war nach dem Vorbild hochbarocker Lusthäuser erbaut:

Im massiv gemauerten Sockelgeschoß mit vorgeblendeten Arkaden befanden sich die Wohnungen der Mätressen von Carl Eugen, mit denen er 78 uneheliche Kinder zeugte. Das waren nur die Söhne — die Töchter wurden nicht gezählt. Darüber erhob sich die »Beletage«, die von einer breiten Terrasse umgeben war, zu der zwei mächtige, elegant geschwungene Freitreppen führten. Im Mittelpunkt stand der Ovalsaal, der dem gesamten Bau mit seinen zwei Nebenflügeln etwas Pompöses verlieh. Um die Kuppel des Mittelpavillons waren schließlich zwölf vergoldete Figuren gruppiert, die die Fürstentugenden darstellten.

Ob die Art, wie Carl Eugen das Geld für den Schloßbau aus der Bevölkerung herauspresste, unter diesen Tugenden gerechnet wird, entzieht sich dem Verfasser. Verbürgt ist jedoch die Tatsache, daß zu der Zeit, als die Solitude gebaut wurde, im damaligen Württemberg 473.426 Menschen mit einem geschätzten Jahreseinkommen von rund drei Millionen Gulden wohnten, und der »tugendhafte Herzog« in rund sieben Jahren sieben Millionen Gulden von seinen sparsamen Schwaben kassierte, wobei eine Million Gulden oder zehn Tonnen Gold in den Bau des Schlosses Solitude gesteckt wurden.

Das Innere des Lustschlosses ist wieder glanzvoll hergerichtet und sollte im Rahmen einer Führung, die hier vom Württembergischen Landesmuseum angeboten wird, erkundet werden. Das rote Kabinett, das Musikzimmer, das Assembléezimmer, der Weiße Saal des Mittelpavillons mit seinem großen Deckengemälde, das Vorzimmer, der Marmorsaal, das Palmenzimmer, das Schlafzimmer und das Schreibkabinett sowie die Bibliothek sind die Stationen, auf denen Glanz und Verschwendungssucht der Feudalfürsten nachempfunden werden können.

Die Restaurierung war mindestens so aufwendig wie der Bau, da die mangelhafte Isolierung und die Verwendung falscher Baustoffe umfangreiche Maßnahmen notwendig machten. Der aufpolierte Glanz soll nun auch den passenden Rahmen für Staatsempfänge abgeben.

Der Herzog und Franziska von Hohenheim: Ein Schattenriß des Karlsschülers Johann Friedrich Knisel von 1784, dessen Verbreitung Carl Eugen verbot.

Nachdem das Schloß 1769 fertiggestellt war, verbrachte Carl Eugen nur noch sieben Sommer auf der Solitude. Dann verlor er die Lust, denn mit Schloß Hohenheim (S. 16) hatte er sich ein noch ehrgeizigeres Domizil geschaffen, in das er mit seiner ihm inzwischen angetrauten Mätresse Franziska zog. Carl Eugen ist heute in der Geschichtsschreibung umstritten: Während ihn Landesgeschichtler als »aufgeklärten absolutistischen Herrscher mit großem Kunstverstand« feiern, charakterisierte ihn der Sittengeschichtler Fuchs als einen jener Fürsten, denen »an Gehirn ebensoviel abging, als ihnen in der Eigenschaft von Deckhengsten zukam«.

*Krummbachtäle, einziges
Stuttgarter Naturfreunde-
heim mit Freibad*

*Mitglieder der » Wider-
standsgruppe G« im Som-
mer 1934 im HJ-Freibad
Solitude*

Vor weiterer Wanderlust müssen wir erst noch Zivilisationser-
rungenschaften wie die autobahnmäßig ausgebaute Wildparkstraße, die von Leonberg nach Stuttgart-West bzw. Vaihingen führt,
überwinden. Am kleinen Stern zweigen wir über den Bettelmanns-
weg — nomen est omen — in proletarischere Gefilde ab und finden
im Krummbachtäle das Waldfreibad, das heute der Naturfreunde-
gruppe Stuttgart-Weilimdorf gehört.

Erbaut wurde es 1928 von Mitgliedern des ASSV (Arbeiter-
Sport- und Schwimmverein) Groß-Stuttgart und Arbeitslosen. Im
Volksmund hieß es das »Kommunistenfreibad«, weil der ASSV Teil
der 1928 gegründeten »Interessengemeinschaft für Rote Sporteinheit« (»Rotsport«) war, die die kommunistisch orientierten Sport-
vereine zusammenschloß, nachdem die zunehmende Frontstellung
zwischen SPD und KPD zur Spaltung auch in der Arbeitersportbe-
wegung geführt hatte. In Stuttgart war diese Spaltung bei den
Schwimmern schon früher gegenwärtig, 1923 hatte sich der sozialdemokratisch gesinnte Teil der Mitgliedschaft aus dem Arbeiter-
schwimmverein, der überwiegend kommunistisch ausgerichtete
Mitglieder hatte, zurückgezogen und den »Verein für das volkstüm-
liche Schwimmen« gegründet. 1933 wurden die Roten Sportler ver-

boten, und in die schöne Schwimmanlage zog die Hitlerjugend ein. Totzdem blieb das Waldfreibad ein Treffpunkt von fortschrittlichen Jugendlichen. Die »Gruppe G«, eine Widerstandsorganisation junger Menschen verschiedener Weltanschauungen, traf sich in den kalten Fluten und diskutierte hitzig über Hitler und den Krieg, den der Faschismus mit sich bringen würde. Nach dem Krieg rissen die Naturfreunde die Barackenanlage ab und ersetzten sie durch das massive Steinhaus (heute »atomwaffenfreie Zone«).

Vom Krummbachtäle steigen wir wieder in die Höhe und kommen am Schloßberg vorbei, den einst die Burg der Herren von Gerlingen zierte (Gräben und Wälle erhalten). Sollte dem Wanderer jetzt ein Verkehrsrauschen auffallen, dann sind das die Autos, die auf der ehemaligen Solitude-Rennstrecke entlangrasen.

Grand-Prix-Atmosphäre im Mahdental

Das Start- und Zielhaus steht noch, ebenso die Boxen, doch auf der legendären Solitude-Rennstrecke im Mahdental werden keine Formel I- und Motorrad-Rennen mehr gefahren. 1965 senkte sich zum letzten Mal die Startflagge auf dem 11,5 Kilometer langen Kurs, dann verbot Innenminister Filbinger aus Sicherheitsgründen das zeitweise größte Motorsport- und Sportereignis der Welt. Mit 435.000 Zuschauern im Jahr 1954 hatte die »Sollidie«, wie die motorsportbegeisterten Schwaben ihr Renndorado nannten, damals selbst den Nürburgring und den »Nudelpott« von Indianapolis in USA übertroffen.

Vignette aus Solitude-Rennprogramm

Mit einem Bergrennen für Motorräder, das vom Westbahnhof über die Steilstrecke bis zur Bismarckeiche und dann zum Schloß Solitude führte (Distanz: vier Kilometer), begann 1903 die Ära der Rennen. Die Route hatte teilweise eine solche Steigung, daß die Fahrräder mit Hilfsmotor sie nicht bewältigten, wenn nicht die Fahrer ordentlich strampelten.

1904 siegte auf der Solitude eine leichtgewichtige Frau, Mariechen Reuschel *aus Berlin, und 1906, der Start war zum Schützenhaus nach Heslach verlegt worden, ging der Lorbeer an* Dr. Gertrude Eisemann *aus Hamburg. Der Amazone galt der Jubel des Publikums, »denn sie verkörperte den Typ eines Pin-up-Girls der Jahrhundertwende und startete, sehr zum Ergötzen der männlichen Zuschauer, mit einem ganz eng anliegenden Sammethöschen, was von gewissen Kreisen damals als ›shocking‹ empfunden wurde« (Puch-Fahrer Gikeleiter).*

Die Stars von 1924 waren *Christian Werner* und *Karl Seiler*, Sieger der Targa Florio in Sizilien, die mit ihrem Zwei-Liter-Mercedes den Berg hinaufbrausten. Ein Jahr später wurde erstmals auf einem Rundkurs gefahren, ab 1935 dann auf der heutigen Piste. Nun beherrschten das Braun der SA und Schwarz der SS das Bild, und 3.000 Mann des Nationalsozialistischen Kraftfahrerkorps (NSKK) sicherten den Ring. Damit gehörte das Rennen zu den wenigen, bei denen fast alle Zuschauer abkassiert werden konnten. Populärster Rennfahrer damals war Europameister *Hermann Lang* aus Cannstatt, der es vom Mercedes-Rennmechaniker zum erfolgreichen »Silberpfeil«-Piloten gebracht hatte.

Zeitweise größtes Sporter-eignis der Welt: Start der Formel I 1963 vor 220.000 Zuschauern; es gewann Jack Brabham

Das erste Nachkriegsrennen 1949 (nach elf Jahren Pause) verwandelte Stuttgart in einen Hexenkessel: »Die ›lange Nacht‹ vor dem Renntag wurde zum Volksfest im Herzen der Stadt, am Schloßplatz und in der extra für den Verkehr gesperrten, fahnengeschmückten Königstraße. Im Musikpavillon am Schloßplatz konzertierten Kapellen, Lichterketten spannten sich über die Straßen bis hinaus zum Marienplatz und zum Kursaal in Cannstatt. Eine größere Anzahl repräsentativer Bauten war festlich angestrahlt und die Schaufenster der Läden leuchteten die ganze Nacht im Glanze vielfarbiger Neonröhren. Die Polizeistunde war aufgehoben, die ersten der insgesamt 30 (!) Sonderzüge liefen auf dem Hauptbahnhof ein. Um Mitternacht zischten Feuerwerkskörper in den Himmel und ab 9 Uhr abends glich die Innenstadt einem Hexenkessel, der nur mit dem Karneval in Rio vergleichbar war. Es war die tollste Nacht, die Stuttgart bis dahin erlebt hatte.«

Der Renntag selbst übertraf alles Bisherige: 330.000 Fans, wie Konfetti um den Ring gestreut, registrierte die Polizei, und ein Lokalreporter schwärmte vom »Duft des scharfen Rennbenzins, Tausenden von bunten Fahnen und Transparenten, Ständen von Würstchen- und Eisverkäufern und vor allem vom Dröhnen und Donnern der Motoren«. Es gab pfeilschnelle Rennen unter heißem Himmel, in den Pausen Reklamekorsos mit schnittigen Wagen und hübschen Mädchen, »Renn-Bier«, »Renn-Limonade« und »Renn-Wurst«.

Spektakulär auch das Jahr 1951: Eine Tribüne stürzte ein, als sich die Massen erhoben, um dem Sieger in der 125-ccm-Klasse, *H.P. Müller*, dem »Renntiger«, zuzujubeln. Eine ganze Anzahl Personen wurde verletzt, der ADAC zahlte 17.000 Mark Eintrittsgelder an die Besucher dieser Tribüne zurück. Als zudem beim Frauenkreuz die Lautsprecheranlage ausfiel und die Zuschauer die Südfunk-Re-

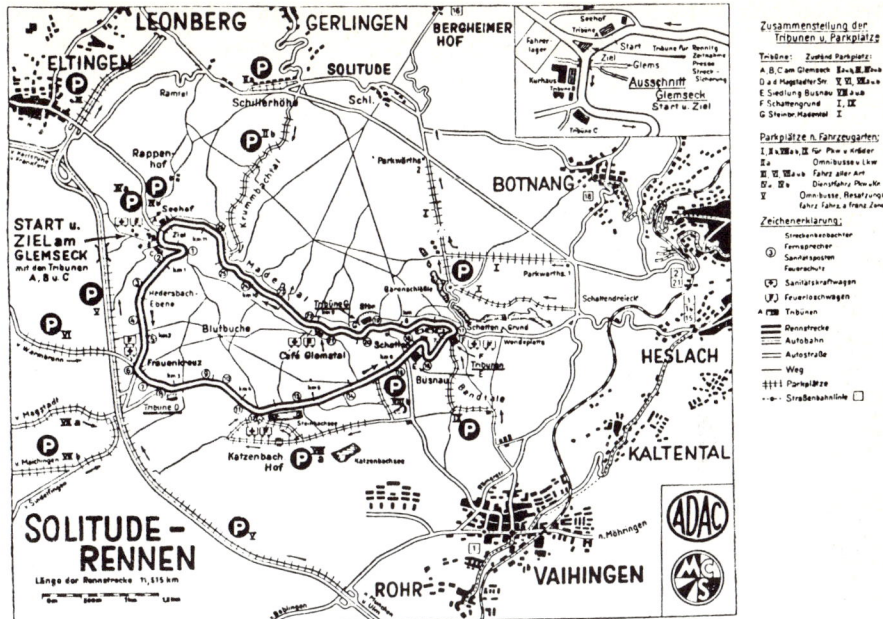

Streckenkarte von 1949

portage nicht mehr hören konnten, kam es zu einer Sitzblockade auf der Strecke. Das aufgebrachte Publikum wollte sich an Rundfunk-Reporter *Rainer Günzler* vergreifen, doch Polizei schritt ein und rettete ihn vor Prügel.

Weltmeisterschaftsläufe der Motorradklassen wurden ab 1952 auf den langen Geraden und schnellen Kurven der Solitude ausgetragen und ab 1961 gastierte sogar der Formel I-Zirkus. Am Start waren die Weltmeister *Jim Clark, Jack Brabham* und *Graham Hill*, das Porsche-Werksteam sowie die Motorrad-Champions *Werner Haas, Mike Hailwood* und *Jim Redman*.

1966 folgte dann das Aus für das schwäbische Mekka des Rennsports, nach insgesamt 35 Motorrad- und Autorennen.

Der Wald um die Solitude war nicht nur Erholungsgebiet, sondern auch Kult- und Kampfstätte nationaler Kreise. 1923 führten sie hier eine Sonnwendfeier durch. Die SA, wegen Gewaltaktionen verboten, zog trotzdem mit 45 schwerbewaffneten Mitgliedern sowie 160 Nationalsozialisten zum »Schutz« dieser Veranstaltung auf. Die Solitude-Aktion der SA beschäftigte die Staatsanwaltschaft: Gegen 15 Stuttgarter Faschisten wurde Anklage erhoben und Gefängnisstrafen bis zu 4 1/2 Monaten verhängt. Als die Nationalsozialisten 1933 an der Macht waren, erinnerten sie sich der alten Kampfstätte. 1935 wurde die Solitude zur HJ-Gebietsführerschule und knapp drei Jahre später wurde der erste Spatenstich zum Bau der SA-Siedlung getätigt, die am Büsnauer Hof hiner dem heutigen Waldhotel »Schatten« entstand.

1618 von Herzog Johann Friedrich im Glemswald angelegt, wurde der Bärensee für Carl Eugen zum idealen Gelände für seine

❼

großangelegten Jagdveranstaltungen und romantischen Seefeste. Aus Venedig hatte der großspurige Duodezfürst 1767 als »Souvenir« zwei leibhaftige Gondoliere mitgebracht, für die er dann noch vier kostbar ausgestattete Gondeln bauen ließ, um das Ambiente der Lagunenstadt an seinem Hof auferstehen zu lassen.

So war das heutige Trinkwasserreservoir der Stadt ein Canale Grande der herzoglichen Besucher, wie eine zeitgenössische Quelle berichtet: » woselbsten der Herzog nebst einem Teil der Suite in die rote..., schöne mit Gold ausgezierte Gondel, dergleichen in Venedig keine schönere anzutreffen ist, stiegen. Die übrige Suite wurde in etlichen, ebenfalls schönen Barken herübergeführt. Diese Herfahrt war um so schöner anzusehen, als von einem Ende des Ufers bis zum andern eine Allee von Pyramiden und Bögen, welche auf Flöße gestellt, auf dem Wasser illuminiert war.«

Das größte Vergnügen des genußsüchtigen Monarchen war jedoch die Jagd. Insbesondere ergötzte sich Carl Eugen an den sogenannten Schaujagden, für die mehr als tausend Stück Wild zusammengetrieben wurden. Als Höhepunkt jagte man das Wild ins Wasser; beim Schaujagen 1768 wurden 700 Tiere durch den See gehetzt. Zu Tode geängstigt, wilde Schreie ausstoßend, sich niedertretend waren die Tiere im Todeskampf, den der Hofstaat belustigt verfolgte.

Ausflugsziel Bärenschlößle:
Besucher der 30er Jahre

Als der russische Großfürst und spätere Zar Paul 1782 seinen württembergischen Thronkollegen besuchte, veranstaltete der Herzog das größte Jagdspektakel seiner Regierungszeit: » Vom ganzen Land waren durch fronende Bauern gegen 6.000 Hirsche im Solitudepark zusammengetrieben worden, und eine Kette von Bauern hatte sie Tag und Nacht zusammengehalten. In dem eigens für diesen Zweck erbauten Jagdhause standen die hohen Herrschaften mit dem Gewehr bereit, und in rasender Eile stürzten sich die von den Treibern geängstigten Tiere einen jähen Abhang hinab in den langgestreckten See, der sich tief unter dem Jagdstande ausbreitete. Schwimmend, stoßend, kletternd, sich überstürzend suchte das gehetzte Wild das andere Ufer zu erklimmen, da aber starrten ihm die Gewehrläufe der Jäger entgegen. Die Jagd wurde zur Massenschlächterei.

Bärenschlössle
❽

Zur Verschönerung des Bärensees ließ Carl Eugen 1768 durch den Architekten Fischer einen romantischen Pavillon, das »Haus am Bärensee«, erstellen. Das illustre Schlößchen wurde schon 1817 durch ein Jagdschloß ersetzt, Bärenschlößle genannt, das früher in Freudental bei Besigheim gestanden hatte. Nur das Untergeschoß des 1943 kriegszerstörten Wahrzeichens des Solitudewaldes wurde wiederaufgebaut (jetzt Toiletten und Vesperstüble). Auf der Wiese vor dem Bärenschlößle wird's sommers manchmal etwas lauter, wenn einer der zahlreichen Stuttgarter Vereine eine Hocketse veranstaltet und Blaskapellenmusik, Rote vom Grill und frisch gezapftes Bier deutlich machen, daß aus den Hoffesten von einst die Hocketsen der kleinen Leute geworden sind.

Eine der größten demokratischen Veranstaltungen am Bärenschlößle war die Verfassungsfeier am 11. August 1928 mit 10.000 Teilnehmern, als die Kindergruppen der Arbeiterwohlfahrt (AWO) in geschlossenen Zügen von den Waldheimen Wangen, Degerloch, Heslach, Prag und Botnang zum ehemaligen Jagdhaus Carl Eugens demonstrierten, um den »Geburtstag« der Republik zu feiern.

Der Königsweg führt in den Rotwildpark, der 1815 unter König Friedrich I. angelegt worden war. Im Park waren zunächst 568 Stück Rotwild und 138 Stück Dammwild ausgesetzt, was jedoch zu starken Verbissen an den Bäumen führte (dieser Zeit verdanken wir einige abenteuerlich geformte, mehrstämmige Baumrecken). Die Bürger durften das mit einem Bretterzaun umgebene Territorium nur mit einer Einrittskarte und nur, wenn sie auf dem vorgeschriebenen Weg (deshalb Königssträßle) blieben, von April bis September betreten. Erst mit der Novemberrevolution 1918 fielen die Sperren der Monarchen.

Das alte Bärenschlößle, 1944 zerstört

Im heutigen Naturschutzgebiet gibt es herrliche Baumgruppen mit bis zu 400jährigen Eichen, bis zu 250jährigen Buchen, 200jährigen Weißbuchen und anderen Laubbäumen wie Birken, Erlen, Linden, Wildobstbäumen, dazu die seltenen Elsbeerbäume und Speierlinge. Detaillierte Informationen enthalten die Tafeln des Waldlehrpfades.

Was die Jahrhunderte den Baumriesen nicht anhaben konnten, bringen jetzt Abgase, Stickoxyde und Salzstreuung zustande. So bekamen im Rotwildpark, 200 Meter von der Wildparkstraße entfernt, die Fichten rote Nadeln und starben ab. Die chemische Analyse ergab einen hohen Salzgehalt. Fast schon harmlos mutet dieser Baumtod an, wenn man dazu das Waldsterben in Beziehung setzt, dem schon große Teile des Naturparks zum Opfer gefallen sind.

80 Prozent aller Tannen und 60 Prozent der Fichten und Forchen sind geschädigt. Auch vor den Laubbäumen hat der »saure« Regen, dessen Säurewert zehn- bis zwanzigmal so hoch liegt wie vor vierzig Jahren, nicht haltgemacht. 30 Prozent aller Buchen sind inzwischen erkrankt und auch beim Ahorn und den Eichen lichten sich die Kronen. Schwefeldioxyde und die Stickoxyde, die zu 60 Prozent durch Autos erzeugt werden, sind die Waldkiller. Der Täter ist auch deutlich erkennbar; sommers stauen sich die Blechkolonnen erholungsbedürftiger Großstädter auf der Wildparkstraße und den Waldparkplätzen, wenn an Sonntagen bis zu 30.000 Stuttgarter das Gelände zwischen Solitude und Bärenschlößle bevölkern. Nicht nur die Bäume leiden, auch der Boden versauert. In Stuttgart liegt der Säuregehalt der Waldböden schon zwischen 4,4 und 2,8. Bei einem ph-Wert von 3 wächst fast nichts mehr und an eine Regeneration des Waldes ist dann nicht mehr zu denken.

Bärenschlößle von heute

Auf der Hälfte der Strecke, dort wo sich der Glemsbachweg mit dem Königssträßle kreuzt, stoßen wir wieder auf Zeugen der Vergangenheit. Dort sind die Grundmauern eines römischen Hauses zu sehen.

Auf dem Waldlehrpfad gehen wir weiter zum Forsthaus I, ursprünglich ein Parkwächterhaus am Stuttgarter Tor, durch das man den Rotwildpark betreten konnte. Später wurde es aufgestockt und zum Forsthaus umgewandelt. Jetzt sind es nur noch wenige Schritte bis zur Bushaltestelle an der Wildparkstraße, der das ehemalige Forsthaus II am sogenannten Solitudetor weichen mußte.

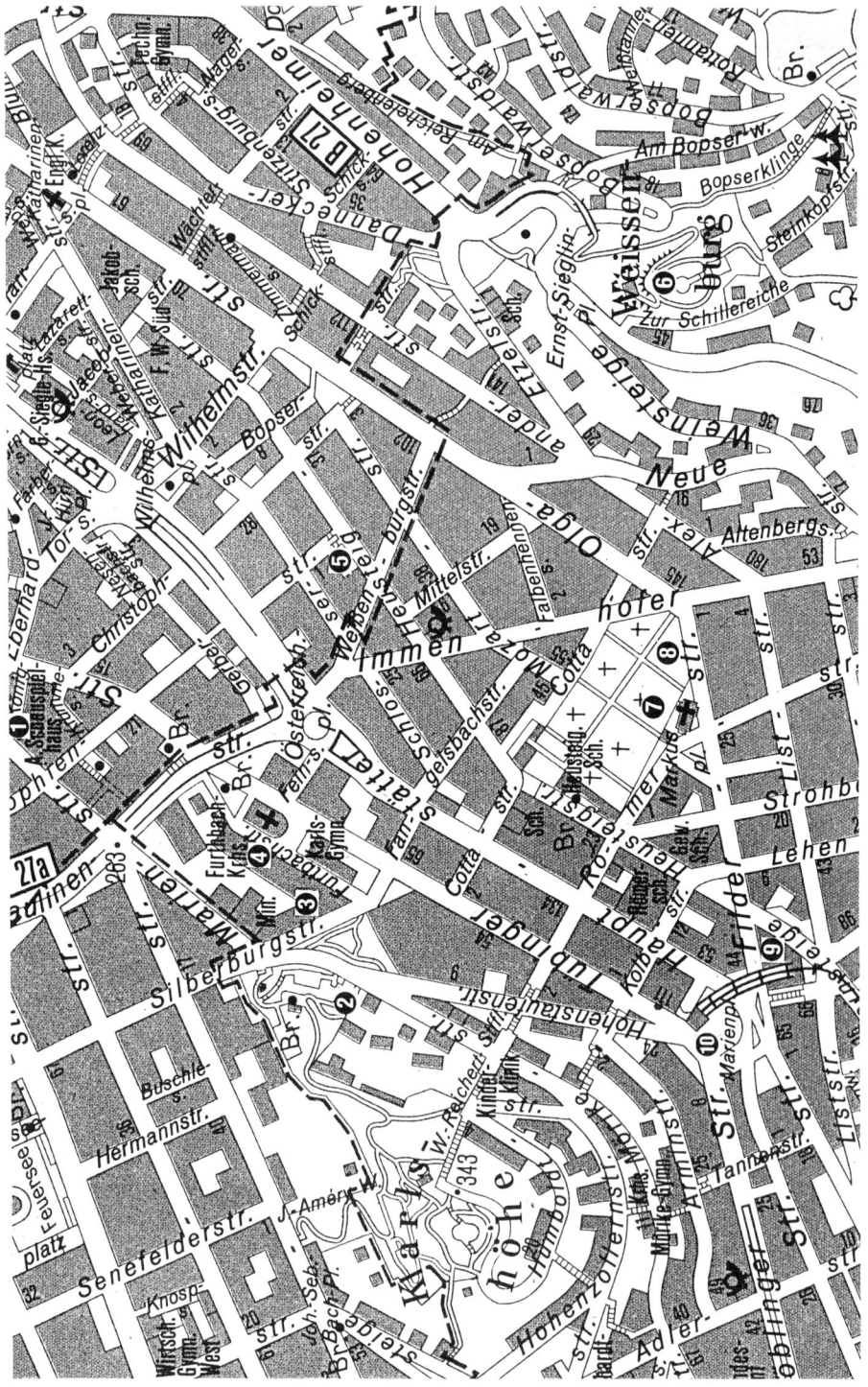

Villen, ein Bekenntnis und Lenins Verlag

Der Süden 1: Von der Königstraße zum Kaiserbau

von Stefan Hammer und Ralf Arbogast

Ausgangspunkt: **U-Bahn Stadtmitte**
Endpunkt: **U-Bahn Marienplatz**
Dauer: **ca. 3 Stunden**

Mitten im zuweilen hektischen Treiben der Stuttgarter Innenstadt beginnt ein Rundgang, der ins südliche Stadtgebiet führt. Ragen anfangs noch Büro- und Warenhäuser empor, so wandelt sich doch schnell das Bild der Gebäude und Fassaden. Das letzte Stück Fußgängerzone liegt hinter uns, Ruhe kehrt ein, ein Buckel taucht auf — die Karlshöhe.

Die nun vor uns liegenden Wohnquartiere im Süden der Stadt haben ein Eigenleben entwickelt, sind nicht mehr unbedingt auf »die Stadt« angewiesen: Kneipen und Cafés, Läden und Kleinhandwerk — die Mischung stimmt, das wissen »die im Süden« auch. In wenigen Minuten ist der Wald erreicht und bessere Luft.

Den Anfang durch diesen geschichtsträchtigen Teil Stuttgarts macht jedoch die Kultur:

Ein Theaterkönig

Ein gutes Stück Stuttgarter Theatergeschichte ist mit dem Alten Schauspielhaus (1909, A. Eitel und E. Steigleder) verbunden, das seine Glanzzeit in den 20er Jahren hatte. Unter Leitung von *Claudius Kraushaar* (1878—1955) kamen Lustspiele und Operetten wie auch moderne, sozialrevolutionäre Dramen zur Aufführung. Die Liste der Autoren umfaßte *Ibsen, Strindberg, Hauptmann, Wolf* und *Nestroy*. Auf dieser Bühne standen viele berühmte Ensembles und Schauspieler — *Willy Reichert* war Mackie Messer, wie überhaupt die »Dreigroschenoper« mit 120 Aufführungen zu den erfolgreichsten Stücken zählte. Die Aufführung der Operette »Eine Frau, die weiß was sie will« mit *Trude Hesterberg* wurde im Mai 1933 von der Polizei verboten, der Schauspielhaus-Leiter und -Inhaber, der Jude Claudius Kraushaar, im selben Jahr entlassen und 1934 dann enteignet.

1949 erhielt Kraushaar, »ein König des Theaters« (StZ), das Haus zurück. Der Betrieb wird bis 1962 aufrechterhalten, dann schließen sich die Türen für zwei Jahrzehnte. Erst 1984 wird das

Kleine Königstr. 9
❶

Berühmte Ensembles und Schauspieler unter Claudius Kraushaar: Das Stuttgarter Schauspielhaus.

Schauspielhaus aus seinem Dornröschenschlaf erweckt: Nach Originalplänen restauriert, beginnt ein neuer Abschnitt in der Geschichte dieser renommierten Bühne.

Marienstr. 3 — Als erste Traditions-Gaststätte der Stadt öffnete das (Devisen-) »Hotel Ketterer« 1945 wieder, nachdem es von Zerstörungen verschont blieb. Seit 1930 hatte die Pforzheimer Brauerei in der »Stadt der Auslandsdeutschen« clever auf dieselben als Kundschaft gesetzt: Daher die Fassadenfigur des schwäbischen Bauern (*Prof. Bredow/Josef Zeitler*) und die Gemälde des Stuttgarters *Reinhold Nägele* (1884–1972) im Gastsaal, die schwäbische Siedler in Chile, North Dakota, Palästina und an der Wolga zeigen.

Marienstr. 11–13 — Der letzte Rest der Stuttgarter (äußeren) Stadtmauer von 1564 ist in der Marienpassage erhalten, wo auch eine ausführliche Information zur Geschichte der Stadtbefestigung angebracht ist.

»Affenwerners« revolutionärer Papagei

Sophienstr. 35 — Auf dem Gelände des heutigen »Hotel Royal« besaß Stuttgart von 1840 bis 1873 im Tiergarten des Cafétiers *Gustav Werner*, im Volksmund der »Affenwerner«, eine Attraktion. Der Gastronom hegte im großen Garten seiner Wirtschaft eine beachtliche Sammlung heimischer und exotischer Tiere und faszinierte das Publikum durch waghalsige Dressur-Nummern mit Löwen, Leoparden und Hyänen.

Sogar in die hohe Politik griff der überzeugte Demokrat ein, als er einem seiner Papageien den Ruf der Revoluzzer von 1848, »Hecker Heil«, beibrachte. Daraufhin wurde dem Militär der Besuch von Gaststätte und Tierpark verboten und die in der Rotebühlkaserne stationierte Regimentsmusik mußte auf ihrem Weg zum Schloßplatz-Konzert einen Umweg machen, um nicht vom Papagei politisch ungünstig beeinflußt zu werden. »Affenwerner«, das Alt-Stuttgarter Original, war der Obrigkeit insofern ein Dorn im Auge, doch vor Haftstrafe bewahrte ihn König Wilhelms Gunst. 1873, nach Gustav Werners Tod, konnte sein Sohn Emil den Tiergarten im »Schwanen« in Berg noch kurze Zeit weiterführen, mußte ihn dann aber verkaufen.

Eine beachtliche Sammlung heimischer und exotischer Tiere: Der Tiergarten des »Affenwerner«.

Kebab, Hamburger und Quarkbällchen: Das Stück Fußgängerzone in Fortsetzung der Königsstraße scheint vor allem der raschen Verköstigung der Büro-Werktätigen zu dienen. Daß es abends noch lebt, hat mit einigen Lokalitäten und den Kinos »Kali 1 und 2« (Nr.

Marienstr. 18 — 18) zu tun: Der Name hört sich zwar an wie ein DDR-sozialistisches Salzabbaukombinat, steht aber tatsächlich für die »Kammer-Lichtspiele« des Pioniers *August Daub*, der 1905 in die neue Branche einstieg und bis 1943 21 Lichtspieltheater mit 15.000 Plätzen besaß.

Paulinenstr. 38/ Ecke Marienstr. — Ebenfalls ein Traditionshaus, im Neubau 1950 wiedereröffnet, ist das Café Reinsburg, 1863 begründet, an dessen Stammtisch allerlei Prominenz, darunter Schriftsteller *Raabe* (S. 197), verkehrte.

Die Paulinenstraße ist hier eigentlich eine Brücke: Auf 222 Meter Länge wurde sie mittels acht Betonpfeilern 1960 dem sechsspurig strömenden Verkehr zuliebe »gelupft«.

Zwei stattliche Wohnhäuser eröffnen den langen Straßenzug.
Die Nr. 6 ist von 1861—62 und gehörte ehemals als Geschäftshaus der Stuttgarter Lebensversicherungs- und Ersparnisbank (jetzt Allianz). Haus Nr. 8 mit der Schilfsandstein-Fassade hatte sich 1864 der Werkmeister *Eugen Haueisen* gebaut — mit Loggien, die sonst nur dem Hof zustanden. Zuletzt hausten 50 Berber in dem Abbruchquartier, das ein Häusermakler in den 70er Jahren mit einer 1,5 Millionen Mark-Investition renovierte und so vor der Zerstörung rettete.

Der »Versicherungspalast« für die Lebensversicherungs- und Ersparnisbank wurde 1899—1900 (erweitert 1912—14) von *Eisenlohr und Weigle* gebaut.

Blick vom Turm der Markuskirche um 1935 auf die Karlshöhe, die das Teehaus der Siegle-Witwe (S. 201) krönt.

Die Karlshöhe (S. 197), der ehemalige Reinsburghügel, ist eine der vielen grünen Oasen inmitten der City. Wo im 18. Jahrhundert nur einige Weinberghäuschen standen, bauten sich wohlhabende Stuttgarter Bürger prachtvolle Villen, von denen jedoch nur noch die (1907—1910, Eitel und Steigleder) für den *Freiherrn von Gemmingen-Hornberg* erbaute Villa Gemmingen steht. Nach dem Adel zogen Wehrmacht, SS, französischer und US-amerikanischer Stadtkommandant, Bundeswehr und Landespolizeidirektion ein. Zeitweise war der Bau sogar vom Abriß bedroht, doch seit 1978 ist hier das Landesdenkmalamt Baden-Württemberg untergebracht, in direkter Nachbarschaft mit dem häßlichen Versicherungsbau der Allianz, der als eine der schlimmsten Bausünden der Stadt gilt.

Die Karlshöhe

Hier sind noch etliche der großbürgerlichen »Wohnpaläste« aus der Zeit um die Jahrhundertwende erhalten: Von den Architekten *Eisenlohr* und *Weigle* die Häuser Nr. 5 (1889), Nr. 9 (1891) und Nr. 34 (1905) im neubarocken Stil, sowie von der Siegle-Familie Nr. 24A (Mietshaus-Palazzo) und 24 B (Privatgarten, ehemals mit Antiken-Abteilung).

Mörikestr. 5/9/ 24ff./34

Kleinode aus Trümmerschutt

Mörikestr. 24

Unübersehbar weist die bronzene Ritterfigur vor dem Haus den Weg: Das Lapidarium ist ein Kleinod, das dem Besucher die steinernen Überreste Alt-Stuttgarts zeigt; inmitten eines prächtig verwilderten Parks mit hohen Bäumen und unerwarteten Trampelpfaden. Hier finden sich seit 1950 Grabplatten, Portale, Säulen und Büsten, Wappensteine und Figuren aus nahezu allen Kunstepochen. Gerade nach dem Ende des 2. Weltkriegs war es den Historikern *Gustav Wais* und *Wilhelm Speidel* zu verdanken, daß wertvolle Stücke gerettet wurden, die sonst im Trümmerschutt untergegangen wären. Nur an drei Tagen in der Woche (Mi, Sa, So) ist das Lapidarium geöffnet. Man sollte sich Zeit nehmen, um die Plastiken berühmter Bildhauer wie *Dannecker*, *Hofer* und *Donndorf*, Figuren von der Villa Berg oder Reste des Königstor zu bewundern und um all die anderen Überraschungen aufzuspüren.

Die Silberburg

Sie hat der Straße den Namen gegeben, war aber keinesfalls ein mittelalterliches Gemäuer. Von einem Prinzen hatte der Cafétier *Lorenz Silber* das Landhaus 1806 gekauft, ehe es 1836 an die Honoratioren-Vereinigung »Museumsgesellschaft« kam. Die Silberburg war »ein öffentlicher Lustberg«, mit Musik, Tanz, Feuerwerk — für Schriftsteller *Jean Paul* »die schönste Stelle der Stadt«.

Seit 1922 war der Bau, der oberhalb der Kreuzung Silberburg-, Mörike-, Reinsburgstraße am Hügel lag, an sechs Tagen der Woche auch für die Öffentlichkeit geöffnet. Weil das monumentale Funkhaus hier seinen Platz finden sollte, begann im Mai 1938 der Abbruch des Gartenlokals — »gewisse ideelle Momente und gefühlsmäßige Widerstände müssen eben überwunden werden«, schrieb die Presse. Aber das Funkhaus wurde nie gebaut, auch nicht auf der Karlshöhe (S. 197), und so tauschte die Stadt 1951 beim Südfunk die Villa Berg gegen das Silberburg-Areal ein, »denn die Wildnis hatte unbeschreibliche Formen angenommen« (OB Klett). Die Stadt plante hier ein Jugendhaus, doch als die erhoffte halbe Million DM aus einem US-Fond nicht eintraf, wurde die Silberburganlage geschaffen, die 1961 zur Bundesgartenschau gehörte. Hier ist jetzt das Denkmal für Mörike (1880, Rösch).

Hausarrest für den Bischof

Silberburgstr. 187

Wohnsitz des evangelischen Landesbischof *Theophil Wurm*, 1868–1953 war dieses Haus (1890–91, Irion). Wurm hatte noch im Jahr der Machtübernahme 1933 anläßlich von »Volksabstimmung« und »Reichstagswahl« appelliert:

» Stelle Dich am 12. November hinter Deinen Führer, der so würdig und kraftvoll die Sache unseres Volkes zu führen und sein Lebensrecht zu wahren weiß!« Als Wurm zum Opponenten des Regimes wurde, stellten ihn die Nazis kalt: Er habe Kirchengelder verschoben, hieß es; am 15. September 1934 wurde der Bischof vom Innenministerium » wegen Gefährdung der öffentlichen Ruhe, Sicherheit und Ordnung« unter Hausarrest gestellt. Der Rundfunk verkündete den » Notstand in der württembergischen Kirche«, doch aus Protest wurden die Kirchenaltäre der Stadt schwarz bedeckt, kamen Anhänger von Wurm in großer Zahl zu Treuekundgebungen vor das Haus in der Silberburgstraße. Im November 1934 mußte der Landesbischof rehabilitiert werden. Nach Theophil Wurm ist seit 1960 eine Straße auf dem Fasanenhof benannt.

Treuekundgebungen vor dem Haus in der Silberburgstraße: Landesbischof Theophil Wurm.

Verleger *Carl Engelhorn* ließ 1849−1925 von *Eisenlohr und Weigle* das Wohn- und Geschäftshaus Nr. 189 bauen. Engelhorns Mäzenatentum entsprang der Bau von Haus Nr. 191 des Verein Stuttgarter Volksbibliothek (1901). Den ehemaligen Dachgarten, durch eine Brücke verbunden mit Nr. 189, ließ er für seine Frau *Julie* anlegen, die infolge einer Krankheit das Haus nicht verlassen konnte. Bei Engelhorn wurde 1931 »Deutschland von unten« verlegt, die »Reise durch die proletarische Provinz« von *Stenbock-Fermor*, die das Elend der Arbeiter in der Weltwirtschaftskrise eindrucksvoll schilderte. *Bergengruen, Rolland, Oskar Maria Graf* waren Autoren von Engelhorn, das in *Richard Voß'* »Zwei Menschen« (1911) einen 1,1 Millionen-Auflage-Bestseller hatte. Seit 1973 ist in Nr. 191 das Archiv der Stadt Stuttgart (geöffnet Mo−Fr 8.30−16 Uhr) zu finden.

Silberburg Str. 189/ 191

Hier stand einmal ein unscheinbares, gerade dreistöckiges Haus, in dem ein wichtiges Kapitel deutscher Pressegeschichte gespielt hat. Heute gibt noch eine Gedenktafel Aufschluß über einen der unzähligen prominenten Besucher dieses Verlagshauses: Es war *Lenin*, im April 1901 Gast des Verlegers und SPD-Reichstagsabgeordneten *Johann Heinrich Wilhelm (J.H.W.) Dietz* (1843−1922). Dietz war 1880 aus Hamburg und Harburg ausgewiesen worden und gründete 1881 in Stuttgart den Verlag J.H.W. Dietz. Hier erschien ab 1890 die »Schwäbische Tagwacht«, eine in Württemberg vielgelesene Tageszeitung, ab 1892 die von *Clara Zetkin* betreute frauenemanzipatorische Zeitschrift »Die Gleichheit«, sowie eine Vielzahl Publikationen: *Marx, Engels, Bebel* und 1902 *Lenins* »Was tun?«. Einsamer Spitzenreiter in der Gunst des Publikums war jedoch das satirische Magazin »Der wahre Jakob«, das im Kriegsjahr 1914 eine Auflage von 380.000 Exemplaren monatlich erreichte. Den J.H.W. Dietz Verlag (Nachfolger) gibt es noch immer in Bonn.

Furtbachstr. 12

Aus Hamburg vertrieben, in Stuttgart zu Hause: Verleger J.H.W. Dietz.

Noch in frischem Glanz leuchtet die fast schon norddeutsch anmutende Backsteinfassade des heutigen Furtbachkrankenhauses, das etwas im architektonischen Schatten der St.-Marien-Kirche (1871−79, Josef Egle), Vorbild war Marburgs Elisabethen Kirche, steht.

Tübingerstr. 36/ Furtbachstr. 6

Das Furtbachhaus wurde 1905 als Vereinshaus des Christlichen Vereins Junger Männer (CVJM) nach Plänen von *Dolmetsch* errichtet. Mit rund 80 Pensionszimmern, dem großen Festsaal und einem im Keller befindlichen Schwimmbad, verfügte das Haus über einen beachtlichen Standard. War schon im 1. Weltkrieg ein Lazarett eingerichtet worden, so überließ der CVJM 1939 der Stadt das ganze Gebäude zur Nutzung als Krankenhaus.

Der mit Jugendstilmotiven geschmückte Bau blieb im Krieg fast unzerstört und besaß mit dem ehemaligen Festsaal einen Raum, der in den Nachkriegsjahren vielfältig genutzt wurde: Als Vortrags- und Konzertsaal und von 1946−48 als Tagungsort des Landtags von Württemberg-Baden.

Als der überaus populäre Arzt, Schriftsteller und Kommunist Friedrich Wolf *(1888—1953) — eine der schillerndsten Figuren im Stuttgart der 20er Jahre — nach 13jähriger Vertreibung in »sein« Stuttgart zurückkehrte, wählte er den Furtbachsaal, um den Menschen in seiner eindringlichen Rede »Mut zum Leben« klarzumachen, daß eine moralische, geistige Erneuerung unabdingbar sei, rief er die Erinnerung an die radikaldemokratische Tradition Württembergs wach. Wolf bekannte sich im überfüllten Saal auch zu »seiner« Stadt, die er dann doch kurz danach verlassen sollte, um in Berlin-Ost seßhaft zu werden: »Sie können mir glauben, ich habe während der letzten unmenschlichen, bitteren 13 Jahre sehr oft an Stuttgart gedacht — in New York und Oslo, wo ich an der Universität Vorträge hielt, in den KZ's der Pyrenäen, wo mich die Petainregierung internierte und wo ich im letzten Augenblick der Gestapo entkam, und schließlich in Moskau und auch in der endlosen eisigen Steppe zwischen Stalingrad und dem Don, wo ich gar manchen meiner Landsleute als Arzt und Berater helfen konnte. Meine Marschroute war stets Stuttgart und Württemberg!«*

Heusteigstr. 66   Das katholische Gesellenhaus geht auf das Jahr 1869 zurück. Die Idee des Schustergesellen *Adolph Kolping* (1813—1865), aus der sozialen Verantwortung heraus Gesellenvereine zu initiieren, schlug sich auch in Stuttgart nieder. Der Kolping-Verein erbaute in eigener Verantwortung geräumige Häuser, um wandernden Handwerkern eine feste Bleibe zu geben, und sorgte auch für die Aus- und Weiterbildung. Heute sind im Kolping-Haus rund 200 Heimbewohner untergebracht.

Wo das Land entstand

Zu den vielen sozialreformerischen Projekten des *Eduard Pfeiffer* (S. 22, 141) gehört auch das Haus in der Heusteigstraße. Als »Stiftung Arbeiter Heim« für 240 ledige und sozial schwache Arbeiter wurde der fünfstöckige Bau 1890 eingeweiht und war von da an Domizil des von Pfeiffer 1863 mitgegründeten Arbeiterbildungsvereins, der bis heute, unter allerdings neuem Namen (Allgemeiner Bildungsverein 1863 e.V.), das Haus mitbetreibt. Nach Kriegsende beschlagnahmte die US-Militärregierung den nahezu unversehrten Saal. Das Revuetheater »Hollywood« zog ein, bis die Politiker ihre Ansprüche anmeldeten und trotz heftiger Proteste der Beschäftigten, u.a. Sitzstreiks, durchsetzten — das Varieté ging im »Metropol« weiter. Am 18. Juli 1947 wurde im großen Saal des Pfeiffer-Hauses die erste Sitzung des Landtags von Württemberg-Baden durch Landtagspräsident *Wilhelm Keil* (SPD) eröffnet. 14 Jahre lang fielen alle grundlegenden landespolitischen Entscheidungen, so die Gründung des Südweststaates 1952, im Pfeiffer-Haus. Nach dem Auszug des Landtages 1961 verfiel der große Saal zusehends; schließlich diente er als Lagerhalle und Probebühne. Mitte der 80er Jahre fiel endlich der Renovierungsbeschluß und seit 1987 strahlt er wieder in alter Gründerzeit-Pracht. Heute hat die Kunstakademie hier Probe- und Werkstatträume; nichtsdestotrotz kann der Saal besichtigt werden.

Das Projekt des jüdischen Sozialreformers Eduard Pfeiffer beherbergte den ersten Landtag von Baden-Württemberg.

Ärgernis Marmorsaal

Auf dem Hügel des Weißenburgparks stand noch bis 1964 die »Villa Weißenburg«, ein klassizistischer Bau, dessen letzte Bewohner der Seifenfabrikant und Ägyptenforscher *Ernst von Sieglin* (1848—1927) und seine Familie waren. Das Anwesen wurde 1912 noch vergrößert: Architekt *Heinrich Henes* (1876—1961) entwarf einen Teepavillon und legte einen Tennisplatz an. Darunter, in den Hang hinein, wurde der Marmorsaal gebaut, der seit Jahrzehnten dem Verfall preisgegeben ist — ein kommunalpolitisches Ärgernis ersten Ranges. Schon 1956 hat die Stadt das gesamte Gelände übernommen, um es für die damalige Bundesgartenschau 1961 »herzurichten« und die wertvolle Villa abzureißen.

Im Teehaus schuf der Dekorationsmaler *Julius Mössel* (1871—1957) galante Szenen im Rokokostil; den Marmorsaal hingegen versah er mit Ornamentmalereien. Mössel, ein in Deutschland inzwischen vergessener Maler, war maßgeblich an der künstlerischen Ausgestaltung des Prinzregententheaters München und des Großen Haus der Württembergischen Staatstheater in Stuttgart beteiligt. Sommers gilt der Weißenburgpark als Geheimtip: Das Teehaus ist bewirtschaftet und bei Kaffee und Kuchen oder einem kühlen Weizenbier läßt sich gut entspannen.

Das einzige selbstverwaltete Kinder- und Jugendzentrum Stuttgarts ist in einer großbürgerlichen Villa, umgeben vom parkähnlichen Garten, in dem Kinder- und Schülergruppen toben; dazu wird

eine Teestube betrieben. Draußen im Garten meckern Ziegen — manchmal aber auch die Nachbarn. Eigentlich sollte hier ein komfortables Hotel entstehen, doch die Hausbesetzer von 1971 ließen sich nicht vertreiben. Inzwischen hat die Stadt ihr Bestreben aufgegeben, die Jugendfarm einzugliedern.

Immenhoferstr. 33

Die »Kochenbas« ist Inbegriff der schwäbischen Weinstube, der Rostbraten mit Röstkartoffeln fast schon Legende. In der einstigen Gassenschenke und »Beiz« gibt es aber auch Maultaschen, Sauerbraten und handgeschabte Spätzle bei *Emmi Rettenmaier,* die im hohen Alter noch immer am Ausschank steht. 60 Sitzplätze auf 60 qm und 30 Sorten Wein, reichlich Stammgäste, — und in den Sommermonaten lockt der Platz unter schattigen Obstbäumen.

Das Stuttgarter Bekenntnis

Filderstr. 22

Vor uns ragt schon der Turm der Markuskirche empor, ein glanzvoller Sakralbau im Jugendstil (1905—07, Heinrich Dolmetsch), im damals noch dünn besiedelten südlichen Stadtgebiet als eine der ersten Kirchen der Welt ganz in Eisenbeton errichtet; der Turm (49 m) war der erste überhaupt in dieser Baumethode.

Als der 1945 gebildete Rat der Evangelischen Kirche in Deutschland (EKD) am 18.Oktober zu seiner ersten ordentlichen Sitzung zusammentrat, fanden (am Vorabend) im Furtbachhaus und in der Markuskirche Gottesdienste statt. In der Markuskirche sprachen der württembergische Landesbischof *Theophil Wurm* und Pastor *Martin Niemöller.*

Ort des Stuttgarter Bekenntnis: Die Markuskirche.

Niemöllers *Predigt setzte sich kritisch mit der Rolle der Kirche in der NS-Zeit auseinander — hatte die Kirche ihre Pflicht getan? Welche Konsequenzen hatte sie zu ziehen? Seine eindringliche Predigt gab den Anstoß für das »Stuttgarter Schuldbekenntnis« vom 19.Oktober 1945:*

» Wohl haben wir lange Jahre hindurch im Namen Jesu Christi gegen den Geist gekämpft, der im nationalsozialistischen Gewaltregiment seinen furchtbaren Ausdruck gefunden hat; aber wir klagen uns an, daß wir nicht mutiger bekannt, nicht treuer gebetet, nicht fröhlicher geglaubt und nicht brennender geliebt haben. Nun soll in unseren Kirchen ein neuer Anfang gemacht werden.« (Auszug)

Cottastr. 34

Das gelungene Ensemble aus Kirche und Pfarrhaus wird eingerahmt vom beschaulichen Fangelsbachfriedhof, 1823 als »Neuer Friedhof« angelegt und einer der ältesten Friedhöfe der Stadt. Hier wurden zahlreiche Persönlichkeiten der Stadt beigesetzt: Unter anderem Hofbaumeister *Nikolaus von Thouret,* Fabrikant *Gustav Siegle* (S. 195), *Oskar Fraas* (S. 162), die Archäologen *Eduard Paulus sen. und jun.* und *Friedrich Schillers* Sohn *Karl.*

Heusteigstr. 97

Nach Westen wird der Friedhof von der 1904—06 erbauten Heusteigschule (Arch. Theodor Fischer), einem prächtigen Beispiel für den Typus der zweiköpfigen Schule, begrenzt.

Lehenviertel

Um die Jahrhundertwende entstand das Lehenviertel, dessen Bauten in ihrer architektonischen Vielfalt Elemente vom Historismus bis hin zum Jugendstil aufweisen. Zwischen Filder-, Immenhofer- und Zellerstraße ist ein lebendiges innerstädtisches Viertel mit

Die Feste: High-Tech-Rummel und »Hocketsen«

Man sagt den Schwaben nach, daß es ihnen an der Zeit fehle zu »festen«, weil es ja immer etwas zum Schaffen gäbe. Doch weit gefehlt: Unzählige große und kleine Feste, vom Cannstatter Volksfest bis zum Straßenfest, im Schwäbischen »Hocketse« genannt (von »sich hinhocken«) machen Stuttgart im Sommer zu einer Festles-Stadt, und viele pilgern wallfahrtsähnlich an Wochenenden von einem Stadtteil in den andern.

Das größte Fest von allen ist zweifelsohne das Cannstatter Volksfest. Ende September wird das Freigelände des Wasens zum Vergnügungsort für Millionen. Angefangen hatte es 1818: König Wilhelm I. beschloß ein »landwirtschaftliches Fest zu Kannstatt« — über 30.000 Landsleute folgten seiner Einladung. Im Lauf der Zeit ist aus dem Bauernfest ein gigantischer 14 Tage-High-Tech-Rummel der Städter geworden, nach dem Münchner Oktoberfest der zweitgrößte in Deutschland.

Gleich dahinter rangiert das Weindorf, übrigens Deutschlands größtes, ein Exportschlager zudem, denn auch die Hamburger hocken inzwischen einmal im Jahr auf »ihrem« Rathausmarkt in »unseren« Weinbuden.

Daneben haben die Stadtteile ihre eigene Festkultur entwickelt. Zu den »klassischen« Straßenfesten mit Blasmusik und Bierkrug gehören z.B. die Heslacher Hocketse (im Juli), das Anna-Scheufele-Fest in Kaltental (August) und das Cannstatter Wein- und Brezelfest (Juli). Die zahlreichen kleinen Feste von Bürgerinitiativen, Kulturvereinen sowie der Alternativszene haben ein abwechslungsreiches Programm und informieren über lokale Projekte und Probleme, so beim Altstadtfest, der Lehenhocketse, Umsonst & Draußen und der Heusteighocketse.

Doch damit ist der Stuttgarter Sommer noch längst nicht am Ende. Das spektakuläre Lichterfest mit Brillantfeuerwerk zieht Tausende auf den Killesberg, die Jazzfans kommen beim »Treffpunkt Kurpark« auf ihre Kosten, und wenn es das Stadtsäckel erlaubt, spendiert der Gemeinderat den Stuttgartern »Lange Nächte«. Unter ein Motto gestellt (z.B. »Griechische Nacht«) versuchen sich die Bürger dieser Stadt dann eine Nacht lang in südlichem Temperament.

Stefan Hammer

Läden und Kleinhandwerk erhalten geblieben. Eine Bürgerinitiative kümmert sich um Verkehrsberuhigung und um Verbesserung der Lebensqualität im Viertel. Spätsommerliche Attraktion für die Menschen im Stadtteil ist die von der Initiative ausgerichtete »Lehenhocketse«, ein fröhlich-buntes Straßenfest.

Der »Lehen« ist nicht nur eine urige Kneipe, sondern seit Jahren auch beliebter Treffpunkt studentischer Kreise. Das Haus beherbergt Künstlerateliers und Ausstellungsräume; der wie immer schwarz-weiß gewandete Klaviervirtuose und Jazzer *Wolfgang Dauner* geht hier ein und aus. Bald wird das leerstehende Nachbarhaus umgebaut sein und weiteren Künstlern als Werkstatt dienen. Gegenüber, in einem Hinterhof, stand einmal das Markusbad mit seinen Wannenbädern.

Zahnradbahn-Werbung 1925: »Die schönsten Ausblicke über das Stuttgarter Tal genießen Fremde und Einheimische mühelos durch die Höhenfahrten der Stuttgarter Straßenbahnen«. Im Bild: die »Türkenbrükke« (S. 258)

Die Zahnradbahn (S. 255), ein inzwischen über 100 Jahre altes Transportgefährt, verbindet seit 1884 den Marienplatz mit Degerloch. Die zwei Kilometer lange Strecke der »Zacke« führt die Alte Weinsteige hinauf; unterwegs gibt es immer wieder herrliche Aussichtspunkte.

Die steile Alte Weinsteige war jahrhundertelang die einzige Straße, die Stuttgart in Richtung Süden verließ. Aus den Wirren der Reformationszeit stammt die Einteilung des Landes in »ob der Steig« und »unter der Steig« — die Alte Weinsteige ist Grenzlinie geworden. Bis heute hat sich diese Formel im Volksmund gehalten.

Die Bahn, ab Verbindung auf die Fildern geplant, wurde jedoch mehr und mehr zur Panoramabahn mit der die Städter ins Grüne fuhren. Anläßlich der Eröffnung reimte der »Schwäbische Merkur«:

»Auf des Bopsers Höhen, in die Waldluft da oben
Wird der Städter jetzt mühelos hinaufgeschoben.
Und was er sonst sucht in der Ferne nur
Er hat's nun bequem auf heimischer Flur.«

Der alte Zahnradbahnhof (1907, Umbau durch Lambert und Stahl) hat schon lange ausgedient. In den 70er Jahren wäre der schwungvolle Jugendstilbau beinahe der Spitzhacke zum Opfer gefallen: Aus der Fassade löste sich ein Stein, woraufhin einige den sofortigen Abriß verlangten. Glücklicherweise ist er renoviert worden und heute ein Blickfang, an dem kaum einer achtlos vorübergeht.

Filderstr. 47

Der alte Bahnhof der »Zakketse« wurde 1907 erbaut.

Bindeglied zwischen dem dörflichen Heslach und der Residenz: Der Marienplatz um die Jahrhundertwende.
»Platz der SA« hieß der Marienplatz in der NS-Zeit.

Der 1876 angelegte Marienplatz stellt das städtebauliche Binde-glied zwischen dem noch dörflichen Heslach (S. 239ff.), und der Re-sidenz dar, die ihre provinzielle Behaglichkeit zunehmend verlor und der Entwicklung zur industriell geprägten Großstadt noch mit gemischten Gefühlen entgegenging. Noch immer ist der Platz von seiner späten Gründerzeitarchitektur eingefaßt, wenngleich hier und dort eine Bombenlücke mit häßlichen Neubauten geflickt wur-de. In seinem inneren Betonrondell, umflutet vom Verkehr, trägt er alle architektonischen Züge der 70er Jahre, auf die wir heute so ver-ächtlich herabblicken. Und dafür hat die Stadt 1975 auch noch den *Bonatz*-Preis (S. 30) bekommen.

⑩

Neben Kaiserbau und »Barockpalais« prägte den Marienplatz ehemals der *Hangleiter'sche* Zirkus, ein 1892 von *Albert Hangleiter* errichteter riesiger Rundbau, der, wie wir heute zu sagen pflegen, multifunktional war. Hier fanden große Maifeiern statt, hielten die Sozialdemokraten 1893 den Parteitag ab und machte so mancher Zirkus halt. 1916 wurde die 3.500 Personen-Arena abgebrochen.

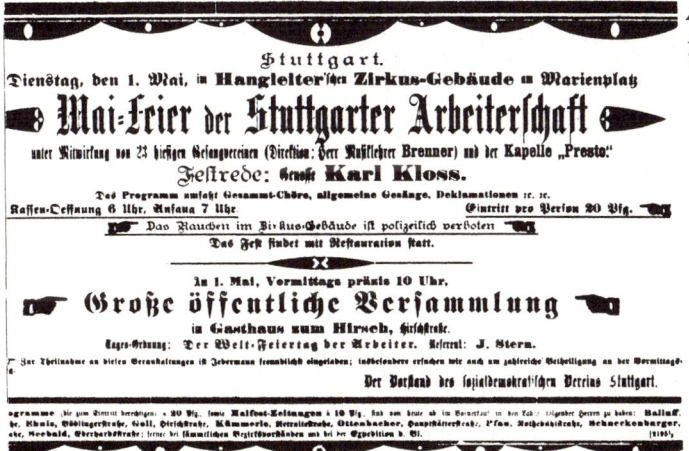

Anzeige für die Mai-Feier 1894 in der »Schwäbischen Tagwacht«.

Vorläufer hatte der Bau im Zirkus zwischen Kerner- und Schubert-straße (1879 zerstört) und dem in der Schellingstraße 26 (1881–89). Geblieben ist am Marienplatz der mächtige, sachliche Kaiserbau (1911), ein Werk des unermüdlichen Architekturge-spanns *Bihl* und *Woltz*, jetzt Landesgirokasse.

Im spitzen Winkel an den Kaiserbau, nur getrennt von der Zahn-radbrücke, schließt sich ein fast barockes Palais in der Gestalt des späten Historismus an, das die sonst auf den Jugendstil spezialisier-ten Brüder *Kärn* 1902 entwarfen. In der NS-Zeit mußte sich der nach Prinzessin *Marie zu Waldeck und Pyrmont* (Verlobte des spä-teren *König Wilhelm II.*) benannte Platz umtaufen lassen und er-füllte ganze acht Jahre seine völkische Pflicht als »Platz der SA«.

Hier am Marienplatz endet dieser Rundgang. Vor uns liegt die Heslacher Vorstadt, der Rundgang Nr. 15 (S. 239ff.) gewidmet ist.

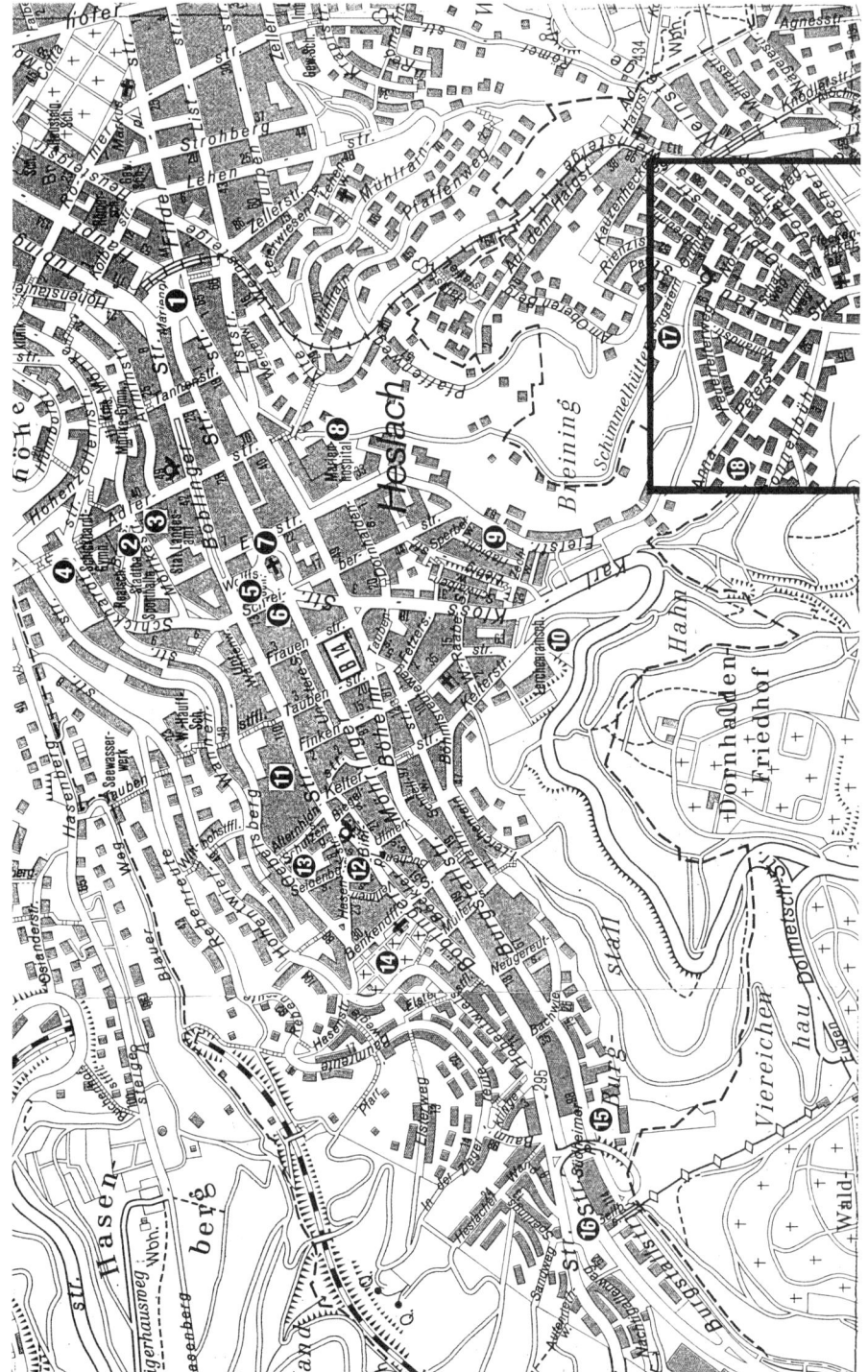

Proletarier-Vorstadt an der »Autobahn«

Der Süden 2 (Heslach/Sonnenberg)

von Stefan Hammer und Ralf Arbogast

Ausgangspunkt: U-Bahn Marienplatz, Straßenbahn Linien 1
und 14
Endpunkt: Haltestelle Sonnenberg, Straßenbahn Linien 5
und 6
Dauer : 3 Stunden

Im engen Tal des längst unter der Erde verschwundenen Nesenbachs liegt der Stadtteil Heslach. Bei den Stadtplanern gilt er als vernachlässigter Bezirk (»Schwabenbronx«), dessen Zukunft mit der Lösung der massiven Verkehrsprobleme steht und fällt. Mitten durch die Vorstadt zieht sich das graue Asphaltband der Bundesstraße 14, über die täglich 50.000 Autos rauschen — von Wohn- und Lebensqualität kann man hier kaum reden. Und doch gilt Heslach bei vielen als kultureller und kulinarischer Geheimtip; erschwingliche Mieten und eine gute Infrastruktur haben dem Stadtteil zudem neue Freunde gewonnen.

Der »Dom von Heslach«: Matthäuskirche 1881

Die gründerzeitliche Repräsentationsarchitektur, wie wir sie etwa aus dem Westen kennen, hat hier im Süden ein Ende. Der Blick hinauf zu schmucklosen Fassaden ist ein anderer Spiegel des Gründerzeitbooms, der auch die ehemalige Karlsvorstadt (Name seit 1889 nach König Karl, von den Nationalsozialisten 1933 wieder umbenannt) in rasantem Tempo hat wachsen lassen.

Die Vorstadt hatte 1874 noch 4.500 Einwohner; knapp 26 Jahre später waren es schon 11.200 — eine Steigerung um 148 Prozent. Heslach, das war die Arbeitervorstadt im Tal mit billigen und schlechten Wohnquartieren, einer starken Arbeiterbewegung, vielen Industrie- und Handwerksbetrieben, den »Fabrikle«, wie man im Schwäbischen zu sagen pflegt.

Umgeben von steilen Hängen und Wäldern wuchs Heslach im vorigen Jahrhundert die Hänge hinauf. Die Straßen haben sich gefügt, schlängeln sich in Serpentinen bergauf. Dort, wo das Auto zum Umweg gezwungen wird, hat es der Fußgänger leichter: Die unzähligen kleinen und großen Stäffele (Treppenwege) sind willkommene Abkürzung und schweißtreibende Angelegenheit zugleich.

Unser Rundgang beginnt am Marienplatz, wo die Böblinger Straße stadtauswärts geradewegs nach Heslach hineinführt und ein buntes Gewirr von Läden aller Art, Kleinhandwerk und Gaststätten der Straße einen schon boulevardartigen Charakter gibt. Der

❶
**Marienplatz/
Adlerstr.**

Stadtteil selbst fängt genaugenommen erst auf Höhe der Adlerstraße an, an jener Stelle, wo die Post (Böblinger Straße 36/Ecke Adlerstraße) einen ihrer häßlichen Betonwürfel hingesetzt hat.

In der Adlerstraße hatten sich in den 20er Jahren vorwiegend jüdische Textilfabrikanten niedergelassen. Als am 3. April 1933 im Stuttgarter NS-Kurier zum Boykott aufgerufen wurde, waren diese Geschäfte genannt. 20 jüdische Bewohner des Stadtteils wurden Opfer des nationalsozialistischen Rassenwahns.

Adlerstr. 24

Hier wohnte *Else Himmelheber,* Mitglied der Untertürkheimer Widerstandsgruppe Schlotterbeck (S. 126). 1944 wurde sie verhaftet und im KZ Dachau wegen »Vorbereitung zum Hochverrat« hingerichtet. An dem Haus sollte eigentlich eine Gedenktafel für die Widerstandskämpferin angebracht sein, doch bisher gab es dazu keinerlei Initiative.

Heinz Rühmanns erstes Auto kam aus der Adlerstraße: Der Schaupieler in seinem Diabolo-Dreirad-Zweisitzer

Adlerstr. 40

Die Autostadt Stuttgart war nicht nur Daimler und Porsche — unter nebenstehender Adresse baute die Diabolo Kleinauto AG (später Bruchsal) im Stil englischer Kraftwagen 1922—27 Dreirad-Zweisitzer. *Heinz Rühmanns* erstes Auto z.B. war ein Diabolo aus Heslach.

Wo Adler-, Mörike- und Beerstraße zusammentreffen, steht das im Stil der Neuen Sachlichkeit erbaute Stadtbad Heslach, das erste Hallenbad des Reiches mit einer 50-Meter-Bahn. Schon seit der Jahrhundertwende kämpften die Heslacher um ein Bad, denn in fast allen Wohnungen der Vorstadt fehlte es an sanitären Einrichtungen. Über 3.000 Heslacher unterschrieben 1909 eine Eingabe an die Stadt, um eine Verbesserung zu erreichen. War ursprünglich

Mörikestr. 62

noch eine »Volksbrauseanstalt« im Gespräch, so änderten sich bald die Dimensionen: Ein richtiges Hallenbad wurde ins Auge gefaßt. Aber erst 20 Jahre später bekamen die Heslacher ihr Stadtbad, das »modernste und größte Schwimmbad Deutschlands« (Amtsblatt 1929).

Im Innern wird die weiträumige Halle, 1.600 Zuschauer fanden Platz, durch neun halbrundbogenförmige Eisenbetonträger überspannt. Dem Heslacher Bau von 1927–29 (Arch.: Cloos/Fischle) lag eine Raumidee zugrunde, die ein Maximum an Licht, Luft und Sonne erreichte.

Als 1987 eine umfangreiche Sanierung des denkmalgeschützten Bads dringend notwendig geworden war, wurde über eine Schließung diskutiert. Die Heslacher wehrten sich auf ihre Weise: Schulen, Vereine und Bürger gründeten eine Initiative und in kürzester Zeit trugen sich über 7.000 Bewohner in die Unterschriftenlisten ein — mit Erfolg: 1988 soll das Bad von Grund auf renoviert werden. ❸

Direkt gegenüber hat der Verein »Neues Leben in alten Mauern« **Mörikestr. 69** sein Domizil in der ehemaligen Kreidler-Fabrik, wo das Motorrad-

werk um 1890 produzierte, ehe es nach Zuffenhausen ging. Das jetzige genossenschaftliche Wohn- und Arbeitsprojekt überwand die anfänglich großen Schwierigkeiten u.a. dank enormem Eigenanteil bei den Renovierungsmaßnahmen. In einem Anbau im Hof hat 1986 das »Casino« eröffnet, eine Szene-Kneipe (Sommers Gartenwirtschaft). Der Neubau nebenan ist das Statistische Landesamt.

Ein Maximum an Licht, Luft und Sonne: Das Stadtbad Heslach

Doch zurück in die Adlerstraße, an deren Ende eine der zahlreichen Stuttgarter Staffeln hinauf zur Schickhardtstraße führt. Hier, an der Grenze zum westlichen Stadtbezirk, öffnet sich der Schlund des Schwabtunnels (vgl. S. 201), des ersten städtischen Straßentunnels Deutschlands. Dementsprechend verzeichnete der Festzug zur Einweihung 1896 unter anderem:

Schwabtunnel

» Drei Motorwagen von Daimler fuhren mit, sechs Heslacher Handwagen mit Produkten der Landwirtschaft, städtische Straßenreinigungswagen, Spritzenwagen und Schneeschaufler, Bierwagen der Heslacher Brauereien vierspännig, den Schluß bildete ein geschmückter Latrinenwagen.«

Direkt in der Kurve steht eines der schönsten Jugendstilhäuser der Stadt (Nr. 45, 1902–03, Arch.: Emil und Paul Kärn), wie die

❹
Schickhardtstr. 41/ 43/45/47

Schickhardtstr. 5

❺
Erwin-Schoettle-Platz

Emigrant und Bundestags-vizepräsident: Erwin Schoettle (1899-1976)

Böblinger Str. 92

Unterer Wannenweg

❻

Schickhardtstraße überhaupt einen reichen Bestand an Gründer-zeit- und Jugendstilbauten hat, so auch in Nr. 41 (1889, Bihl + Woltz), Nr. 43 (1905, Kärn) und Nr. 47 (1903, dieselben). Links steht der neoklassizistische Komplex der Schickhardtschulen, 1912 erbaut (Arch.: Oskar Pantle).

Das Gebäude, in dem heute die Stuttgarter Philharmoniker pro-ben, war Ende des 19. Jahrhunderts als Frank'scher Saalbau der größte Veranstaltungsort in Heslach — vom bürgerlichen Lieder-kranz bis zum SPD-Ortsverein traf man sich hier in dem Etablisse-ment einer Brauerei. Nach dem Krieg waren hier die »Favorit-Lichtspiele«.

Die Schickhardtstraße endet am Erwin-Schoettle-Platz, 1987 nach dem sozialdemokratischen Politiker (1899–1976) benannt. Der gebürtige Leonberger trat als Schriftsetzer 1919 der SPD bei, war SAJ-Landesvorsitzender und seit 1931 Stuttgarter Parteisekre-tär. 1933 emigrierte er in die Schweiz, von wo er als »Grenzsekre-tär« den Widerstand organisierte. 1939–46 war *Schoettle* in Eng-land, ehe er nach der Befreiung Landesvorsitzender (1947–1962), MdL, MdB (1949–1969) und von 1948–1972 auch Mitglied des SPD-Bundesvorstands war. Mit *Henry Bernhard* und *Otto Färber* gehörte er zu den Lizenzträgern der »Stuttgarter Nachrichten« 1946.

Die Grünen taten sich bei der Benennung des Platzes nach dem beliebten und volksnahen Politiker in der Debatte übrigens durch besonders qualifizierte Beiträge hervor (»Oh Gott-oh Gott-Platz« war ihr Vorschlag).

Hier stand noch 1981 die chemische Fabrik Nägele. Hausbeset-zer kamen und erklärten die leerstehende Fabrik zum autonomen Kulturzentrum. Rund zwei Monate dauerten die Auseinanderset-zungen, bis im Juni 1981 geräumt wurde. Heute befindet sich an dieser Stelle ein katholisches Kindertagesheim.

Auf der anderen Straßenseite ist seit 1965 im früheren »Brau-stüble« das Heslacher Jugendhaus mit seinem neuen Werkstattan-bau: An der Hausfassade fällt eine Wandmalerei aus dem Jahr 1979 auf: Die vom Verkehrslärm geplagten Heslacher warten sehnsüch-tig auf den Tunnel, der den Stadtteil endlich vom Verkehrschaos be-freien soll.

Ecke Möhringer/Schreiberstraße wird der Schoettle-Platz vom Kultur- und Bürgerzentrum »Altes Feuerwehrhaus Heslach« abge-schlossen. Das inzwischen unter Denkmalschutz stehende Haus wurde 1888 von Stadtbaurat *Meier* (1847–1935) für die Heslacher Feuerwehr errichtet.

Das Gebäude aus Werkstein und gelben Ziegeln macht schon durch seine hellen Farben einen freundlichen Eindruck, der durch die beiden hübschen Fassaden mit ihrer malerischen Zeichnung des Turmes und der beiden Staffel-giebel noch erhöht wird«, würdigte die »Schwäbische Chronik« das Haus 1888 — ein Eindruck, der 100 Jahre später durch eine gelungene Restaurie-rung bzw. den Umbau von Perlia/Schliebitz/Schwarz 1980 noch immer gül-tig ist. Der Bau diente als Feuerwehrmagazin und Turnhalle. Eine Volkskü-

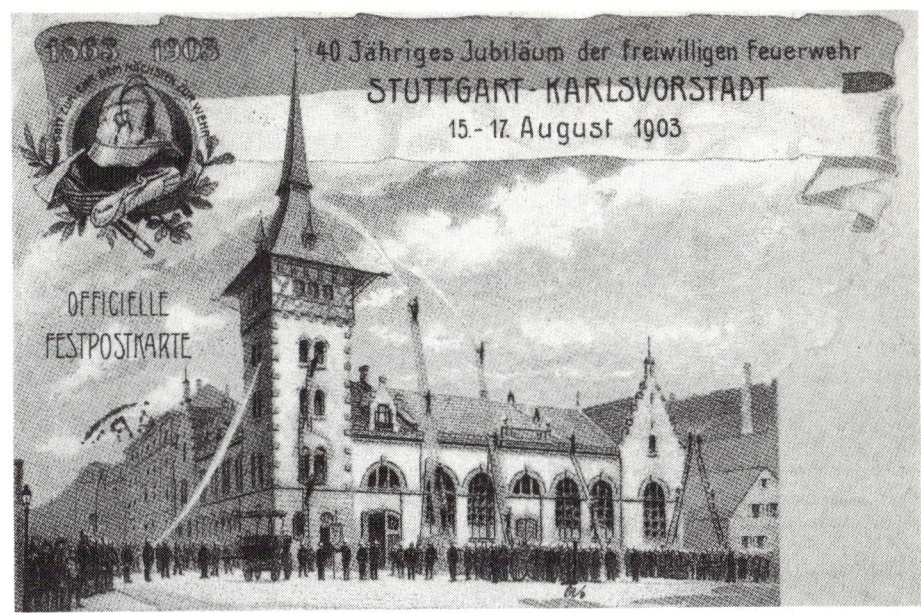

1663 1903
40 Jähriges Jubiläum der freiwilligen Feuerwehr
STUTTGART-KARLSVORSTADT
15.-17. August 1903

OFFICIELLE
FESTPOSTKARTE

Bürgerhaus unter Denkmalschutz: Altes Feuerwehrhaus Heslach

che, 1913 eingerichtet, versorgte im 1. Weltkrieg die Bevölkerung. *Das alte Magazin ist zur unverzichtbaren Einrichtung im Stadtbezirk geworden: Vom Rockkonzert bis zur Seniorendisco, vom preiswerten Mittagessen bis zu den Städtischen Jugendtheater-Tagen ist das Bürgerhaus längst über die Grenzen des Stadtteils hinaus bekannt.*

Flaggen am »Dom«

Der »Dom von Heslach«, die Matthäuskirche, wurde nach Plänen von Stadtbaurat *Adolf Wolff* 1876−1881 im neoromanischen Stil errichtet. Die Kirche bildete den Mittelpunkt der früheren Karlsvorstadt und ist in ihren imposanten Ausmaßen eine protestantische Trutzburg, an der heute Tag für Tag Zehntausende von Autos vorüberrauschen.

Im Dritten Reich wehrte sich der engagierte Pfarrer *Eugen Müller* (1876−1938) gegen die nationalsozialistische Gleichschaltung durch die »Deutschen Christen«. 1936 wurde Müller in einem Schreiben des Ortsgruppenleiters scharf angegriffen, weil er die Matthäuskirche nicht mit der Hakenkreuzfahne beflaggt hatte − »oder will sich die evangelische Kirche in Heslach grundsätzlich außerhalb der Volksgemeinschaft stellen? Heil Hitler Ortsgruppenleiter«.

1932 wehte am Turm der Matthäuskirche die Rote Fahne, gehißt von dem belgischen Kommunisten *August Renard,* der nachts die Feuerleiter hinaufgeklettert war. Am nächsten Morgen versammelten sich zahlreiche Heslacher vor der Kirche, um unter großem Hallo mitzuerleben, wie die Feuerwehr unter Polizeischutz die Fahne wieder herunterholte.

❼
Möhringer Str. 52

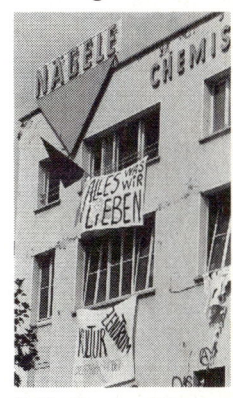

Heißer Sommer 1981: Hausbesetzer bei Nägele

Schreiberstr. 26/
Eier-/Böheimstr.

Die Karlsvorstadt mit Ha-
senberg 1892: Im Vorder-
grund das Marienkranken-
haus; zu erkennen sind
auch Matthäuskirche und
Hasenbergturm

Hinter der Kirche liegt die 1926 im sozialen Wohnungsbau von der Stadt errichtete Böheimsiedlung. Bevor wir durch den Innenhof gehen, sei auf das Haus Schreiberstraße 26 verwiesen: Hier unterhielt *Konrad Kujau* (»Konny«) seine »Geschichtswerkstatt«, Militaria-Handlung und Galerie. Sind »Hitlers Tagebücher« vielleicht in Heslach entstanden? Dem »Stern« waren sie ja immerhin einige Millionen Mark wert, und wo das Geld geblieben ist, weiß bis heute noch keiner.

Böheimstr. 37

⑨
Zwischen Karl-
Kloß-/Schreiber-
/Eierstr./Zechweg

Durch den Innenhof der Siedlung gelangt man zum Marienhospital, ein für die Heslacher Vorstadt schon glanzvoll zu nennendes Bauwerk. Das katholische Ordenskrankenhaus gilt heute als exemplarischer Bau in der Geschichte der Krankenhausarchitektur. Als Alternative zu den bis dahin üblichen kasernenförmigen Bauten wurde hier ein Krankenhaus errichtet, das durch seine beiden achteckigen Seitenflügel auffällt, in denen die Pflegezimmer großzügig untergebracht waren. Bundesweit Schlagzeilen hat das von *Robert von Reinhardt* 1890 erbaute Krankenhaus 1984 gemacht: In letzter Minute konnte der Abriß durch engagierte Bürger und Denkmalschützer verhindert werden; der Bau, von dem Oberbürgermeister *Rommel* »nicht gerade entzückt« ist, wurde unter Denkmalschutz gestellt. Zugebaut von den Krankenhausneubauten der 60er und 70er Jahre bewahrt der Altbau trotzig seine historische Würde.

»G'wählt hot mer Sozialdemokratie«

Am Krankenhaus vorbei führt die Eierstraße mitten ins Eiernest hinauf. Die 180 einstöckigen Reihenhäuser wurden 1926 im sozialen Wohnungsbauprogramm der Stadt für ihre Bediensteten bezugsfertig. Die Anlage, an die englische Gartenstadtidee anknüpfend, ist in ihrer Originalität eine der am besten erhaltenen Stuttgarter Arbeitersiedlungen. Umrahmt von dichtbewaldeten Hängen ist das Eiernest mit seinen gepflegten Vorgärten gestern wie heute eine Idylle am Rande der Großstadt. Die Jahresmiete betrug einst 500 Reichsmark, die Schreiberstraße war Schlittenbahn, das einzige Auto in der Gegend ein BMW, »ond g'wählt hot mer d'Sozialdemokratie«.

Das Eiernest spielte auch eine Rolle beim Stuttgarter Kabelattentat (S. 133) von 1933, denn die politische Auswertung der Aktion erfolgte dort, Liebigstraße 35. In der Wohnung von Naturfreundemitglied *Karl Maier* entstand noch am selben Abend das Flugblatt: »Wir Antifaschisten haben Hitler das Wort entzogen!« Am nächsten Morgen wurden die Stuttgarter mit Tausenden von Flugblättern über die Aktion der KPD aufgeklärt.

Liebigstr. 35

Grenze des Eiernestes ist die Karl-Kloß-Straße, nach dem Gewerkschaftsführer und ersten Landtagsabgeordneten der württembergischen Sozialdemokraten benannt. Als Chef der Tischlergewerkschaft hatte *Kloß* (1847–1908) sein Büro in Heslach in der Böblinger Straße 127. Für die Entwicklung der Stuttgarter SPD war er bis zu seinem Tod die maßgebende Persönlichkeit. Sein Trauerzug zum Prag-Friedhof war einer der größten in der Geschichte der Stadt.

Karl-Kloß-Str.

Mitten im Wald liegt die Lerchenrainschule. Nach den Entwürfen von *Paul Bonatz* wurde sie 1909 gebaut; der Architekt hat hier ein eindrucksvolles Beispiel seiner versachlichten Baukunst abgeliefert. Mit ihrer klaren, funktionalen Gliederung und der typischen Walmdachform paßt sich die Schule gut in die Landschaft ein. Als im April 1945 die Franzosen einmarschierten, diente die Schule 500 Marokkanern mitsamt ihren 300 Mulis als Quartier. In Ermangelung von offenen Kaminen wurden die Hammel eben mitten in den Klassenzimmern gebraten.

⑩
Kelterstr. 52

Die Kelterstraße führt wieder hinunter ins Tal; unter Nr. 28 stand bis 1955 Heslachs ältestes Gebäude, der »Schafstall« aus dem 14. Jahrhundert, abgerissen für einen Neubau. Die Straße endet vor den Fabrikanlagen der größten Brauerei. Hier produziert die Stuttgarter Hofbräu AG jährlich über eine Million Hektoliter Bier. Der Betrieb ist ein anschauliches Beispiel für die Expansion im Brauereigewerbe: Rund 40 kleinere und größere Brauereien im ganzen Bundesland sind von diesem Alkoholgiganten schon geschluckt worden und ein Ende ist nicht abzusehen. Eigentlich ist Stuttgart ja die größte Weinbaugemeinde Deutschlands, aber in Heslach hat auch das Bierbrauen Tradition. Nach dem schlechten Weinjahr von 1708 eröffnete das erste Heslacher Bierhaus »Zum Goldenen Becher«. 1798, nach dem Wegfall des herrschaftlichen Monopols, entstanden in rascher Folge private Brauereien, in Heslach allein vier: die »Stuttgarter Brauereigesellschaft«, Böblinger Straße 38 (heute »Adlerpost«), die »Brauerei Frank«, Böblinger-/Ecke Schreiberstraße, die »Brauerei Rettenmeyer«, Böblinger Straße 128 (heute Hofbräu), sowie die »Hirschbrauerei« in der Böblinger Straße 118.

Sozialdemokrat Karl Kloß: Riesiger Trauerzug zum Krematorium auf der Prag, Grab in Heslach

Bihlplatz

Ab 1872 begann dann jener Konzentrationsprozeß, der in seiner letzten Phase mit der Gründung der Hofbräu AG 1935 beschlossen wurde.

Der Bihlplatz mit seinen angrenzenden Straßen ist das eigentliche Zentrum des Stadtteils, an dem bis zum Abbruch 1882 auch die Kirche stand. Seit 1977 beleben an Samstagen bunte Marktstände den ganzen Platz. Hier wie anderswo bedeutet Marktleben auch den Austausch von Neuigkeiten: Man »tratscht« und »schwätzt« mit- und übereinander und das nicht nur auf schwäbisch — der Anteil der ausländischen Mitbürger beträgt rund 20 Prozent. Zu Recht wird das Verhältnis zwischen Einheimischen und »Rei'g'-schmeckten« — also Zugezogenen — als harmonisches, friedliches Nebeneinander bezeichnet, was nicht selbstverständlich ist. Der im Rahmen der Stadterneuerung postmodern renovierte Platz mit seinen Gründerzeitbauten und alten Wirtshäusern wie z.B. der »Heslacher Weinstube« ist auch alljährlich Ort der traditionellen Heslacher Hocketse.

Zentrum Bihlplatz: Traditionelle Heslacher Hocketse

Die »Schlacht von Heslach«

Wo jetzt Kinder auf dem Spielplatz toben, stand bis 1953 das alte Heslacher Schulhaus von 1830. Im Dritten Reich quartierte sich hier die Heslacher NSDAP-Ortsgruppe ein. Das traditionell rote Heslach war bis zuletzt eine Hochburg der Arbeiter-Parteien: Bei der Märzwahl 1933, schon im Zeichen des NS-Terrors, mußten sich die Nazis mit 25,8 Prozent der Stimmen begnügen; Kommunisten und Sozialdemokraten hatten deutlich über 50 Prozent.

Essen und Trinken: Gaisburger Marsch und Cannstatter Zuckerle

Schwäbischer Erfindergeist prägte auch die Küche im »Ländle«. In Zeiten, als Fleisch nur zu besonderen Anlässen auf den Tisch kam — an Feiertagen, zur Taufe, Hochzeit oder zum Leichenschmaus —, zauberte die Hausfrau aus Mehl, Wasser, Eiern und Salz ein Teigprodukt, das heute mit dem Begriff Schwaben verbunden wird wie Spaghetti mit Italien: Spätzle. Als »echt« akzeptiert sie der Kenner nur, wenn sie vom »Spätzlesbrett« ins kochende Salzwasser geschabt wurden. Die hohe Schule des »Handschabens« ist schwer zu erlernen, weshalb sich inzwischen auch die »Spätzlesmaschine« durchgesetzt hat: Ein durchlöcherter Alu-Zylinder, durch den der Teig mit langen Hebeln gedrückt wird.

Spätzle ißt man in allerlei Variationen: Als Kraut-, Käs- und Leberspätzle, in Kombination mit Linsen, Rauchfleisch und Saitenwürsten (»Lensa ond Spätzle«) oder als Beilage zu Fleischgerichten; dann sollten sie »in der Soße schwimmen«. Spätzle sind auch Bestandteil des Stuttgarter Nationalgerichts »Gaisburger Marsch«, dessen Ursprung Thaddäus Troll beschrieb: »Vor dem ersten Weltkrieg hatten die Einjährigen, die mindestens sechs Klassen einer höheren Schule besucht haben mußten, und damit automatisch Offiziersanwärter waren und statt zwei nur ein Jahr zu dienen hatten, in den Kasernen gewisse Vorrechte. So brauchten sie nicht in der Kaserne essen, sondern durften in die Wirtschaft gehen. Die Einjährigen der Stuttgarter Bergkaserne bevorzugten die Küche der Bäckerschmiede in Gaisburg, deren Spezialität ›Kartoffelschnitz mit Spätzle‹ waren, ein delikater Eintopf in einer köstlichen Brühe mit Ochsenfleisch. Vor dem Gang zum Essen formierten sich die Einjährigen zum Gaisburger Marsch, eine Bezeichnung, die später auf ihr Lieblingsgericht übertragen worden ist.«

Mit den Kartoffeln, eingeführt von Preußenkönig Friedrich dem Großen, konnten sich die Schwaben lange nicht anfreunden: Sie verfütterten sie an die Schweine. Erst im Hungerjahr 1772, als es nur noch Kartoffeln gab, fanden die »Grommbira« (Grundbirnen) Einzug in die Küche: Kartoffelsalat (angemacht mit Essig, Öl, Zwiebeln und Fleischbrühe), saure Kartoffelrädle oder »Buabaspitzle« (Schupfnudeln) sind seither Spezialitäten in Württemberg.

Nach dem Motto »Was man nicht sieht, ist auch nicht vorhanden«, versteckte der findige Schwabe in der Fastenzeit Fleischzutaten in Nudelteig und nannte dieses Pharisäer-Gericht Maultaschen. Diese werden mit Zwiebeln, Speck, Schweinefleisch, Spinat, Petersilie, Bratwurst-Brät, Salz und Muskat gefüllt, in Fleischbrühe serviert oder aufgeschnitten und in der Pfanne gebraten.

Berühmt sind schließlich auch die schwäbischen Fleischgerichte: Rostbraten mit gerösteten Zwiebeln oder mit Spätzle und Filderkraut (das Fleisch sollte aus der Rückenpartie des Rindes stammen), Siedfleisch, Sauerbraten, eingemachtes Kalbfleisch in weißer Soße, »Saure Nierle« oder »Saure Kutteln«.

Stuttgart ist die größte gesamtdeutsche Weinbaugemeinde und deshalb der Rebensaft auch ein bevorzugtes Getränk. Der Weinberg neben dem Hauptbahnhof dürfte dabei wohl der teuerste im Bundesgebiet sein, gemessen an seinem Bodenpreis. Auf einem Drittel des Stuttgarter Reblands wird Weißwein angebaut (Riesling, Müller-Thurgau, Silvaner), auf den anderen zwei der rote Trollinger. Die Lagen »Stuttgarter Mönchhalde«, »Stuttgarter Weinsteige«, »Cannstatter Zuckerle«, »Cannstatter Halde« und die Weine aus Uhlbach, Ober- und Untertürkheim genießen besten Ruf.

Während der Äpfel- und Birnenmost in der Landeshauptstadt kaum noch ausgeschenkt wird (es gibt nur noch zwei Mostereien), brauchen sich die traditionsreichen Brauereien Dinkelacker, Hofbräu und Schwabenbräu und die kleine Spezialbierbrauerei Sanwald über mangelnden Absatz nicht zu beklagen: Bier ist längst auch hier zu einem Standardgetränk geworden.   *Rolf Schwenker*

In Heslach stießen die Nazis früh auf Widerstand: *»Der rote Wedding Stuttgarts«*, wie ihn die braunen Horden nannten, war bei ihnen gefürchtet. Erstmals am 19. Mai 1931 veranstaltete die SA einen *»Marsch durch Heslach«*. Diese Provokation ließ die Heslacher Arbeiterschaft nicht unbeantwortet. Willi Hachtel, ein Heslacher Kommunist, erinnert sich: *»Nachts hatten die Nazis Plakate angeschlagen, auf denen draufstand: ›Marsch durchs rote Heslach‹, und dann kam ein ›Sturm‹ etwa mit 20 Lastwagen nach Heslach, das waren die, die sie beschützt haben. Viele Heslacher sind zum Marienplatz gegangen und haben die natürlich empfangen. Dann sind die Nazis durch ganz Heslach gelaufen und drüben im Kohldampfgäßle sind Stockhäfe runtergeflogen, bis zum Bihlplatz hat's immer wieder Schlägereien gegeben. Ich hab' damals auch einen Polizeiknüppel aufs Hirn gekriegt; die Polizei hat denen damals schon geholfen.«* Als *»Schlacht von Heslach«* ging dieses Ereignis in die Stadtgeschichte ein.

»Schlacht von Heslach« am 19. Mai 1931: »Im Kohldampfgäßle sind Stockhäfe runtergeflogen«

Heute befindet sich am Bihlplatz auch »Paolos Pizzeria« — längst eine Institution in Heslach. Der Sarde Paolo und seine Frau Christina bewirten mit südländischem Charme und schwäbischer Gemütlichkeit ihre mitunter prominenten Gäste. Einen Steinwurf entfernt hat die Weinstube »Heeb« ihr Domizil. Hier erfanden schwäbische Viertelesschlotzer die launig-weinselige Figur des »Traugott Armbrüstle«. In immer neuen Stammtischrunden wurde aus dem Winzer *Armbrüstle* zunächst ein Dichter, dann ein Philosoph und schließlich ein Komponist, der nach New Orleans auswanderte und daselbst ein Stück Jazzgeschichte geschrieben hat — schwäbischer Weltgeist eben. Die Schrift an der Hauswand verrät noch den alten Namen: Restauration Engel.

Ulmenstr. 8

Gebelsbergstr. 87

Vom Bihlplatz aus führt die Ritterstaße hinauf zur Hasenstraße, der ältesten Heslacher Straße überhaupt. Am Friedhof trifft sie mit der Gebelsbergstraße zusammen, deren Nr. 87 das »Bunte Haus« von Heslach ist. Die Fassadengestaltung, einen eigenwilligen Farbakzent im Kontrast zur Architektur, hat der Künstler *Otto Herbert Hajek* entworfen. Wie die StZ berichtete, gefällt's nicht allen: »Schön!« sprach eine Passantin, worauf die Nachbarin einwarf: »Sie sähn's jo au net emmer!« Für Taxifahrer aber ist die Nr. 87 längst eine Marke: »Ist's nach oder vor dem Bunten Haus?«

Auf dem Heslacher Friedhof von 1798 haben viele namhafte Persönlichkeiten ihre letzte Ruhe gefunden. Das Benckendorff-Mausoleum, 1824 nach den Plänen des italienischen Baumeisters *Giovanni Salucci* entstanden, ist bei weitem das prächtigste Bauwerk. Der einstige russische Gesandte am württembergischen Hof, Graf *Konstantin von Benckendorff,* liegt hier mit seiner Frau Natalie begraben. Im Innern des Grabtempels stehen zwei Marmorbüsten, die der Dannecker-Schüler *Theodor Wagner* nach einem Modell seines Lehrers geschaffen hat. (Schlüssel für das Mausoleum: Zwischen 8 und 15 Uhr beim Friedhofswärter.) Im hinteren Teil des Friedhofs liegen Gewerkschaftsführer *Karl Kloß* und der liberale Reichstagsabgeordnete *Conrad Haußman* begraben.

Hasen-/Gebelsbergstr.

Das südliche Ende des Stadtteils markiert der Verkehrsknotenpunkt Südheimer Platz. Unterhalb der häßlichen Straßenbrücke liegt ein städtebauliches Kleinod: Die Arbeitersiedlung Südheim. Die Geschichte dieser Siedlung, die privatwirtschaftlich finanziert wurde, ist eng verbunden mit der Existenz des »Verein zum Wohl der arbeitenden Klasse«, der 1866 gegründet wurde (S. 121). Die 1902–04 entstandene Siedlung — Architekt war *Karl Hengerer* (1863–1943) — ist ein wichtiges Beispiel für die Lösung der sozialen Frage mit Hilfe eines genossenschaftlichen Wohnbaumodells.

Südheimer Platz

Architekt *Hengerer,* der in Stuttgart eine wichtige Rolle spielte, entwarf gekonnt eine individualistische Mischung verschiedener Stilzitate zu einem neuen Gesamtbild. Die Siedlung ist mit ihrer aufgelockerten Blockbebauung — ganz im Gegensatz zum sonstigen Mietskasernenbau — mit geräumigen und hygienischen Wohnungen und großzügigen, luftspendenden Hinterhöfen ausgestattet. Heute werden die Bewohner allerdings vom lärmenden Verkehr der B 14 geplagt.

Prächtigstes Bauwerk auf dem Heslacher Friedhof: Das Benckendorff-Mausoleum

Der Kongreß tanzt

Überquert man die Straße, so steht man vor dem traditionsreichen Haus der Schützengilde (1895, K. Hengerer). Der älteste Verein Stuttgarts besitzt hier ein Gebäude, in ländlichem Fachwerk und mit Jugendstilakzenten ausgeführt. Im Schützenhaus wurde für die Teilnehmer des Internationalen Sozialisten-Kongresses 1907 eine Festveranstaltung durchgeführt:

> *» Um 6 Uhr wurde in allen Sitzungen des Kongresses Schluß gemacht, und sogleich ergoß sich der Strom der Teilnehmer nach Heslach. Da die Straßenbahnen die Menge nicht zu fassen vermochten, mußte ein starker Teil der Gäste den Weg nach der Proletariervorstadt per Pedes zurücklegen. Die gerade von der Arbeit heimkehrenden Parteigenossen Heslachs mag wohl ein Gefühl des Stolzes darüber beschlichen haben, daß die rote Hochburg, die einst den ersten Stamm der württembergischen Sozialdemokratie in den schwierigen Zeiten des Ausnahmegesetzes emporsprießen ließ, nun die Ehre genoß, den Vertretern der internationalen Arbeiterschaft einen Unterhaltungsabend zu bieten. « (»Schwäbische Tagwacht«).*
> *An diesem Abend waren die führenden Sozialisten Europas in Heslach versammelt — Bebel, Jean Jaurés und Victor Adler, vermutlich auch Lenin.*

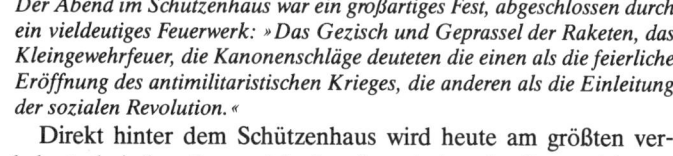

Schützenhaus Heslach: Sozialistischer Kongreß mit einem » vieldeutigen Feuerwerk «

Vom Südheimer Platz zum Waldfriedhof: Seilbahnwagen für die » Personenbeförderung auf geneigter Ebene « der Maschinenfabrik Esslingen

Waldfriedhof

Der Abend im Schützenhaus war ein großartiges Fest, abgeschlossen durch ein vieldeutiges Feuerwerk: »*Das Gezisch und Geprassel der Raketen, das Kleingewehrfeuer, die Kanonenschläge deuteten die einen als die feierliche Eröffnung des antimilitaristischen Krieges, die anderen als die Einleitung der sozialen Revolution.*«

Direkt hinter dem Schützenhaus wird heute am größten verkehrstechnischen Bauwerk im Land gearbeitet, der Ortsumfahrung B 14/Heslach. Ein ca. drei Kilometer langer Tunnel soll ab 1992 die täglich rund 50.000 Autos schlucken, um Heslach endlich eine Zukunft ohne Verkehrslärm zu ermöglichen.

Am Rand der Südheimsiedlung ist ein anderes Verkehrsmittel zu bewundern: Die Seilbahn überwindet rumpelnd die 536 Meter zwischen Südheimer Platz und Waldfriedhof. »Pflicht des Fahrgastes ist es, sich auf dem Wagen sofort einen festen Halt zu verschaffen.« Auf harten Holzbänken, umgeben von fromm dreinblickenden älteren Damen, wird man für 1,20 DM die 28 Prozent Steigung nach oben befördert. Deutschlands modernste schienengebundene Drahtseilbahn wurde im Oktober 1929 in Betrieb genommen; 15 Pfennig waren damals für die Berg-, 10 Pfennig für die Talfahrt zu bezahlen.

Heute sind die beiden, entsprechend der Steigung schräg gebauten, alten Holzwagen mit ihren Messingbeschlägen das nostalgischste und schönste öffentliche Nahverkehrsmittel Stuttgarts. Ähnlich wie die Cable Car von San Francisco sind sie durch ein Seil verbunden und verkehren im Pendelverkehr durch gegenseitige Kraftübertragung.

Mit seinem alten Baumbestand ist der 1914 angelegte Waldfriedhof eher ein Park. Bestattet sind hier *Theodor Heuss,* Konzerngründer *Robert Bosch,* die Maler *Oskar Schlemmer* und *Adolf Hölzel,* Architekt *Paul Bonatz,* die Schauspieler *Erich Ponto* und *Edith*

Herdegen, die Oberbürgermeister *Karl Lautenschlager* und *Arnulf Klett,* Landesbischof *Theophil Wurm* und die Widerstandskämpfer *Anton Hummler* (1944 hingerichtet in Brandenburg), *Hermann Köhler* (1943 hingerichtet in Brandenburg), *Fritz Rau* (1933 ermordet in Berlin) und *Jakob Weimer* (1944 an Haftfolgen gestorben).

Auf dem nahen Dornhalden-Friedhof wurden 1977 die im Hochsicherheitstrakt von Stuttgart-Stammheim tot aufgefundenen Häftlinge Gudrun Ensslin, Jan Carl Raspe und Andreas Baader beigesetzt. OB Rommel hatte die Beerdigung auf dem städtischen Friedhof gegen z.T. erbitterten Widerstand aus der Bevölkerung ermöglicht. Thaddäus Troll schrieb danach:

> *»Manfred Rommel ist ein echter Liberaler. Er hat die Prinzipien menschlicher Würde, wo andere sie tief mißachtet haben, nicht aufgegeben und damit nicht nur wahres Christentum, sondern auch politische Vernunft gezeigt.«*

Sozialdemokrat und Opfer der Nazis: Jakob Weimer

Die Polizei nutzte das Begräbnis zu einem Großeinsatz und riegelte das gesamte Gelände um den Friedhof ab, um die Trauergäste der »erkennungsdienstlichen Behandlung« zu unterziehen. Auch das war Stuttgart im »deutschen Herbst« 1977.

Sonnenberg

Vom Waldfriedhof wandern wir entlang der Siedlung Bruderrain durch die romantische Schwälblesklinge hinaus zum Degerlocher »Ableger« Sonnenberg. In der Schwälblesklinge und zwischen den Streuobstwiesen unterhalb der ersten Häuser kann man ahnen, was das Sonnenberggebiet bis vor 60 Jahren war: ein wildromantisches Paradies, an dessen sonnenverwöhnten Hängen Hopfen für die Möhringer Brauerei Widmaier und Spalierobst angebaut wurden. Individualverkehr und Landverbrauch haben auch diesen Winkel zwischen Kaltental und Filderebene fast bis zur Unkenntlichkeit zerstört.

Sonnenbühl

Der Lithograph *Gottfried Berger* war der erste, der sich 1897 ein Sommerhäuschen bei der heutigen Straße Sonnenbühl baute. Ab 1903 hielt die Filderbahn bedarfsweise an der mittlerweile als Ausflugslokal entstandenen Gaststätte »Zum Sonnenberg« und 1909 wurde die Gegend an die Filderwasserversorgung angeschlossen. Die ersten Sonnenberger selbst rührten dabei kräftig die Werbetrommel: Per Inserat warben sie um Bauinteressenten für ihre Idylle, »die befreit von der Enge der Stadt in reiner Wald- und Höhenluft auf den Fildern bei Degerloch liegt.«

1910 wohnten in Sonnenberg 27 Personen: durchweg höhere Beamte, Kaufleute und Künstler, z.T. in landhausartigen Villen, wie sie im Sonnenbühl heute noch erhalten sind. Die Sozialstruktur änderte sich auch in den 20er Jahren nicht, als bis 1925 insgesamt 126 Bürger zugezogen waren. Mit der nationalsozialistischen Siedlungspolitik begann ab 1934 die systematische Bebauung Sonnenbergs; bis 1939 war die Bevölkerung auf 2.500 Menschen angewachsen. 1946 beschlagnahmten die US-amerikanischen Besatzungstruppen 220 Häuser; Dreiviertel der Bewohner sprachen nun

Englisch. Die Vorbewohner demonstrierten mit Schweigemärschen und zwischen 1955 und 1957 wurden die Häuser dann wieder an ihre Besitzer zurückgegeben.

Der »Vagabundenkönig«

Im Betzengaiern 3   *Gregor Gogs* Leben spiegelt einen wichtigen Inhalt der Vagabunden-Bewegung der 20er Jahre wider: Viele von ihnen trieb auch der Hunger nach Lebenserfahrung, die Neugierde auf ferne Länder und Kulturen und die Ablehnung bürgerlichen Lebens auf die Straße. Politisch bewegten sich die meisten im weiten Spektrum zwischen Wandervogelbewegung und Anarchismus, sektiererischer Heilserwartung und idealistischem Kommunismus.

Das Holzhaus und das Gartenhaus im Betzengaiern 3 werden zum Heimathafen derer, die Gogs »Bruderschaft der Vagabunden« angehören, deren Zeitschrift »Der Kunde« von 1927 bis 1929 in Sonnenberg herausgegeben wird. Höhepunkt ist dann Pfingsten 1929 das »Erste europäische und internationale Vagabundentreffen« von Malern und Dichtern der Straße, Anarchisten und Jugendbewegten, Arbeits- und Obdachlosen (1933:500.000 Nichtseßhafte im Reich) im Freidenker-Jugendgarten beim Killesberg. Nach zwei Reisen in die Sowjetunion wird der anarchistische Utopist Gog Mitglied der KPD, ebenso seine Frau, 1933 wird das Ehepaar von der Gestapo verhaftet; Gregor Gog ist auf dem Heuberg, im KZ Oberen Kuhberg Ulm und in Reutlingen inhaftiert. Als Kranker wird er entlassen und kann auf Schlittschuhen über den zugefrorenen Bodensee in die Schweiz fliehen. Am 7. Oktober 1945 stirbt Gregor Gog im Exil in Ferghana in Usbekistan.

In Sonnenberg herausgegeben: Vagabunden-Zeitschrift »Der Kunde«

Anni Geiger-Gog (geb. 1897), die Ehefrau des »Vagabundenkönigs«, ist Stuttgarts erfolgreichste Kinder- und Jugendbuchautorin. Die Enkelin des sozialdemokratischen Verlegers J.H.W. Dietz (S. 229) schrieb im Stuttgarter G. Gundert-Verlag in der Reihe »Sonne und Regen im Kinderland«; ihr erfolgreichstes Buch hieß »Schlamper. Eine Hundegeschichte«, illustriert von Hans Tombrock und bis 1951 100.000 mal erschienen.

Als Anni Geiger-Gog 1933 von der Gestapo verhaftet wird, wird sie im Polizeigefängnis Büchsenstraße, der berüchtigten »Büchsenschmiere«, mißhandelt. Sie tritt in den Hungerstreik, bis sie ins Frauengefängnis Gotteszell nach Schwäbisch Gmünd verlegt wird. Im Sommer 1933 wird sie entlassen, kann als Lektorin im Stuttgarter Franck-Verlag arbeiten, schreibt unter dem Namen Hanne Menken und muß alle Manuskripte zur Zensur vorlegen.

Sie erhält nur spärliche Nachrichten von ihrem Mann im Exil, der schließlich nicht mehr schreibt, um Anni und den Sohn nicht zu gefährden. Die Ehe wird geschieden und Anni heiratet wieder. Unter dem Namen Anni Geiger-Hof schreibt sie weitere 30 Jahre Jugendbücher, Gesamtauflage mittlerweile eine Million.

Die Hochbetagte lebt nun in einem Stuttgarter Altersheim. 1982 hat sie für die Ausstellung »Wohnsitz: Nirgendwo« ihre Erinnerungen an Gregor Gog und den Sonnenberg zusammengefaßt:

Der Vagabundenkönig und die Bestseller-Autorin: Anni Geiger-Gog und Gregor Gog mit Sohn

»Ich durfte an allem Geistigen teilnehmen, aber ich tat es mehr passiv. Ich sorgte für die Menschen durch meine Arbeit und durch meine Honorare, die oft direkt vom Verlag an einen notleidenden, hoffnungslosen Künstler oder Schriftsteller flossen. Ich nahm die Kinder Arbeitsloser für viele Wochen auf, ich beherbergte in Sonnenberg die Vagabunden jüngeren und älteren Datums.

Daß dieses Leben viele finanzielle Opfer forderte, kann sich jeder denken. Und es kam der Moment, wo ich nicht mehr mitmachen konnte. Es begann eigentlich schon mit dem Augenblick, wo eine sensationslüsterne Presse das Wort vom › Vagabundenkönig ‹ prägte. Die Frau eines Vagabundenkönigs wollte ich nicht sein.«

Sonnenberg war wie erwähnt auch ein »Künstlernest«. Der Hölzel-Schüler *August Ludwig Schmitt* (1882–1936), zusammen mit Hölzel 1927 Gründer der Freien Kunstschule, baute 1920 an dem Feldweg, der später zur Anna-Peters-Straße ausgebaut wurde, ein Holzhaus mit Atelier, das heute nicht mehr erhalten ist.

1912 ließ der niederländische Maler *Pieter Peters* hier ein Sommerhaus bauen. Seine Töchter Anna, Pietronella und Ida lebten ohne Männer ihre künstlerische Begabung in dem Drei-Frauen-Haushalt aus. Pietronella (1848–1924) malte und schrieb über 20 Theaterstücke für Kinder. Anna (1843–1926) gründet 1893 den Württembergischen Malerinnenverein, der sich das Atelierhaus an der Eugenstaffel kaufte, das heute im Besitz des Bundes Bildender Künstlerinnen Württembergs ist.

Anna-Peters-Str.

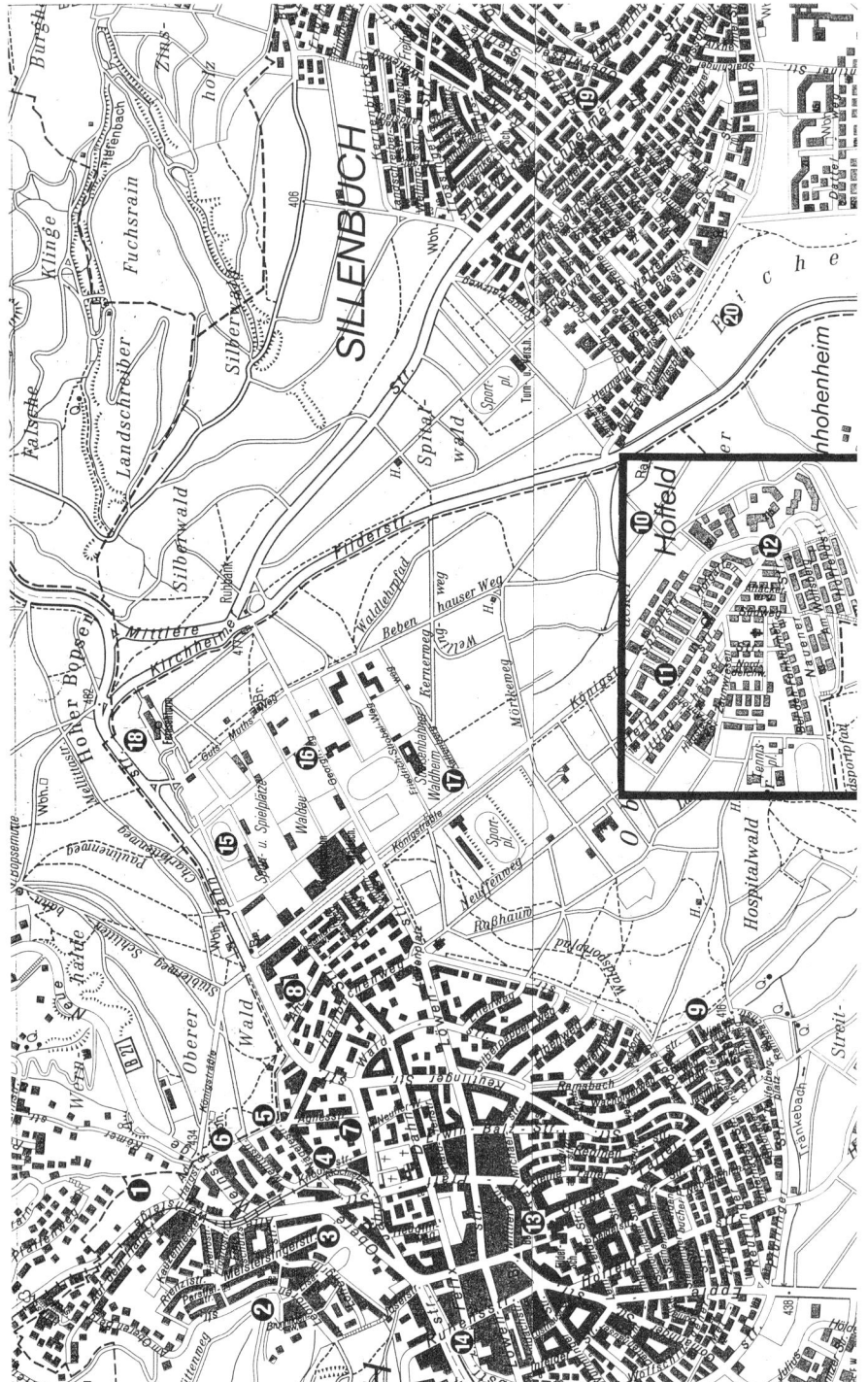

Von der »Villa« zur »Datscha der Parteiclara«

Von Degerloch nach Sillenbuch

von Sybille Weitz

Ausgangspunkt: *Zahnradbahnhof Marienplatz, Straßenbahnen 1 und 14*
Endpunkt: *ab Straßenbahn-Haltestelle Silberwald in Sillenbuch, Linie 15*
Dauer :   *3 Stunden*

Zeit muß frau/man mitbringen für diesen umfangreichen Rundweg, der auf vielen Strecken ein Spaziergang mit phantastischen Ausblicken auf die Stadt ist. Er führt durch »die Villa«, eines der ältesten und teuersten Villengebiete der Stadt, trifft den Fernsehturm, die Sensation der 50er Jahre, und das 1100 erstmals erwähnte Degerloch mit seinem alten Ortskern, das dank Neuer Weinsteige und Zahnradbahn Karriere als Höhenluftkurort machte. Kunst war hier oben immer reichlich vertreten – Hölzel, Kerkovius, Geck, Zundel u.a. –, und mit der »Parteiclara« Zetkin lebte in der Sillenbucher »Datscha« (so taufte Lenin das Haus) auch eine der wichtigsten Persönlichkeiten der Linken. Daß Degerloch nicht nur Großbürgertum ist, dafür stehen die Arbeitersiedlungen von Hoffeld und in der Falterau.

Bauboom in der »Villa« und auf dem Haigst: »Pate« Karl Kühner spendierte einen Aussichtsturm

Für Pausen bietet es sich an, in einem der zahlreichen Vereinslokale auf der Waldau unterm Fernsehturm oder im Waldheim Sillenbuch an schönen Tagen im Freien zu vespern. Außerdem empfehlen wir zwei Besenwirtschaften. Wer's kulinarisch mag, der kann im Waldhotel (Guths-Muths-Weg 18) oder im »Fäßle« (s.u.) einkehren.

Wäre verwirklicht worden, was schon seit 1865 als »Filderbahnfrage« öffentlich diskutiert wurde, so würden heute die Filderstädte nicht täglich im Berufsverkehr ersticken: Eine Bahn von Stuttgart

Marienplatz

Obwohl das Buch » Stuttgart zu Fuß « heißt, soll darauf hingewiesen werden, daß dieser Rundgang auch für eine Radtour bestens geeignet ist (die Zahnradbahn befördert Fahrräder bergauf).

Als Rückweg für die Radtour empfehlen wir: Vom Königssträßle im Wald rechts ab in den Oberen Wernhaldenweg, vorbei an der Bopserhütte. Am Waldrand rechts hinunter in die Wernhaldenstraße, die in die Bopserwaldstraße mündet: Von dort bieten sich herrliche Ausblicke auf die Stadt, die dafür entschädigen, daß weiter unten mangels Geh- und Radweg ein Stück auf der » Renn- und Staustrecke « Hohenheimerstraße geradelt werden muß. Dann entweder über die Dannecker- oder Etzelstraße zur Stadtmitte. Vorsicht: Da teilweise nur geschotterte Waldwege vorhanden sind, ist die Abfahrt für Rennräder nicht geeignet.

Auf der »Türkenbrücke« von 1884: die »Zacketse« nach Degerloch

Tell Geck

über Degerloch, Möhringen, Echterdingen, Plieningen, Bernhausen, ja sogar bis Denkendorf, Nellingen und im Bogen zurück über Ruit und Hohenheim nach Degerloch. Was fehlte, war das Kapital. 450.000 Mark aus eigener Tasche riskierte schließlich 1883 *Emil von Kessler,* Direktor und Mitinhaber der Maschinenfabrik Esslingen, für den ersten Streckenabschnitt bis Degerloch. Er beantragte die Konzession zum Bau einer knapp zwei Kilometer langen Zahnradbahn. Seinen Konkurrenten, den Elektro-Straßenbahn-Spezialisten *Bruno Jobst,* konnte er ausstechen, denn *von Kessler* spekulierte mit einer guten Rendite. Außerdem hatte er mit der Zahnradbahn nach Degerloch, im Volksmund »Zacke« und »Zakketse« genannt, ein zweites Vorzeigemodell: Das erste war die Drachenfels-Zahnradbahn, im Siebengebirge am Mittelrhein, eröffnet im Juli 1883.

Die mit einer Dampflok betriebene »Zacke« fuhr nach einer Rekordbauzeit von rund drei Monaten (auch italienische Gastarbeiter mußten zupacken) am 23. August 1883 zum ersten Mal die zwölf Prozent steile Trasse hinauf nach Degerloch, und zwar »mit einer Schnelligkeit, die dem Trabe eines Pferdes gleichkommt ...«

Übrigens: Wichtigster »Pate« der Anbindung des Höhenortes an Stuttgart war der Degerlocher Ziegeleibesitzer Karl Kühner. Von dem Bauboom, der nach 1885 im Villengebiet, in der »Villa« und auf dem Haigst, einsetzte, dürfte auch Kühner profitiert haben ... Immerhin spendierte er dem expandierenden Bauern- und Wengerterdorf 1886 einen Aussichtsturm aus Ziegeln (Arch.: Eisenlohr + Weigle) in der heutigen Nägelestraße, der als Hauptattraktion die kesselmüden Ausflügler in das zum Höhenluftkurort avancierte Degerloch zog. 1943 wurde dem 45,50 Meter hohen Turm aus logistischen Gründen die Spitze weggesprengt und 1956 wurde er vollends abgerissen.

An der Haltestelle verlassen wir die »Zacketse« und folgen dem Bahngleis bergauf bis zur Haigststaffel, über die wir in die Straße Auf dem Haigst gelangen.

Im Haus Nr. 6 wohnte von Dezember 1937 an *Gertrud Schlotterbeck,* Tochter der kommunistisch eingestellten Familie Schlotterbeck aus Luginsland (S. 126). Gleich nach der Machtübernahme der Nazis wurde Gertrud 1933 wegen »Zersetzung der Wehrkraft« verhaftet, bei einer illegalen Sitzung der »Roten Hilfe« im Oktober 1933 ein weiteres Mal: Zweieinhalb Jahre im Frauengefängnis Gotteszell in Schwäbisch Gmünd, dann ohne Urteil als »Schutzhäftling« im KZ Moringen in Süd-Niedersachsen. Als Gertrud Schlotterbeck im Dezember 1936 entlassen wird, zieht sie auf den Haigst. Im August 1942 bringt sie die Tochter Wilfriede zur Welt; zwei Monate später stirbt ihr Mann *Walter Lutz,* ebenfalls Regimegegner, beim Angriff auf die Sowjetunion als Soldat. 1944, als sie zur Hochzeit ihres Bruders Friedrich nach Luginsland fährt, wird sie samt Tochter von der Gestapo verhaftet. Gertrud schneidet sich die Pulsadern auf, die Gefängnisbeamten »verlängern« ihr Leben, aber nur um wenige Monate: Am 30. November 1944 wurde sie mit ihren Eltern und sechs Bekannten im KZ Dachau hingerichtet. Wilfriede kam in ein NS-Heim.

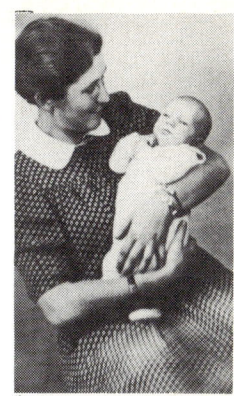

Hingerichtet im KZ Dachau: Gertrud Lutz geb. Schlotterbeck

Als der Faschismus zerschlagen war, holte *Friedrich Schlotterbeck,* Autor des autobiographischen Romans »Je dunkler die Nacht ...« und einziger Überlebender der Familie, das Mädchen zu sich.

Tell Geck und das Hochzeitsbild

Auf dem Haigst 27

Seit 1937 lebte hier der Maler und Cellist *Tell Geck,* der schon als kleiner Junge die Spitzen der deutschen Sozialdemokratie kennenlernte: *Bebel, Rosa Luxemburg* und *Clara Zetkin* sind Freunde des Vaters *Adolf Geck,* der viele Jahre Reichs- und Landtagsabgeordneter der SPD für Offenburg war. Das Haus der »Parteiclara« in Sillenbuch war häufig Anlaufstelle für Tell Geck, als er 1919 zum Kunststudium nach Stuttgart gezogen war. 1925, als sich Clara Zetkin und ihr zweiter Mann *Friedrich Zundel* trennten, zog Geck ins Sillenbucher Haus.

Ab 1934 durfte der Maler nicht mehr ausstellen, offizielle Begründung: »...weil nicht anzunehmen ist, daß er seine Einstellung zum Nationalsozialismus je ändern wird«, und »marxistische Propaganda auf einem (!) Bild«. Da er als Künstler nicht mehr existieren kann, läßt er sich am Basler Konservatorium zum Cellisten ausbilden – und schmuggelt illegale Flugblätter über die Grenze. Er wird gefaßt, die Gestapo entzieht ihm den Reisepaß. 1937 heiratet Tell Geck Leni Braun und zieht auf den Haigst; Trauzeuge ist der Malerkollege Reinhold Nägele, der ihm Celloschüler vermittelt. Weil er einen politisch Verfolgten deckt, wird Geck 1943 zwei Monate lang inhaftiert und an die Westfront strafversetzt.

Nach dem Krieg gehört er 1947 zu den Neugründern der Stuttgarter Sezession, gibt weiter Cellounterricht, organisiert ab 1956 Ausstellungen Degerlocher Künstler und ist aktiv bei den Naturfreunden.

In den 50er Jahren muß er sich jahrelang um die Anerkennung seiner politischen und künstlerischen Diskriminierung und eine entsprechende Ent-

Das »Ja« im Bezirksrathaus unter seinem Bild: Tell Geck (Selbstbildnis vor Staffelei 1925 in der Bibliothek im Haus von Clara Zetkin in Sillenbuch).

schädigung bemühen. *Da Stuttgart unter dem Akademiedirektor Willi Baumeister zur Hochburg der akstrakten Moderne wird, ist auch Gecks gegenständliche Kunst nicht mehr gefragt. In seinen Gemälden, in denen er den beeindruckenden Blick vom Haigst auf den Stuttgarter Kessel und vor allem schwäbische Landschaft darstellt, ist viel vom Naturfreund zu entdecken.*

Wer sich in Degerlochs Bezirksrathaus trauen läßt, sagt Ja unter Tell Gecks »Landhochzeit«.

Weinberge und Besenwirtschaften

Leonorenstr. 5
Besenwirtschaft

Vom Haigst biegen wir in die Straße Am oberen Berg ein, die in die Leonorenstraße übergeht. Schon nach wenigen hundert Metern öffnet sich der Blick auf Heslach, den Hasenberg und die letzten Degerlocher Weinberge am Schimmelhüttenweg. Dort oben kann man gleich dreierlei Stuttgarter Spezialitäten genießen: das Panorama, die Atmosphäre einer Besenwirtschaft und Württemberger Wein, den in der Leonorenstraße 5 *Karl Raff* in den Wintermonaten in der Besenwirtschaft ausschenkt (Tel. 765 45 76).

Meistersingerstr. 23

Wem's bei den Raffs zu voll ist, der geht hinauf zur Meistersingerstraße 23, wo die Familie *Gauder* an derben Wirtshaustischen ihre »Besen«-Freunde bewirtet (Tel. 76 28 10).

Über die Fideliostraße gelangen wir zurück zur »Zacke«-Haltestelle Haigst und lassen uns eine Station weiter bis zum Halt an der Knödlerstraße transportieren.

Türkenbrücke

Die zur Rennpiste und Staustrecke entstellte Neue Weinsteige überqueren wir auf einer Betonbrücke. Bis 1964 tat hier die »Türkenbrücke«, eine Eisengitterbrücke der Esslinger Maschinenfabrik von 1884, die ursprünglich für die Türkei bestellt, aber nicht abgeholt worden war, ihren Dienst.

❹
Knödlerstr. 5

Gefärbte Wollstränge im Garten: die Malerin und Weberin Ida Kerkovius (Selbstbildnis 1929)

In dem unauffälligen Häuschen hatte von 1945 bis 1970 die Malerin und Weberin von Kunstteppichen, *Ida Kerkovius* (1879–1970) gelebt, eine der wichtigsten Wegbereiterinnen der Modernen und der abstrakten Malerei in Stuttgart. 1908 zog es sie wegen *Adolf Hölzel* an die Stuttgarter Kunstakademie: Sie wurde seine Meisterschülerin, Assistentin und lebenslange Künstlerfreundin. 1933 wurde sie wie fast alle Hölzel-Schüler als »entartet« diffamiert und durfte nicht mehr ausstellen. Als Hölzel 1934 starb, hielt sie nichts mehr in Stuttgart. Bis zum Kriegsbeginn lebte sie bei ihren Eltern nahe Riga. 1939 kam sie zurück nach Stuttgart. Ihr Atelier in der Urbanstraße wurde ausgebombt, viele Gemälde zerstört.

Zerstört wurde 1944 auch die Fachwerkvilla »Liliput« des Kaufmannes *Erich Schurr.* Der Kunstmäzen hatte schon 1934 *Max Ackermann* (1887–1975) unterstützt, als dessen Arbeiten als »entartet« diffamiert wurden. Schurr, dem das Kaufhaus Maercklin auf der Königstraße gehört, hatte bei dem Hölzel-Schüler Malunterricht genossen. Dafür schenkte er Ackermann ein Gartengrundstück östlich der Villensiedlung Frauenkopf, wo sich der Maler ein Gartenhaus-Atelier bauen konnte. Als Ida Kerkovius 1945 ohne Dach überm Kopf dastand, ließ Schurr zwei Behelfsheime hinstellen — eines davon für Ida Kerkovius.

Im Garten soll sie nach Erinnerungen älterer Stuttgarter die Wollstränge getrocknet haben, die sie selbst färbte, um sie in der Bauhaus-Tradition zu Teppichen mit abstrakten Farbkompositionen zu verarbeiten. Seit die »Kerko« von 1920 bis 1923 am Bauhaus in Weimar Teppichweberei studiert hatte, bereicherte sie dieses Handwerk mit der Farb-Kompositionslehre Hölzels.

Nägelestr. 7
❺

1887 ließ sich Oberkriegskommissar *August Habermaas,* der neben Degerlochs Bürgermeister *Wilhelm Gohl* und Ziegeleibesitzer *Karl Kühner* zu den Initiatoren des Degerlocher Villenviertels gehörte und als langjähriger Vorsitzender der Württembergischen Hypothekenbank am Bauboom interessiert war, dieses Sommerhaus bauen. Auch sein Schwiegersohn, Oberbaurat *Ludwig Eisenlohr,* profitierte davon: Zusammen mit *Carl Weigle* entwarf er viele Degerlocher Sommervillen, auch den Aussichtsturm.

Nägelestr. 9/10
❻
Melittastr. 9

Die Backsteinvilla Nr. 9 gehörte Kommerzienrat *Nathanael Rominger,* Teilhaber des Romingerschen Glas- und Porzellangeschäfts. Die restaurierte Villa Nr. 10 vis-à-vis baute *Major von Luck.*

Wieviele Villen in Degerloch im Besitz jüdischer Familien waren, und wer dort nach der »Arisierung« einzog, ist ein noch nicht recherchiertes »Geheimnis«. Daß jüdische Bürger aus den »Traumwohnlagen« in Konzentrationslager transportiert wurden, belegen zumindest zwei Schicksale: das von Julius Baum und Maria Lemmé (S. 261).

Dort, wo heute ein langweiliger Appartmentbau steht, wohnte bis zur sogenannten Reichskristallnacht der Kunsthistoriker *Julius Baum.* Seit 1934 war ihm verboten, an der Technischen Hochschule Stuttgart zu unterrichten, seinen Posten als Direktor des Ulmer Städtischen Museums mußte er aufgeben. Am 10. November 1938 wurde Baum verhaftet und ins KZ Welzheim eingeliefert. Unter der Überschrift »So kaufte der Jude« wurde er als »Isaak Baum« wegen seiner Ankäufe moderner Kunst im Ulmer Tageblatt vom 4. August 1939 diffamiert:

Angeprangert in der NS-Hetzzeitschrift »Flammenzeichen« im Dezember 1938 (»Wiederum zeigen wir Bilder bekannter Stuttgarter Juden«): Kunsthistoriker Julius Baum, zur Zeit der Aufnahme im KZ Welzheim inhaftiert.

> *»Freilich konnte es auch nur geschehen, weil der damalige Direktor des Museums ein Jude war! Nur so konnte es geschehen, daß Isaak Baum ein ›Gemälde‹ wie ›Die Trunkene‹ von Carl Hofer für unser heimisches Kunstinstitut ankaufen und daselbst ausstellen konnte. Jahrelang hat dieses Machwerk die Räume des alten Patriziergebäudes am Marktplatz verschandelt, bis die nationalsozialistische Bewegung auch mit diesem Skandal aufräumte.«*

Baum emigrierte 1939 in die Schweiz. 1946 wird er zum ersten Direktor des Württembergischen Landesmuseums ernannt und zieht wieder in die Villa Melittastraße 9. 1952, in der Laudatio zu seinem 70. Geburtstag, verschweigt der Vertreter des »Kultusministeriums«, *Fritz Kauffmann,* diskret die Eingriffe der Nationalsozialisten in Baums Leben.

»Frisch und morgentlich atmen ...«

Die kleine Straße entlang der Zahnradbahngleise ist nach der früher gern und vielgelesenen Trivialschriftstellerin *Anna Schieber*

(1867–1945) benannt. Seit den 20er Jahren wohnte sie im Haus Jahnstraße 23 (abgerissen). In ihrem Lebensrückblick »Wachstum und Wandlung« hat sie erstaunlich weitsichtig prognostiziert, was mit der Ausuferung des Individualverkehrs über die Jahnstraße, aber auch über den Albplatz und die Neue Weinsteige hereingebrochen ist; sie beschwört den Reiz, den die Straße noch vor 50 Jahren hatte:

> *»Alles Lebendige konnte über diese schöne, ruhige, breite Straße hingehen, die auf einer Höhe über der Stadt, an Häusern und Gärten, an einem Friedhof vorbei, in den Wald und wieder durch den Wald hindurch zwischen Äckern hin zu Dörfern führte. Die Stadt lag im Tale, sie kroch an den Hängen empor und hatte diese Hänge schon beinahe überbaut. Bald würde sie hier oben weiterkriechen und alles ausfüllen, was noch nicht zugedeckt ist. Sie würde alles mitbringen, was jetzt schon in ihren Gassen umging, allen Lärm, alle Not, jede Art von Mangel und Reichtum, jede Art von Enge und von Häßlichkeit... Die Straße würde nicht so frisch bleiben und so morgentlich atmen. Aber daß es jetzt so war, das ließ auf einmal den Wunsch in mir aufwachen, doch an dieser Straße wohnen zu können. Man sah die blaudunstigen Berge der Schwäbischen Alb, den Neuffen, die Teck und andere.«*

Jahnstr. 32

Auf dem Gelände, auf dem die Bezirksärztekammer Ende der 50er Jahre ihren Verwaltungsbau erstellen ließ, stand seit 1870 die schloßartige Sommerresidenz der *Antonie von Siemens*, der Ehefrau des Konzerngründers. Von 1913 bis 1939 fungierte das Anwesen als Sanatorium von Dr. Emil Reinert. Das Gesundheitswesen blieb wohl das »Schicksal« des Anwesens, denn die Bezirksärztekammer ließ das Gebäude 1957 abreißen.

❼

Kein Abriß: Die Bezirksärztekammer mußte die historische Bausubstanz in der Jahnstraße 35 integrieren

Beim Nachbargebäude ließ es das Landesdenkmalamt nicht so weit kommen: Die Ärztekammer mußte das historische Gebäude renovieren und den Erweiterungsbau von 1987 der Villa anpassen.

Hier wohnte der Verleger *Euchar Nehmann,* der 1904 die naturwissenschaftliche Zeitschrift »Kosmos« gründete. Charakteristisch für seine Villa ist das Rondell auf dem Dach, auf dem er ein Observatorium eingerichtet hatte.

Jahnstr. 40

An der Ecke Reutlinger Straße folgen wir der schmalen Waldstraße, in der das Flair der einstigen Landhauskolonie noch am ehesten sicht- und spürbar ist. Links an der Ecke, Jahnstr./Waldstr. ziemlich heruntergekommen — das Landhaus, das sich der Kaufmann *Carl Eugen Stiehle* 1890 samt Tennisplatz bauen ließ. Umfunktioniert zum Kurhaus, war die Sommerfrische jahrelang gesellschaftlicher Mittelpunkt und *das* Lokal der »Villa«. 1920 kaufte die Stadt das Gelände und nutzt es heute als Kinderhaus.

Das Nachbarhaus Waldstraße 3 hatte als Bauherrn 1885 den württembergischen Finanzminister *Karl Viktor von Riecke.* Wo heute Reihenhäuser stehen (Nr. 7), prangte früher die Villa des Präsidenten des Königlichen Bergrates, *Karl von Baur.* Sein Nachbar war ab

Waldstraße 3: Villa des württembergischen Finanzministers von Riecke

1900 Brauereibesitzer und Kommerzienrat *Robert Leicht,* der in einem eleganten Landhaus im Solitudestil residierte (Nr. 9). Textilfabrikant *Wilhelm Bleyle* (S. 188) besaß die hinter dichtem Grün verborgene Villa Nr. 19. Vis à vis die Villa Hohenwies, von 1906 bis 1949 das eleganteste der drei Degerlocher Sanatorien. Es wurde von *Dr. Theodor Zahn* geleitet, heute wird die Villa gewerblich genutzt. Einst reichte der Park bis hinunter zur Roßhausstraße.

Waldstr. 3/7/9/19

1919 zog der bedeutendste Lehrer der Stuttgarter Kunstakademie, *Adolf Hölzel* (1853–1934), in sein gerade fertiggestelltes Haus ein. Im gleichen Jahr wurde der beliebte Professor gegen seinen eigenen Protest in den Ruhestand versetzt. Empört versuchten die Studenten, allen voran *Oskar Schlemmer,* diese Entscheidung rückgängig zu machen, doch ihr Gesuch wurde abschlägig entschieden.

❽
Ahornstr. 22

Hölzel war 1905 an die Stuttgarter Akademie berufen worden. Der engagierte Pädagoge hatte dort eine Reihe von Schülern, die Wegbereiter der Moderne werden sollten: Willi Baumeister, Oskar Schlemmer, Ida Kerkovius, Otto Meyer-Amden, Johannes Itten, Max Ackermann. Mit seinen Schülern führte Hölzel mehrere »Kunst am Bau«-Aufträge durch: u.a. Wandgemälde in den Pfullinger Hallen, Ausgestaltung eines Raumes der internationalen Werkbund-Ausstellung in Köln.

Der Werkbund und der Farbenfabrikant Günther Wagner entdeckten die formalen Qualitäten des Künstlers, der das Primat der künstlerischen Mittel schon früh verkündet hatte, aber erst 1911 sein erstes abstraktes Bild malte. Hölzel beschäftigte sich auch theoretisch mit der Form- und Farbgebung. In den 20er Jahren vertauschte er die Ölmalerei mit dem Pastell.

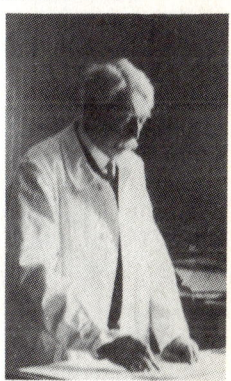

Bedeutendster Lehrer der Stuttgarter Kunstakademie: Adolf Hölzel in seinem Degerlocher Atelier

Stuttgart hat ihm ein besonderes »Denkmal« gesetzt: Hölzel hatte 1928 für das Stuttgarter Rathaus Glasfenster ausgeführt, die schon 1937 wieder herausgebrochen wurden, da sie nach Meinung der Verantwortlichen »Entartete Kunst« seien. Hölzel erlebte diesen Bilderfrevel nicht mehr: Er starb 1934 und wurde auf dem Waldfriedhof beerdigt.

1918 bis 1943 lebte hier die Malerin und Hölzel-Schülerin *Maria Lemmé,* geboren 1880 als Maria Schwarzkopf in Odessa. 1933 gab

Ahornstr. 52 die jüdische Künstlerin das Buch »Gedanken und Lehren« mit Äu-ßerungen Hölzels heraus. 1942 wurde Maria Lemmé wegen ihrer jüdischen Herkunft verhaftet, 1943 im KZ Theresienstadt ermor-det. Ihr Werk wurde von den Nationalsozialisten fast vollständig zerstört. Zu den wenigen Gemälden, die erhalten blieben, gehörte eine »Degerlocher Stadtlandschaft mit zwei Figuren« von 1930.

Von hier biegen wir in die Roßhaustraße ein und gehen am Wald-rand entlang vom Degerloch des Großbürgertums und Adels hin-unter zu den beiden Arbeitersiedlungen Falterau und Hoffeld.

Roßhaustr. 61 Das einstige Dampf- oder Badehaus für die weniger betuchten Degerlocher hat die Ortsgruppe der Naturfreunde zum Naturfreun-dehaus umfunktioniert. Am Wochenende wird es als öffentliche Gaststätte betrieben.

Altes Gaswerk an der Roß-haustraße

Siedlung der Genossen

Nach dem Backsteinbau des alten Gaswerkes biegen wir nach links in den schmalen Fußweg ein, der zur Wiesentalstraße führt. Im **In der Falterau/** **Große Falterstr.** Viereck zwischen ihr, der Straße In der Falterau, der Großen Falter-straße und dem Zedernweg liegt die mittlerweile unter Denkmal-schutz stehende Arbeitersiedlung Falterau. Arbeiterfamilien, die **Zedernweg/** **Wiesentalstr.** den engen Mietshäusern im Stuttgarter Kessel entfliehen wollten, vereinigten sich 1911 zur »Gemeinnützigen Baugenossenschaft für Einfamilienhäuser Stuttgart«. Den Kredit erhielten die Genossen von der Versicherungsanstalt Württemberg, der heutigen Landes-versicherungsanstalt; die Stadt fungierte als Bürge. Als Architekten wurden *Werner Klatte* und *Richard Weigle* gewonnen, die schon 1908 bei der großen Bauausstellung in Stuttgart das »Gemeinde-haus des Vereins für städtische Wohlfahrtspflege« ausgestellt hat-

⑨

ten. Die geschwungenen Giebel der ersten 48 Häuser, die sich um den Brunnen mit dem pinkelnden Knaben in der Hadäckerstraße gruppieren, erinnern eher an bürgerliche Gründerzeit — ein Charakteristikum für frühe Stuttgarter Arbeitersiedlungen überhaupt.

»Alle diese Siedlungen haben trotz individueller Konzeption eins gemeinsam, sie sind weder Werk- noch Arbeitersiedlungen im landläufigen Sinne. Sie scheinen im Grund- und Aufriß weniger von ausbeuterischen Optimierungs- und Rationalisierungsvorstellungen geprägt und eher konventionellen bürgerlichen Architekturansichten verpflichtet. Gerade das läßt diese Siedlungen immer wieder als philantrophische Projektionen bürgerlicher Wohnkultur auf die Welt der ›arbeitenden Klassen‹ erscheinen.« (Frank Werner, in: Stuttgarter Kunst im 20. Jahrhundert)

1928—30 (Arch.: K. Beer) wurde die Falterau mit »Reichsheimstätten« in der Wiesentalstraße, im Zedernweg und an der Großen Falterstraße erweitert, in denen auch Beamte wohnen durften (weitere Bauten 1938—39, Arch.: Osten). Der unterschiedliche Baustil ist deutlich zu sehen. Obwohl durch unpassende Renovierungen im Kunststoff-Alu-Rolladen-Stil viel von der ursprünglichen Architektur verloren ging, hat die Falterau trotzdem noch viel Charme, und es lohnt sich, auch durch die schmalen Seitenwege zu bummeln.

Als beispielhaft für den frühen genossenschaftlichen Eigenheimbau steht die Falterau nun unter Denkmalschutz; die Genossenschaft ist seit 1969 aufgelöst. Wer sein Häusle mit Klappläden, Sprossenfenstern und Originalgartenzaun restauriert, erhält Zuschüsse. Ein besonders schönes Beispiel für eine historische Sanierung ist das Gebäude Hadäckerstraße 43.

Er pinkelt seit 77 Jahren mitten in der Falterau

**Wiesentalstr./
Zedernweg
Große Falterstr.**

Hadäckerstr. 29

»Wohnungselend im Geißenstall«

Wenn der im Betonbett fließende Ramsbach überquert ist, führt ein Feldweg rechts hinauf zum alten Teil von Hoffeld, der Hoffeldsiedlung (1932 ff.). Sie ist ganz anderen Ursprungs als die Falterau, nämlich ein Produkt der Dritten Brüningschen Notverordnung vom 6. Oktober 1931.

Hoffeldsiedlung

Damals wurden Kredite für Kleinsiedlungen vergeben, in denen sich Arbeitslose Eigenheime in Eigenarbeit bauen konnten — ein Arbeitsbeschaffungsprogramm also. Für Stuttgart standen 400.000 Reichsmark zur Verfügung. Umstritten war bei allen Parteien der damals als unzumutbar angesehene Standort Hoffeld. Originalton Gemeinderatsdebatten Ende 1931:

»Das Hoffeldgelände ist nun eben als Gartengelände vollständig ungeeignet.« (Württembergische Bürgerpartei)
»Man baut wohl einen Geißenstall, der genügend groß ist für eine Geiß, aber man baut kein Wohnzimmer und kein Schlafzimmer, das eine Familie aufnehmen kann. Wir schaffen hier Wohnungselend, das vergleichbar ist mit den Landarbeiterwohnungen der ostelbischen Großgrundbesitzer.« (KPD)
»Schwierige Verhältnisse, kalter Boden. Man wird versuchen müssen, der Schwierigkeiten Herr zu werden.« (SPD)
»Wir Nationalsozialisten bekämpfen diese Stadtrandsiedlungen oder Blumentopfsiedlungen. Dem deutschen Arbeiter und Bauern eine deutsche Siedlung in deutscher Landschaft.« (NSDAP)

Hoffeldstraße 1936: Der Grünstreifen dient dem Kartoffelanbau als Garant für NS-Autarkie

1938 sieht der angehende Arzt Heinrich Brucker in einer strammen NS-Dissertation die Hoffeldsiedlung in anderem Licht.

» Im übrigen sind die Verhältnisse auf dem Hoffeld die folgenden: 86 Siedler haben angeblich keiner Partei angehört, bei der SPD waren 46 Siedler und bei der KPD 7 Siedler. Darunter befanden sich hohe Funktionäre und › Reichsbannergenerale ‹. So ist es nicht verwunderlich, daß nach der Machtübernahme zwei Siedler in Schutzhaft genommen werden mußten. Einem Siedler wurde jetzt gekündigt wegen Beleidigung der SA und öffentlicher Kundgabe seiner marxistischen Gesinnung.
Weiter haben die Bewohner vielfach ihren früheren marxistisch-bolschewistischen Standpunkt der kinderarmen Ehe noch nicht überwunden «.

Hoffeldstr./Ittinghauserstr./Südweg/ Zur Anhöhe

100 Familien, meist die arbeitslosen Bauarbeiter, wurden als Siedler ausgewählt. Im Oktober 1932, in knapp neun Monaten, haben sie 100 Häuser gebaut. Diese Doppelhäuser der ersten Generation stehen im ersten Teil der Hoffeldstraße, in der Ittinghäuser Straße, im Südweg und Zur Anhöhe. Das Erbbaurecht ist z.T. bis 2040 verlängert.

Altäckerweg/Nauener Str./Hoffeldstr.

Nach der Machtübernahme der Nationalsozialisten wird eine »Privatsiedlung« (Altäckerweg, Nauener Straße, Mitte der Hoffeldstraße) durch den Degerlocher Bauunternehmer Epple, also nicht mehr im Eigenbau, aus dem Boden gestampft. So wohnten bis zum Kriegsbeginn rund 800 Menschen in fast 100 Doppelhäuschen auf dem Hoffeld. Jetzt leben dort, wo bis in die 50er Jahre die hohen Südfunk-Sendemasten ein Charakteristikum waren, 3.400 Menschen.

Nach 1971 wurden die Hochhäuser hochgezogen. Dazu der CDU-Bundestagsabgeordnete *Roland Sauer* aus Hoffeld:

» Wenn man sich die Hochhauskomplexe in Hoffeld-Ost ansieht, gibt es in Bezug auf Standort und architektonische Form durchaus Grund zur Kritik «. (Anm.: In der Tat!)

Bus 70 führt zurück zum alten, bäuerlichen Ortskern Degerlochs; an der Haltestelle Epplestraße steigen wir aus.

Wer durch Degerloch schlendert, ein Gourmet ist und das Flair dessen liebt, was man häufig ein »Künstlerlokal« nennt, darf am »Fäßle« nicht vorbeigehen. *Eugen Maier,* der viel zu früh gestorbene Wirt, führte hier nicht nur französische Küche vom Feinsten ein; im »Fäßle« wird auch diskutiert; kritisch, liberal und links.

Löwenstr. 31

Um das Bezirksrathaus am Anfang der Großen Falterstraße ist seit 1956 mittwochs und samstags am Vormittag Markt. Was diesen Wochenmarkt von anderen unterscheidet: Fast jeden Samstag verkauft hier der Degerlocher Historiker und Schriftsteller *Dr. Gerhard Raff* seinen schwäbischen Bestseller »Herr, schmeiß Hirn ra« und Naturalien vom eigenen Stückle. Raff stammt aus einer der beiden Bauern- und Wengertsippen, die Degerloch bis zum Bauboom »auf der Villa« und bis zur Eingemeindung nach Stuttgart 1908 beherrschten und dort schon seit dem 16. Jahrhundert wohnten. Allein in der Zeit von 1831 bis 1907 stellten die Raffs 26 Gemeinderäte in dem neunköpfigen Gremium, die Familie *Gohl* zwölf. Während die Raffs also den Gemeinderat dominierten, saßen die Gohls im 19. Jahrhundert fast ununterbrochen auf dem Bürgermeistersessel.

Große Falterstr.

So richtig will er nicht hineinpassen, in die brutalen Betonfassaden der städtebaulichen Katastrophe am Albplatz, der im frisch renovierten Fachwerkkleid einladende Gasthof Ritter. Daß er als

Ecke Epplestr./Albplatz

Die Morde von Degerloch

Eng mit dem Namen Degerloch verbunden sind in der Bevölkerung bis zum heutigen Tag zwei Verbrechen, die weit über Württemberg hinaus Aufsehen erregten.

Der Fall des Massenmörders Ernst Wagner, geb. 1874 als Sohn einer Bauernfamilie in Egglosheim, wurde dabei sogar ein Studienobjekt der Wissenschaft: Professoren schrieben über den »Verbrechertyp«, und noch fast 20 Jahre nach seinem Amoklauf wurde Wagner aus der Heilanstalt Winnental heraus den in Tübingen tagenden Psychiatern vorgeführt.

Der Degerlocher Hauptlehrer, der in der zwischenzeitlich umbenannten Friedrichstraße lebte, litt an Verfolgungswahn/Paranoia. Er war der Meinung, daß seine Umgebung von seinen sexuellen Perversitäten, der Strafversetzung wegen der Beziehung zu einem Mädchen in Mühlhausen/Enz (seine spätere Frau) und von Besuchen in Stuttgarter Bordellen wisse; »er fühlte sich gehetzt und umstellt.«

1912 war Wagner nach der Zwangsversetzung nach Radelstetten nach Degerloch gekommen. Am 4. und 5. September 1913 verübte er seinen Rachefeldzug derart, daß später der Vergleich mit der Erledigung einer Schulaufgabe herangezogen wurde: In Degerloch ermordete er seine Frau, zwei Töchter und zwei Söhne. Mit der Bahn reiste er nach Bietigheim, von dort weiter mit dem Rad nach Mühlhausen/Enz, woher seine Frau stammte. Wagner legte an neun Stellen des Dorfs Feuer, tötete durch Schüsse aus den an seinen Handgelenken festgebundenen Armeerevolvern zehn Menschen und verletzte neun weitere schwer. Als er überwältigt wurde, wollte ihn die Bevölkerung noch auf der Stelle umbringen; Militär verhinderte die Lynchjustiz. Wagner wurde in die Heilanstalt eingewiesen, betätigte sich dort schriftstellerisch und führte auch Korrespondenzen. Wann er starb, ist unbekannt.

Der erste Fall von Kidnapping im Deutschland der Nachkriegszeit ereignete sich 1958 in Degerloch, als ein siebenjähriger Junge vom Löwenplatz entführt und ermordet wurde. Die Kripo geriet mit ihren Fahndungsmaßnahmen sehr in die Kritik; »eine total durcheinander geratene Polizeimaschinerie«, befanden die StN. Drei Wochen nach dem Mord im Haldenwald wurde der Täter, ein 41 Jahre alter Gärtner aus dem Rheinland, der 15.000 Mark Lösegeld erpressen wollte, verhaftet. In einer Zelle der Polizeihaftanstalt beging er Selbstmord.

Werner Skrentny

*Der Albplatz von Deger-
loch: Eine städtebauliche
Katastrophe*

letzter Rest humaner Architektur am ungemütlichsten Fleck Degerlochs stehen blieb, verdankte er zweierlei: Am 22. April 1945 übergab der Stuttgarter NS-Oberbürgermeister *Strölin* hier die Stadt den französischen Truppen. Das Landesdenkmalamt erklärte daher 1975 den Gasthof wegen seiner Bedeutung für die lokale Geschichte zum Kulturdenkmal. Daran konnte auch »Mc Donald« nicht rütteln, das auf dem Gelände ein profitträchtigeres Hochhaus samt Fast food-Lokal hochziehen wollte.

Bürgermeister W. Gohl, zusammen mit Ziegeleibesitzer Kühner Promotor für das Villenviertel, ließ sich 1885 diese Villa bauen. Seit 1974 ist das bunt bemalte Gebäude Jugendhaus.

Entlang der Jahnstraße fahren wir nun ein Stück mit dem Bus Nr. 70 weiter bis zur Haltestelle am ehemaligen Wasserturm, wo das Sportgelände Waldau beginnt.

Sportpark Waldau

**Königssträßle/
Jahnstr.**

Im Viereck zwischen Königssträßle, Jahnstraße, Guts-Muths-Weg und Friedrich-Strobel-Weg auf der Waldau, ist seit Verschwinden des Exerzierplatzes (»Exe«) um 1908 der Sport zu Hause. So mancher, der »Stuttgart zu Fuß« unternimmt, mag hier wohl ins Stocken geraten, denn abgesehen von einem vielfältigen sportlichen Geschehen — irgendwo kickt immer irgendwer gegen irgendwen —, gibt es hier allerlei gestandene Lokalitäten, die sommers zur Freude des Publikums nach draußen verlegt werden.

Seit mit dem Zweitliga-Fußball der Kickers und dem Eishockey des EV Stuttgart hier oben ein Zuschauerboom eingesetzt hat, beginnen die Anwohner, ihre (gestörte) gute Wohnlage zu verteidigen. Die Stadt überlegt schon mal das Problem, vielleicht auch, so der Volksmund, weil die Ruhe-Gestörten besser betucht und insofern auch mit den besseren Anwälten bestückt sind.

»Auf, die Blauen!«

»Auf, die Blauen!«; so tönt er gelegentlich noch, der alte Schlachtruf auf dem Kickersplatz, wo der SV Stuttgarter Kickers von 1899 seit Beginn des Jahrhunderts zu Hause ist. Entstanden war der Verein als Abspaltung; ehemals in Cannstatt und in seiner frühen Geschichte liegt auch eine der Wurzeln für die Rivalität der »Blauen« mit den »Roten«, dem VfB: 1902 verließen die Rugby-Anhänger die »Cickers« zum VfB-Ahnen FV 1893.

Die »Blauen« sind Nummer 2 im Stuttgarter Fußball, was nicht immer so war. Lange waren sie der führende Klub, auch in der Leichtathletik, und wenn ihre Teilnahme am Fußball-Pokalfinale 1987 (1:3 gegen HSV) als »größter Erfolg der Vereinsgeschichte« gefeiert wurde, so bewiesen die Chronisten nur ihre Oberflächlichkeit: Immerhin stand der Verein schon 1908 im deutschen Meisterschafts-Endspiel.

Jahnstr. 100

Nobel waren die Kickers auch immer schon auf gesellschaftlichem Parkett, hatten sie doch bereits 1907 einen richtigen württembergischen Herzog als Schirmherrn. Den Ruf eines »feinen« Vereins, der z.B. in Hamburg dem HSV und in München den Bayern anhängt (im Gegensatz zu deren örtlichen Rivalen FC St. Pauli und 1860), genießen sie bis heute, da kann sich der Mayer-Vorfelder vom Wasen (S. 99f.) noch so anstrengen.

Die Kickers hatten Nationalspieler wie Edmund Conen (28 Länderspiele/27 Tore) und Albert Sing. Sie stellten 1948/49 in der Oberliga Süd den »Hundert-Tore-Sturm«, aber seit 1960 sind sie zweitklassig. Um bei einem Besucherschnitt von etwa 4.000 nächst dem »oben« zu bleiben, mußte oft an den Rivalen VfB verkauft werden: Karl Allgöwer, Klinsmann, Buchwald u.a.

Der Kickersplatz, ein reines Fußballstadion ohne störende Aschenbahn und anderen Firlefanz, hat seine eigene Atmosphäre, und es scheint auch eine Spezialität der »Blauen« zu sein, daß nach

»Auf, die Blauen!« auf dem Kickers-Platz: Die größten Schreier sitzen auf der Tribüne

unserer Beobachtung die größten Schreier nicht auf den Stehrängen, sondern auf der Tribüne zu Hause sind. Warum der Platz im Volksmund »Hebräerwies'« genannt wurde, konnte uns die Vereinschronik nicht beantworten. Zu den Mitgründern der Kickers gehörte jedenfalls *Karl Levi*, erfolgreicher Leichtathlet und später im Israelitischen Gemeindevorsteheramt Stuttgarts. Trainer des Vereins war *Fritz Kerr*, 1933 nach Wien emigriert. Und ein bekannter Schiedsrichter des Klubs war *Julius Baumann*, der Sportlehrer. 1942 wurde er im KZ Mauthausen ermordet, »auf der Flucht erschossen«.

Nobler Klub an der »Hebräerwies'«: Zeichnung der Kickers-Tribüne aus den 20er Jahren.

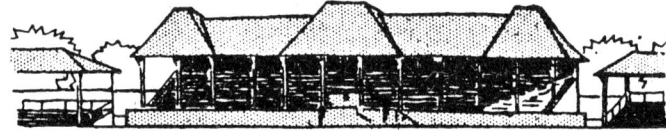

Georgiiweg 8

Von Mai bis September auch der Öffentlichkeit zugänglich ist das Erholungsgelände des Luftbadvereins, 1903 zur »Gesundheitspflege und Hebung der Volksgesundheit« gegründet. 1922 zählte der Verein bereits 1.100 Mitglieder (heute 600), die zum Licht-, Luft- und Sonnenbaden auf die Waldau kamen und Sportarten wie Gymnastik, Faustball und Ringtennis betrieben. Auch textilfreies Sonnen war seinerzeit, getrennt nach Geschlechtern, möglich. In den Ferien konnten jährlich bis zu 3.000 Volksschüler/innen das Luftbad gratis besuchen. In den letzten Jahren ist die Anlage auf der Waldwiese modernisiert und um eine Sauna erweitert worden. Im Originalzustand erhalten blieb das unter Denkmalschutz stehende Vereinsheim, 1914 im englischen Landhausstil erbaut. Neben dem Degerlocher Luftbad gibt es nur noch in Vaihingen eine Stuttgarter Erholungseinrichtung dieser Art. Ein weiterer »Naturheilverein Rikli« bestand früher seit 1902 in Cannstatt (Mühlwiesen).

Auf den Arbeiterbildungsverein von 1863 geht der ABV Stuttgart zurück, schon vor dem Krieg hier zu Hause. Mit der Freien Turnerschaft von 1904 war ein weiterer Großverein des Arbeitersports auf der Waldau zu Hause, der bis 1933 in Stuttgart gut verankert war und in *Paul Keller* z.B. einen der Männer stellte, die den Sport in der Stadt nach '45 wieder auf die Beine brachten.

Bis auf die Turner von anno 1874 aus der Karlsvorstadt, dem heutigen Heslach, geht die Geschichte der Sportfreunde zurück, deren Fußballmannschaft 1947/48 in der Oberliga Süd sogar erstklassig war. Und ebenso bekannt wie der Verein waren die fußballspielenden Brüder *Kronenbitter* jener Zeit: Zwei schossen damals mit den Kickers über 100 Tore, die anderen drei kassierten 100 mit den Sportfreunden und stiegen ab.

Das Eisstadion ist durch den kräftig gesponserten Eishockey-Zweitligisten EV Stuttgart eine der neuen sportlichen Attraktionen der Stadt geworden. 1900 hatte sich der Spiel- und Eisbahnverein Waldau gegründet, auf dessen Plätzen im Sommer Tennis gespielt und im Winter Schlittschuh gelaufen wurde.

Als das Heim auf dem Killesberg wegen der Reichsgartenschau dem Abriß anheim fiel, eröffnete 1939 das Straßenbahner-Waldheim von Degerloch, das insbesondere nach dem Krieg, als viele Säle und Versammlungsstätten zerbombt waren, bedeutende Ereignisse sah: *Furtwängler* und *Hindemith* dirigierten hier in den 50ern vor 2.000 Menschen, die SPD rief zum ersten Landesparteitag und ÖTV und Staat verhandelten hier oftmals. Jetzt soll der traditionsreiche Bau abgerissen werden.

Friedrich-Strobel-Weg 55

Vereinsheim der Freien Turnerschaft in den 20er Jahren

Gerüchte um den Fernsehturm

Mit den einst schnellsten Aufzügen der Welt schweben die Besucher in 52,2 Sekunden zum viergeschossigen Alukorb in 150 Meter Höhe hinauf, wo sie von zwei Terrassen und zwei Restaurants die Fernsicht genießen können. Ein Weitblick vom Fernsehturm aufs Ländle bis zu den Alpen gehört zum »Muß« jeder Touristengruppe. Bei Inversionswetterlagen ist der »erstickende« Immissionsdeckel über dem Stuttgarter Kessel vom Fernsehturm aus erschreckend deutlich zu sehen: Samt der Dreckschleudern, die ihre Abgasfahnen dem Smog hinzufügen.

Vom »Spiegel« hatte der Turm 1956 den Titel »das kühnste Bauwerk des Jahres« bekommen, aber so ohne weiteres angenommen haben die Stuttgarter das damals elfthöchste Bauwerk der Welt nicht: Im »Städtle« ging das Gerücht, der Pächter des Turmrestaurants müsse seine Gäste gleichmäßig verteilen, damit der Fernsehturm infolge einseitiger Belastung nicht aus dem Gleichgewicht gerate.

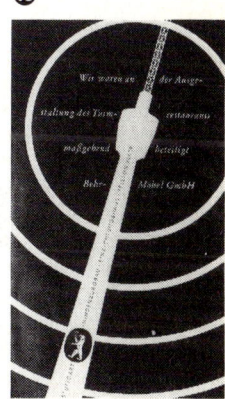

Fernsehturm: Offizieller Führer von 1957

Während gleich nach Fertigstellung DDR-Architekten zur Besichtigung kamen (Resultat: Fernsehturm Alexanderplatz, Berlin-Ost), beklagte der Schwäbische Heimatbund die »Verschandelung der Landschaft« und regte sich woanders Neid: »Eigenartig das schiefe Verhältnis von Bauherr und Bauwerk: Je kleiner das Land, desto höher der Turm«.

Zu Fuß durch den Wald oder mit der Straßenbahn (Haltestelle Ruhbank) gehts weiter nach Sillenbuch.

Lenin und Claras »Datscha«

Kein Schild, kein Hinweis erinnert daran, daß in diesem Haus des Ehepaares *Clara Zetkin* und *Friedrich Zundel* von 1903 bis in die 20er Jahre linke politische Prominenz zu Besuch war: *Lenin* war hier während des Sozialistenkongresses 1907 (seine Wegskizze zur »Datscha Zundel« ist erhalten geblieben); *Rosa Luxemburg* pflegte hier Rosen und machte oft Urlaub in einem Mansardenzimmer; die

Kirchheimer Str. 14

Der Fernsehturm:
Siegessäule des Pantoffelkinos

»Als ich im Juni 1953 zum erstenmal hörte, daß auf Stuttgarts Höhen ein etwa 200 m hoher Fernsehsender als Stahlgittermast errichtet werden solle, schlug ich dem Süddeutschen Rundfunk spontan vor, den Turm als Betonsäule mit einer Aussichtsplattform und vielleicht mit einem Café zu bauen. Mich bewog dabei in erster Linie der Wunsch, einen so großen und von weit her, insbesondere von der ganzen Stadt Stuttgart aus, sichtbaren Turm so schön zu gestalten, daß man ihn nicht als notwendiges technisches Übel, sondern als Gewinn für das Stadtbild und als markantes Sinnbild der Sendertechnik und der Ingenieurkunst betrachten würde. Gleichzeitig ging es mir darum, für die Stuttgarter einen Aussichtsturm zu schaffen, der ihnen die schöne schwäbische Landschaft in einem großen Überblick nahebringen sollte, zudem die alten Aussichtstürme im Krieg alle geschleift worden waren.«

Mit diesen Worten legte »Ingenieurvater« Fritz Leonhardt seine Motive für die damals aufsehenerregende Formgebung des ersten Beton-Fernsehturms dar. Bis dahin standen nämlich nur Rohrmaste und Gittertürme oder Stahlgittermasten auf Wassertürmen als bewährte Konstruktionsarten für Sender zur Verfügung.

Einerlei, ob es bloß das Stadtbild und das Aussichtspanorama waren, die den »Inschenör« und »Brückenbauweltmeister« Leonhardt (Rosensteinbrücke, Entwurf 1952) zu seinem sensationellen Gegenvorschlag bewogen, oder auch die Verlockung, mit der unübersehbaren Landmarke sich und seiner Zunft ein bleibendes Erinnerungsmal zu schaffen: Der kühne Entwurf machte nicht nur in der internationalen Fachpresse Furore, sondern auch weltweit Schule; Stuttgarts Fernsehturm wurde von Kiel bis China zum Signum des TV-Zeitalters.

Als der Stuttgarter Turm 1956 die ersten Besucher zum Fern-Sehen durch den schlanken, kegelförmigen Betonschaft in die Höhe des windschnittigen Turmkorbes beförderte, hatte die Architektur- und Medienszene von dem Neuling noch gar nicht so richtig Notiz genommen. Zwar waren 1929 in Berlin die ersten Versuchsübertragungen mit Stummfilmen gestartet und 1932 der gerade sechs Jahre alte Berliner Funkturm (Gitterturm) mit einer Sendeantenne zum Fernsehturm aufgerüstet worden, aber bis zum Ausbruch des 2. Weltkriegs hatten noch keine 1.000 Volksfernsehempfänger ihren Weg in deutsche Wohnstuben gefunden. Pläne für ein reichs- bzw. bundesweites Sendenetz wurden erst Anfang der 50er Jahre wieder aufgegriffen (1954 der Zusammenschluß der Sender zur ARD).

So neuartig und technisch experimentierfreudig wie die Anfänge des bundesdeutschen »Pantoffelkinos« waren denn auch die aerodynamische Konstruktion und elegante Gestaltung der vertikalen Dominante auf dem Hohen Bopser. Verständlich, daß die Stimmen in der lokalen Presse und im Gemeinderat nicht verstummen wollten, die dem »Turmbau zu Babel« seinen wirtschaftlichen Ruin und dem Heimatbild zwischen »Wald und Reben« seine Entstellung durch einen riesigen »Tele-Schornstein« voraussagten. Sie sollten sich getäuscht haben: In kaum fünf Jahren hatte der rege Besuch die Baukosten von knapp 4 Millionen DM amortisiert, und in weniger als einer Generation hatte sich der Fernsehturm nicht nur einen festen Platz als Symbolbau der Nachkriegszeit im Stuttgarter Stadtbild, sondern auch im Bewußtsein der Bürger und Besucher erobert. *Jörg Haspel*

russische Feministin und Revolutionärin *Alexandra Kollontai, August Bebel, Karl Liebknecht, Karl und Luise Kautsky, Franz* und *Eva Mehring* gehörten zu den Gästen.

Als Clara Zetkin nach dem Fall des Sozialistengesetzes 1891 mit ihren beiden Söhnen Kostja und Maxim aus dem Pariser Exil nach Stuttgart zog, wohnte sie zunächst in der Rotebühlstraße 147 (S. 197) und gab seit

1892 25 Jahre lang für den sozialdemokratischen Dietz-Verlag »Die

Gleichheit, Zeitschrift für Interessen der Arbeiterinnen«, heraus.
1917 wird die linke Kriegsgegnerin von rechten Sozialdemokraten aus der
Redaktion hinausgeworfen. In Reden und Artikeln formulierte Clara Zetkin
in diesen Jahren grundlegende Forderungen und Bedingungen für die
Emanzipation der Frauen.

Nicht nur politisch eine bedeutende Frau, brach sie auch im Privatleben mit den bürgerlichen Konventionen, in deren starrem Korsett ein Frauenleben eingeschnürt sein sollte. Clara folgte dem unterm Sozialistengesetz ausgewiesenen sozialdemokratischen Exilrussen *Ossip Zetkin* nach Paris und bringt dort zwei Söhne zur Welt. 1889 stirbt Ossip Zetkin in äußerster Armut an Tuberkulose.

Entgegen gängiger Biographien hat Clara Zetkin Ossip Zetkin nie geheiratet, sondern seinen Namen als Autorinnenname übernommen, wie sie später vor der Stuttgarter Polizei aussagte. Geheiratet hat die 42jährige 1897 den 16 Jahre jüngeren Kunststudenten und Sozialdemokraten Friedrich Zundel, trotz massiver Proteste ihrer Genossen. Obwohl sie 30 Jahre lang Zetkin-Zundel hieß, fehlt diese Ehe in den meisten Biographien — wohl, weil Zundel sich vom Sozialismus entfernte.

Kommunistin Clara Zetkin: Grab an der Kremlmauer.

Zuerst wohnte die noch immer arme Familie in der Blumenstraße 34, aber schon 1903 konnte der mittlerweile erfolgreiche Maler das Landhäuschen in Sillenbuch bauen. 1907 kaufte er sogar ein Auto, das erste in Sillenbuch überhaupt: Ein 28 PS-Daimler-Cabriolet mit Holzspeichenrädern und Kettenantrieb. Hans Dieterle, der Chauffeur von 1909 bis 1911, erinnerte sich 1985 in den StN:

» Wir fuhren zum Einkaufen in die Stadt oder zur Schneiderin am Dorotheenplatz; sie (Clara) trug Reformkleider. Wir fuhren zu Kongressen nach Frankfurt oder nach München, das Auto war immer voller Sekretäre, die diskutierten, oder wir fuhren zu Konzerten in der Markuskirche bei Pfarrer Gerok oder zum Holzzirkus am Marienplatz, wo Rosa Luxemburg sprach«.

Das erste Auto in Sillenbuch: Daimler-Cabriolet von Friedrich Zundel. 1907 in der Kirchheimer Straße

1917 trat Clara Zetkin in die USPD ein, nach der Ermordung Rosa Luxemburgs im Januar 1919 in die KPD. 1920 wurde sie in den Reichstag ge-

In der Emigration gestorben: Landtagsabgeordneter Karl Schneck

wählt, dem sie bis 1933 angehörte. Am 30. August 1932 eröffnete sie als Alterspräsidentin den Reichstag und plädierte in einer eindrucksvollen Rede angesichts des drohenden Faschismus für die Einheitsfront aller Werktätigen. Allerdings schwieg sie auch nicht zu Fehlentwicklungen bei den Kommunisten. So schrieb sie 1929 an den Schweizer Kommunisten und Pastor Jules Humbert-Droz über die von Stalin dominierte Komintern:
»Ich werde mich völlig einsam und deplaziert fühlen in dieser Körperschaft, die sich aus einem lebendigen, politischen Organismus in einen toten Mechanismus verwandelt hat.«

Clara Zetkin war in den 20er Jahren oft in Berlin und in der Sowjetunion, immer seltener aber in Sillenbuch bei Friedrich Zundel. 1925 zieht Zundel aus, der junge Maler Tell Geck ein. 1927 mußte Clara Zetkin das Haus verkaufen und 1928, mit 71 Jahren, ließ sie sich scheiden.

Am 20. Juni 1933 ist Clara Zetkin in Archangelskoje bei Moskau gestorben. 400.000 Menschen waren bei ihrer Beisetzung, Stalin und Molotow trugen die Urne. Neben dem US-amerikanischen Journalisten und Kommunisten John Reed wurde sie an der Kremlmauer in Moskau beigesetzt. Seit 1946 ist eine kleine Straße in Sillenbuch nach ihr benannt.

Friedrich Zundel: Erlösung statt Sozialismus

Kirchheimerstr. 12

Nachdem Clara Zetkin 1933 gestorben war, ließ *Friedrich Zundel* direkt neben das alte Landhaus in der Kirchheimer Straße 12 für sich und seine zweite Frau Paula eine Villa bauen. Auf der Rückseite der ehemaligen Gärten führt heute die Friedrich-Zundel-Straße vorbei.

Der Sillenbucher Künstler unterstützte die Sozialdemokratie im Bildungsausschuß, aber auch durch Plakatentwürfe und die Gestaltung von Versammlungsräumen. Mit dem 1. Weltkrieg, an dem der überzeugte Pazifist freiwillig als Sanitäter teilnahm, änderte sich Zundels Kunst. Er bevorzugte jetzt Motive, die einen philosophischen »Erlösungsgedanken« ausdrücken sollten.

Künstler Friedrich Zundel: Ehemann von Clara Zetkin und Paula Bosch

1923 erhält Zundel den Auftrag, *Paula Bosch*, die Tochter des Großindustriellen *Robert Bosch*, zu malen. Wahrscheinlich entwickelte sich in dieser Zeit eine engere Beziehung, denn 1925 zieht Zundel aus, 1928 wird die Ehe mit Clara geschieden und noch im selben Jahr heiratet Zundel Paula Bosch. Mit ihr zieht er sich auf den Berghof bei Tübingen-Lustnau zurück, wo ihm Feldarbeit lieber wird als Malerei. Trotzdem zog es ihn wieder in sein Haus nach Sillenbuch. Friedrich Zundel starb 1948. Seine Frau ermöglichte durch eine Stiftung den Bau der Tübinger Kunsthalle, in der Zundels Werk der Öffentlichkeit zugänglich ist.

Gorch-Fock-Str. 26

Der Bau von Waldheimen in den Wäldern über dem Stuttgarter Kessel ist ein spezifischer Beitrag der Stuttgarter Arbeiterbewegung zur Kultur der organisierten Arbeiterschaft in Deutschland (S. 152). Nachdem 1908 in Heslach das erste Waldheim eingeweiht worden war, engagierte sich *Friedrich Westmeyer*, Redakteur der »Schwäbischen Tagwacht« und Ortsvorsitzender der Stuttgarter Sozialde-

*1909 gegründet und seit
1972 mit neuem Namen:
Das Clara-Zetkin-
Waldheim Sillenbuch*

mokraten, auch für ein Waldheim in Sillenbuch, das im Juni 1909 eröffnet wurde.

Letzter Vereinsvorsitzender war der Stadtrat *Heinrich Baumann* (geb. 1883), am 23. Februar 1945 im KZ Dachau ermordet. Seit 1946 ist nach dem Kommunisten eine Straße im Osten benannt. Einer seiner Vorgänger, der KPD—Landtagsabgeordnete *Karl Schneck*, starb 1943 als Emigrant in der Sowjetunion.

Erst 1947 wurde das Waldheim dem neugegründeten Waldheimverein wieder zurückgegeben und erhielt 1972 den Namen seiner Mitbegründerin und Nachbarin Clara Zetkin (seit Juni 1983 symbolische »Atomwaffenfreie Zone«).

Außer dem Sillenbucher Jugendhaus beherbergt dieses von den Nationalsozialisten in historisierendem Fachwerk erstellte Gebäude ein berühmtes Architekturbüro, dessen Vorstellungen in diametralem Gegensatz zum ursprünglichen Geist des Hauses stehen, in dem es sich befindet. Die Rede ist vom Büro *Behnisch & Partner*, das spätestens seit dem Olympia-Park München (1972) weltberühmt ist.

Gorch-Fock-Str. 30

An der Straßenecke beginnt der Eichenhain, eine der Schwäbischen Alb ähnliche Steppenheide, mit 33,3 ha das kleinste der drei Stuttgarter Naturschutzgebiete.

**Hermann-Löns-Str./
Rudolf-Brenner-Str.
(Eichenhain)**

Die mächtigsten Eichen, vor allem im Südteil, sind über 300 Jahre alt. Sie sind als große Lebensräume für Vögel und andere Kleintiere wichtige Bausteine eines umfassenden Biotopverbundes. Zum Reiz des seit 1958 ausgewiesenen Naturschutzgebiets gehört auch die niedrige Vegetation, die an die Alb erinnert. Hier gedeihen bevorzugt Trockenheit liebende Pflanzen, doch die für solche Standorte typischen Orchideen und Enziane gibt es wegen der vielen Spaziergänger nicht mehr.

Früher gehörte der Eichenhain der Württembergischen Hofkammer und ist erst seit 1939 für die Bevölkerung zugänglich.

Das Denkmal für *Elly-Heuss-Knapp*, der Frau des ersten Bundespräsidenten *Theodor Heuss*, stammt von 1955.

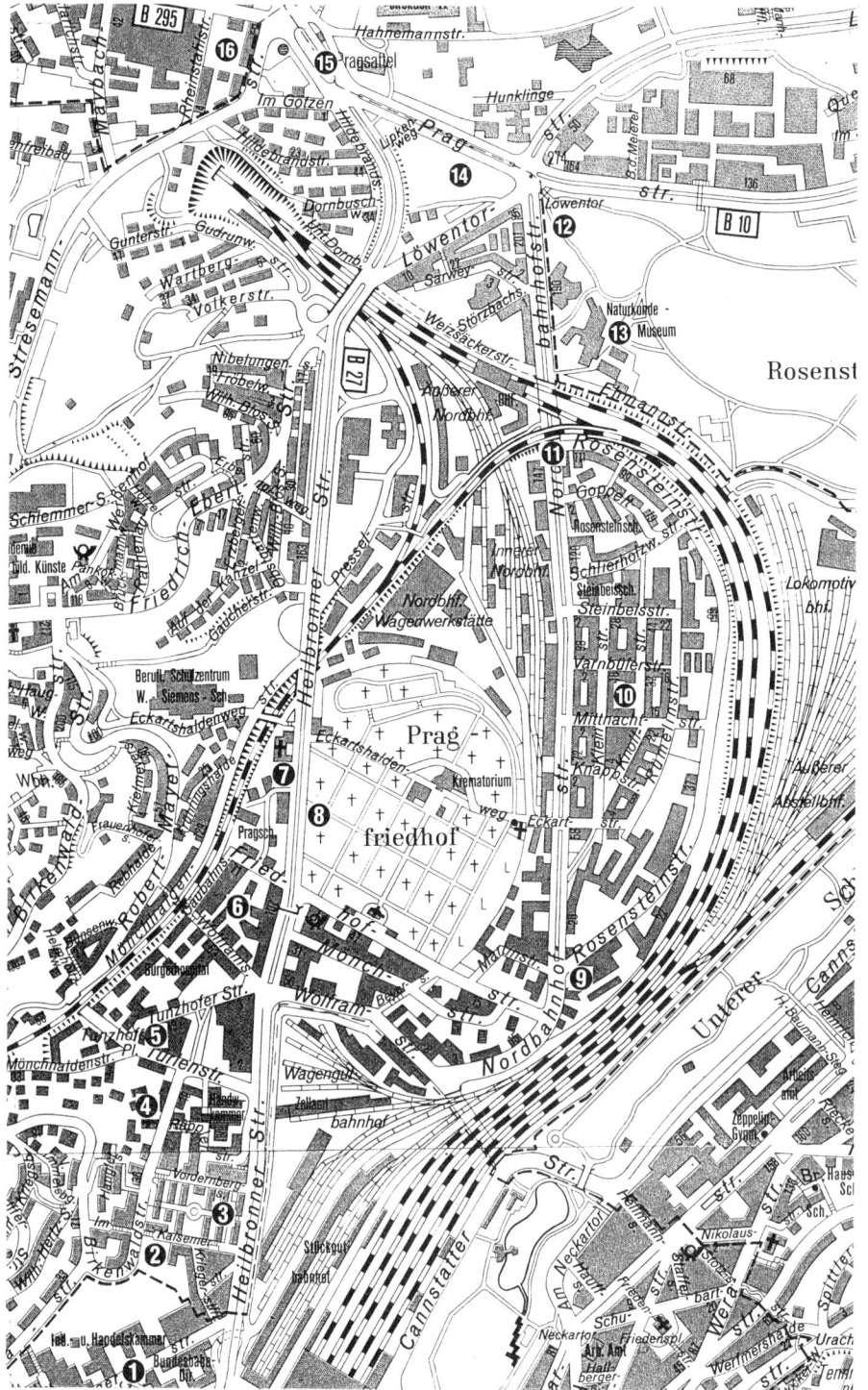

Auf der Prag: Inseln im Verkehrsstrom

Der Norden 1

von Werner Skrentny

Ausgangspunkt: Hauptbahnhof
Endpunkt: Pragsattel, Straßenbahnlinien 5, 6, 13, 15
Dauer: 3 Stunden

»Bonjour tristesse«, mag man versucht sein, auf dieser Route, die unübersehbar im Verkehrsschatten liegt, gelegentlich zu sagen. Der Autoverkehr hat regelrechte Schneisen geschlagen und gipfelt im Knotenpunkt Pragsattel. Die Eisenbahn, dank der sich das Wohn- und Gewerbegebiet auf der Prag überhaupt entwickelte, ist mit mehreren Haupttrassen und Bahnhöfen präsent. Von der Internationalen Gartenbauausstellung (Iga) 1993, deren Investitionen auf 100 bis 150 Millionen Mark geschätzt werden, soll der Norden nun profitieren. OB Rommel jedenfalls hat dessen Bürgern »beachtliche Verbesserungen im Wohnumfeld« versprochen.

Wohn- und Gewerbegebiet dank der Eisenbahn: Die Prag (Filderbahn-Vignette)

Zwar ist in den Verkehrsströmen schon so mancher historische Platz untergegangen bzw. in Vergessenheit geraten, doch Inseln wie z.B. das Nordbahnhofviertel, »Eisenbahndörfle« genannt, haben ihren Charakter bewahrt.

Die Gartenbauausstellung, zu der mehrere Millionen Besucher erwartet werden, dürfte dafür sorgen, daß der Norden neu entdeckt wird, sind doch viele Neubauten in der Diskussion: Die S-Bahn-Messelinie zum Killesberg, ein Iga-Bähnle vom Rosensteinpark über das Löwentor zur Messe, das Leibfried'sche Gelände als Aussichtshügel, die Umgestaltung des Pragsattels, der »Grüne Pfad« als Verbindung zwischen den Parks. 1984 hatte die Stadt für die Iga entschieden, dann einen Ausstieg überlegt und 1985 endgültig zugesagt. OB *Rommel:* »Mir machets scho recht!« Stuttgart will mit der Iga zeigen, »was man in einer dichtbesiedelten Großstadt auf gärtnerischem Gebiet alles leisten kann.« (Rommel)

1911 begann die Königlich-Württembergische Staatsbahn den Bau ihrer Generaldirektion (Arch.: Martin Mayer), der bis 1922 — nun unter Reichsbahn-Ägide — dauerte. In den 30er Jahren wurde der »Bahn-Palast« um den Flügel zur Jägerstraße erweitert. Leider nicht mehr erhalten ist der Fries der Wandmalerei von *Hötzer* zwischen 3. und 4. Stock zum Innenhof hin, der den Bau einer Nebenbahn und somit ein Stück Eisenbahngeschichte darstellte.

Heilbronner Str.

*»Interpret des Schwaben-
tums«: Willy Reichert, hier
mit Oscar Heiler als »Hä-
berle und Pfleiderer«*

Krieger Str.

Zwei Banken, zwei Hotels, letztendlich nichts von Belang in dieser Straße, wäre hier nicht der Schwabe aller Schwaben geboren,
»d'r Herr Pfleiderer« alias *Willy Reichert* (1896-1973).
Das Zuckertechnikum in Braunschweig hatte er besucht, darob
aber nicht den Humor verloren. Über die Bühnen des Reiches
machte der Stuttgarter die »Ochsentour«: 1920 Staatstheater in
Stuttgart, dann Landsberg a.d. Warthe, Zwickau, Heilbronn, München, 1926 wieder Stuttgart, das Schauspielhaus. Er war der erste
Mackie Messer der Stadt, aber seit 1930 eben auch der Pfleiderer
neben dem Häberle *(Oscar Heiler)* — soooo so, ja ja ... Von
1932–41 war er Direktor und Teilhaber des Friedrichsbau und über
all der Schwäbelei wollen wir nicht vergessen, daß er auch Lyrisches
im Siegle-Haus sprach und mit *Werner Finck* in »Flüchtlingsgesprä-
che« von *Bertolt Brecht* auftrat. *Thaddäus Troll* über Willy Reichert:

*» Von seinem Witz, seiner Art, seinen Einfällen lebten viele kleine Rei-
chertle, die von der Vereinsfeier in Onstmettingen bis zum Cannstatter
Volksfestverein in Philadelphia in Zipfelmütze und Schwabenhäs Gaude
machten und das Bild des Schwabens als deutschem Dorfdeppen fixierten.
Aber sie hatten leider nicht den Witz, die Intelligenz und den Geschmack ihres Vorbilds.« (1973)
»Ein unvergeßlicher Künstler und Erzschwabe« (Gerhard Eigel, StZ),
»ein Berufsschwabe« (»Süddeutsche Zeitung«), »als Interpret des Schwabentums unvergleichlich« (OB Klett) — gewohnt aber hat der Schwabe seit
1938 im bayerischen Chiemgau, auf einem Hof in Mietenkam, wohin er in
Ahnung des kommenden Krieges gezogen war. Und auch das hat Thaddäus
Troll über ihn geschrieben: »Er schreckte auch vor keinem Werbespot zurück, wenn er gut bis höchst honoriert wurde, denn er war ein Schwabe.«*

**❷
Im Kaisemer**

Das ist einer jener Aufgänge am Hang, dem die Stuttgarter den
Spitznamen »Stäffelesrutscher« verdanken. Hier lebte (Nr. 21)der
1911 bis 1933 amtierende OB *Karl Lautenschlager* (1868–1952),

nach 1945 in Ruinenkellern, wie in der Birkenwaldstraße, Eduard-Pfeiffer-Straße oder Sickstraße (die »Erdlochsiedlung«) auch, dann die Obdachlosen und Flüchtlinge, Prostituierte, Zuhälter, Gelegenheitsarbeiter.

Die erste Arbeitersiedlung

Kaum beachtet stehen an den »Klippen« der heimlichen Stadtautobahn Heilbronner Straße, die OB Rommel »eine offene Umweltwunde« nannte, zwei Wohnbauten des vergangenen Jahrhunderts. Wer sie von der anderen Straßenseite betrachten will, muß schon flink auf den Beinen sein, ist doch weit und breit kein Ampelübergang — Fußgänger sind einfach vergessen worden.

Heilbronner Str. 21–23

Beide Häuser, zwischen denen die instandgesetzte Treppe hinaufführt, sind letzte Zeugen des »Postdörfle«, das 1868–1872 (Arch.: Morlock) für Beschäftigte von Bahn und Post, »die Diener der Verkehrsanstalten«, gebaut wurde — über 200 Wohnungen insgesamt, die erste Arbeitersiedlung der Stadt. Eines der erhaltenen Gemeinschaftshäuser war Wasch- und Badeanstalt.

Zwar wurde auch das »Postdörfle« im 2. Weltkrieg zerstört, doch entstanden die Neubauten in derselben Struktur wie ihre Vorgänger: Als Hangsiedlung, die Häuser sind parallel zum Hang gestellt, ein Wasserbassin war Mittelpunkt. Insofern lohnt sich auch der Gang durch die neue Siedlung, die man durch ein »Stadttor« zur Birkenwaldstraße hin verläßt.

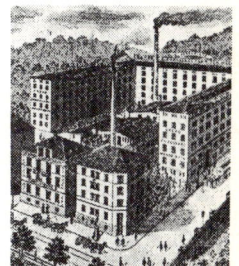

»Schokoladenstadt« Stuttgart: Vereinigte Schokoladen- und Bonbons-Fabriken von Moser-Roth

Wo der übermächtige Koloß des GENO-Hochhauses (Nr. 37, Kammerer + Belz) nebenan emporragt und die Umgebung verschwinden läßt, war ein weiterer Stützpunkt der »Schokoladenstadt«: Die Firma Moser-Roth, später »Vereinigte Schokoladenfabriken«, deren Mitgründer 1846 Eduard Otto Moser, der »Bonboles-Moser«, war.

❺
Türlenstr. 24−30

»Wie eine mittelalterliche Burg«: Die Erlöserkirche von Theodor Fischer

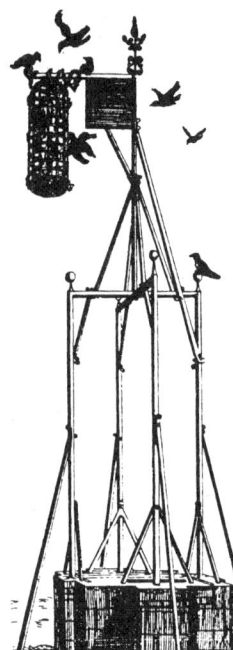

Der Galgen des »Jud Süß«

»Wie eine mittelalterliche Burg in den umgebenden Weinbergen«, so die Presse anläßlich der Erbauung, stand ehemals die Erlöserkirche von Theodor Fischer von 1906−1908, längst eingekreist von der hinausgewachsenen Stadt. »Großes Aufsehen, auch über die Grenzen der Stadt hinaus«, soll der evangelische Kirchenbau erregt haben, brach er doch mit der Nachahmung alter Stile — »erlöst vom Stilgemisch der Epigonen«, wie der »Merkur« festhielt. Wiederaufbau 1950−54 (R. Lempp).

Ein weiteres Beispiel für frühen Siedlungsbau findet sich gleich in der Nachbarschaft des »Postdörfle«, wo die Stadt 1900−1903 erstmals für ihre Beschäftigten baute: Mit Walm- und Spitzdächern, Fachwerk, in Back- und Sandstein. Das Rößle an den Fassaden steht für den Bauherrn. Der Tunzhofer Platz, verkehrsberuhigt, ist eher ein Plätzle.

Zurück bis ins 14. Jahrhundert geht die Historie des Bürgerhospitals, das an der Büchsen- und der Gymnasiumsstraße beheimatet war und 1892−94 hier neu entstand, im Bombenkrieg aber fast völlig zerstört wurde.

Eine Sonderheit des Spitals war die »Brockensammlung«, die bis 1954 bestand: Hausrat wurde hier ebenso wie Kinderwagen, Kleider oder Bilder gesammelt, um dies an Minderbemittelte weiterzugeben. Als der Betrieb ein Zuschußunternehmen wurde, löste die Stadt ihn auf.

Wo »Jud Süss« ums Leben kam

Man muß in dieser Gegend von der Heilbronner Straße einmal hinabblicken auf die Gleise: Das zeigt das Ausmaß der Bahnanlagen, aber nicht, was der Bahn hier unter die Räder kam. Denn kurz hinterm heutigen Hauptbahnhof waren Hauptzollamt und die Zuckerfabrik, und links vom »Postdörfle«, wo im Bahnbereich heute Eil- und Stückgut bearbeitet werden, war die Reiterkaserne (1841-45), in der Dragoner und Ulanen sattelten. Jenseits der Stelle, wo heute die Wolframstraße auf die Nordbahnhofstraße stößt und diese einen Knick macht, lag der Rebenberg, der »Galgenbuckel«, und hier war auch der Ort, wo »Jud Süss« an einem zehn Meter hohen Gestell im Käfig ums Leben gebracht wurde.

Joseph Süss Oppenheimer (1698−1738) hatte sich vom Hofjuden zum Geheimen Finanzrat und leitenden Staatsmann emporgeschwungen, der 1734 bis 1737 die leere Kasse des Herzogs Karl Alexander zu füllen verstand. Doch die Steuern wurden zu groß, und dazu hatte Süss Oppenheimer noch das Pech, in gegenreformatorische Bestrebungen verwickelt zu sein, die bei den lutherischen Untertanen auf ebensowenig Gegenliebe stießen wie die Steuern. Ein Prozeß führte nach dem Tod des Herzogs unter dem Einfluß des Volkshasses 1738 zur Hinrichtung des »Jud Süss«, der nach Ausspruch des Administrators Herzog Karl Rudolf »für Christenschelme die Zeche bezahlen« muß. In der letzten Stunde versucht der auch in Stuttgart ansässige Schächter und Vorbeter Seligmann, dem Verurteilten seelischen Beistand zu leisten. Daraufhin verlangten die Stände die Ausweisung aller Juden aus dem Lande. Der Herzog stimmt zu, doch bleibt alles Theorie: Der absolutistisch Regierende braucht Geld, seine Hofjuden bleiben (Zelzer, Stuttgarter Juden).

Lion Feuchtwanger hat 1925 den Roman über den Stuttgarter Juden veröffentlicht. Die Nazis machten aus der Geschichte des »Jud Süss« einen Hetzfilm (S. 12).

Hundert Jahre später gab die *Freiin von König* beim Wilhelma-Baumeister von Zanth die »Villa Rebenberg« in Auftrag, die innen ganz im pompeijanischen Stil ausgestattet war und in der auch (Adresse: Ludwigsburgerstraße 17F) der Staatsrat von König-Warthausen lebte. 1910 »fraß« die Bahn Buckel und Villa ebenso wie bald darauf das Zollamt, Fabrik und Kaserne. Der Kartenausschnitt mag helfen, ein Stück verschwundener Stadtlandschaft zu rekonstruieren.

Baureste sind erhalten: Konsum-Anlagen von 1904 an der Wolframstraße

Nach den Kriegszerstörungen von 1943 ist von den alten Anlagen des Konsum aus dem Jahre 1904 nicht viel geblieben. Der Vergleich mit der Abbildung zeigt uns, wozu die noch existierenden Gebäudeteile gehörten. Einer der Bauten gab sogar das »Markenzeichen« des Konsum ab (s. Randspalte).

Wolfram Str. 60/ 62/68

» Der erste Markenkonsumverein in Stuttgart und in Württemberg überhaupt«, so damals die Zeitungsmeldung, wurde 1864 im Arbeiterbildungsverein begründet — auch eine Initiative von Eduard von Pfeiffer (S. 141f.), der das Genossenschaftswesen in England studiert hatte und in einem Buch 1863 schrieb: »Die Aufgabe der Arbeiter ist eine schwierige, aber sie ist keine unmögliche. Sie haben gegen sich die Übermacht des Kapitals und oft die beeinflußten Vorschriften der Gesetzgebung. Sie haben aber für sich ihre Zahl. Um diese zur Geltung zu bringen, gibt es nur ein Mittel: ›Cooperation‹, gemeinschaftliches Zusammenwirken. Während der einzelne nichts vermag, nicht einmal Widerstand zu leisten fähig ist, sind sie vereinigt eine Macht, unwiderstehlich. «

Das Portal gab das Firmensignet ab: Konsum Stuttgart

Auf dem Areal der früheren Konsum-Brotfabrik (Nr. 68) zur Gäubahn hin ist heute ein buntes Gemisch neuer Mieter untergekommen: Die Islamische Union, die Tanzschule »Tango-Vorstadt«, die Evangelische Möbelhilfe u.a.m.

Friedhofstr. 74

Die Turnhalle neben der Pragschule, Baujahr 1898, steht unter Denkmalschutz und ist 1987 renoviert worden.

Heilbronner Str. 133

❼

» Made in St. Georg«, möchte man etwas despektierlich im Hinblick auf Württembergs Bischöfe anmerken, deren Biographien mit dem katholischen Kirchenbau (1929—30) verknüpft sind. Bischof *Joannes Baptista Sproll* hatte St. Georg 1930 geweiht, sein Nachfolger *Carl Joseph Leiprecht* war hier 1929—32 Vikar und dessen Nachfolger *Georg Moser* wiederum war 1948—50 ebenfalls Vikar der Kirche. Den Architekten des Baus, *Hugo Schlösser,* lobte die »New York Sun« 1930:

» St. Georg ist das interessanteste aller neuen Bauwerke in Stuttgart. Das schlagendste Beispiel moderner Kirchenbaukunst in Deutschland, eine katholische Kirche von revolutionärer Gestaltung, beherrscht durch den Gedanken des rationellen Bauens.« (Wiederaufbau 1946-48, Renovierung 1964).

Die Kirche der Bischöfe:
St. Georg

Friedhofstr. 44

❽

»Wer wird wohl das erste sein, das hinauskommt?«, hatte *Christine Fritz,* Frau eines Bahnhofaufsehers, gefragt, als die Stadt begann, auf den Pragäckern ihren ersten zentralen Friedhof anzulegen. Am 14. Januar 1873 wurde Christine Fritz dort beerdigt — »die erste Leiche dieses Friedhofs«, wie es noch heute auf ihrem Grabstein steht.

Viel lokale Prominenz hat auf dem Pragfriedhof seitdem ihre Grabstätte. Graf Zeppelin *(† 1917), dessen Leichenzug ebenso wie der des Sozialdemokraten Kloß (S. 249) zu den größten zählte, die die Stadt sah; die Schriftsteller* Mörike *(† 1875) und* Hackländer *(† 1877), Oberhofprediger und Dichter* Gerok *(† 1890),* Baumeister Leins *und Sozialreformer Eduard* Pfeiffer, Nill *vom Tiergarten, die Hoteliers-Familie* Marquardt *und auch* Claire Waldoff *(1884—1957).*

Wie die »Ur-Berlinerin« (eigentlich das Bergarbeiterkind Klara Wortmann aus Gelsenkirchen), die auch im Friedrichsbau mit ihren Gassenhauern und Chansons begeisterte, zu einem Urnenfeld in

Die Friedhöfe: Gesellschaftliche Ausbürgerung des Todes

»Ob arm, ob reich, der Tod macht alle gleich.« Die »Volksweisheit« hat offenbar den Glauben in die von Natur und Geburt gleichberechtigte Menschheit bereits verloren und setzt ihre Hoffnung auf soziale Gleichstellung in eine quasi-demokratische Totengesellschaft. Auf den Stuttgarter Friedhöfen freilich ist von einem demokratischen Nach-Leben kaum etwas zu spüren, denn sichtbar und nachvollziehbar wird bloß ein sozial ausdifferenzierter Wandel unseres Verhältnisses zum Tod.

Da sind zunächst einmal die Erinnerungsposten an die Toten des Mittelalters oder der frühen Neuzeit, als die Friedhöfe und die Kirchen eine geradezu »osmotische Verbindung« als heilige, geweihte Bezirke eingegangen waren. Die Grabkammern, -grüfte und -platten oder Epitaphien in, unter und an Stifts-, Leonhards- und Hospitalkirche, der Veitskapelle Mühlhausen und der Johanniskirche Stammheim stehen noch für die christlich-religiöse Vorstellung vom Friedhof als »Schoß der Kirche«. Der wohl älteste christliche Begräbnisplatz der Stadt, der im 7. Jahrhundert um die abgegangene Mutterkirche St. Martin entstandene Steigfriedhof (Sparrhärmlingsweg 1), und vor allem der Cannstatter Uff-Friedhof (Wildunger Straße 59) sind als Kirch-Höfe im ursprünglichen Wortsinn überkommen. In der historischen Substanz und teilweise hervorragender künstlerischer Qualität haben nur die jahrhundertealten Grab- und Gedenkmäler der »großen historischen Persönlichkeiten« überlebt.

Der Grab-Tempel auf dem Württemberg (1820/24, Salucci) und der Einbau einer Königsgruft in der Kapelle des Alten Schlosses (um 1865) knüpfen im 19. Jahrhundert bewußt an diesen privilegierten und exklusiven Traditionsstrang des Totenkults an. Gleichzeitig steht die Verlegung dieser Gräber ins eigene Fürstenhaus auch für eine verstärkte »Entkirchlichung« und »Privatisierung« des Totengedenkens. Der erhaltene Gruftbau des ebenfalls von Salucci für Graf von Benckendorff entworfenen klassizistischen Mausoleums auf dem Heslacher Friedhof (Benckendorffstraße 33) und die bedauerlicherweise nach den Zerstörungen des 2. Weltkrieges vollends beseitigten großbürgerlichen Gruftarkaden und -gewölbe im Eingangsbereich des Pragfriedhofs (Friedhofstraße 44) stehen für die Aneignung dieser hochfeudalen Form der Totenbestattung und -verehrung durch die gesellschaftlichen Oberschichten des vorigen Jahrhunderts.

Die von den Kirchhofbezirken auf allgemeine Friedhöfe ausgewanderten Grabkapellen und Gruftbauten bezeugen den bis heute anhaltenden Profanisierungsprozeß des Totenkults. Fast unmerklich, gleichsam noch unter dem geistlichen Schutzmantel der Kirche, war die Loslösung des Bestattungswesens von christlich-religiösen Inhalten bereits mit der Verlagerung der Begräbnisplätze vor die Tore der Stadt eingeleitet worden. Dies wird heute noch in der Denkmalanlage des 1626 »vor dem Büchsenthor« angelegten Hoppenlauffriedhofs (Holzgartenstraße) dokumentiert. Der 1823 für Reihengräber vor dem »Tübinger Tor« eröffnete Fangelsbachfriedhof (Cottastraße 34) war als Teil der öffentlichen Gesundheitspflege bereits auf Kosten der Stadtkasse angelegt worden, und der gründerzeitliche Pragfriedhof (1872/73) gab den Verstorbenen explizit als erster städtischer Zentralfriedhof ihre letzte Ruhe. Mit dem Entwurf eines monumentalen Jugendstil-Mausoleums für das Krematorium auf dem Pragfriedhof (1905/07, Scholter) fand der programmatisch pragmatische Umgang mit dem Tod — und damit der Tod des alten Todes — seine feierliche architektonische Inszenierung und Profanisierung. Die Verstorbenen ruhten weniger in Gott (und seiner irdischen Kirchenverwaltung), als in der freien Natur (und der Bürokratie der städtischen Friedhofsverwaltung). Der 1911 vom Stuttgarter Gemeinderat gefaßte Beschluß zur Anlegung des stimmungsvoll landschaftsverbundenen Waldfriedhofs (1914) und des weitläufigen Hauptfriedhof Steinhaldenfeld (1915/18) gab der Natur zurück, was der Natur gehörte und — setzte einen Markstein in der gesellschaftlichen Ausbürgerungspolitik des Todes.

Jörg Haspel

CLAIRE WALDOFF
+ 21.10.1884
+ 22. 1.1957
OLGA FREIIN v.ROEDER
+ 12.6.1886
+ 11.7.1963

Claire Waldoff, » Ur-Berlinerin« aus dem Kohlenpott: Mit der Freundin in Stuttgart begraben

der Außenmauer des Prag-Krematoriums fand: Ihre Lebenspartnerin »Olly« *Freiin von Roeder,* mit der die mit einer Westberliner »Ehrenrente« versorgte Claire in Oberbayern lebte, hatte ihre Heimatstadt Stuttgart als letzte Ruhestätte gewählt, und mit der Freundin wollte dort auch die Waldoff bestattet sein.

Für *Eduard Hallberger,* den Gründer der Deutschen Verlags-Anstalt (DVA), ist auf dem Pragfriedhof ein Mausoleum errichtet. Die Kapelle (1873—1876) beim Eingang entwarf der Ulmer Münsterbaumeister August Beyer. Das Jugendstil-Krematorium (1905—07, *W. Scholter)* ist 1981—84 erweitert worden.

Die Stadt vergrößerte das Friedhofsgelände, zu dem seit 1875 auch der israelitische Pragfriedhof gehört, in den Jahren 1906 und 1951.

»Englischer Garten«: Großer Saal und Sportwettkämpfe

Nordbahnhofstr. 16/21

Der rote Steinbau ist ein Überbleibsel der Brauerei »Zum Englischen Garten«, deren Emailleschilder heute in so mancher Wohnung als Blickfang dienen. 1863 ist sie erstmals hier genannt: Besitzer *Ch. Munk,* der »Gastgeber«, d.h. Wirt, im »König von England«. Über die Württembergische Hohenzollerische Brauereigesellschaft ging die Brauerei 1936 im Stuttgarter Hofbräu auf.

Der »Englische Garten« mit seinem großen Saal und eben dem Garten war sehr populär als Lokal, auch für Sportveranstaltungen wie z.B. Boxkampftage, bei denen *Hans Bernlöhr* (geb. 1907), Reichsbannermann und Olympiateilnehmer von 1932 und Heslachs Stolz, zwischen die Seile ging. Im Krieg wurden Gaststätte und Brauerei weitgehend zerstört. »Englischer Garten« hieß ehemals übrigens auch die Straßenbahn-Haltestelle. Die heutige »Südmilch« befindet sich am Ort des Milchhofs der Stadt, erbaut 1926. Der damalige Tagesumsatz betrug 140.000 Liter Milch, ein Drittel davon in Flaschen.

Nordbahnhofstr.

Gegenüber, Nordbahnhofstraße 21, das städtische Heim für Obdachlose und Nichtseßhafte (Volksmund: »Pennerburg«).

Eine kleine Stadt für sich, gelegen zwischen der Hauptbahntrasse entlang der Rosensteinstraße einerseits und Friedhof- und Güterbahnhof-Gelände samt Gäubahn auf der anderen Seite, ist das

Nordbahnhof-Viertel, besser bekannt als »Eisenbahndörfle«, für die Stadt ein »Problemgebiet«. Das soll sich im Zuge der Iga ändern: 1.000 genossenschaftliche Wohnungen sind bereits renoviert, der Bahndamm soll begrünt werden, die bereits verkehrsberuhigte Nordbahnhofstraße bekommt eine Platanenallee und neue Vorgärten und Ecke Mittnachtstraße, beim italienischen Laden, einen Wochenmarkt. Die Bezirksbeiräte von Nord jedoch sind unzufrieden über die, wie sie es sehen, »paar Krümel vom fetten 150 Millionen Mark-Iga-Kuchen.«

In Etappen haben Bahn, Post und Landesbaugenossenschaft das Eisenbahndörfle im großstädtischen Zuschnitt entstehen lassen: 1894, 1910-12, 1914-16, 1928-38. Um die Jahrhundertwende lebten hier in direkter Nachbarschaft zum Arbeitgeber ausschließlich Bahnbedienstete, Beispiel das Haus Nordbahnhofstraße 68: Sieben Lokomotivführer, ein Lokheizer; oder Nr. 74: 4 Lokomotivführer, 1 Oberlokomotivführer, 1 Bahnhofaufseher und eine Eisenbahnaufseher-Witwe. Die Bewohner sind inzwischen internationaler geworden, der Arbeitgeber Bahn dominiert aber nach wie vor.

Die einstige Badeanstalt mit Schornstein blieb neben dem 1981 angelegten Spielplatz erhalten. Hier war 1906 auch die Kinderschule, später dann ein Kolonialwarengeschäft, dessen vormalige Schaufenster nun einer kleinen privaten Ausstellung antiquierter Rundfunkgeräte dienen.

Im Block der Postbaugenossenschaft ist 1987 eine Tiefgarage gebaut worden, auf der oberirdisch Gärten, Spielplätze u.a. angelegt

Ehemalige Badeanstalt im »Eisenbahndörfle«

**Knollstr. 1/
Knappstr. 5**

Lokomotive im Schnee beim Stuttgarter Nordbahnhof: Ölgemälde von Hermann Pleuer, 1906

Rosensteinstraße 106-110: Trautes Heim unter den Zügen der Zeit

Nordbahnhofstr./ Rosensteinstr.

 ⑪

Nordbahnhof-/ Pragstr.

 ⑫

wurden. Das ehemalige Waschhäuschen bleibt als Fahrrad»garage« erhalten.

Die Eisenbahn ist hier auf Schritt und Tritt präsent, verdankt ihr das Wohn- und Gewerbegebiet Prag doch auch seine Entstehung, samt Traditions-Gasthäusern wie »Prager Hof« (Nordbahnhofstraße 69) oder »Nordbahnhof« (Nr. 127 A, B), die schon zur Jahrhundertwende bestanden. Die Nordbahnhofstraße hieß damals noch Ludwigsburger Straße, und bekam dann 1936 den neuen Namen.

Gegen Ende der Nordbahnhofstraße taucht, kurz hinter der Einmündung Rosensteinstraße, das Viadukt der Gäubahn von 1879 (S. 206), die hier die 1846 eröffnete Strecke nach Ludwigsburg verläßt, auf. Ein Kuriosum sind die Häuser Rosensteinstraße 106-110, die zwischen die Viadukt-Bögen gebaut wurden — die Züge der Zeit brausen heftig über die Bewohner hinweg.

Die Bahn gestattet hier sogar einen Einblick in ihr Innenleben, denn gleich hinter der Gäubahn-Brücke zweigt ein Fußweg ab (»Zum Betriebswerk Stuttgart 3«), der entlang der einstigen »Panoramabahn« verläuft. Ein Stück weiter folgt der Nordbahnhof: 1895 hieß er noch »Prag Bahnhof«, nachdem kurz zuvor hier der »Locomotiv-Schuppen« mit 59 Plätzen samt Betriebswerk entstanden war. Die Eisenbahn wollte den Haltepunkt »Stuttgart-Pragvorstadt« nennen, konnte sich aber nicht durchsetzen, da schon öfter Post für »die (Stuttgarter) Prag« in der böhmischen Hauptstadt gelandet war.

Nach Recherchen des Historikers *Walter Nachtmann* befand sich 1944 auf dem Nordbahnhofgelände ein Außenlager des KZ Auschwitz, die sog. SS-Eisenbahnbaubrigaden, mit 1.500 Häftlingen.

Das Löwentor (1850, Johann Michael Knapp) gab dem nahen »Löwentorzentrum« den Namen. Ende der 60er Jahre auf dem Areal von Kohlen-Trefz und Eisen-Fuchs noch als »riesiges Verwaltungszentrum« der Stadt konzipiert, ist das Projekt bescheidener ausgefallen, denn außer Neue Heimat, Bundeswehr und Diakonischem Werk siedelte hier niemand und die geplanten 30 Stock-Wohntürme sind auch nicht gewachsen.

Am Rande der Verkehrsströme hat seit 1985 das Museum am  Löwentor (1981–85, *Siegel, Wonneberg* u. Partner), Staatliches Museum für Naturkunde, das fast ausschließlich Exponate aus Baden-Württemberg zeigt, seinen Platz gefunden. Ministerpräsident Späth nannte das 54 Millionen Mark-Projekt des Landes»das dritte große Museum von europäischem Rang in der Stadt« (nach Staatsgalerie und Lindenmuseum).

Ecke Neckar-/Archivstraße war 1822 das Naturalienkabinett entstanden (1944 zerstört). Die Ausstellungsstücke waren im Krieg nach Ludwigsburg oder in den Wagenburgtunnel ausgelagert und werden seit 1954 z.T. wieder im Naturkundemuseum von Schloß Rosenstein ausgestellt.

Im Dreieck zwischen Heilbronner-, Prag- und Löwentorstraße, durch den Straßenbau auf einen Hügel geraten, liegt der »Dornröschengarten«, wie ihn Stuttgart-Detektiv *Knitz* alias *Hermann Freudenberger* von den StN nannte: Das Leibfried'sche Gelände, wiederentdeckt im Vorfeld der Iga 1993. Ein »Grüner Pfad« soll dann vom Messegelände Killesberg über die Heilbronner Straße hinweg dorthin führen, die Nordbahnhofstraße überbrücken und in den Rosensteinpark münden. Die vergessene Villa samt Park soll dann »reaktiviert« werden, wie das heute heißt: Wiederherstellung der Grundmauern, Überdachung derselben, vielleicht sogar ein Weinkeller im Gewölbe und die Instandsetzung der Wasserspiele mit Brunnengrotte.

Pragstr. 187

Gebaut hatte hier 1875 im Renaissancestil *Eduard Otto Moser,* der »Bonboles-Moser« (S. 277). Nach dem Tod der Moser-Witwe kaufte 1903/04 der Privatier *Karl Ernst Leibfried* (1864–1942) das Anwesen samt Wohnhäusern, Stall und Gärtnerhaus. Im 2. Weltkrieg war hier Bosch zur Miete, bis eine Bombenexplosion 1944 das Haus zerstörte. In den 50er Jahren bestand noch eine Gärtnerei, bis die Stadt das Areal kaufte, das dann völlig in Vergessenheit geriet. Auch in diesem Fall zeichnet es eine Stadt aus, wenn sie sich *erinnert.*

Staatliches Museum für Naturkunde: Ammonit der Gattung Lytoceras aus dem Schwarzen Jura von Schömberg im Zollern-Alb-Kreis. Alter ca. 180 Millionen Jahre

Der beherrschende Bau am Südhang des Kalten Berges ist das frühere Robert-Bosch-Krankenhaus mitten in den Weinbergen, inzwischen Sitz der Landespolizeidirektion. Der Großindustrielle *Bosch* hatte sich schon lange vor dem Krankenhausbau für die Homöopathie eingesetzt: »In frühen Kindheitserinnerungen wurzelt bei ihm die Überzeugung von der Wirksamkeit«, ließ er in der Presse mitteilen. Drei Millionen Mark stellte Bosch 1916 für einen Krankenhausbau am Trauberg bereit, doch infolge 1. Weltkrieg und Inflation gedieh das Projekt nur bis zu den Fundamenten: das verbliebene Geld wurde in einen Aushilfsbau in der Marienstraße investiert.

»Die Überzeugung von der Wirksamkeit der Homöo-pathie«: Robert-Bosch-Krankenhaus im Bau

Heilbronner Str./ Pragstr.

Von 1937—40 (Arch. Früh/Mehlin) entstand dann die damals »einzige vollhomöopathische Heil- und Forschungsstätte in Europa« mit 300 Betten auf der Prag — Nazi-OB *Strölin* dankte Bosch für »ein neues Denkmal seiner sozialen Gesinnung«. 1973 wurde der Neubau eröffnet, während die Stadt das alte Krankenhaus für 18 Millionen DM erwarb.

Der Pragsattel, dessen »Wahrzeichen« der Hochbunker darstellt, ist der verkehrsreichste Knotenpunkt der Stadt: Wer stand hier noch nicht im Stau? Und längst hat der Verkehr hier seine Opfer bekommen: Das Pragwirtshaus von 1830, ehemals eine Fuhrmannsrast, wurde 1958 abgerissen. Auch die Straßenbahner-Siedlung von 1924—33 (das Depot war 1924—36 hier oben), an der auch Bonatz mitgewirkt hatte, fiel 1987 infolge der Verkehrsbelastung. Das ehemalige Heeresverpflegungsamt (Siemensstraße 7), zum Teil noch mit Tarnanstrich, soll noch vor der Iga verschwinden. Gerne würde man auch den Hochbunker (Bemalung 1980, *Waltraud Bücheler*) niederlegen, doch der ist mit 1.000 Plätzen für den Zivilschutz ausgewiesen. Der Bunker soll nach Meinung der Grünen eine Ständige Ausstellung »Stuttgart im Dritten Reich« aufnehmen, was OB *Rommel* allerdings unter Verweis auf das »Haus der Geschichte Baden-Württembergs« ablehnte. Nun bekommt er vielleicht ein Pagodendach und wird ein Iga-Restaurant.

Wir fragen uns derweil, wie in Anbetracht der Umweltbelastung hier droben wohl der Wein von den nahen Hängen schmecken mag?

Der Rundgang kann hier noch fortgesetzt werden — mit Route 18 (S. 289).

Das Ritual der Kehrwoche:
Wahre schwäbische Pflichterfüllung

Der Kehrbesen ist sozusagen ein Stuttgarter Denkmal mit Borsten, ein bewegliches zumal. Die Kehrwoche ist ein schwäbisches Ritual nach dem Rotationsprinzip — jeder im Haus kommt an die Reihe. Geht es dem Wochenende zu, wiederholt sich von Straße zu Straße, von Haus zu Haus, ein immergleicher Bewegungsablauf, der nur von kurzen Verschnaufpausen unterbrochen wird. Eine solche Pause wird dann — man oder frau will ja keine Zeit verlieren — zum Schwätzle (Gespräch) mit dem Nachbarn auf dem Gehweg gegenüber genützt. Eine durchaus kommunikative Tätigkeit also.

Vor allem aber gilt eines: Man muß dabei gesehen werden — beim Schaffen natürlich —, denn die wachsamen Augen und Ohren der Anwohner wissen sehr wohl, die in den Wohnstraßen weithin hörbaren Geräusche des Fegens und Schaufelklapperns zu deuten: Als wahre schwäbische Pflichterfüllung, oder aber, sollten diese Geräusche fehlen, als Drückebergerei, was dann in feine Worte gekleidet sich so anhört: »...m'r sieht en gar net uff der Gass'« (»man sieht ihn gar nicht auf der Straße«).

Dem ehemals für die Einhaltung der Reinigungspflicht zuständigen Amtmann, dem Gassensäuberungsinspektor, wird noch heute von vielen Schwaben nachgetrauert, stand er doch ganz in der Tradition des Stadtrechts von 1492 (»soll jeder seinen Mist alle Wochen hinausführen«). 1811 wurde gar das tägliche Kehren verlangt. Einer der Protagonisten dieser sauberen Gesellschaft war nach einem StZ-Bericht um die Jahrhundertwende der Polizist »Zibenheiner« im Westen: Der brachte sogar seine Frau zur Anzeige, weil der Kehrichteimer zu lange am Straßenrand stand, wurde aber selbst ertappt, als er nach dem Mosten Zibeben (Rosinen) ins Freie kippte.

Also immer daran denken: Wir suchen kein Geld auf der Straße, wir machen nur tiefgebeugt unsere Kehrwoche.

Stefan Hammer

Kehr-Woche

Nach der Hausordnung sind im wöchentlichen Wechsel, beginnend mit jedem Sonntag früh, zu reinigen

vom oberen Stockwerk auf den Dachboden:
Die Treppen, Treppenhausfenster und Vorplätze

gegen das Untergeschoß und den Keller:
Die Treppen, Vorplätze und Gänge

außerhalb des Gebäudes:
Die Knöpfe der Klingelanlage, die Haustüre einschließlich des Schlosses, der Hof sowie die Treppen, Zugänge und Einfahrten zur Haustüre, die Gehwege bzw. die Straße nach der örtlichen Polizeiverordnung sowie im Winter täglich (im Bedarfsfall mehrmals täglich) Schnee und Eis zu beseitigen und anschließend zu streuen.

Der bei der Kaminreinigung innerhalb der Kehrwoche anfallende Ruß ist sofort gründlich zu entfernen.

Das Reinigen der Treppen und der Treppenhausfenster besorgen die Mieter im Wechsel je für ihr Stockwerk. Ebenso reinigen die Mieter die Kellerfenster und Lichtschächte vor ihren Kellerräumen.

In dieser Woche ist die Reihe an Ihnen

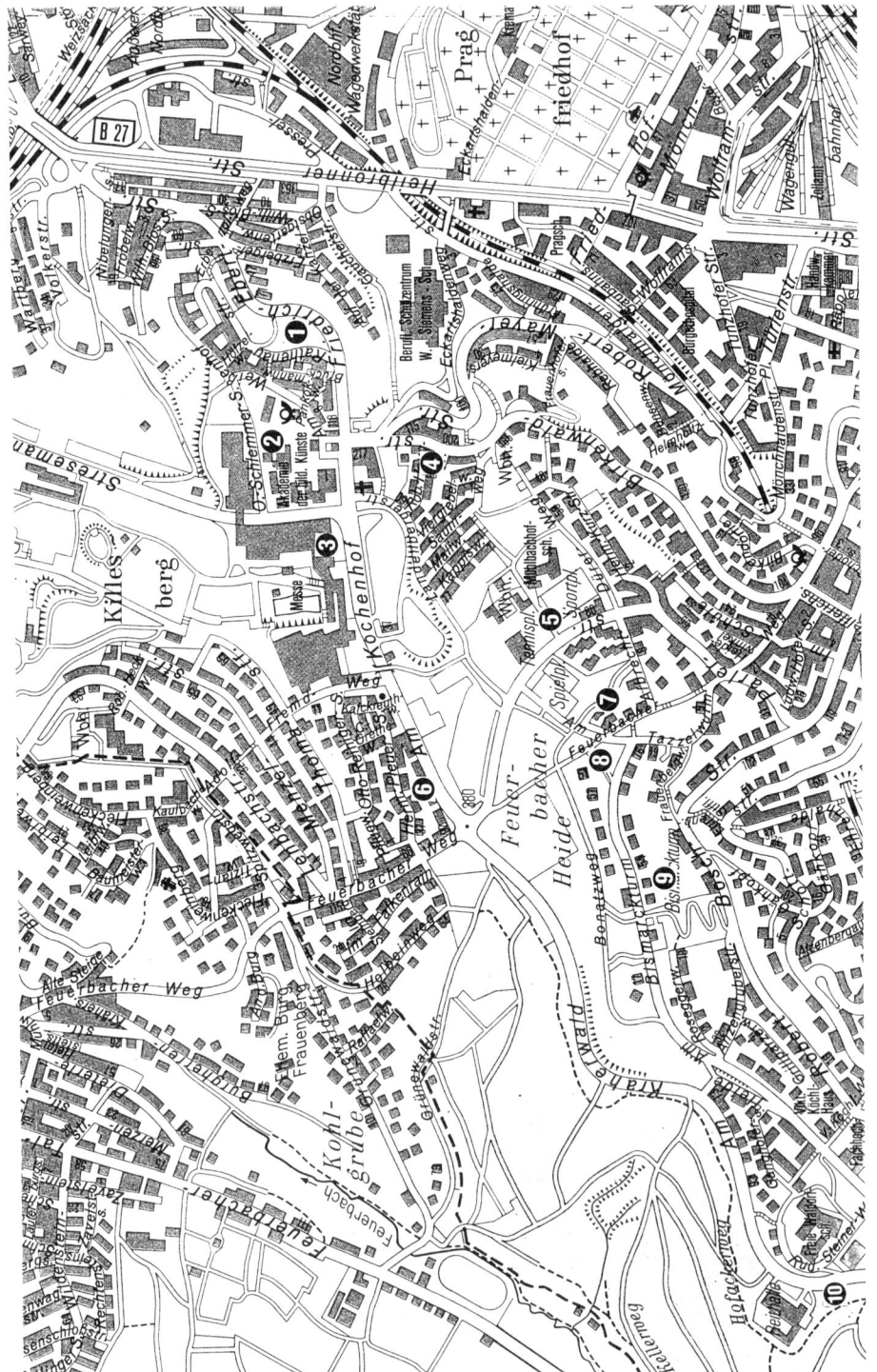

Weiße Kuben und deutsches Holz

Der Norden 2: Vom Weißenhof zur Doggenburg

von Werner Skrentny und Sybille Weitz

Ausgangspunkt: *Kunstakademie, Bus 43, Haltestelle Am Weißenhof*
Endpunkt: *Doggenburg, Bus 43, 50*
Dauer: *2 1/2 Stunden*

Der Weg zur Doggenburg ist vor allem ein Gang durch Stuttgarter Architekturgeschichte und Grün. Station ist die Weißenhof-Siedlung, über bundesdeutsche Grenzen hinaus ein Begriff, ebenso aber auch sind es die Bauten ihrer Widersacher am Kochenhof und auf der Feuerbacher Heide. An der Ost-West-Route liegen das Messegelände mit dem Höhenpark Killesberg, die im 18. Jahrhundert kultivierte Feuerbacher Heide, ein Landschaftsschutzgebiet, und am Ende der ausgedehnte Kräherwald. Hier oben war und ist ruhige, schöne Wohnlage garantiert, und so finden wir entsprechend prominente Bewohner vor.

Und wer nicht nur schauen mag, sondern auch etwas unternehmen, der hat, je nach Jahreszeit, allerhand Möglichkeiten: Höhenfreibad Killesberg, Schlittenbahn und Drachenwiese auf der Heide, Waldsportpfad und Rodelbahn im Kräherwald.

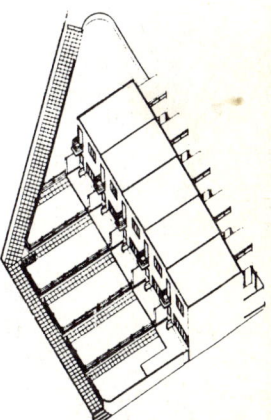

Weißenhof-Siedlung: 60 Jahre dauerte es, bis die weißen Kuben anerkannt waren. Im Bild das Haus von Oud im Pankokweg.

Kampagne gegen »Klein-Jerusalem«

»Le Corbusier, Mies van der Rohe, Gropius und all die anderen hatten in Stuttgart 1927 die Möglichkeit, die Weißenhofsiedlung zu realisieren, die wir Stuttgarter bereits 60 Jahre später beginnen, für revolutionär zu halten«,

frotzelte zum 60. Geburtstag des Gesamtkunstwerks Weißenhof der Stuttgarter Kabarettist Mathias Richling. In der Tat dauerte es 60 Jahre, bis das offizielle Stuttgart stolz die weißen Kuben neben der Kunstakademie anerkannte.

Paul Bonatz (S. 30) prägte schon 1926, beim ersten Blick auf Mies van der Rohes Bebauungsplan, das langlebige Schimpfwort von der »Vorstadt Jerusalems«:

»In vielfältigen horizontalen Terrassierungen drängt sich in unwohnlicher Enge eine Häufung von flachen Kuben am Abhang hinauf, eher an eine Vorstadt Jerusalems erinnernd als an Wohnungen in Stuttgart.«

Nach der Einweihung 1927 äußerte sich der Stuttgarter Architekt positiver über die Weißenhofsiedlung, doch: der Vorwurf des Undeutschen blieb haften. 1934 veröffentlichte der Schwäbische

**Friedrich-Ebert-Str./
Rathenaustr./
Hölzelweg/
Am Weißenhof**

1940 Stuttgart. Weissenhofsiedlung, Araberdorf

Kampagne gegen die »undeutsche« Siedlung: Die Collage »Araberdorf«.

Kunstverlag Boettcher die Collage »Araberdorf«, auf der Araber und Kamele in die Siedlung montiert waren.

Den Nationalsozialisten als »Schandfleck Stuttgarts« ein Dorn im Auge, sollte die Weißenhofsiedlung Ende der 30er Jahre abgerissen und an ihrer Stelle ein monumentales Wehrbereichskommando errichtet werden. Der 2. Weltkrieg verhinderte den Abbruch der Weißenhofsiedlung. Bombardements zerstörten 1944 die Häuser teilweise und stilfremde Renovierungen entstellten viele Gebäude bis zu Unkenntlichkeit. Und noch 1956, als auf Initiative von Heinz Rasch (er war wie sein Bruder Bodo Inneneinrichter der Siedlung) die unversehrten Häuser unter Denkmalschutz gestellt wurden, protestierte der Schwäbische Albverein: Dies sei ein schlechter Witz und Zeichen für »die merkwürdige Einstellung gewisser Kreise. Ein Bau, der architektonisch schlecht und wirtschaftlich unbrauchbar ist, verdient keinen Schutz.«

Erst 1977 kam die Wende, als ein Kreis um *Bodo Rasch* den Verein »Freunde der Weißenhofsiedlung« gründete, dem namhafte Architekten beitraten. Seinem Engagement vor allem ist es zu verdanken, daß von 1981—86 die Bundesvermögensverwaltung und das von ihr beauftragte staatliche Hochbauamt unter Aufsicht des Landesdenkmalats für rund 10 Millionen Mark elf der einst 21 Häuser sanieren und in ihren ursprünglichen Zustand zurückversetzen konnte.

Wie konnte die von den Stuttgartern so lange Geschmähte überhaupt entstehen? Zu verdanken ist die Weißenhofsiedlung dem Zusammenspiel einer aufgeschlossenen Stadtverwaltung mit dem liberalen und weitsichtigen Vorsitzenden des Deutschen Werkbundes, dem FVP-Landtagsabgeordneten und Heilbronner Silberwaren-Fabrikanten *Peter Bruckmann* (1865–1937) (Benennung Bruckmannweg).

In Stuttgart sollte 20 Jahre nach der Gründung eine große Ausstellung zum Thema » Die Wohnung« stattfinden, die nicht nur neuestes Möbel- und Küchendesign, sondern auch die internationale Entwicklung des » Neuen Bauens« präsentieren wollte. Als Peter Bruckmann 1926 (wieder) 1. Vorsitzender des Deutschen Werkbundes wurde und Mies van der Rohe sein Stellvertreter, war klar, wen der Vorsitzende als künstlerischen Leiter der Mustersiedlung Weißenhof sehen wollte. Er hat den damals wenig bekannten linksorientierten Architekten gegen den Widerstand der Lokalmatadore der Stuttgarter Schule durchgesetzt und mit ihm 15 junge Architekten, die fast alle in der Novembergruppe organisiert waren, einer aus dem Geist der Novemberrevolution entstandenen Vereinigung mehr oder weniger kritischer Künstler und Architekten. Im Frühjahr 1926 beschloß die Stadt Stuttgart, im Rahmen des Wohnungsbauprogrammes 60 Wohneinheiten nach Plänen des Deutschen Werkbundes am Weißenhof bauen zu lassen.

Die propagierte Absicht, » daß es sich nicht um Luxuswohnungen handeln kann, sondern daß Wohnhäuser geschaffen werden, die für die dringendsten Wohnbedürfnisse der Stadt Stuttgart, also für Familien in kleinen und mittleren Verhältnissen bestimmt sind«, wurde jedoch von nur wenigen Architekten eingehalten. Vor allem die Einfamilienhäuser gerieten zum experimentellen Villenbau und alle sahen ein Zimmer fürs Dienstmädchen vor. Für die KPD jedenfalls Grund genug, daß ihre Gemeinderatsfraktion die Finanzierung ablehnte.

Am Ort eines alten Gasthofs wurde 1927, zusammen mit der Weißenhof-Siedlung, der » Schönblick« (Arch.: G. Beer) eröffnet. 1961 war in der Höhengaststätte die Gründung der Deutschen Friedens-Union (DFU): »Die heimatlose Linke wurde aufgelesen« (»Der Spiegel«). Die SPD-Politiker Wehner und Barsig nannten die Partei »Die Freunde Ulbrichts«. Heute ist der »Schönblick« Sitz der Bezirksleitung der IG Metall.

Hölzelweg 2

»Eine fundamental neue Ästhetik«
Beginnen wir also unseren Rundgang durch die Siedlung:

Die technischen und formalen Möglichkeiten des »Neuen Bauens« hat wohl Le Corbusier (1887–1965) mit seinem Schwager Pierre Jeanneret am kühnsten umgesetzt. Zu seinen beiden Häusern formulierte er die architekturgeschichtlich gewichtigen »Fünf Punkte zu einer neuen Architektur« und umriß damit die neuen Gestaltungsmöglichkeiten der Stahl- und Stahlbetonbauwerke: Eine fundamental neue Ästhetik.

Bruckmannweg 2/Rathenaustr. 1 und 3

Im Einfamilienhaus Bruckmannweg 2 »für den gebildeten Mittelstand« mit sechs Zimmern nutzte Le Corbusier die statischen Freiheiten des Stahlskelettbaus für einen zweigeschossigen Wohnraum samt Galerie und einem durchgehenden zweigeschossigen Fenster. Letzteres besteht aus zwei Scheiben im 60 Zentimeter-Abstand, wodurch ein treibhausähnlicher Wärmepuffer entstand. Eine Maisonettewohnung also, wie sie Le Corbusier später im Massenwohnungsbau integrierte, beispielsweise in der Unité d' Habitation in Marseille (1947–52). Wohnraum für weniger betuchte Stutt-

Von Waggons und der Eisenbahn inspiriert ist das Doppelhaus von Le Corbusier.

Bruckmannweg 1/Friedrich-Ebert-Str. 114

Ouds Arbeiterhäuser: Der Wirtschaftsteil mit Lieferanteneingang.

Pankokweg 1–9

garter hat Le Corbusier mit diesem Bau freilich nicht geschaffen, eher ein ungemein kühnes Wohnkunstwerk.

Das Doppelhaus Rathenaustraße 1 und 3 ist ebenfalls Ausdruck der fünf Möglichkeiten des Stahlskelettbaus und verkörpert konsequent, was Le Corbusier 1922 als »Wohnmaschine« bezeichnete: »Man muß das Haus als Wohnmaschine oder als Werkzeug betrachten. Wenn man eine Fabrik einrichtet, kauft man das notwendige Werkzeug, wenn man heiratet, mietet man sich blödsinnige Wohnungen.« Er meinte damit nicht die Verteufelung von »Gemütlichkeit«, sondern, daß der Wohnungsbau ebenso exakt, professionell, logisch und funktional durchdacht sein müsse wie der Bau von Autos oder Eisenbahnwaggons, an denen Le Corbusier seinen Entwurf orientiert hat: Ein großer Raum, durch Schränke unterteilt in Nischen, läßt sich durch Schiebetüren und verstaubare Betten abends in »Schlafabteile« umfunktionieren. Le Corbusier ließ seinen Plan als Doppelhaus erstellen, um bei der Ausstellung ein Haus im »Tag-« und eines im »Nachtzustand« zeigen zu können. Der Gang zu Bad, Toilette und Treppe war wie in einem Eisenbahnwaggon nur 70 cm breit. Haus und Gang stießen auf leidenschaftliche Kritik, und der Bauleiter Le Corbusiers, Alfred Roth, erinnerte sich bei der Renovierung der Häuser 1984, daß angesichts mancher »Bierbäuche« der Besucherstrom ins Stocken kam.

»Das erfreulich anspruchslose Haus von Schneck kommt dem geklärten Durchschnittsgeschmack des bürgerlichen Mittelstandes am weitesten entgegen«, urteilte 1927 ein Kritiker. *Adolf Gustav Schneck* (1883–1971), gebürtiger Esslinger, war neben Döcker der zweite Stuttgarter Architekt im Reigen der Ausstellungsmacher. Sein Beitrag zur Weißenhofsiedlung, ein Beamtenhaus im Bruckmannweg 1, das zu Doppel- und Reihenhäusern addierbar sein sollte, wirkt nicht sonderlich aufregend. Interessant war, daß er sowohl das Beamtenhaus als auch sein Privathaus innen (F.-Ebert-Straße 14) lediglich mit einer tragenden Mittelwand aufteilte. Dadurch war eine flexible Grundrißgestaltung möglich.

Schneck, ursprünglich Sattler und Polsterer, war in Stuttgart vor allem durch seine Möbel bekannt. Er war der einzige deutsche Teilnehmer an der Ausstellung, der nach 1933 Professor bleiben konnte, und zwar an der Kunstgewerbeschule. Er wurde sogar zum Architektenwettbewerb zum Bau eines Wehrbereichskommandos auf dem Weißenhofgelände eingeladen, das die Zerstörung der Siedlung gebracht hätte. Offenbar richtete »der Mann mit dem Ruch des Ewig-Handwerklichen, der Handwerker im Pelz des ›Internationalen‹«, (Karin Kirsch) sich geschickt nach dem jeweiligen Zeitgeist, 1949 wurde Schneck zum Ehrendoktor der TH Stuttgart gekürt.

Der Bauleiter der benachbarten Reihenhäuser des Holländers *Jacobus Johannes Pieter Oud, Paul Meller*, wurde von den Nationalsozialisten als »politisch gefährlich« eingestuft und 1942 im KZ Oranienburg ermordet.

Oud, erfahren im niederländischen Massenwohnungsbau, war der einzige Weißenhof-Architekt, der tatsächlich Wohnraum für Arbeiterfamilien schuf. Noch heute gelten seine Reihenhäuser als

Musterbeispiele für helles, geschickt angeordnetes Wohnen auf minimaler Grundfläche. Nach Süden und zum Garten hin liegen der Wohnraum und die Schlafzimmer mit großen Fensterbändern. Im Norden steht ein kleiner Turm, in dem Fahrräder, Waschküche und Trockenraum im zweiten Turmgeschoß Platz finden.

Die Sonnenseite der Arbeiterhäuser von Jacobus Johannes Pieter Oud.

Nichts mehr zu tun haben diese nach dem Krieg neu errichteten Gebäude mit denjenigen, die *Walter Gropius* 1927 hier errichten ließ. Bauhauschef Gropius wollte auf dem Weißenhof »neue Lösungen für den Montagebau«, also für den standardisierten Fertighausbau zeigen. Der Kritiker von »Wasmuth's Monatsheften« äußerte sich bei Ausstellungseröffnung negativ: »Der konstruktivistische Doktrinarismus des Bauhauses gibt den Häusern einen eigentümlich trockenen pedantischen Zug und zugleich etwas provisorisch Barackenmäßiges, der ihnen Heiterkeit und Anmut raubt. Das zeigt sich auch in der Möblierung bei den Breuerschen (Marcel Breuer) Metallstühlen, die als Sitzmaschinen wirken und etwas beängstigend Mechanisches haben.«

Bruckmannweg 4/6

Stünde *Bruno Tauts* (1880–1938) Haus noch, es würde sofort ins Auge stechen: Eine Hauswand war tiefblau, eine gelb und die Front am Bruckmannweg knallrot gestrichen. 1919, noch in der Begeisterung der Novemberrevolution, hatte er einen »Aufruf zum farbigen Bauen« verfaßt: »An Stelle des schmutziggrauen Hauses trete endlich wieder das blaue, rote, gelbe, grüne, schwarze, weiße Haus in ungebrochener Tönung.« Inmitten der Kuben der Weißenhofsiedlung wirkte Tauts Werk tatsächlich als strahlend farbiges Haus im weißen Schnee.

Bruckmannweg 8

Wo heute eine Wiese grüßt, stand bis 1944 eines der beiden Häuser von *Richard Döcker* (1894–1968), der im positiven wie negativen Sinne Stuttgarter Architekturgeschichte schrieb. Zum linken

**Bruckmannweg 10/
Rathenaustr. 9**

*Hell und flexibel: Wohn-
block von Mies van der Rohe.*

**Am Weißenhof
14—20**

**Am Weißenhof
24—28**

Hölzelweg 3—5

Flügel der »Stuttgarter Schule« gehörend, war er in den 20er Jahren *der* Vertreter Neuen Bauens in Stuttgart, plante Flachdachvillen für Dr. Kilper, den Leiter der Deutschen Verlagsanstalt, und für den Arzt und Kommunisten Friedrich Wolf (Zeppelinstraße 43). In der Birkenwaldstraße 165 steht heute noch unverändert die Villa Vetter, dahinter in der Hermann-Kurz-Straße 44 Döckers Privathaus. Die städtische Siedlung Ostendstraße, die Wallmer-Siedlung in Untertürkheim und vor allem das Krankenhaus Waiblingen (verändert) begründeten Döckers Ruf als modernster Architekt Stuttgarts. Nach 1945 war Döcker erster Generalbaudirektor Stuttgarts und wollte das Neue Schloß abreißen lassen.

Richard Döcker fungierte bei der Ausstellung als verantwortlicher Bauleiter — angesichts der knappen Bauzeit von wenigen Monaten, den nicht präsenten Architekten-Kollegen, unerfahrenen Stuttgarter Baufirmen und unerprobten Technologien eine nervraubende Aufgabe.

Dem Anspruch, Wohnraum für weniger Betuchte zu bauen, wurde *Ludwig Mies van der Rohe* (1886—1969) mit seinem Mietshausblock für 24 Haushalte meisterhaft gerecht. Auch er wählte wie Le Corbusier die Stahlskelettbauweise, die eine freie Grundrißgestaltung mit 24 Variationen breite, großzügige Fensterbänder, Dachgärten und wirtschaftliche Bauweise ermöglichte. Bemerkenswert waren die 24 Wohnungen auch wegen ihrer Inneneinrichtung. Wären die Möbel nicht längst hinausgeworfen, so würden sie heute eine wertvolle Kollektion moderner Klassiker bilden.

Der Niederländer *Mart Stam* (1899—1986) war durch Aufsätze zum Neuen Bauen, durch seine internationalen Kontakte und als Dozent am Bauhaus prädestiniert für die Teilnahme an der Weißenhof-Ausstellung. Der Kommunist baute in den 30er Jahren im Team von Ernst May mehrere Städte in der Sowjetunion, war 1948—53 Direktor der Kunsthochschulen in Dresden und Berlin-Weißensee in der DDR, zog 1953 nach Amsterdam und ist 1986 in der Schweiz gestorben. Das Aufregendste an Stams drei blauen Reihenhäusern, die in ihrer schlichten Schönheit heute noch bestechen, war zweifellos die betont moderne Inneneinrichtung von ihm und *Marcel Breuer.* Hauptsächlich Stahlrohrmöbel im Bauhaus-Stil und Prototypen »hinterbeinloser« Stahlrohrstühle, heute als Freischwinger bekannt.

Peter Behrens (1868—1940), seit 1907 erster Designer und Architekt von Industriebauten bei AEG, war der geistige Wegbereiter und zeitweise auch Lehrer von Mies van der Rohe, Le Corbusier und Walter Gropius. Behrens' Beitrag zur Siedlung spiegelt in vieler Hinsicht wieder, daß er einer früheren Architektengeneration angehörte. Sein Mietshaus mit zwölf Wohnungen ist in traditioneller Mauerwerksbauweise erstellt und hat sogar noch Sprossenfenster. Behrens wollte mit seinem Terrassenhaus gegen Massenmiethäuser, gegen Wohnungen als Krankheitsherde und die Tuberkulose ankämpfen. Nach dem Krieg wurde dem Weißenhof-Haus ein Satteldach verpaßt, das bei der Restaurierung wieder entfernt wurde.

Im Gebäudeteil Hölzelweg 5 ist seit einigen Jahren die Architektur-Galerie des BDA untergebracht.

Ebenfalls kein Vertreter des Neuen Bauens im streng-funktionalistischen Sinn war *Hans Scharoun* (1893–1972). Eher expressionistisch ausgerichtet, plante Scharoun ein Einfamilienhaus, das aus jeder Perspektive wie eine sich wandelnde Plastik und auch noch auf heutige Betrachter wie ein kleines Kunstwerk wirkt. Scharoun kam es nach eigenen Worten vor allem darauf an, Haus und Garten zu einer Einheit zu verschmelzen, Wohn-, Schlaf- und Hausarbeitsräume klar zu trennen und »die hier besonders schöne Landschaft« einzubeziehen. Erreicht hat er dieses landschaftsverbundene Wohngefühl durch einen großen Wohnraum mit großflächigen Fensterscheiben, zwei Terrassen und eine optische Blickführung quer durchs Haus in den Garten. In der Küche ersparten ein »Funktionsblock« mit Spüle, Herd, Abfallschlitz in der Arbeitsplatte sowie Topf- und Deckelregal viele Wege.

1933 gebaut, 1939 »arisiert« und gründlich umgebaut: Die Brenzkirche, hier im Originalzustand, der leider noch immer nicht rekonstruiert worden ist.

Im »Werkbundstil« entstand 1933 die Brenzkirche (Daiber). Zur Reichsgartenschau 1939 wurde der Bau nach Plänen von Lempp »arisiert« und gründlich umgestaltet. Leider ist der frühere Zustand noch immer nicht wieder hergestellt.

Am Kochenhof 7

Die Staatliche Akademie der Bildenden Künste ist die älteste Hochschule Stuttgarts, 1761 von Herzog Carl Eugen »zum Besten unserer angestammten geliebten Untertanen« gegründet. Nach Carl Eugens Tod fiel sie Sparmaßnahmen zum Opfer. 1816 bildete König Wilhelm eine Kommission mit dem Bildhauer Dannecker als Vorsitzenden, um Pläne für eine Neugründung zu entwickeln, die jedoch erst 1829 teilweise realisiert werden konnten. 1843 zog die Kunstschule in einen Flügel der neuerbauten Staatsgalerie und 1885 bekam sie ein eigenes Gebäude in der Urbanstraße. Jetzt kamen auch bedeutendere Lehrer nach Stuttgart: Der Vater der Abstrakten *Adolf Hölzel* (vgl. S. 261), der Freilichtmaler *Christian Landenberger* und der Schweizer pathetische Expressionist *Heinrich Altherr*.

Am Weißenhof 1
❷

Die andere und progressivere Ursprungslinie der Akademie war die 1886 gegründete Kunstgewerbeschule, die mit der Berufung des Jugendstil-Allroundgenies *Bernhard Pankok* (1902–1937 in Stuttgart) neue Maßstäbe setzte. Die von ihm propagierte Verbindung der Arbeit in Versuchs- und Lehrwerkstätten parallel zu einer zeichnerischen Ausbildung wurde die Grundlage der Lehre im Neubau auf dem Weißenhof (1911–13, Eisenlohr und Pfennig, in Zusammenarbeit mit Pankok). Bedeutende Lehrer waren Ernst Schneidler (graphische Abteilung), Adolf Schneck (Abteilung Möbelbau und Innenarchitektur) und Alfred Lörcher (Abteilung für dekorative Stein- und Holzplastik).

An dieser Kunstgewerbeschule lehrte auch der Bildhauer *Arnold Waldschmidt,* der zu den Gründungsmitgliedern der Stuttgarter NSDAP gehörte. Nach 1933 machte Waldschmidt Karriere, wurde Landesleiter der Reichskammer der bildenden Künste und entwickelte Pläne einer »Kultschule«, um den jüdischen Einfluß in der Kunst zurückzudrängen.

Während der Zeit der Außerparlamentarischen Opposition (APO), nachdem der Student Benno Ohnesorg 1967 in Berlin bei einer Anti-Schah-Demonstration erschossen worden war, wählte eine studentische Vollversammlung spontan die als zu lasch empfundene Studentenvertretung ab und wählte Klaus Mausner *vom SDS zum politischen Referenten. In der Siebdruckwerkstatt wurde dann kräftige visuelle Unterstützung für den SDS produziert: Hier entstand in Nachtarbeit das Plakat* »Alle reden vom Wetter, wir nicht«, *das vom damaligen Geschäftsführer des Stuttgarter* »Club Voltaire«, *dem Fotomonteur* Jürgen Holtfreter *entworfen worden war. Auch an der* »Sexfront« *sorgte die Kunstakademie für Schlagzeilen: Im Festsaal fand 1968 Stuttgarts erstes Sexualtribunal statt, an dem nur teilnehmen konnte, wer durch ein riesiges weibliches Geschlechtsorgan, von Bildhauerstudenten gestaltet, in den Saal eindrang.*

Plakat des Sozialistischen Deutschen Studentenbundes (SDS): In der Kunstakademie in nächtlicher Arbeit entstanden. Für alle, die es nicht mehr wissen: »Alle reden vom Wetter, wir nicht« war damals ein Slogan der Deutschen Bundesbahn.

Am Kochenhof 16
❸

Prestigeprojekt Killesberg

In einer wüsten Gegend, im »Drei-Städte-Eck« Stuttgart/Feuerbach/Bad Cannstatt, in krummbuckeliger Landschaft mit Müll- und Geröllhalden und Steinbrüchen, entstand 1939 mit der Reichsgartenschau »ein Abbild vielgestaltiger deutscher Landschaft«, der heutige Höhenpark Killesberg, das Messegelände der Stadt.

So ist die offizielle Lesart, doch in Erinnerungen sehen ältere Stuttgarter diese »Wildnis« durchaus sympathisch, denkt man auch an gesellige Stätten wie die Wirtschaft »Zum Grenzhaus«, das Straßenbahner-Waldheim (Neubau 1939 in Degerloch) oder den Kochenhof vis-à-vis vom Haupteingang, die sämtlich für das NS-Prestige-Projekt abgerissen wurden. Ökonomisch betrachtet, erschienen manchem die Pläne für den Killesberg ohnehin als Schildbürgerstreich.

»Blut und Boden«: Symbol der Reichsgartenschau von 1939.

1937–1939 waren 51 Hektar Gelände für die nach Dresden und Essen 3. Reichsgartenschau als Park gestaltet worden. Es entstanden die Ausstellungshallen, das »Tal der Rosen«, die Raubtierschlucht, ein Höhenfreibad und als Vorbote des geplanten Tier-

parks zog der Elefant Vilja von der Doggenburg (S. 304) hier ein. Reichsstatthalter Murr erklärte das Ganze als Friedensbeweis — »die Welt ist erfüllt von einer künstlich gemachten Kriegspsychose.«

Die Welt war so unrecht nicht, denn am 1.September 1939 überfiel Deutschland das Nachbarland Polen — unvorhergesehenes Ende auch der Gartenschau, die bis dahin 4,5 Millionen Besucher hatte. Das Zoo-Projekt wurde wegen Baustoffmangel ad acta gelegt, stattdessen eine Großkaninchenzucht zwecks Versorgung der Kriegslazarette eröffnet. Überraschend ehrlich beschreibt der »NS-Kurier« 1944 den Zustand des Geländes:

» Das, was dem Volkspark Killesberg das repräsentative Aussehen gab, ist jetzt weggefallen. Im Innnern macht sich die Grassteppe breit. Auch sonst hat der Krieg Runen in das Gebiet gegraben. Die mit Steinplatten belegten Wege lassen in ihren Ritzen das Unkraut lustig schießen.« Keine Kasse sei mehr da, keine Kontrolleure, »die Bande der Ordnung gelockert«: Besucher würden einfach auf den Wiesen herumspazieren.

1950, zur Deutschen Gartenschau, die ebenso wie die Reichsgartenschau Hermann Mattern plante, war das Areal wieder präsent. Es folgten die Bundesgartenschau 1961 (7 Millionen Besucher) und ihre Nachfolgerin 1977, die die Unteren Anlagen als Schwerpunkt hatte: Der Killesberg sei in Vergessenheit geraten, wurde beklagt. Mit der Internationalen Gartenbau-Ausstellung (IGA) 1993 wird sich das ändern, denn die »Messe« wird saniert und bekommt eine eigene S-Bahn-Linie (»Messelinie«).

Reichsgartenschau 1939: Tänze im Freien in der »Bildungsstätte für den deutschen Tanz« auf dem Killesberg. Der Park, der ehemals mit NS-Architektur begann und sich später in Weinbergen und Obstbaumwiesen verlor, hat in letzter Zeit in seiner ursprünglichen Struktur durch den Ausbau der Messe gelitten.

Ehrenhof auf dem Killesberg 1939: »Ein Bild von zwingender Eindringlichkeit« verhieß der offizielle Führer.

Die Deportationen

»Sammlung der Juden auf dem Killesberg«, heißt ein Film der Stadt, der erhalten geblieben ist: Das Gartenschau-Gelände und die dortige Ländliche Gaststätte waren 1941—42 letzte Station der Juden in Württemberg, bevor sie in die Vernichtungslager deportiert wurden.

» Es sind sehr warm angezogene Menschen, die der Film zeigt; voller Trauer, aber nicht hoffnungslos. Umsiedlungen kennt die jüdische Geschichte, und vom Trost durch Geschichte hatte Martin Buber schon 1933 im Stuttgarter Jüdischen Lehrhaus gesprochen. Dieses Bewußtsein verbot ein Verzwei-

Gedenkstein

feln. *Baugerät, Werkzeugkästen und alles, was zur Einrichtung einer primitiven Siedlung notwendig ist, durfte mitgenommen werden. Doch es kam anders: Als der Zug mit den 1.000 württembergischen Juden am 1. Dezember 1941 von Stuttgart abfuhr, fehlten die gefilmten Güterwagen. Im ›Reichskommissariat Ostland‹ in Riga-Jungfernhof erwartete man keine Siedler.« (Zelzer, Stuttgarter Juden)*

»Sammlung der Juden auf dem Killesberg« hieß ein Film, den die Stadt Stuttgart drehen ließ. Das Gartenschau-Gelände und die ländliche Gaststätte waren letzte Station der Juden in Württemberg, bevor sie 1941–42 in die Vernichtungslager deportiert wurden. »An das, was nicht wiedergutzumachen ist« (OB Klett 1962) erinnert heute ein Gedenkstein im Parkgelände.

Heute erinnert im Höhenpark Killesberg ein Gedenkstein (1962, Albrecht von Hauff) an die Deportationen. OB *Klett* bei der Gedenkfeier:

» Ich bin glücklich darüber, daß dieser Gedenkstein als Mahnmal gerade mitten in dieses bunte Leben und Treiben unseres Höhenparks unübersehbar hineingestellt steht und jeden erinnert an das, was nicht wiedergutzumachen ist. Ich werde die Stunden in meinem Leben nie vergessen, wo ich (Anm. im Juni 1945) den meisten der nur 53 aus Theresienstadt Zurückgekommenen drüben im Degerlocher Heim des CVJM die Hand drücken durfte. «

Ausgangspunkt weiterer Deportationen waren das Jüdische Gemeindehaus Hospitalstraße (1942–43) und das Hotel Silber (S. 26) in der Dorotheenstraße (1944).

Halle 4

Ein besonderes Kapitel Sportgeschichte erlebte die Halle 6 (heute Halle 4), in den 50er und 60er Jahren die Stuttgarter Sportarena. Auf der schnellen Tannenholzbahn liefen die Leichtathleten und bis zu 8.000–9.000 Zuschauer zogen die Profibox-Kampftage, mit einem leibhaftigen Weltmeister, *Archie Moore* (1957), mit *Bubi Scholz, Mildenberger* und Lokalmatador *Max Resch*, einem Kornwestheimer Maler. Halle 6 war 1959 auch Ort des bundesweit diskutierten »Flaggenzwischenfalls«, der eigentlich keiner war: Bei

der Weltmeisterschaft im Radball und Einerkunstfahren, Leiter war der ehemalige KPD-Mann *Oskar Mauch*, wurde die Fahne der DDR (»Spalterflagge«) gezeigt. OB Klett, politisch unter Druck, gab Anweisung, die Flagge zu entfernen, allerdings nicht mit Polizeigewalt. So blieb sie hängen und »Der Spiegel« schrieb: »Mit schwäbischem Instinkt für das Zweckmäßige setzte Klett ein Präzedens für zukünftige Fälle«.

Auch andere Großveranstaltungen sah der Killesberg, z. B. das erste Gastspiel des Moskauer Staatszirkus 1959 in der Bundesrepublik — 60.000 kamen allein in Stuttgart. Bundeswehr-Soldaten war es vom Ministerium untersagt, Freikarten anzunehmen — womöglich hätte Sowjet-Clown Oleg Popow die Männer im grauen Rock kommunistisch agitiert.

In der ehemaligen ländlichen Gaststätte spielt von Mai bis Oktober jetzt ein Varieté-Theater, das die Tradition von Friedrichsbau u. a. (S. 54) wiederaufnimmt.

Unter Denkmalschutz steht die Viergiebelweg-Siedlung (1923–26) von Richard Döcker und Hugo Keuerleber, deren Häuser allerdings nicht mehr die ursprüngliche expressionistische Farbgebung haben. Das Haus Ecke Birkenwaldstraße/Saumweg ist in den originalen Farben neu gestrichen worden.

Viergiebelwegstr./ Birkenwaldstr./ Saumweg ❹

Auf das Jahr 1899 zurück geht die Geschichte des SV Prag, in dessen Vorläufern sich vor allem die Arbeiter aus dem Post- und Eisenbahndörfle (S. 282) organisierten. Der seit 1954 hier beheimatete Klub schrieb etliche Kapitel Stuttgarter Sportgeschichte:

Aus seinen Reihen kamen der Fußball-Nationaltorwart Deyhle und der FIFA-Schiedsrichter Adolf Reinhardt. Vor allem aber begründeten die Faustkämpfer den Ruf der »Prägemer«, deren Meisterstaffel in ihren Hochzeiten der 40er und 50er Jahre den Althoffbau mühelos füllte und die sogar bis zu 10.000 ins Neckarstadion zog. Für viele Champions der Lila-Weißen seien hier Fritz Bihler (†) und der auch als Ringrichter renommierte Georg Grabarz genannt.

Parlerstr. 86/ 106–108 ❺

Benachbart ist der TC Weißenhof, dessen Turnier den Namen Weißenhof in der Tenniswelt bekannt gemacht hat.

Am Ort der Kochenhofschule war der Mühlbachhof, Gutshof aus dem 19. Jahrhundert und später Ausflugslokal. 1938–39 entstand auf dem Untergeschoß das erste HJ-Heim der Stadt, »dessen Fachwerkstil dem Geiste entspricht, in dem die HJ erzogen werden soll«. (Schwäbisches Bilderblatt)

Parlerstr. 100

Machtergreifung am Kochenhof

»Im Jahre der nationalen Revolution wurde diese Siedlung aus deutschem Holz erbaut«, stand ehemals auf einer Gedenktafel im Eingangsbereich der Holzsiedlung Kochenhof von 1933. Nur wenige Häuser sind im originalen Zustand erhalten; »die Architektur der Selbstverständlichkeit, eine auffällig unauffällige Normalität« (Haspel/Zänker), ist noch zu erkennen.

Die Württembergische Arbeitsgemeinschaft des Deutschen Werkbundes und *Richard Döcker* — s.a. Weißenhof-Siedlung (S. 289) — hatten die Mustersiedlung aus Holzhäusern als Reaktion auf die Weltwirtschaftskrise konzipiert, um Massenwohnungsbau wie Ar-

Otto-Reiniger-/ Kalckreuth-/ Hermann-Pleuer-Str./Carlos-Grethe-Weg ❻

Die Stuttgarter Schule: Gegen-demonstration am Kochenhof

Als 1829 mit einem Gewerbeschulzweig der damaligen Stuttgarter Realschule eine Nachfolgeeinrichtung für die 1791 geschlossene Universität der Hohen Karlsschule gefunden wurde, nahm die Bau- und Architekturausbildung bereits eine zentrale Stellung im Lehrangebot ein. Ihren legendären Ruf auf dem Gebiet der Architektur- und Städtebaulehre erwarb sich die ehemalige Technische Hochschule (seit 1890) aber erst in unserem Jahrhundert, als wichtige Diskussions- und Reformbeiträge der Stuttgarter Architektur-Schule auch über die Landesgrenzen hinaus Anerkennung verschafften.

Grundlegende Impulse für eine Abkehr von der historistischen Stilarchitektur und der akademischen Ausbildungskonvention hatte Theodor Fischer (1862–1938) gegeben, der von 1902 bis 1908 in Stuttgart lehrte. Mit zahlreichen Objektentwürfen (Heusteigschule, Erlöserkirche, Gustav-Siegle-Haus, Kunstvereinsgebäude) und Plänen zur Altstadtsanierung und Stadterweiterung legte er von dem »neuen Stil besonnenen Fortschritts und innerer Sammlung« (Julius Baum) Zeugnis ab. Als Mitbegründer des Deutschen Werkbundes und Mitglied der Deutschen Gartenstadtgesellschaft zählte Fischer zu den »Promis« der Kulturreform im Königreich Württemberg. Im Stuttgarter Büro und am Lehrstuhl Fischers absolvierten auch spätere Protagonisten der Moderne einen Teil ihrer Ausbildung: Bruno Taut, J.J.P. Oud, Hugo Häring und Erich Mendelsohn.

Die mit dem Weggang von Fischer einsetzende und nach der Revolution 1918/19 vollzogene Erneuerung des Lehrkörpers am Stuttgarter Architekturfachbereich brachte freilich den eher traditionsbewußten, regionalgebundenen und handwerklich ausgerichteten Punkten des Reformkonzepts ein Übergewicht. Fischers Lehrstuhl für Baukunde übernahm noch 1908 dessen — vergleichsweise weltoffener — Uni-Assistent Paul Bonatz (1877–1956, S. 30). Die Baukonstruktionslehre bestimmten seit 1918 die industriefeindlichen Entwurfsprinzipien von Paul Schmitthenner (1884–1972). Städtebau und Siedlungswesen lehrte seit 1922 der »Augenmensch« Heinz Wetzel (1882–1945), dessen subtile Sehschulung zwar dem Genius loci, aber kaum sozialen Planungszielen verpflichtet blieb. Unkonventionelle Akzente setzten da allenfalls der bautechnische Unterricht von Hugo Keuerleber (ab 1926) und die Entwurfskorrekturen von Richard Döcker (1884–1968). Beide hatten bereits mit ihren formal reduzierten und vielfarbig verputzten Siedlungshäusern am Viergiebelweg (1922–23) für etliches Aufsehen gesorgt.

Der Gruppe jüngerer Stuttgarter Architekten um Döcker war es auch im wesentlichen mitzuverdanken, daß die Meinungsverschiedenheiten um die Vorbereitung der Werkbundsiedlung auf dem Weißenhof zum Rücktritt von Bonatz und zur Übergabe der künstlerischen Oberleitung an Mies van der Rohe führten. Der lud nach dem Ausscheiden der etablierten Stuttgarter Schul-Architekten ausnahmslos Vertreter des »Neuen Bauens« im Sinne der Bauhaus-Programmatik zur Teilnahme ein. Aus Stuttgart kamen nur noch einige Entwürfe zum Zug: Bruckmannweg 10/Rathenaustraße 9 von Döcker; Friedrich-Ebert-Straße 114/ Bruckmannweg 1 sowie außerhalb der Ausstellung (Am Weißenhof 8) Gustav Schneck (1883–1971). Letzterer war als Innenarchitekt der Kunstgewerbeschule auch mit Möbelentwürfen auf der Ausstellung vertreten, ebenso die Brüder Heinz (geb. 1902) und Bodo Rasch (geb. 1903), die Wohnungen im Mietshausblock Am Weißenhof 14-20 von Mies van der Rohe und im Terrassenhaus Hölzelweg 3-5 von Behrens ausstatteten.

Wenige Jahre später mußten die Neuerer Döcker und Bodo Rasch ihre wohl bitterste architekturpolitische Niederlage im Konflikt mit dem von ihnen gerne nach seinem konservativsten Exponenten »Schmitthennerschule« apostrophierten Stuttgarter Architekten-Establishment einstecken. Im Kampf gegen Wohnungsnot und Arbeitslosigkeit hatten die beiden Avantgardisten eine Holzversuchssiedlung des Werkbundes für den Kochenhof projektiert, die neben Selbst- und Billigbaulösungen auch unorthodoxe Konstruktions- und Gestaltungsmöglichkeiten einer Probe aufs Exempel unterziehen sollte. Spätestens mit der

Machtübergabe an die Nationalsozialisten sah die Stuttgarter Traditionsbauschule freilich ihre Stunde gekommen: Mit einer von persönlichen Angriffen durchsetzten Hetzkampagne gegen den »Baubolschewismus« ihrer modern geratenen — oder eben »entarteten« — Architekturschüler erreichte sie die Übertragung der Leitung des Ausstellungsprojekts an Heinz Wetzel. Der ersetzte, unter maßgeblicher Beteiligung von Schmitthenner und Bonatz, den experimentierfreudigen Ansatz durch eine konventionelle Siedlungsplanung mit angepaßten Satteldachhäusern und gediegenen Baukonstruktionen und ermöglichte damit der Stuttgarter Schule und den neuen NS-Machthabern eine eindrucksvolle kulturpolitische Gegendemonstration zur »republikanischen« Weißenhofsiedlung.

Wer heute durch das stellenweise stark umgebaute und eingegrünte ehemalige Ausstellungsgelände Am Kochenhof (S. 299) schlendert, sollte sich nicht täuschen lassen: obwohl autoritäre Blickachsen, hierarchische Ordnungsprinzipien und totalitäre Monumentalbauten fehlen, liegt in dieser geradezu organisch ausgelegten Anlage mit ihren unauffällig eingefügten Siedlungshäusern ein Schlüsselbeispiel für Erfolg und Beliebtheit der Stuttgarter Schule in der Alltagsarchitektur des Dritten Reiches.

Schließlich darf umgekehrt die ästhetische Faszination, die von der Weißenhofsiedlung ausgeht, nicht vergessen machen, daß die Anhänger der unter dem Faschismus verfemten Neuen Sachlichkeit nach 1945 in der Regel rehabilitiert und in die Nachkriegsgeneration einer Stuttgarter Schule eingegliedert wurden, die den Ausgangspunkt für die Bausünden an den im Krieg heil gebliebenen Stadtstrukturen bildete.   *Jörg Haspel*

beitsplätze zu ermöglichen. Doch mit der Machtübernahme der NSDAP fand auf dem Kochenhof die Machtergreifung der Architekten statt: Der von der NSDAP-Fraktion im Gemeinderat beauftragte Gutachter *Paul Schmitthenner* zeichnete »ein verheerendes Bild« angesichts des bisherigen Konzepts, vermißte »die Einsicht, daß der Versuch der Weißenhof-Siedlung in mehr als einer Beziehung verfehlt war.« OB Strölin hatte sich schon zuvor festgelegt: Das Kochenhof-Projekt würde »dem Begriff des deutschen Bauen nicht entsprechen«. Angesichts des von den Nationalsozialisten heftig angefeindeten »Baubolschewismus« auf dem Weißenhof und der »Bausünde des Weltjudentums«, dem Schockenbau (S. 50), waren die Pläne von Werkbund und Döcker unrealisierbar.

Holzsiedlung Kochenhof von 1933: »Die Architektur der Selbstverständlichkeit.«

Am 12. April 1933 übernahm der »Kampfbund für deutsche Kultur« die Bauausstellung, statt Döcker wurden Paul Schmitthenner und *Heinz Wetzel* Leiter des Ausstellungsvereins. Nach ihrem Baubauungsplan erarbeiteten 23 lokale Stuttgarter Architekten die Entwürfe für die Ein-, Zwei- und Mehrfamilien-Häuser.

»Wiege des Volkswagens«

Feuerbacher Weg 48

❼

In den Garagen neben der Villa von *Ferdinand Porsche* (1875–1951) stand die Wiege des populärsten Autos der Welt: Der VW-Käfer hält mit 21 Millionen Stück noch heute den Produktionsweltrekord vor Fords legendärer »Tin-Lizzy«.

Ingenieur Porsche, der sich 1930 mit seinem Konstruktionsbüro in Stuttgart niederließ, entwarf die ersten Pläne für einen Kleinwagen schon 1932, aber niemand wollte das Auto bauen. Porsche verließ Deutschland, prüfte ein Angebot der Sowjets, die ihn zum Chefkonstrukteur machen wollten, kehrte aber wieder zurück. 1934 erhielt er von der Reichsregierung über den Reichsverband der Automobilindustrie (RDA) den Auftrag, einen großserienfähigen Kleinwagen zu entwickeln. Hitler wollte ein Fahrzeug, das 100 km/h Dauergeschwindigkeit fahren, sieben Liter Benzin auf 100 Kilometer verbrauchen, 4–5 Personen Platz bieten (»wir können die Eltern nicht von ihren Kindern trennen«) und Luftkühlung haben sollte (»nicht jeder Landarzt hat eine Garage«).

Zwei Jahre später, 1936, rollten dann die ersten drei Käfer aus Porsches Garagen im Feuerbacher Weg: »Wagen von abenteuerlicher Häßlichkeit«, wie Chronisten notierten. Doch das bucklige

Die »Wiege des Volkswagens« steht im Feuerbacher Weg: Hier VW-Prototypen.

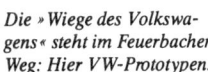

Gefährt mit Heckmotor machte das Rennen — auch gegen die Konkurrenz der Opel-Werke, die 1937 den »P 4« als Billigauto (1.450 RM) vorstellten. Die Nationalsozialisten gründeten in Wolfsburg die Volkswagen GmbH, eine Tochtergesellschaft der Deutschen Arbeitsfront (DAF), die das Auto zum Preis von 999 Reichsmark bauen sollte. Für den »Kraft durch Freude«-Wagen lagen 169.741 Bestellungen vor, doch mit Kriegsbeginn wurde das Fahrzeug als Kübel- bzw. Schwimmwagen für die Wehrmacht funktionalisiert. Erst 1945 begann der Siegeszug des Käfers als Zivilfahrzeug. Die Zeiten allerdings, wo sich am Feuerbacher Weg (»Wiege des Volkswagens«) wie 1954 gleich 4.500 VW-Besitzer samt Fahrzeug zum Treff einfanden, sind vorbei.

's Häusle vom Heuss

Staatsmann *Theodor Heuss* (1884—1963), der als schwäbische Symbolfigur nah' an *Willy Reichert* herankam, war getreu heimatlicher Mentalität natürlich Bausparer (bei Wüstenrot) und Häuslebauer (Arch.: Theo D. Karbiener). 1959 zog er in den schlichten Flachbau ein, in prominenter Nachbarschaft, denn auch Porsche, Bosch-Direktor Walz, Daimler-Direktor Koenecke und Chefingenieur Nallinger lebten hier oben. Diskretion ist da gefragt und so vertrieb Heuss beim Einzug die Fotografen mit den Worten:»Des goht euch en Dreck an, wie I wohn'!«

Heuss, geboren 1884 in Brackenheim, hatte verschiedenen liberalen Parteien angehört und war 1924—28 und 1930—33 im Reichstag. Auch er stimmte 1933 dem Ermächtigungsgesetz der Nazis zu. Nach 1945 war er mit dem Dresdner Külz Vorsitzender der Demokratischen Partei Deutschlands, einer gesamtdeutschen Partei, ehe er zur FDP/DVP fand und 1948 deren erster Vorsitzender wurde. 1949 wurde er im 2. Wahlgang gegen Schumacher (SPD) und Amelunxen (Zentrum) erster Bundespräsident der Republik und amtierte bis 1959.

Kiesinger hat ihn die »liebenswürdige Verkörperung des 19. Jahrhundert« genannt, — ihn, den Staatsmann und Schriftsteller, »Schöngeist« wie Carlo Schmid und eine Art Spezies von Politikern, die ausgestorben ist. »Papa Heuss« jedenfalls war im Volke populär. Eine Bauchlandung erlebte der Liberale allerdings mit der neuen Nationalhymne, die er während seiner Amtszeit einführen wollte.

Sein Rückzug vom Amt 1959 gestaltete sich in Stuttgart zu einer Triumphfahrt, und stundenlang harrte eine Menschenmenge vor dem Haus im Feuerbacher Weg aus, vertrieb sich die Zeit mit dem Absingen von Volksliedern, bis Heuss erschien und kundtat:»Jetzt ganget no hoim zu eu're Kender und lasset mir mei Ruh! Jetzt langt's, älles was recht isch.«

Beide Straßen sind in dieser Gegend eine Domäne der »Stuttgarter Schule« (S. 300). Paul Bonatz (S. 30f.), deren »spiritus rector«, wohnte seit 1922 Am Bismarckturm 45 im selbst entworfenen Wohnhaus. Bonatz und Scholer planten die Porsche-Villa (s.o.), von Schmitthenner ist das Landhaus für den Feuerbacher Lederfabrikanten Willi Roser (Am Feuerbacher Weg 51, 1925) entworfen,

Feuerbacher Weg 46

Bundespräsident Theodor Heuss: »Des goht euch en Dreck an, wie I wohn!«

Feuerbacher Weg 51/Am Bismarckturm 58/57/47/45

❽

Der Feuerbacher Weg und die Gegend am Bismarck-turm sind eine Domäne der »Stuttgarter Schule«: Schmitthenner plante das Landhaus für Fabrikant Roser (links), Bonatz ein weiteres Roser-Landhaus Am Bismarckturm 58. ⑨

Bismarcktürme vom Fließ-band lieferte der Architekt Wilhelm Kreis: Der Stutt-garter Turm ist einer von über 50.

das als »Prototyp des deutschen Wohnhauses« bezeichnet wurde. Dort zweigt auch der Bonatz-Weg ab und weitere Bauten des Lo-kalmatadors finden sich im Fritz-Roser-Landhaus mit Ehrenhof und Flügeln Am Bismarckturm 58 (jetzt Novalis-Schule), Haus Nr. 47 (1926–27) und Nr. 57 für Hans Roser (1924).

Als Wahrzeichen des Stuttgarter Nordens gilt der Bismarckturm, den Studenten der Technischen Hochschule (TH) 1903–04 nach Plänen des Dresdner Architekten *Wilhelm Kreis* (1873–1955) auf der höchsten Erhebung des Gähkopf (410 Meter) erbauten. Der 20 Meter hohe Turm aus Stubensandstein, lange Zeit auch »Bismarck-säule« genannt, diente im 2. Weltkrieg als Flakstellung. In den Jah-ren bis 1914 und zwischen den beiden Kriegen wurde die Sonn-wendfeier der Studentenschaft der TH am Turm abgehalten und auf seiner Spitze ein Feuer entzündet. Heute sind der Turm und seine Aussichtsplattform für die Öffentlichkeit verschlossen, weil im In-nern ein Trinkwasser-Reservoir der TWS ist. Aber auch vom Fuß des Baus hat man einen reizvollen Blick über die Stadt. Nach den Entwürfen von Kreis sind im früheren Deutschen Reich über 50 Bismarcktürme errichtet worden, so in Eisenach, Friedrichsruh, Heidelberg, Tübingen, Stettin und Bautzen.

Doggenburg und Nills Tiergarten

Vorbei an weiteren repräsentativen Bauten auf dem Höhenzug erreichen wir Waldorfschule (S. 147), Doggenburg und Kräher-wald, der mit seiner Rodelbahn u.a. ein weiteres Naherholungsge-biet der Stadt ist.

In ganz Württemberg bekannt: »Nills Zoologischer Garten«.

Die Doggenburg hat ihren Namen von einer 1870 gegründeten Hundezucht; das gleichnamige traditionelle Ausflugslokal und Hotel wurde im Krieg zerstört und in den 50er Jahren wiedereröffnet. Zur Restauration von Schirmfabrikant *Theodor Widmann* gehörte auch ein kleiner Tiergarten auf einem nur 40 Ar großen Gelände, der bis 1937 zeitweise auch unter dem Namen von *Adolf Nill* bestand, bis die Stadt den Tiergarten aufkaufte, um ihn bei der Reichsgartenschau auf dem Killesberg zu präsentieren.

Herdweg 117

»Nills Zoologischer Garten« selbst in der Nähe — zwischen Herdweg, Azenberg-, Widerhold- und Seestraße — war in ganz Württemberg bekannt und zählte bis 100.000 Besucher pro Jahr.

Herdweg 34

⑩

Zoo-Chef, Zimmermeister Johannes Nill, *startete mit einer Gartenwirtschaft (»Hirschgarten«), aus dessen Ertrag er den Aufbau seiner Menagerie finanzierte. Nach der Auflösung von »Affenwerners« Zoo (S. 226) übernahm er einen Teil der Tiere und vergrößerte sein Unternehmen. Bis 1893 wurden Raubtier-, Schlangen- und Affenhäuser errichtet. Mit Unterstützung seines Sohnes Adolf, von Beruf Tierarzt, folgten Elefanten- und Antilopenhaus sowie ein Wildschweinpark und das Museum (»von der Urwelt bis zur Gegenwart«). Glanzstück war hier ein nachgebildetes Mammut, 18 Fuß hoch. Auf einer »Völkerwiese« fanden »Schaustellungen fremder Völkerrassen« statt, mit Feuerländern, Samojeden, Indianern, Eskimos, Beduinen, Chinesen.*

Eine weitere Attraktion waren die Dressuren der Löwenbändigerin Claire Heliot, *die am Ende jeder Vorstellung ihren Kopf in den Rachen der Löwin »Sascha« steckte und danach das 3 1/2 Zentner schwere Tier aus der Manege trug. Beim Nill gab's Militärkonzerte, Kinderfeste, Starts von Fesselluftballons sowie eine Rollschuh- und Eislaufbahn. Als der alte Nill 1894 starb, übernahmen Witwe und Töchter den Biergarten, der Sohn den Tiergarten, aber das Familienunternehmen geriet in rote Zahlen; 1906 mußte es seine Pforten schließen.*

Ausflugsziele

Vom Dorf zur »Schlafstadt«: Botnang

Das Wäscher- und Bleicherdorf hat sich über eine Ar-
beiterwohngemeinde infolge der neuen Siedlungen
der 60er und 70er Jahre (Aspen, Belau u.a.) zur
»Schlafstadt« der Großstadt entwickelt; vom alten
dörflichen Kern ist nichts Nennenswertes erhalten.
Am Ortsausgang nach Stuttgart (Beethovenstraße)
die Kolonie Westheim des Vereins für das Wohl der ar-
beitenden Klassen (1902−04, 1927−36). Ein schöner
Spaziergang führt ins Feuerbacher Tal, vorbei an der
Neuen Schützengesellschaft, und dem ehemaligen
Ausflugslokal Waldhof.
Der kleinste Stadtbezirk erhält nun ein (Einkaufs-)
Zentrum auf dem ehemaligen Progress-Gelände. Einen Besuch wert ist auch die Küche im Sportheim wegen das Sportgelände Himmerreich der SKG, die im
Gegensatz zum (bürgerlichen) ASV aus dem Arbeitersport kommt. In Botnang war von der früheren
Struktur her die Arbeiterbewegung stark: 1933 verhafteten die Nazis alle männlichen Mitglieder des Ge-
sangvereins »Freiheit« und brachten sie ins KZ Heuberg. Der Botnanger *Walter Häbich* (1904−1934) besuchte die Parteischule in Moskau und stieg bis ins ZK
der KPD auf; 1934 wurde er in Dachau ermordet. Und
der spätere Bezirksvorsteher *Otto Lämmle* verfaßte
am 2. Mai 1945 das erste antifaschistische Flugblatt
nach der Befreiung.   *Werner Skrentny*

Mehr Beschäftigte als Einwohner: Feuerbach

Ein Blick auf die Karte sagt alles: Feuerbach ist vor allem schwarz − ein Industrieort mit rund 30.000 Einwohnern und 45.000 Beschäftigten. Die begrenzten
Möglichkeiten und die Struktur im Stuttgarter Kessel,
das billige Bauland und der Eisenbahnanschluß
(1846) begünstigten diese Entwicklung, die 1864 mit
der Ansiedlung von Jobsts Chininfabrik begann. Beim
Leitz-Werk, Siemensstraße 64, sind Altbau
(1897−98) und Neubau (1966−69, Heinrichs) sowie
die Villa des Papierfabrikanten Oehler von 1891, Die-
selstr. 1, sehenswert. Die Stadtkirche, Walterstraße 11,
geht auf das 15. Jahrhundert zurück (renoviert 1789,
1934). Das Bezirksrathaus (Wilhelm-Geiger-Platz)
bauten Eisenlohr und Weigle, die Turn- und Ver-
sammlungshalle (Kärntnerstraße 48) 1912 Bonatz und
Scholer. Von Bonatz geplant ist auch das Leibniz-
Gymnasium (1906−08, 1914), Feuerbach wurde 1907
Stadt und 1933 eingemeindet, und Feuerbächer waren
der 48er-Revolutionär *Ernst Elsenhans*, als Lehrer
der spätere Finanzminister *Matthias Erzberger*
(1875−1921, ermordet) und Kleinbauern-Sohn
Heinrich Rau (1899−1961, der es bis zum DDR-Mi-
nister brachte und »der erfahrenste Wirtschaftsexper-
te des Zonenregime« war (StZ 1961). *Werner Skrentny*

Porsche, Kelter, Rotweg: Zuffenhausen

Die parallele Entwicklung wie Feuerbach machte auch
Zuffenhausen zum Industriestandort, z.B. der pleite
gegangenen Motorradfabrik Kreidler (jetzt neues
Wohngebiet an der Schwieberdinger Straße), von SEL
und Porsche (seit 1931, Museum Porschestraße 42).
Die Johanneskirche (1270), Marbacher Straße 13,
wurde 1951−56 wiederhergestellt; in der Nähe, Straße
Zehnthof, die denkmalgeschützte Zehntscheuer im alten Ortskern. In der Hohenloher Straße hat Zuffenhausen wieder eine Kelter, zu der's auch das entsprechende Fest gibt. Weitere bemerkenswerte Bauten:
Pauluskirche, Unterländer Straße 15 (1901−03, Dolmetsch), Antoniuskirche, Markgröninger Straße 29
(1902, Pohlwanger) und die Robert-Bosch-Schule,
Hohensteinstraße 25 (1930, Schmitthenner). Ehrenbürger war Textilfabrikant *Moritz Horkheimer*, Vater
des Philosophen *Max Horkheimer* (geb. 1895). In
den 50er Jahren baute am Rotweg, wo schon die »SS-
Siedlung« entstanden war, die Zentrale für den Wiederaufbau (ZAS), u.a. die Hochhäuser »Romeo und
Julia« (M. Scharoun). Als Nebenerwerbssiedlung
konzipiert war Neuwirtshaus, 1934−35 gebaut
(Schwieberdinger-, Neuwirtshaus-, Nordseestraße).
Und noch eine Fußnote der Geschichte: 1947 beschloß in Zuffenhausen die KPD Württemberg die
Vereinigung mit der SED der damaligen Sowjetzone
(was natürlich umgehend verboten wurde).
                                      Werner Skrentny

Vom »höchsten« Berg zur hochsicheren Festung: Asperg und Stammheim

»Zwei gute Stunden über Stuttgart hinaus« dauerte es
einstens, um im Pferdefuhrwerk nach Asperg zu gelangen, und äußerst ungewiß war für die so Transportierten, ob und wann sie je wieder zurückkamen: Wegen der ausgedehnten Verweildauer der Gefangenen
wird der Asperg bis heute als »höchster« Berg im Lande bezeichnet − sie brauchten oft lebenslang, um wieder herunterzukommen.
Mit dem Ausbau des S-Bahn-Netzes hat sich die
Fahrzeit vom Hbf auf 25 Minuten verkürzt. Schon von
weitem ist der traurig-traditionsreiche Hohenasperg
sichtbar. Der etwa 15minütige Spaziergang vom As-
perger Bahnhof hinauf auf den reben- und obstbaum-
bestandenen »Demokratenbuckel« empfiehlt sich wegen der Vielfalt möglicher Aus-, An- und Einsichten.
Der weite Überblick vom Hohenasperg verlieh der kegelförmigen Erhebung schon früh strategische Bedeutung: In keltischer Zeit befand sich dort der Sitz eines
Hallstatt-Fürstengeschlechtes, und auch im frühen
Mittelalter war das Bergplateau befestigt. Im 16. Jahrhundert erfolgte der Ausbau zu einer der bedeutendsten württembergischen Landesfestungen; die Anlage

ist ebenso wie die Ende des 17. Jahrhunderts durchgeführte Erweiterung und Verstärkung im wesentlichen noch erhalten.

Durch das Löwentor (1675) gelangt der Besucher über einen Hohlweg an den einzigen Zugang zum Festungsinneren. Der weite, trapezförmige Innenhof wird begrenzt durch langgestreckte, kasernenartige Gebäude, in denen die namhaften und namenlosen Gefangenen einsaßen. Eine nähere Besichtigung des Komplexes bleibt verwehrt, da die Festung heute noch als Zentralkrankenhaus der baden-württembergischen Vollzugsanstalten genutzt wird: Fortsetzung einer jahrhundertelangen Gefängnistradition. In den 90er Jahren wird sich dies ändern, wenn der Hohenasperg »öffentlichkeitsverträglicher« genutzt werden soll.

Der Geheime Finanzrat Josef Süß Oppenheimer (1692-1738), der als erster deutscher Jude bewußt in die Politik eingriff, indem er versuchte, die mittelalterliche Naturalwirtschaft zu überwinden und die moderne Geldwirtschaft einzuführen, war 1737-38 einer der berühmten politischen Gefangenen auf dem »Jammerbuckel«. 1738 wurde er hingerichtet (s.a. S. 278).

Nicht ganz so fatal endete die Haftzeit des wohl bekanntesten Insassen des Hohenaspergs: Christian Friedrich Daniel Schubart (1737-1791). Zehn Jahre lang (1777 bis 1787) war der Dichter und Musiker auf seines »Thränenberges Höhn« eingekerkert, nachdem er sich zuvor durch Spottverse über die herzogliche Hofhaltung in Ludwigsburg und durch die von ihm herausgegebene »Deutsche Chronik« bei der Obrigkeit nachhaltig unbeliebt gemacht hatte. Herzog Karl Eugen ließ den rebellischen Journalisten listenreich auf württembergisches Terrain locken und festnehmen. Ohne Urteil wurde Schubart, z.T. in völliger Isolation in einem Turmverlies, auf dem Hohenasperg gefangengehalten, und als gebrochener Mann und demütig bis zur Unterwürfigkeit verließ der Dichter 1787 den »Hausberg der schwäbischen Intelligenz«.

Eine Buchhaltung des Schreckens und der Willkür ergibt schon eine auf die bekanntesten Namen gekürzte Gefangenenliste:

Der Politiker Johann Ludwig Huber (1764); Bürgermeister Johann Jakob Fetzer (1806); Geheimbündler Immanuel Hoch (1808-1813); Theologe Karl Haase (1824-25); Nationalökonom Friedrich List (1824-25); Friedrich Wilhelm Hauff (1824-26) und Karl August Mebold (1824-26) vom Jünglingsbund; Amtmann Karl Mörike (1831); Johannes Nefflen (1835-36 und 1937-39), Mitbegründer des Demokratischen Vereins; Schriftsteller Theobald Kerner (1848-49); Staatspräsident Eugen Bolz (»Schutzhaft«, 1933).

Gleich unterhalb des Hohenaspergs in Richtung Tamm liegt sehr versteckt der 1943 von den Nationalsozialisten angelegte und heute fast vergessene Gefangenenfriedhof: ein Holzkreuz und eine Messingplatte für 129 Tote. Bis Mitte der 90er Jahre soll hier eine Gedenkstätte entstehen.

Wer sich nach derart unerquicklicher bzw. unrühmlicher landesgeschichtlicher Information zu erschöpft (oder aber zu aufgebracht) fühlt, um die Knastpartie unverzüglich fortzusetzen, den lädt die ganzjährig bewirtschaftete Bergkneipe, sinnigerweise »Schubartstube« genannt, zum Verweilen.

Es dichtete zu diesem Anblick C.F.D. Schubart:

»Und der Neckar blau vorüberziehend,
In dem Gold der Abendsonne glühend,
Ist dem Späherblicke Himmelslust;
Und den Wein, des siechen Wandrers Leben,
Wachsen sehn an mütterlichen Reben,
Ist Entzücken für des Dichters Brust.«
(C.F.D. Schubart: Sämtliche Gedichte, Stuttgart 1785)

Vom »Thränenberg« aus erkennbar ist die alte evangelische Stadtkirche St. Michael von Asperg, ein Bauwerk der Spätrenaissance. In der Königstraße finden sich noch einige Fachwerkhäuser des 17. Jh. sowie der alte und sehr gemütliche Gasthof »Adler«. Die stattliche langgestreckte Kelter (17. Jh.) sowie die gegenüberliegende ehemalige Zehntscheuer (18. Jh.) zählen ebenfalls zu den typischen Bauformen des Nekkarraums.

In Sichtweite vom Hohenasperg liegt Stammheim, der nördlichste Vorort Stuttgarts, der in den 70er Jahren zu weltweiter, mysteriös-fragwürdiger Reputation gelangte. Entweder zu Fuß über das Lange Feld (Asperg-Möglingen-Stammheim, ca. 7 km) oder aber mit öffentlichen Verkehrsmitteln (S-Bahn bis Zuffenhausen, umsteigen in Linie 5, Endstation) bieten sich Annäherungsmöglichkeiten an den nunmehr sichersten Verwahrort im Lande, wenn nicht in der gesamten Republik. 1960 bis 1963 wurde die Strafvollzugsanstalt errichtet, gut zehn Jahre später wurde sie festungsartig ausgebaut, mit Hochsicherheitstrakt und einem Gerichtssaal — ein perfekt-perfides Musterbeispiel moderner Gefängnisarchitektur. Ein ganzer Kordon von Türmen, Mauern, Zäunen, Lampen und sensibelsten elektronischen Überwachungsanlagen sowie ständig patrouillierende Polizeifahrzeuge isolieren diesen Teil Stammheims vom alten Ortskern und den umliegenden Feldern.

1976/77 war die Strafanstalt Schauplatz der Baader-Meinhof-Prozesse, die wegen des plötzlichen und bis heute ungeklärten Todes der Hauptbeteiligten Gudrun Ensslin, Jan Carl Raspe und Andreas Baader am 18. Oktober 1977 ein fragwürdiges Ende fanden. Auch zehn Jahre nach den »bleiernen Zeiten« und dem »deutschen Herbst« ist Stammheim gut belegt und unvermindert gegenwärtiges Symbol für »modernen Strafvollzug«.

Im Ort ist ein Schloß (1580, Schickhardt) jetzt Altersheim; der Chor der Kirche (1488) stammt aus dem Mittelalter. *Ingrid Schöller-Haspel*

Räser Most in ländlicher Idylle: Katzenbacher Hof

Der Katzenbacher Hof, 1896 als Forsthaus mit Werkstatt und Pferdestall erbaut, steht auf einer Waldlichtung bei Büsnau — eine ländliche Idylle, gleich nebenan weiden Kühe. Die Atmosphäre der Waldschenke gleicht an sonnigen Tagen der eines Münchner Biergartens: Bis zu 800 Gäste sitzen dann im Freien, trinken Gerstensaft, Wein und — auch in Württemberg inzwischen selten geworden — räsen Most. Den holt man sich in Halbliter-Krügen in der Wirtschaft, denn draußen ist Selbstbedienung. Warme Küche gibt es nicht, dafür ein ordentliches schwäbisches Vesper (z.B. Ripple mit derbem Bauernbrot).

Grund und Boden des Katzenbacher Hof gehören der Stadt Esslingen, obwohl er auf Stuttgarter Gebiet liegt. 1297 nämlich verkaufte Konrad von Bernhausen den Wald Katzenbach ans Esslinger Spital. Um 1660 war hier das Haus des Waldschützen, bis 1810 eine Meierei (Pachtgut mit eigener Gemarkung). Nach der Einkehr — Ruhetag ist von November bis März am Montag — empfiehlt sich eine Wanderung zum Naturschutzgebiet Hölzer See (textilfreies Baden möglich) oder zum Bärenschlößle.

Wie man hinkommt: Buslinie 81 bis »Max-Planck-Institut« in Büsnau, dann etwa 1,5 km Fußweg durch den Wald. *Rolf Schwenker*

Gloria, Victoria, Cichoria: Ludwigsburg

Nicht nur, weil Theodor Heuss den »Mittelpunkt unseres Landes« ausgerechnet in Ludwigsburg, speziell auf dessen barockem Marktplatz, wähnte, lohnt sich ein Abstecher in die ehemalige Residenzstadt allemal: Das barocke, das soldatische, das früh industrialisierte und das von protzigen Neubauten und wenig sensibler Verkehrsplanung geprägte Ludwigsburg eröffnet die Möglichkeit, Stadtgeschichte und -entwicklung in selten anschaulicher Form nachzuvollziehen.

»LB« ist steingewordenes Beispiel absolutistischer Prunksucht in schwäbischer Modifikation. Die heute über 80.000 Einwohner zählende Kreisstadt geht auf ein ehemaliges Jagdschlößchen zurück, das Herzog Eberhard Ludwig zwischen 1709 und 1734 inmitten weiträumiger Parkanlagen nach dem Vorbild von Versailles zum größten deutschen Barockschloß ausbauen ließ. Mit geringer zeitlicher Verschiebung erfolgte westlich des Schlosses der Ausbau einer nach ihrem Gründer benannten rasterförmigen Reißbrettstadt. Dem herzoglichen Aufruf zur Ansiedlung in der bereits 1718 zur Residenz und Stadt erhobenen Neugründung wurde durch Steuerprivilegien sowie Schenkung von Bauplätzen und -materialien der angemessene Nachdruck verliehen.

1721 erfolgte die Einrichtung einer ersten Garnison, der bis zum Beginn unseres Jahrhunderts viele weitere folgten. Zahlreiche Dragoner- und Ulanenkasernen (Hindenburgstraße 1-49/Kaiserstraße) zeugen ebenso wie einschlägige Ortsbezeichnungen (Arsenalplatz, Trompetergäßle, Obere/Untere Kasernenstraße etc.) von der militärischen Vergangenheit des »schwäbischen Potsdam«.

Mehrfach während des 18. Jahrhunderts fungierte Ludwigsburg als alleinige württembergische Residenz oder als herzogliches Refugium gegen die in Stuttgart zusammenlaufenden Landstände. Mit jedem Residenzwechsel jedoch wurde die Existenzberechtigung der Neugründung in Frage gestellt: Zu- bzw. Abwanderungen von über 50 Prozent der Bevölkerung waren die Regel, und »hohes Gras wuchs aus dem unbetretenen Pflaster mancher Straßen und Plätze« (Justinus Kerner).

Nur die Ansiedlungen von verschiedenen Gewerben und Manufaktur- bzw. Fabrikbetrieben konnte diese Unsicherheit beenden. Der Wandel von der höfischen zur industriellen Stadt vollzog sich insbesondere seit der Inbetriebnahme der Zichorienfabrik Franck (1869) (Franck- und Pflugfelder Straße) westlich der Bahnlinie (1842-1846).

Geradezu kontrapunktisch zum Schloß- und Gartenareal im Osten der Stadt bildete sich hier ein umfangreiches gründerzeitliches Industrie- und Arbeiterwohnviertel heraus: Ein Spaziergang vom barocken Fürstenschloß durch die Altstadt zur gründerzeitlichen Fabrikantenvilla (Franckstraße 4, heute Kunstverein Ludwigsburg) folgt ein Stück auch der historischen Entwicklung der Stadt vom Hof- und Garnisonsstandort zur Industrie-Residenz der Ersatzkaffeehersteller:

»O Ludwigsburg, du edle Stadt,
wo es so viel Soldaten hat,
Artillerie, Infanterie
Und zweierlei Cavallerie,
Wie mehrt sich deine Gloria
Zumal durch die Cichoria!
Juchhe!
Einst warst du zweite Residenz,
Doch nur im Sommer und im Lenz,
Jetzt thront in dir mit Prachtgestank
Allzeit der Wurzelsieder Franck.
Dich rühmt die Welthistoria
Als Hauptstadt der Cichoria!
Juchhe!« (Friedrich Theodor Vischer).
Ingrid Schöller-Haspel

Schwäbischer Parnaß und proletarische Provinz: Marbach

Das etwa 8 km nordöstlich von Ludwigsburg gelegene und bequem mit der S-Bahn zu erreichende Marbach ist ein Muß für jeden Bildungsbürger und Literaturfreund. In der heute noch weitgehend ummauerten Altstadt befindet sich neben der spätgotischen Stadtkirche und zahlreichen Fachwerkhäusern (Marktstraße, Mittlere Holdergasse) auch Schillers Geburtshaus (heute: Marbacher Museum, Nikolaustorstraße 31).

Über der Steilböschung des Neckars erheben sich am Stadtrand die Betonquader des Deutschen Literaturarchivs (1969/72, Kiefner/Lauber) und der neubarocke Kuppelbau des Schiller-Nationalmuseums (1903, Eisenlohr/Weigle) — pikanterweise ein Architekturzitat des Lustschlosses Solitude von Herzog Karl Eugen, dessen despotischem Regime sich der Freiheitsdichter durch die Flucht nach Mannheim (1782) entzog.

Ein Besuch des »schwäbischen Parnaß« bietet aber auch Gelegenheit zu einem lohnenden Ausflug in die »proletarische Provinz«. Bauzeugnisse der Arbeiterbewegung, wie der von Kultur- und Gewerkschaftsorganisationen gemeinschaftlich erstellte Fachwerkbau der »Käppeleshalle« (1929, Ruoff) in Steinheim (TSG-Vereinsheim, Klein-Bottwarer-Straße 71) oder das aus Natursteinquadern betont »rustikal« aufgemauerte Antikriegsdenkmal (1928, Haug) der Arbeitersportler des heutigen TSV Benningen (Beihinger Straße 52), für deren Erschließung die Veröffentlichungen der Alexander-Seitz-Geschichtswerkstatt (Kontakt: Klaus Schönberger, Heilbronner Straße 29, 7142 Marbach, 07144/18683) sorgen, dokumentieren um die Schillerstadt herum Stationen der Freiheitskämpfe des Industriezeitalters.

Ingrid Schöller-Haspel

Zwischen Krautkopf-Kultur und High-Tech-Architektur: Ein Filder-Ausflug

von Johannes Fritz, Jörg Haspel
und Conny E. Voester

Mit der geographischen Bezeichnung Filder oder Fildern verbinden nicht nur viele Stuttgart-Besucher und andere »Reig'schmeckte« zunächst bloß »krautige« Vorstellungen. Schon eine Radtour oder Auto-Ausfahrt durch die Stuttgarter Fildervororte — die meisten wurden erst 1942 eingemeindet — beweist aber, daß im Lande der Kohlfelder und des Sauerkrauts auch ganz andere Geschäfte ihre Blüten treiben. Mit zwei

technisch-naturwissenschaftlichen Universitäten (Vaihingen, Hohenheim), einem Autobahnkreuz und einem internationalen Flughafen (Echterdingen) sowie etlichen US-Militär- und Firmenniederlassungen, hat die Filderhochebene eigentlich alles, was ein High-Tech-Planerherz für ein Land mit Zukunft begehrt. Nicht nur am hinhaltenden Widerstand alteingesessener »Krautbauern« gegen den Flughafenausbau zeigt sich aber, daß die Geschichte und die Menschen des Landstrichs für die postindustriellen Zukunftsträume der Technokraten noch nicht ganz reif sind.

Pfaffenwald:

Die Raumnot im Stuttgarter Talkessel führte bereits 1957 zur »Aussiedlung« der ersten Universitätsinstitute nach Vaihingen, wo 1964 schließlich auch der forcierte Ausbau einer »Universität im Walde« in Angriff genommen wurde. Die großzügig konzipierte »Lernstraße«, an der Institute, Hörsäle, Mensa usw. angegliedert sind, ist inzwischen weitgehend fertiggestellt. Vom »Wald« ist nicht viel übrig geblieben. Dafür entschädigt jedoch eine großzügige Durchgrünung und die waldreiche Umgebung.

Die wohl größte architektonische Sehenswürdigkeit bildet eines der kleinsten Gebäude: der weltbekannte Zeltbau des *Institutes für leichte Flächentragwerke (Pfaffenwaldring 14)*, kurz »IL« genannt. Er entstand 1964 als Versuchsbau für den Deutschen Pavillon der Weltausstellung 1967 in Montreal (Gutbrod, Frei Otto). Die hier entwickelte und getestete Stahlseilnetz-Bauweise wurde weltweit zum Vorbild für zahlreiche spätere Zeltkonstruktionen — darunter das legendäre Dach des Münchner Olympiastadions.

Als Geheimtip unter Architektur-Touristen werden die unkonventionellen *Studentenpavillons Im Allmandring 15* gehandelt, die hier aus Studienprojekten im Selbstbau gewissermaßen erwachsen sind (1981/84 Sulzer, Hübner). Da Entwurf, Planung und Ausführung weitestgehend in Händen der experimentierfreudigen Architekturstudenten lagen, entstand ein ungemein phantasievolles und lebensfrohes Gesamtbild. Jenseits gängiger Modeströmungen sucht auch das nahegelegene *HY-Solar-Institut (Allmandring 19, 1987, Behnisch u.a.)* mutig neue Wege einer zukünftigen Architektur.

Das *Studentendorf* am *Pfaffenwaldring (Nr. 42, 1972/74)* und die darüberliegende *Mensa Pfaffenhof (Nr. 45, 1973/76)* entwarf das Berner Atelier 5, das für das unübertrefflich schlichte Sichtbetonskelett der »Studentenfutter-Anstalt« sogar den begehrten BDA-Preis verliehen bekam.

Vaihingen:

An die Zeit, als noch nicht »Schwaben-Bräu« oder »Vaihinger Fruchtsäfte«, sondern ein »räser« Filderwein die Getränkeproduktion am Ort anführte, erinnert das krumme Sträßchen Kelterberg, das gemeinsam mit Rathausplatz und Kirche auch den alten Ortsmittelpunkt markiert. Der Industrialisierungsschub, der Ende des vorigen Jahrhunderts das Dorf überformte, brachte auch die Mittel für einen abgewinkelten *Rathaus-Neubau* (1907, Eisenlohr/Weigle). Die traditionsbetonten Gestaltungselemente wie Glokkentürmchen, Walmdach und Eingangslaube scheinen freilich den Geldsegen und den Einbruch der Industrialisierung ins Dorfleben und Dorfbild noch einmal abmildern zu wollen.

Als eine Art Ortsgeschichte in Zeitraffer entpuppt sich die nahegelegene heutige *Stadtkirche (Pfarrhaus-/Katzenbachstraße)* mit einem romanischen Turmunterbau (13. Jh.), einem spätgotischen Chor-Rippengewölbe (15. Jh.) und einer neugotischen dreischiffigen Hallenkirche (1859/60, Leins). Nachdem das Gotteshaus die Bombennächte halbwegs heil überstanden hatte, gab die Nachkriegszeit noch ihren Senf dazu und entfernte die Fialenspitzen von Turm und Langhaus, auf daß die widerborstige Gotik zum Ende des Jahrtausends vom Modernisierungseifer gebrochen erscheine.

Gewissermaßen ein Gründungsbau des Computer-Zeitalters, dessen Neue Technologien nun bevorzugt den gut erschlossenen Großstadtrand auf den Fildern heimsuchen, verkörpern die fünf quadratischen Bürohofhäuser der *IBM-Hauptverwaltung* auf einer Lichtung am Autobahnkreuz Vaihingen *(Pascalstraße 100,* 1969/71, Eiermann, Kuhlmann). Der feingliederige »Vorhang« von umlaufenden Wartungsbalkonen mit integriertem Sonnenschutz sorgt nicht nur für ein ein-/erträgliches Arbeitsklima der Großraumbüros, sondern er verleiht der Rasterarchitektur auch den Anschein technischer Präzision und Leichtigkeit.

Eine Architektursensation der Gegenwart verdanken Vaihingen und Möhringen dem Kölner Architekten Gottfried Böhm und der Stuttgarter Betonbaufirma Züblin. Die beiden 1985 eingeweihten siebengeschossigen Büroblöcke des *Züblin-Hauses (Vaihinger Straße/Albstadtweg 3)* aus rötlich gefärbten Betonfertigteilen verbindet eine riesige Glashalle. Theater- und Musikveranstaltungen sorgen für die Urbanität, die der Passagenarchitektur im Büroalltag freilich fehlt.

Etwa 200 m weiter in Richtung Möhringen fällt die elegant geschwungene Glasfassade des 1987 fertiggestellten *Vertriebszentrums Neoplan* ins Auge. Sie gilt als die erste rahmenlos geklebte Ganzglasfassade Europas (Gergs, Fischer).

Möhringen:

Umfassender erhalten sind Restposten des Bauern- und Handwerkerdorfes in Alt-Möhringen, wo auch vereinzelt Fachwerkhäuser noch am Straßenrand auftauchen (Oberdorf-, Vikar- und Maierstraße). Der 1496 als Verwaltungssitz erbaute Esslinger *Spitalhof (Filderbahnstraße 29,* Heimatmuseum) steht als Kronzeuge für jene Epoche, als das Dorf noch nicht zu Stuttgart, sondern zum Esslinger Katharinenhospital (1295-1802) gehörte. Er wurde bis auf das original erhaltene Fachwerk-Torhaus (1568) nach dem 2. Weltkrieg vollständig abgebrochen — und »tupfengleich« wiederaufgebaut (um 1960).

Den eigentlichen Ortsmittelpunkt bildet der *Oberdorfplatz* mit seiner historischen Bebauung *(Schulhaus,* 1848). Dem unscheinbaren Bauernhaus *Nr. 5* (17. Jh.) sieht man seine historische Bedeutung als *Altes Dorf-Rathaus* kaum mehr an. Dagegen strahlt der klassizistische Nachfolgebau, der zu seiner Erbauungszeit (1836, Groß) als schönstes *Neues Rathaus* auf

den Fildern galt, heute noch Amt und Würde aus.

Beherrscht wird das Platzbild — und bislang auch die Silhouette des Ortskerns — von der *Martinskirche,* die ebenso wie die Vaihinger Kirche nach Entwürfen von Leins (1852/54) aus dem weitgehenden Umbau einer spätgotischen Vorgängerkirche (vgl. die datierten Schlußsteine im Turm- und Chorgewölbe) hervorging. Die imposante dreischiffige Basilika machte sich als »Filderdom« im Volksmund und als erster wichtiger Sakralbau der Stuttgarter Neugotik in der Architekturgeschichte einen Namen. Der unter Verzicht auf die Fialenaufsätze erfolgte, vereinfachte Wiederaufbau nach dem Krieg hat im äußeren Erscheinungsbild allerdings nur einen »gerupften Filderdom« übriggelassen.

Fasanenhof:

Prototypische Züge für den Bau von Großsiedlungen in den 1960er Jahren hat der Satelliten-Stadtteil Fasanenhof (1960/63), eine Wohn-Schlafstadt in Autobahnnähe, angenommen. Entscheidende Vorbereitungen für die Neubausiedlung leistete bereits die NS- und Kriegszeit, als Stuttgart hier den Bau einer Teilstadt für 10.000 Einwohner planen ließ (Feder) und durch Kauf bzw. Eingemeindung der Filderortsgemarkungen (1942) auch die notwendigen rechtlichen Grundlagen schuf. Mit den heutigen Straßenbenennungen nach Opfern und Widerstandskämpfern des Nationalsozialismus *(Kurt-Schumacher-Straße, Anne-Frank-, Lilo Hermann-, Janusz-Korczak-Weg)* scheint auch diese Siedlungsvergangenheit erfolgreich bewältigt.

Eine wichtige Orientierungshilfe durch die gleichförmige und an einigen Stellen erfreulich gut zugewachsene Spar- und Gewinnarchitektur der verputzten Satteldachzeilen bieten drei 20geschossige Wohntürme, von denen die Hochhausscheibe *»Fasan I«* *(Solferinoweg 20,* 1962/64, Lehmbrock, Tiedje) überhaupt nur von den gestaffelten Balkonfront im Süden und die Zwillings-Wohnsilos *»Fasan II«* *(Fasanenhofstraße 4,* 1963/65, Jäger, Müller, vgl. Asemwald) am besten im Vorbeirasen zu genießen sind. Auch formal und nicht nur in der Geschoßzahl einen Höhepunkt stellt allein das von Scharoun und Frank entworfene Doppelhochhaus *»Salute« (Sautterweg 5,* 1961/63) dar, dessen schiefwinklig ausgespreizte Balkons der Anonymität der Großstadtarchitektur Individualität abgewinnen sollten: »So hat auch das ›Salute‹ seine wesenseigene Gestalt erhalten — wie ein Geheimnis, das darauf wartet, durch die Art der Benutzung erlebt zu werden«. (Scharoun)

Sternhäule:

Das Medien-Ensemble des Stuttgarter *Verlags- und Druckzentrums* sowie der benachbarten *IBM-Verwaltung* haben der Zentralisationstendenz der Presse und der Computerindustrie zu einem sinnfälligen topographischen Ausdruck verholfen. Zumindest von außen besehen haben sich die Mitarbeiter der Stuttgarter Zeitung (StZ) und der Stuttgarter Nachrichten (StN) mit dem Umzug aus der klassischen Moderne des *Tagblatt-Turms* (vgl. S. 49) und aus der Nachkriegsmoderne der Nachrichtenhäuser *(König-*

straße 32, 1950/51, Gutbier; *Räpplenstraße)* in die rationellen Presse-Großbauten *(Plieninger Straße 150)* auf den Fildern nicht verbessert. Auch für die Kollegen des Stuttgarter Wochenblatts, der Beilage illustrierte wochenzeitung und von Sonntag aktuell hat die dürftig gestaltete Büro-Architektur in Möhringen das Ende der »Bleizeit« eingeläutet (bezogen ab 1976).

Die nebenan von vertikalen Backsteinpfeilern statt horizontalen Betonbändern gegliederten beiden IBM-Kuben *(Plieninger Straße 140, 1.000* Arbeitsplätze) wirken aufgestockt auf fünf Geschosse und übereck ineinandergeschoben (1980/82, Kammerer/Belz) wie eine komprimierte Version der ebenfalls um quadratische Innenhöfe organisierten IBM-Pavillons der Vaihinger Zentrale *(Pascalstraße 100)*.

Vis-à-vis klotzt derweil der »gute Stern« auf der von der Geschichte offenbar in weiser Voraussicht bereits nach ihm benannten »Sternhäule«.

Asemwald:
Rund 2.200 Einwohner in drei Häusern, das ist der »futuristische« Stuttgarter Stadtteil Asemwald. Bereits 1957 als modernistische Vision einer schwäbischen »Unité d'habitation« (Le Corbusier) gegen die Zersiedelung der Landschaft vorgestellt (Jäger, Müller, vgl. *Fasan II)*, dann vom hypertrophen Terrassenwohnberg (600 m lang) in drei Hochhausscheiben (je 135 m) bis zu 23 Stockwerken umvertielt, und schließlich als Wunschtraum der Neuen Heimat und als Alptraum schwäbischer Häuslebauer realisiert (1968/71), gilt der dreigeteilte »*Hannibal*« mit seinen vielfältigen Wohnfolgeeinrichtungen heute als exklusive Alternative zur urbanen Altbauwohnung der Innenstadt oder zum isolierten Einfamilienhaus im Grünen *(Osumstraße/Im Asemwald)*.

Plieningen:
Das Haufendorf Plieningen hat die Entwicklung der letzten 100 Jahre im Kernbereich vergleichsweise gut überstanden. So besitzt der vormals größte Filderort (1880) mit der 1264 erstmals erwähnten *Oberen Mühle* an der Körsch nicht nur den ältesten Gewerbebe-trieb Stuttgarts und mit dem Lokal zur »*Garbe*« *(Filderhaupt-/Garbenstraße* um 1780) ein ansehnliches altes Landgasthaus, sondern am *Mönchhof* auch eine bemerkenswerte siedlungshistorische Keimzelle. In dem alten Fachwerk-*Rathaus* (um 1750, *Goezstraße 1)* befindet sich heute das Heimatmuseum, und die überragende romanische *Martinskirche* (12. Jh., Chornetzgewölbe um 1500, Turm 16. Jh.) gibt mit ihren urtümlichen Fabelwesen am Dachgesims den Dorf- und Kunsthistorikern bis heute immer wieder neue Rätsel auf *(Ressestraße/Mönchhof 3)*.

Hohenheim:
Die spätbarock disponierten, symmetrischen Flügelhöfe (ab 1772) und die frühklassizistischen Fassaden des Mittelbaus (1885/93) der weitläufigen *Schloßanlagen* von Hohenheim *(Garbenstraße)* lohnen einen Besuch nicht nur für Freunde der (rekonstruierten) höfischen Architektur und Kultur. Auch Kuriositätenliebhaber können in den Restbauten des ruinen- und geschichtsromantischen »Englischen Dörfles« (Ruine eines antiken Säulentempels, römisches Wirtshaus und Spielhaus mit Ortsmuseum im *Exotischen Garten* an der *Paracelsusstraße)* auf ihre Kosten kommen.

Wißbegierigen Bildungsbürgern aber bieten die für Deutschland einzigartigen Bestände des *Landwirtschaftsmuseums (Garbenstraße 9a)* sowie das *Zoologische und Medizingeschichtliche Museum (Schloß, Mittelbau)* sowie die Sammlungen der Universitätsinstitute einen lehrreichen Ausflug in die Natur- und Agrargeschichte Mitteleuropas. Ein bislang zugeschlagenes Kapitel schwäbischer Industriegeschichte hält hingegen das *Wirtschaftsarchiv (Schloß, Ostflügel)* in Form privater Firmennachlässe (Werner & Pfleiderer Stuttgart-Feuerbach; Württembergische Metallwarenfabrik Geislingen = WMF) in sicherer Verwahrung.

Flughafen Stuttgart:
Stuttgarts »Startbahn West« liegt im Süden auf den Fildern. Seine bis heute wirksamen Strukturen erhielt

das dortige Stadtrandgebiet durch die nationalsozialistischen Verkehrs- und Kriegsplanungen: 1936 wurde als 1. Teilstück der Autobahn nach München (A 8) die Strecke Echterdingen-Unterboihingen eingeweiht, das seit den Fildereingemeindungen 1942 als Grenz- und Todesstreifen die Stuttgarter Gemarkung von Leinfelden-Echterdingen trennt. Anschluß an den Weltverkehr — und die Welteroberungspläne des Hitler-Regimes — bekam Echterdingen aber erst mit der Verlegung des Flugplatzes von Böblingen an die (start- und landetaugliche) Autobahn. Gerade rechtzeitig zum Auftakt des 2. Weltkriegs fertiggestellt (1937/39), wurde der »Fliegerhorst« auch gleich von der Luftwaffe übernommen — und alliierten Bombern unter Beschuß genommen: Das ehedem friedliche Filderdorf Echterdingen war 1945 zu 55 Prozent beschädigt!

An diese Vorgeschichte erinnert ausschnittweise, aber nicht nur, das leidlich erhaltene *Empfangsgebäude* (1937/38, Sagebiel) des alten Verkehrsflughafens, sondern auch der angrenzende US-Militärflugplatz, in dessen Hangar vor Kriegsende eine Außenstelle des KZ Natzweiler eingerichtet war. Ungefähr 150 der 600 Insassen kamen hier zwischen November 1944 und Januar 1945 zu Tode. Die beiden Massengräber im *Bernhäuser Forst* wurden nach dem Krieg überbaut. An die 85 jüdischen Opfer erinnert eine Gedenkbodenplatte auf dem Sammelgrab des *Ebershaldenfriedhofs* in *Esslingen*.

Stuttgarter Flughafenplanungen scheinen derweil auch heute noch nicht ganz frei von menschenverachtenden Leitbildern. Gegen den über 20jährigen Widerstand der lärmgeplagten Anwohner, der von der Scholle vertriebenen Landwirte und der Friedens- und Umweltschutzgruppen hat das Stuttgarter Regierungspräsidium im September 1987 den Planfeststellungsbeschluß zum Pistenausbau um 1380 m auf 4 km gefaßt — und die betroffenen Ausbaugegner zur Klage vor Gericht gezwungen. Daß das gegen alle Kompromisse und Alternativen durchgepeitschte Planverfahren auch militärische Hintergründe besitzt, hat eine Studie des Starnberger Friedensforschungsinstituts erwiesen: 1982 wurde Stuttgart in einem deutschamerikanischen Unterstützungsabkommen zum führender Luftwaffenstützpunkt für Süddeutschland ausgeguckt; Mindestlandebahnlänge für die jüngste Generation der US-Transportmaschinen: 4 km.

Leinfelden-Echterdingen:
Verglichen mit der militärisch motivierten Zukunftsperspektive der Echterdinger Luftfahrt nimmt sich ihre kaiserzeitliche Vergangenheit fast harmlos aus. Das *Zeppelindenkmal* in Verlängerung der *Untertorstraße* (Egert) und eine Ausstellungseinheit im Heimatmuseum *(Hauptstraße 79)* — wo auch des Urvaters der schwäbischen Bastler und Tüftler, des 1790 hier verstorbenen Pfarrers Philipp Matthäus Hahn gedacht wird — stehen für die erste Luftverkehrssensation am Ort: den Unfall des 4. *Luftschiffs* von Graf Zeppelin im Jahr 1908. Die stattliche altwürttembergische *Landkirche* (15. Jh.) auf dem ummauerten *Kirchhof* mit Barock-Grabsteinen sowie ansehnliche Fachwerkhäuser und zierliche schmiedeeiserne Wirtshausschil-

der aus dem 18. und 19. Jahrhundert zählen zu den traditionellen Sehenswürdigkeiten am Ort.

Ungleich renommierter als das lokale Museum ist das *Spielkartenmuseum* im Teilort Leinfelden *(Schönbuchstraße 32, Grundschule Süd),* die wohl wertvollste »Spielesammlung« dieser Art im deutschsprachigen Raum.

Stetten:
Zum Pflichtprogramm eines Streifzuges durch die moderne Stuttgarter Architektur zählt ein Abstecher in das *Naturtheater Stetten/Filder*. Die gewölbte Zuschauerüberdachung, ein geschlossener Veranstaltungsraum sowie ein kunstvolles Wohnhaus in organischer Betonschalen-Bauweise (1976-1980) planten der Architekt Balz und der Schweizer Ingenieur Isler. Die freigeformte Schalenarchitektur gehört zu den ganz wenigen echten Pionierbauten der letzten Jahrzehnte. Die Veranstaltungen des Freilichttheaters sind bei Erwachsenen und Kindern gleich beliebt: Fr-Sa 20h, So 15h (Auskunft Tel. 0711/795111).

Siebenmühlental:
Filder-Besucher, die noch gut zu Fuß sind, lockt von Leinfelden oder Musberg aus ein Stuttgarter Ausflugsziel mit Tradition: der auf einem ehemaligen Bahndamm verlaufende Wander- und Radweg (sonntags für Radler gesperrt!) durchs idyllische Siebenmühlental, wo elf (!) Mühlen und in der *Seebrücken-, Esels-, Burckhardts- und Mäulesmühle* sogar Cafés und Gastwirtschaften zu Vesperpausen einladen.

Rohr und Dürrlewang:
Auf dem Rückweg über Unteraichen oder das »rote Musberg« nach Vaihingen lohnt ein Aufenthalt in Rohr, wo das um den alten Turm der *St. Laurentiuskirche* (16./18. Jh.) gruppierte *evangelische Gemeindezentrum (Reinbeckstraße 8,* Zinsmeister, Scheffler um 1980) eine selten gelungene Verbindung von alter und neuer Architektur und deren Einfügung ins ländliche Ortsbild zeigt. Ein Stück hinter dem modernen Altenheimhof der *Hans-Rehn-Stiftung (Supperstraße 28/ 32,* 1975/77) liegt auf der Rohrer Höhe *(Thingstraße)* ein Paradebeispiel für die landschafts- und handwerksbetonte Einstimmungsarchitektur der Heimbauten für die Hitler-Jugend.

Ein Stück Nachkriegsgeschichte wird auf der anderen Seite des 1936 nach Vaihingen (und 1942 nach Stuttgart) eingemeindeten alten Filderdorfes *(Rathaus,* 1906) faßbar. In Dürrlewang entstand seit 1957 — gleichsam als Vorläufersiedlung zum Fasanenhof — eine zwei- und dreigeschossige Geschoßbau- und Reihenhausanlage für 6.000 Menschen, darunter zahlreiche Einfachstwohnungen *(Schopenhauerstraße/ Junoweg)* für Flüchtlinge und Obdachlose aus den Behelfsunterkünften. Im Herbst 1971 schlossen sich die Sozialmieter zu einer Bürgerinitiative zusammen und erkämpften eine grundlegende Modernisierung. Das Dürrlewanger Beispiel machte in anderen sanierungsreifen städtischen Sozialsiedlungen Schule (Raitelsberg, Abelsberg, Föhrichhof, Hausen) und bildete den Auftakt zur ersten breiten Mieterbewegung Stuttgarts seit der Weimarer Republik.

Praktische Tips

Wir beschränken uns hier auf wenige zentrale Angaben. Wer detailliertere Informationen benötigt, sollte zu den Stadtzeitungen *»Stuttgart live«* und *»Ketchup Stuttgart«* greifen. In diesen gibt es neben weiteren Adressen monatlich aktuelle Veranstaltungshinweise. Diese finden Sie auch im »Monatsspiegel« des Verkehrsamtes Stuttgart, Hotel- und Gastronomiehinweise im zweimal jährlich erscheinenden »Zur Sache: Stuttgart«.

Auskünfte

Verkehrsamt und Touristik-Zentrum i-Punkt, Klett-Passage am Hauptbahnhof, Tel. 2228-240/241; Mo—Sa 8.30-22.00 Uhr, So/Fei 11.00—18.00 Uhr Nov. — April nur 13.00—18.00 Uhr (Zimmervermittlung, Stadtrundfahrten, Kartenvorverkauf)
Verkehrsamt, Lautenschlagerstraße 3, Postfach 870, 7000 Stgt.1, Tel. 2228-0
Presse- und Informationsamt, Bürgerberatung, Rathaus Zimmer 11, Tel. 216-2323
Reisezug- und Bahnbusauskunft Tel. 19419 (6.00—22.00 Uhr)
Flugplanauskunft Tel. 790 13 88
Reise- und Wandervorschläge Tel. 1154,
Theaterdienst, Konzerte und Veranstaltungen, Tel. 11517

Verkehrsmittel

Öffentliche Verkehrsmittel in Stuttgart sind *S-Bahnen* (Linie S1 — S6), *Straßenbahnen,* die die Stuttgarter »Strambe« nennen und die zunehmend auf *Stadtbahnen* umgestellt werden, (Linie 1 — 15), und *Omnibusse* (Linie 35 — 99 und 401); sie sind alle zusammengefaßt im Verkehrs- und Tarifverbund Stuttgart, VVS, Kundenberatung Rotebühlstraße 133, Tel 6606—238/239 (siehe auch den Streckennetzplan in der hinteren Umschlagklappe dieses Buches).
Für alle Verkehrsmittel gelten dieselben Fahrrscheine, sie sind an orangenfarbenen Automaten erhältlich und bereits entwertet. Ausgenommen ist der Flughafen-Zubringerdienst ab Hauptbahnhof mit Omnibuslinie A (6,- DM). Für auswärtige Gäste werden Kongreß- (ab 20 Stück), Tages- und Mehrfahrtenkarten, sowie für Fernreisende Zwei-Städte-Tickets angeboten.

Stadtrundfahrten und -rundgänge

Historischer Rundgang durch das »bürgerliche« und das »fürstliche« Stuttgart, im Wechsel jeden Samstag 10.00—12.30 Uhr von April bis Ende Okt., Teilnahme kostenlos, Treffpunkt im Hof des alten Schlosses.
Das Verkehrsamt (Anmeldung im »i-Punkt«) bietet an:
Das schöne Stuttgart, die Sehenswürdigkeiten Stuttgarts, DM 16,- und DM 19,- (3stündige Fahrt) mit Er-

mäßigungen für Kinder, StudentInnen, RentnerInnen, Schwerbehinderte und Minigruppen- und Familienkarten. Abfahrt am Hindenburgbau gegenüber dem Hauptbahnhof.
Das neue Stuttgart, Städtebaurundfahrten, vier Routen im Wechsel (Nord, Ost, Süd und West), von April bis Ende Oktober, samstags 14.15—17.30 Uhr, DM 8,-, Kinder DM 3,50, Jugendliche, SchülerInnen, StudentInnen DM 4,-. Abfahrt am Hindenburgbau.
Spurensuche — Juden und Judentum in Stuttgart Sonderfahrten zu jüdischen Gedenkstätten nur für Gruppen nach Anmeldung, Tel. 2228—235/237, DM 70,- für Führung bei eigenem Bus.
Alternative Stadtrundfahrt auf den Spuren des Dritten Reiches, alle zwei Monate, DM 4,-, Termine unter Tel. 62 80 06. Unter dieser Telefonnummer sind auch jederzeit Buchungen für Gruppen möglich (Stadtjugendring).
Neckar-Personenschiffahrt: Vier Motorschiffe, mit 250-450 Plätzen und bewirtschaftet, fahren von Ende März bis Ende Oktober ab Bad Cannstatt gegenüber der »Wilhelma« nach Marbach, Aldingen und 14 Wein- und Ausflugsorten bis Lauffen. Als »Musikdampfer« werden sie für Abendrundfahrten mit Tanz, Senioren- und Weinfahrten eingesetzt. Informationen über Fahrpläne, -preise und Sonderfahrten im »i-Punkt« oder bei der Reederei Berta Epple, Postfach 50 08 24, Tel 54 10 73/74. Es werden auch täglich Hafenrundfahrten angeboten.

Märkte

An insgesamt 18 Plätzen finden *Wochenmärkte* statt. Wichtigster Lebensmittelmarkt ist die Markthalle im Stadtzentrum.
Markthalle, Dorotheenstraße 4, Mo—Fr 7—18 Uhr, Sa 7—14 Uhr, langer Sa 16 Uhr
Mitte: Marktplatz, Schillerplatz Di, Do, Sa 7—12.30
West: Feuerseeplatz, Bismarckplatz, Di, Do, Sa 7—13
Heslach: Bihlplatz, (Sa 7—12 Uhr)
Osten: Ostendzentrum (Fr 12—17 Uhr)
Bad Cannstatt: Marktplatz (Di, Do, Sa 7—12.30 Uhr)
Botnang: Griegstraße, (Sa 7—12 Uhr)
Degerloch: Rathausplatz, (Mi, Sa 7—12 Uhr)
Feuerbach: Kelterplatz, (Sa 7—12.30 Uhr)
Freiberg: Am Ladenzentrum, (Sa 7—11.30 Uhr)
Möhringen: Oberdorfplatz, (Sa 7—12.30 Uhr)
Sillenbuch: Ostfildern-Friedh., (Fr 14—18.30 Uhr)
Untertürkheim: Bahnhofsplatz, Widersteinstraße, (Fr 11—17.30 Uhr)
Vaihingen: Rathausplatz, (Mi, Sa 7—12.30 Uhr)
Weilimdorf: Löwenplatz, (Mi, Sa 7—12.30 Uhr)
Zuffenhausen: Festplatz, (Sa. 7—13 Uhr)
Gablenberg: Schmalzmarkt, (Mi 7—12 Uhr; ab 4.5.88)
Wangen: Bei der Kelter (Mi 7—12.00 Uhr; ab 16.3.88)

In den Vororten gibt es darüber hinaus diverse Krämermärkte. Es finden auch verschiedene Sondermärkte statt: einer der ältesten deutschen Weihnachtsmärkte auf dem Marktplatz, in der Kirchstraße und auf dem Schillerplatz; Frühlings- und Volksfest (Mai/Juni und Ende September/Anfang Oktober) auf dem Cannstatter Wasen, die formal auch als Markt gelten, und das Cannstatter Brezelfest im Frühsommmer auf dem Cannstatter Marktplatz.

Flohmärkte

Ein kleiner Flohmarkt mit etwa 200 HändlerInnen, der aber einiges zu bieten hat, findet das ganze Jahr über jeden Samstag auf dem Karlsplatz statt; zwei große Flohmärkte mit etwa 3000 AnbieterInnen im April/Mai und im September im Stadtzentrum (Markt-, Karls-, Schillerplatz, Hirsch-, Kirch- und Dorotheenstraße). Die Termine werden wegen der Begehrtheit der Standplätze kurzfristig bekanntgegeben. Daneben werden unregelmäßig Hallenflohmärkte veranstaltet.

Frauen

Arkuna Frauenforschungs- u. Bildungszentrum Reinsburgstr.194, Tel. 65 19 44

Demokratische Fraueninitiative Stadtjugendring, Senefelderstr. 19, Tel 293129 Jutta Dahlmann

Ev. Studentengemeinde, Frauenprobleme u. Fragen, Kronenstr.49, Tel.291349 (Mo-Fr 14.30–19.00)

Feministisches Frauen- Gesundheitszentrum e.V. Kernerstr. 31, Tel 296432 (Di 17.00–19.00, Mi 13.00–15.00, Do 10.00–12.00)

Frauenbeauftragte der Stadt Stuttgart Marktplatz 1, Tel. 216–3338

Frauenreferat, Minister für Arbeit, Gesundheit und Sozialordnung, Rotebühlstr.30, Tel 66730

Beratung u. Information für Frauen vom Verein »Frauen helfen Frauen« Römerstr. 30, Tel. 6494550

Frauenzentrum Kernerstr. 31 Tel.296432

Lagaya Treffpunkt für Frauen und Mädchen mit Drogenproblemen Hohenstaufenstr. 17B, Tel 6405490 (Di-Do 11.00–21.00, Mi+Fr 11.00–19.00, Sa 14.00–21.00)

Mädchentreff Hackstr.2, Tel. 284598 (Pausentreff Mo–Fr 10.00–14.00, Café auch Frauen Do 12.00–20.00)

Notruf f. vergewaltigte Frauen Tel. 296432

Pro familia Schloßstr.60, Tel.622618

Sarah Café und Kulturzentrum Johannesstr. 13, Tel 626638 (Sommer 19.00–24.00, Winter 18.00 - 23.00)

Wildwasser Stuttgart (Frauenselbsthilfegruppe gegen sexuellen Mißbrauch von Mädchen und Frauen) Kernerstr.31, Tel 2964322 (Tel. Beratung Mi von 18.00–20.00)

Mitfahr- und Mitwohngelegenheiten

Didi's Mitfahrzentrale, Königstr. 78, Tel 293486/87 oder 221210/19

Mitfahrzentrale Stuttgart West, Lerchenstr.65, Tel 613015

Mitfahrzentrale Stuttgart GmbH, Christophstr.36, Tel.603234 (Mo geschl.)

Mitfahrzentrale im Reiselädle, Falbenhennerstr. 5. Tel 603606 und 603885

Mitwohnzentrale Stgt. Tel 4560928

Mitwohnzentrale Susanne Werner, Reuteweg 4, 7302 Ostfildern 2, Tel. 07158/4417

Naturfreundehäuser

Fuchsrain Neue Str.150, Gablenberg Tel.466504

Vaihingen Busnauer Rain 1, Tel 6873095

Steinbergle Stresemannstr.6, Tel. 296485

Krumbachtal (mit Waldfreibad) 7016 Gerlingen-Schillerhöhe

Waldheime

Waldheim Raichberg e.V. Raichberg, Tel. 466883

Waldheim Gaisburg e.V. Obere Neue Halde, Tel.465820

Clara-Zetkin-Waldheim Gorch-Fock-Str.26, Sillenbuch

Waldheim Heslach Dachswaldweg 180, Tel. 6872271

Waldheim Zuffenhausen Hirschsprungallee 5, Tel 822148

Waldheim Heimberg Feuerbacher Talstr. 120, Tel. 850172

Waldheim Hedelfingen Heumadener Str.110, Tel 421577

Waldheim Wangen im Gewand Rot 1, Tel 422633

Theater/Kabarett

Altes Schauspielhaus Kleine Königstr., Tel. 225505

Dreigroschentheater Kolbstr. 40c, Tel. 606000

Forum 3 Gymnasiumstraße 3, Tel. 297174

Irrlicht-Theater Augustenstr.14/1, Tel. 613619

Kammertheater Kon.-Adenauer Str. Tel. 11517

Kinder- + Jugend Theater Eichstr.19, Tel 216–2328

Komödie im Marquardt Bolzstr. 4–6, Tel. 291484

Kommunales Kontakttheater S–50, Kissinger Str. 66A, Tel 563034

Les-Lee Theater Auf dem Kleinen Schloßplatz, Schloßplatz 8, Tel. 293167

Makal-City-Theater Marienstr. 12 (City-Passage, 4.OG), Tel 626208

Novalis Bühne Fuchseckstr. 7 Tel. 486915

Die Rampe Breitscheidstr.3, Tel. 223848

Renitenztheater Königstr.17, Tel. 297075

Scherbentheater Reuchlinstr. 4B, Tel. 617652

Schwäbisches Theater Rotebühlstr. 109b, Gaststätte Rosenau, Tel. 623497

Sommertheater im Höhenpark Killesberg, Tel. 251317

s'Theaterle der Käsreiter und Stäffelesrutscher Gaststätte Rosenau, Rotebühlstr. 109b, Tel. 762576

Studio Theater Hohenheimerstr.44, Tel. 246093

Stuttgarter Volkstheater im Rebstöckle, Böblinger Str. 105, Tel. 246280

Theater der Altstadt (mit Jugendbühne), Charlottenplatz-U. Tel. 244342

Theaterhaus Ulmer Str.241, Tel. 4020720

Theater im Westen Rotebühlstr. 89, Tel. 623154

Theater in der Friedenau, Rotenbergstr. 127, Tel. 436924

Tri-Bühne Eberhardstr. 61 (Tagblattturm), Tel. 256277 234610
Wilhelma Theater Neckartalstr.9, Tel. 543984
Württ.Staatstheater Kleines Haus (Oper), Oberer Schloßgarten 6, Tel. 2032–0

Puppentheater

La-Plapper-Papp Stabpuppenbühne im Jugendhaus Ost, Gerokstr. 7, Tel. 241849
Laterne Figurentheater, Gietmannstr.40, S-80, Tel. 748497, 727548
Stuttgarter Puppen- und Figurentheater Tagblattturm, Eberhardstr. 61, Tel. 241541, 295159
Theater am Faden Böblinger Str. 139, Tel. 604850

Museen und Ausstellungen

Staatsgalerie Stuttgart Konrad-Adenauer-Straße 30-32, Direktion Urbanstraße 35, Tel. 2 12–5050. täglich außer Mo 10–17 Uhr, Di und Do bis 20 Uhr, Eintritt frei. Stadt-/Straßenbahn 1,2,4,9,14
Württ. Landesmuseum (Altes Schloß) Schillerplatz 6, Tel. 2003–2918, täglich außer Mo 10–17 Uhr, Mi 10–19 Uhr. Der Kunstkammerturm ist von 12–13 Uhr geschlossen. Eintritt frei. Straßenbahn 5,6,15; Bus 42,44 (Schloßplatz)
Römisches Lapidarium im Fruchtkasten, Schillerplatz Stuttgart, täglich außer Mo 10–17 Uhr, Mi 10–19 Uhr, Straßenbahn 5,6,15; Bus 42,44 (Schloßplatz)
Schloß Solitude, Stuttgart-West, Tel. 69 66 99. Di–So 9–12 Uhr, 13.30 –17.00 Uhr. Bus 92 (Solitude)
Linden-Museum Stuttgart Staatliches Museum für Völkerkunde, Hegelplatz 1, Tel. 2050–1. Di bis So 10–17 Uhr, Do 10–20 Uhr. Mo geschlossen. Eintritt frei.
Staatl. Museum für Naturkunde, Schloß Rosenstein, Tel. 893 60 Di–So und feiertags 10–17 Uhr, mittwochs bis auf weiteres 10–20 Uhr, montags geschlossen. Eintritt frei. Straßenbahnlinien5 (HS Nordbahnhof)
Landespavillon, Mittlerer Schloßgarten, Tel. 29 35 53/22 35 17, Di bis So 11–18 Uhr, Eintritt frei.
Galerie der Stadt Stuttgart, Kunstgebäude am Schloßplatz 2, Tel. 29 55 66, täglich außer Mo 10–18 Uhr, Sa, So u. Feiertage 11–17 Uhr, Eintritt frei. Straßenbahn 5,6,15; Bus 42,44 (Schloßplatz)
Archiv der Landeshauptstadt Stuttgart Wilhelmspalais, Konrad-Adenauer-Straße 4, Tel. 23 34 34, App. 12. Di bis Fr 11–18, Sa und So 10–16 Uhr, Eintritt frei.
Stadt-/Straßenbahn 1,2,4,5,6,15; Bus 41, 42, 43, 44 73–77, 7600 (Charlottenplatz)
Städtisches Lapidarium Mörikestr. 24, Mi, Sa 12–17, So 10–12 Uhr, Bus 41 (Marien-/Silberburgstr.)
Landesbibliothek, Konrad-Adenauer-Straße 8, Tel. 212–5454, wechselnde Ausstellungen, Mo–Fr 8–20, Sa 9–13 Uhr, S-Bahn (Hbf.), U-Bahn, Bus 41-44, 73-77, Straßenbahn 1, 2, 4, 5, 6, 15 (Charlottenplatz)
Landesbildstelle Württemberg, Rotenbergstr. 111, Tel. 28 32 04, wechselnde Ausstellungen, Straßenbahn 4, 9 (Bergfriedhof)
Design-Center, Landesgewerbeamt, Kienestr. 18, Tel. 123–2686, Mo–Fr 9–15.30 Uhr, U-Bahn (Universi-

tät), Straßenbahn 9, 14
Rathaus Marktplatz, Tel. 216-1, wechselnde Ausstellungen, Mo–Fr 8-16 Uhr, S-Bahn (Stadtmitte), U-Bahn, Bus 41–44, 84, 85, 87, 92, 93, Straßenbahn 1, 2, 4 (Rathaus).
Schwäbisches Brauereimuseum Stuttgart Stuttgart-Vaihingen, Robert-Koch-Str. 12, täglich außer Mo 10.30–17.30 Uhr. An Feiertagen geschlossen. Eintritt frei.
Weinbaumuseum Stuttgart-Uhlbach, Uhlbacher Platz, Tel. 32 57 18
Kleines Feuerwehrmuseum Heusteigstr.12, Tel. 5066–214
Besichtigung nach telefonischer Vereinbarung, Bus 41 (Wilhelmstraße)
Stuttgarter Bibelmuseum im Bibelhaus Stuttgart, Balinger Straße 31, Stgt.-Möhringen, Tel. 71 81–0. Mo bis Fr 8–16, Sa 10–13 Uhr (außer feiertags), Straßenbahn 5, 6 (Bahnhof Möhringen)
Post- und Fernmeldemuseum Stuttgart Friedrichstraße 13 (Nähe Hauptbahnhof) Tel. 10 00–20 09
Daimler-Benz-Museum Stuttgart-Untertürkheim, Mercedesstraße 136, Tel. 17–25 78 Täglich außer Mo 9–17 Uhr geöffnet; an Feiertagen geschlossen. S-Bahn S 1 (Neckarstadion)
Porsche-Museum S-Zuffenhausen, Porschestraße 42, (Werk III), Tel. 827 56 85 Mo bis Fr 9–12, 13.30–16 Uhr, S-Bahn S6,
(Neuwirtshaus), umsteigen Bus 52,90, 99 (Porsche)
Gottlieb-Daimler-Gedenkstätte S-Bad Cannstatt, Taubenheimstraße 13, Tel. 17–5 84 46, 1.April bis 31.Oktober täglich 11–16 Uhr, Straßenbahn 2 (Kursaal)
Deutsches Landwirtschaftmuseum Stgt.-Hohenheim (Universität), Garbenstraße 9a, Tel. 45 01–21 46. Mi bis Sa 14-17, So und Fei. 10–17 Uhr, Straßenbahn 5, 6, Bus 65, 70
Historisches Museum zur Geschichte Hohenheims im exotischen Garten (Spielhaus), Garbenstraße, Stgt.-Hohenheim, Tel. 45 01–21 14, Sa 14–17, So und Fei 10–13 u. 14–17 Uhr, Straßenbahn 6 (Möhringen), umsteigen Stadtbahn 3 (Plieningen Garbe)
Wirtschaftsarchiv Baden–Württemberg Schloß Hohenheim, Hauptgebäude, nach Vereinbarung.
Zoologisches und tiermedizinisches Museum, Schloß Hohenheim, Mittelbau, Mi 10–14, So 10–16 Uhr.
Deutsches Spielkarten-Museum Leinfelden-Echterdingen, Zweigmuseum des Württembergischen Landesmuseums in der Grundschule Leinfelden Süd, Schönbuchstraße 32,Di bis Fr 14–17, So 10–13 Uhr, Straßenbahn 6 (Leinfelden, Spielkartenmuseum)
Planetarium, Neckarstr. 47, Tel. 29 09 40, Vorführungen Di, Do 10 und 15, Mi, Fr 10, 15, 20, Sa. So. 14, 16, 18 Uhr. U-Bahn (Staatsgalerie), S-Bahn (Hbf.), Bus 40, 42, 43 und Straßenbahn 1, 2, 4, 9, 14 (Staatsgalerie)

Zum Weiterlesen

Stadtführer

Auer, Theo: Stuttgart, die Stadt der Auslandsdeutschen, o.J.
Baedekers Taschenbücher: Stuttgart. 1985—1987
Baum, Hanns: Stuttgart und Umgebung. 1927
Beckmann-Führer. Bazlin, J.: Stuttgart und Umgebung. o.J. (1911)
Bilder aus Schwabens Gauen: 1912 4. Aufl.
Freudenberger, Hermann (Knitz): Stuttgart. 1977
Friedl, Hans/Holoch, Helmut: Zu Fuß durch Stuttgart. 1980.
Lenz, Hermann: Stuttgart deine Straßen. 1975
Merian: Stuttgart. 1983
Rades, Werner: Württemberg—Stuttgart. o.J.
Schleuning, Hans (Hrsg.): Stuttgart-Handbuch. 1985
Schweizer, Theodor Michael: Wo's Viertele getrunken wird. 1977
stuttgart live marathon. 1977
Ströhmfeld, Gustav: Kleiner Führer durch Stuttgart. o.J. (7. Aufl.)
Verkehrsverein Stuttgart (Hrsg.): Kienzle, Oskar: Stuttgart. Offizieller Führer. 1933
Weinberg, W.: Führer durch die Haupt- und Residenzstadt Stuttgart. 1906
West, Fritz: So ist Stuttgart. 1933

Stadtgeschichte

Bader, Erich: Bergwerke und Steinbrüche. 1939
Bardua, Heinz: Stuttgart im Luftkrieg 1939—45. 1970
Bardua, Heinz: Stuttgarter Wappen. 1973
Bassler, Siegfried (Hrsg.): Mit uns für die Freiheit — 100 Jahre SPD in Stuttgart. 1987
Borst, Otto: Stuttgart. Die Geschichte der Stadt. 1986
Chronik der Haupt- und Residenzstadt Stuttgart: Jahrgangsbände 1898 bis 1912 ff.
Elsas, Fritz (Hrsg.): Stuttgart — das Buch der Stadt. 1925
Faerber, Peer-Uli/Freudenberger, Hermann: Gastliches Stuttgart. 1885—1985
Hässlin, Johann Jakob (Hrsg.): Stuttgart. 1962
Lüke, Friedrich: Vom Kahlenstein zum Rosenstein. In: Staatsanzeiger. Beiträge zur Landeskunde. 1977
Lutz, Eugen: Hintergründiges, lockendes Stuttgart. 1963
Oesterlen, Karl: Illustrierte Geschichte von Württemberg. 1893—94.
Genuneit, Jürgen: Völkische Radikale in Stuttgart. 1982. (Projekt Zeitgeschichte).
Räntzsch, Andreas: Die Entwicklung des Eisenbahnverkehrs im Raum Stuttgart. 1987
Schukraft, Harald: Stuttgarter Straßen-Geschichte(n). 1986
Troll, Thaddäus: Deutschland deine Schwaben. 1978.
Vietzen, Hermann: Ein Stadtteil wandelt sich (Bahnhofsviertel). 1972

Wais, Gustav: Alt-Stuttgarts Bauten im Bild. 1951
Wais, Gustav: Die Schiller-Stadt Stuttgart. 1955
Walz, Werner: Die Eisenbahn in Baden-Württemberg. 1980
Wiedermann, Fritz: »Bubenbad« und »Affenwerner«. 1987
Zanker, Richard: Geliebtes altes Stuttgart

Architektur und Kunst

Bernhard, Rudolf (Hrsg.): Kunst und Künstler in Stuttgart. 1979
Blank, Gebhard: Villen in Stuttgart. 1987
Bongartz, Norbert: Öffentliche Gebäude. In: Stuttgart-Handbuch. 1985. (Hrsg. Schleuning).
Bushart, Bruno: Meisterwerke der Stuttgarter Staatsgalerie. o.J.
Graevenitz, Fritz von: Kunst und Soldatentum. 1940
Heißenbüttel, Helmut (Hrsg.): Stuttgarter Kunst im 20. Jahrhundert. Malerei, Plastik, Architektur. 1979
Hoffmann, Kurt und Grete: Architekturführer Stuttgart und Umgebung. 1983
Hofmeister, Ilse Maria/Schneider, Werner: Springbrunnen, Brunnen und Brünnele im Raum Stuttgart. 1987.
Iffert, Heike/Jaeger, Falk: 100 Bauwerke in Stuttgart. 1984
Ignee, Wolfgang (Hrsg.): Frank Werner: Alte Stadt mit neuem Leben. Architekturkritische Gänge durch Stuttgart. 1976
Inventur: Stuttgarter Wohnbauten 1865—1915. Katalog der Ausstellung. 1975
Kunstverein: 150 Jahre Württembergischer Kunstverein 1827—1977. 1977
Markelin, Antero/Müller, Rainer: Stadtbaugeschichte Stuttgart. 1985
Roser, Mathias: Der Hauptbahnhof in Stuttgart. 1987
Schempp, Manfred: Wohnen in Stuttgart. In: Stuttgart-Handbuch. 1985. (Hrsg. Schleuning).
Weitz, Ulrich: Museumslandschaft Stuttgart. In: Tendenzen Nr. 13/Jan./März 1982

Arbeiterbewegung, NS-Zeit, Jüdische Geschichte

Bergmann, Theodor: Gegen den Strom. Die Geschichte der KPO. 1987
Bohn, Willi: Stuttgart Geheim! 1978
Bohn, Willi: Hochverräter. 1984
Brune, Thomas/Götsch, Silke/Haspel, Jörg/Weitz, Ulrich: Arbeiterbewegung-Arbeiterkultur. Stuttgart 1890—1933. 1981
Cassel, Uli/Grohmann, Peter (Hrsg.): Der Internationale Sozialistenkongreß in Stuttgart 1907. 1977
DGB-Kreis Stuttgart (Hrsg.): Arbeiterbewegung und Wiederaufbau 1945—49. Ausstellungskatalog 1982
Eberle, Eugen/Grohmann, Peter: Die schlaflosen

Nächte des Eugen E. 1982.

Hoernle, Edwin: Rote Lieder. 1968

Sauer, Paul: Württemberg in der Zeit des Nationalsozialismus. 1975

Scheck, Manfred: Zwischen Weltkrieg und Revolution. 1981

Scherer, Peter/Schaaf, Peter: Dokumente zur Geschichte der Arbeiterbewegung in Württemberg und Baden 1848–1949. 1984

Stadtjugendring Stuttgart (Hrsg.): Auf den Spuren des Dritten Reichs. Eine Alternative Stadtrundfahrt. (38 Seiten). 1981

Projekt Zeitgeschichte: Die Machtergreifung. Anpassung/Widerstand/Verfolgung. Stuttgart im Dritten Reich. 1983

Weber, Hermann: Wandlungen des deutschen Kommunismus. Band 2. 1969

Westmeyer, Friedrich: Wohnungselend in Stuttgart. 1911

Zelzer, Maria: Stuttgart unterm Hakenkreuz. Chronik 1933–1945. 1983

Zelzer, Maria: Weg und Schicksal der Stuttgarter Juden. 1964

Stuttgart-Nord

Joedicke, Jürgen/Plath, Christian: Die Weißenhof-Siedlung. 1977

Kirsch, Karin: Die Weißenhofsiedlung. 1987

Der Westen

ADAC Stuttgart: Jubiläumsschrift, 75 Jahre 1903–1978. 1978.

Bruckmann, Hansmartin/Hagel/Stegmaier (Hrsg.): Von der Gründerzeit zur Gegenwart. Beiträge zum Stuttgarter Westen I. 1984.

Klaiber, Hans Andreas: Schloß Solitude. 1984

Kleemann, Gotthilf: Schloß Solitude bei Stuttgart. 1966

Meyer, Jochen: Wilhelm Raabe. Eine Chronik seiner Stuttgarter Jahre. 1981

Piloty, R.: Gustav Siegle. 1911

Der Süden mit Degerloch

Bassler, Siegfried/Hammer, Stefan: Heimatbuch Heslach. 1984

Dornemann, Luise: Clara Zetkin — Leben und Wirken. 1973

Galerie der Stadt Stuttgart (Hrsg.): Tell Geck. 1984

Künstlerhaus Bethanien: Wohnsitz nirgendwo. Ausstellungskatalog. 1982

Kunsthalle Tübingen (Hrsg.): Georg Friedrich Zundel 1875–1975

Schock, Siegfried/Nopper, Frank: Liebes altes Degerloch. 1985

Troppmann, Klaus (Hrsg.): Landstraße, Kunden, Vagabunden. 1980

Stuttgart Ost

Brösamlen, Eugen: Das schöne Stuttgart Berg. 1939

Dolde, Martin und Gerhard: Stuttgart-Wangen für Liebhaber. 1982

Hermann, Klaus: Gotthilf Kuhn, ein großer schwäbischer Unternehmer. In: Schwäbische Heimat, Heft 3. 1984

Lauxmann, Richard: Die Stuttgarter Gänsheide in Wort und Bild. 1932

Molt, Emil: Entwurf meiner Lebensbeschreibung. 1972

Muff, Eberhard: Villa Reitzenstein. In: Cannstatter Zeitung, ab 21.1.1982. 1981 (3 Teile).

Raab, Rex: Die Waldorfschule baut. 1982

Ziegler, Hermann: Friedhöfe in Stuttgart. 1. Band. Ehemaliger Kirchhof Berg. Ehemaliger Bergfriedhof. Bergfriedhof. 1987

Bad Cannstatt

Bad Cannstatt: 650 Jahre Stadterhebung. Festschrift. 1980

Scheel, W. (Hrsg.): 125 Jahre Handels- und Gewerbsverein Bad Cannstatt. Festschrift. 1986

Stroheker, Hans Otto (Hrsg.): Cannstatter Zeiten. 1979

Verkehrsamt Stuttgart (Hrsg.): Festschrift 150 Jahre Kursaal Bad Cannstatt. 1987

Untertürkheim mit Luginsland

Bürgerverein Untertürkheim (Hrsg.): Bruder, Hermann. Herzstück im Schwabenland. Untertürkheim und Rotenberg. Ein Heimatbuch. 1983

Daimler-Benz AG (Hrsg.): Daimler-Benz-Museum. 1987

Daimler-Benz AG: 75 Jahre Werk Untertürkheim. 1979

Schlotterbeck, Friedrich: Je dunkler die Nacht ... 1986

Sport

Grundgeiger, Klaus: Not und Spiele. 1985

Ströhmfeld, Gustav: Stuttgart in Sport und Spiel. 1922

Verein für Bewegungsspiele Stuttgart 60 Jahre 1893–1953.

Ein ausführliches Literaturverzeichnis sendet Ihnen der Verlag gegen 0,80 DM Rückporto gerne zu!

Namensregister

Verzeichnis der Straßen und Objekte

Dank an: ADAC Gau Württemberg; Archiv der Stadt Stuttgart — im Lesesaal den Damen Bayer, Beisswenger, Klotz und Mahlmeister, für die Bildersammlung Frau Schaaf, Herrn Neidiger; Arbeiterwohlfahrt Nordwürttemberg; Clara Ballier; Siegfried Bassler; Hedwig Baumann; Thomas Brune; Daimler Benz AG; Galerie der Stadt; Hans Gasparitsch; Axel Grau; Hans-Jürgen Götz (München); Manfred Hackh; Hamburger Weltwirtschaftsarchiv (HWWA); Alfred Hauser; Sabine Hoffmann; Rainer Karnowski; Kulturgemeinschaft des DGB; Landesbildstelle Württemberg; Frau Oertel (†); Werner Pecher; Rathaus-Bücherei; Hans Schimpf (Neubulach); Helene Schoettle; Sportverein Stuttgarter Kickers; Staatsbibliothek Carl von Ossietzky Hamburg; Staatsgalerie; Stadtmessungsamt; Fritz Steinbach; Klaus Trappmann; Verkehrsamt der Stadt; Volkswagen AG Wolfsburg; Waldheimverein Raichberg; Ilse Walther-Dulk; Wolfgang Woern; Württembergische Landesbibliothek mit Fotostelle; Württembergisches Landesmuseum, Abt. Volkskunde.
Für zahlreiche wertvolle Heinweise danken wir besonders Herrn Norbert Bongartz.
(sofern nicht anders bezeichnet: alle in Stuttgart).

Bildnachweis

Abkürzungen

SchwM = Schwäbischer Merkur/Schwäbische Kronik
StZ = Stuttgarter Zeitung
StN = Stuttgarter Nachrichten

Redaktionelle Anmerkung:
Bei Zitaten sind Auslassungen nicht besonders gekennzeichnet.

Land & Leute